人文樊口

鄂州市吴都文化研究所　编著

版 武汉出版社

（鄂）新登字 08 号

图书在版编目（CIP）数据

人文樊口 / 鄂州市吴都文化研究所编著 . -- 武汉 : 武汉出版社 ,2021.11

ISBN 978-7-5582-4932-7

Ⅰ . ①人⋯　Ⅱ . ①鄂⋯　Ⅲ . ①鄂州 – 地方史　Ⅳ . ① K296.33

中国版本图书馆 CIP 数据核字 (2021) 第 217840 号

编　　　著 : 鄂州市吴都文化研究所
责 任 编 辑 : 李　俊
封 面 设 计 : 冯　婷
出　　　版 : 武汉出版社
社　　　址 : 武汉市江岸区兴业路 136 号　邮　编 : 430014
电　　　话 : (027)85606403　85600625
http://www.whcbs.com　E – mail:zbs@whcbs.com
印　　　刷 : 武汉楚商印务有限公司　经　销 : 新华书店
开　　　本 : 787mm×1092mm　1/16
印　　　张 : 18.5　字　数 : 420 千字　插　页 : 8
版　　　次 : 2021 年 11 月第 1 版　2021 年 11 月第 1 次印刷
定　　　价 : 98.00 元

　　鄂州市吴都文化研究所，成立于2012年12月，是经湖北省社科院批复、鄂州市社科联批准、鄂州市民政局审批的民办非企业组织，现有20多人的研究团队，法人代表为陈运东。

　　自成立以来，吴都文化研究所始终秉承"致力挖掘地域历史文化，服务鄂州城乡文明建设"的宗旨，乐于奉献，积极作为。先后编纂出版了《樊口探古集》《吴都探古集》《鄂渚探古集》《人文太和》《鄂州民间民俗龙文化研究》等多部专著；社科重点课题《武昌鱼文化发掘与利用》《吴都文化的价值利用研究》《武昌文化的发掘与利用》等被鄂州市社科联批准立项并如期结项；在报刊上发表过《伍子胥芦洲渡的传说》《考棚的来历》等多篇民间民俗历史故事。该研究所一直以探寻历史、文化人心为己任。

　　为深度发掘吴都文化，助力鄂州文明城市建设及乡村振兴建设，鄂州市吴都文化研究所热忱欢迎志同趣合的您加盟！

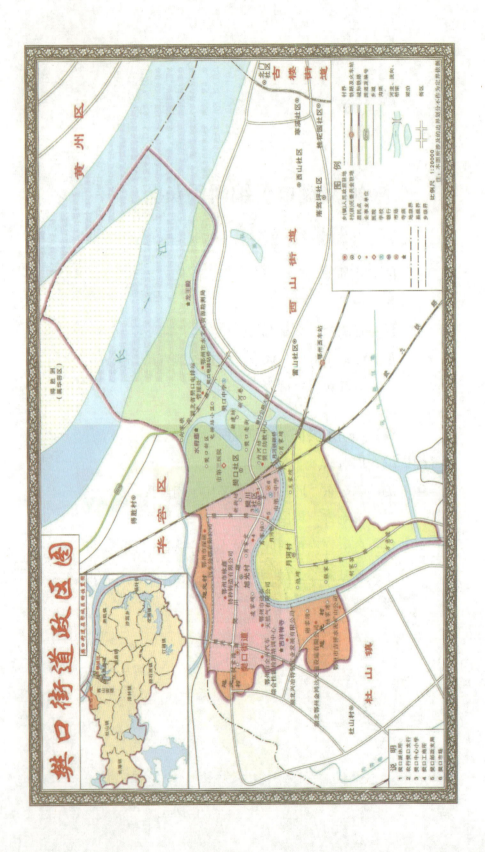

樊口街道政区图

武昌鱼

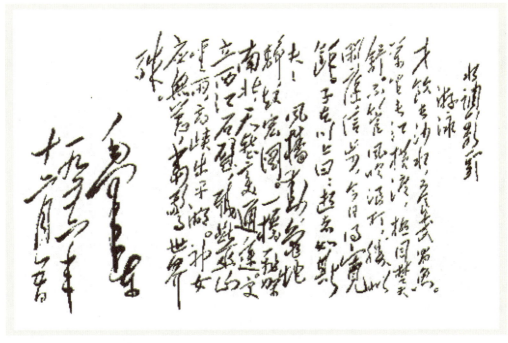

毛泽东主席有关武昌鱼的诗词

1955 年 11 月，时任国务院副总理李先念在旭光社用牛耕地的场景

1958 年 3 月，时任国务院副总理李先念视察旭光时，与旭光社支部书记亲切交谈

樊口剪纸

月河村赛龙舟

原樊口街道办事处办公楼

民信闸

20 世纪 70 年代正在建设中的樊口大闸

樊口大闸

樊口公园

樊口公园

青天湖湿地公园

武汉港工业园坐落于武汉市光谷东，地处鄂州经济开发区发展大道，武黄高速、汉鄂快速干道、城际铁路、雄楚大街延长线使武港工业园与武汉市中心城区无缝对接。由浙江企业联合会、湖北英豪投资与鄂州经济开发区联合打造的占地 6000 亩武汉港工业园，总投资 75 亿元，以工业厂房为主，构筑装备制造、机车装备、船舶配套、生物医药、信息安全、农用机械、节能环保、新能源八大产业基地，且配建有商业街、写字楼、酒店、住宅等，是当时鄂州经济开发区首个最大规模的工业综合体。该工业园始建于 2009 年 3 月 20 日

樊口新貌

樊口街道办事处办公大楼

以文化的名义，书写千年樊口

叶贤恩

眼前的这本《人文樊口》，是鄂州市吴都文化研究所推出的又一部探究地域历史文化的重要成果。近年来，吴都文化研究所以其辛勤的地域历史和民间民俗文化考究，推出一系列颇具影响的研究著述，像《人文太和》《樊口探古集》《鄂诸探古集》《吴都探古集》《鄂州民间民俗龙文化研究》等，形成了一系列独具特色的吴都文化研究品牌，这些研究成果，有效促进鄂州文化影响力和文化软实力提升，为鄂州新时代新发展战略建构贡献了一份文化力量。

谈及樊口，人们往往会将之与武昌城、武昌鱼、西山、樊山叠加。事实上，古代樊口孕育的地域历史文化，给今日鄂州在政治、经济、宗教、历史、地理、考古、文学、艺术、科技、美食、民俗等诸方面形成了巨大影响，也为多学科、多领域提供了丰富的研究课题。在延续和包容樊口历史学、地域学和民俗学的基础上，吴都文化研究所从历史的角度和全域的方位出发，秉持提升三国历史文化名城和全国文明城市、全国优秀旅游城市价值的理念，深入地探究、认识、领略、感悟和珍视鄂州这座曾经的帝都所承载的历史文脉。

这部专著，历时数年，几易其稿，让挖掘地域文化，服务城乡建设的初心跃然纸上。精心整理、系统整合了涉及樊口古街的系列资料，探寻了樊口地域风格与精神个性，丰富了鄂州历史文化城市史研究的具体内容，既有史料价值，也有文学价值，容量大，读来富有温度。毫无疑问，这本书体现了如下几个方面的视觉特色和学术建树。

该书较好地探究了古往今来樊口老街的历史渊源。樊口是鄂州的文化标杆，是鄂州（古武昌）历史之根。鄂州有很多地名都与樊口有关，比如：樊山、樊湖、樊川等。樊口名称的由来，可溯于上古，据《武昌县志》记载：帝尧时有樊仲文，今武昌有樊山。即与樊姓人聚居地樊山有关。相传三国时，吴王孙权曾在樊山猎豹，遇一樊姓姥母，建樊姥庙，后来渐进为樊山庙，樊山的名字由此渐名。晋代干宝《搜神记》有关于"樊山火”的神话，“樊山”的名字第一次出现在典籍中。而“樊口”名字出现在《三国志》中，有刘备樊口屯兵、刘备周瑜樊口会师等多处的记载。一百三十年后的南朝宋人裴松之作《三国志·注》中解释，樊口的名字是由樊山而派生出来的，樊山入江口之意，此樊湖、樊川渐名。

　　该书认真地研究了樊口历来作为长江军事要塞的重要遗址。这里是万里长江和百里长港的交汇口，是扼守长江的重要隘口，史上屡为兵家必争之地。据《三国志·张昭传》记载：孙权于武昌樊口钓台讲武阅军、饮酒大欢。又长安号在樊口江边试航，当时长安号是有五层楼高的巨舰，水上航母，能乘3000人。试航时遇狂风，驶入樊口避风而被风浪打坏，现在伍家坝抔湖这里，还留有“吴王败舶湾”；吴王从长安号巨舰下来，供吴王踏脚的石头叫“吴王岘”；吴王和群臣在吴王岘山角的空地上歇息，后来吴王建了岘山亭。八百年后，苏轼于此遗址上重建了九曲亭，其弟苏辙作《九曲亭记》。

　　该书细致地廓清了历代名人在樊口的踪迹。名山与名川相伴，名地与名人齐荣。樊口是历代文人墨客的游览之地，晋代陶渊明，北周庾信，唐代李白、元结，宋代苏轼、苏辙、黄庭坚，元末明初丁鹤年，明熊桴、孟绍甲，清代张之洞、王涵等近百位历代名人在这里留下了丰厚的文化遗产。李白游樊口“与黄公共赋《武昌钓台篇》”；唐代侍郎元结隐居樊口，写下了樊口《漫歌八曲》；宋代大学士苏轼游历樊口写下了“忆从樊口载春酒，步上西山寻野梅”的西山诗及《樊山记》等30多首（篇）诗词歌赋。樊口之所以在鄂州历史上闪耀着灿烂的文化之光，是因为她与历代名人相映衬的。

　　该书全面地探考了樊口作为繁华重镇的前世今生。这个千年古镇，是鄂州乃至长江中下游地区的经济重心，历代的樊口由于航运商贸的发展，樊口长港入江口成了货物散集地的泊市。一代大文豪苏轼诗赞的“沽酒江南村”的樊口老街，明初即设樊口巡检司，明清时期，由于樊湖移民日益增多，樊湖地域出现了数百座村湾，尤其是船运业的发展，又带动了农、林、牧、副、渔业产品商贸的发展，樊口老街为七县一州的货物进出口集散地，清代在这里设了收税的水上衙门，衙门港由此得名。矶头这里码头林立，商铺连片，十分繁荣，遍地黄金，此地因名金子矶。

　　樊口的另一个重要集市杜沟，在清代形成，两里长的街市在当时已属罕见。光绪二年（1876年），樊湖人郭瑞麟领头首筑樊口坝，后吴兆麟奉命建了堤闸。光绪皇帝为建樊口堤闸亲自下了七道圣旨，樊口老街曾叫“七圣街”。今天的樊口公园，是以历史上的樊口伍家坝，至周尾雷山外滩为板块的历史人文、生态公园；以樊口大闸、过船闸、电排站、电排二站、杜沟江滩、至民信闸、樊口老街（樊口大坝）、樊口堤、挡水墙、拖船岭、十三桥、月河、新河、薛家沟港为水利设施、人文生态为内容的水利公园。

　　从这本书中可以寻找到吴都文化研究所与樊口的不解之缘。该所是在樊口这片有着厚重历史的重镇上诞生的，早在2012年，该所就在对当地（鄂州开发区，今樊口街道）

两山四湖进行了人文探究的基础上，写了一部30余万字的《樊口探古集》。专家作家们一行破冰式开展了樊口青天湖湿地滩涂探考，提出"生态还湖"的设想，得到开发区领导的认可，并催生了樊口青天湖湿地公园的规划。吴都文化研究所多次组织到樊口伍家垅至洲尾口、雷山一带进行地域历史探考和文化采风，首次提出建设樊口沿江公园或武昌鱼文化广场的建议，并在《鄂州日报》《鄂州周刊》及鄂州电视台上鼓与呼，受到市领导高度重视，为今天鄂州樊口公园建设做了大量前期的史料佐证工作。樊口公园里的吴王钓鱼台、武昌鱼路的发现与命名，都是该所的研究成果，极大地丰富了鄂州的历史文化。

　　总之，这本书内容全面，归纳系统，立意新颖，手法灵活，图文并茂，文字朴实，细致入微地勾画出千年樊口古街的发展历程，多角度、多层面介绍樊口的山川地理、民情风俗，全面、系统地反映了樊口自然资源、人文景观以及名优特产，亦展示了樊口发展成就和未来宏图。这既是一张樊口的文化名片，也是一份吴都鄂州的"导游书"，对于宣传鄂州、推介鄂州、扩大鄂州知名度，促进鄂州经济社会全面发展将起到积极促进作用。

2021年5月20日

（作者系著名作家、社会科学研究员，吴都文化研究所名誉所长）

序二

杨光荣

　　手捧《人文樊口》样书，我很激动，也很欣喜。这是一本记得住乡愁的书，更是凝结我对樊口深厚情结的书。

　　习近平总书记在多个场合讲到，要弘扬中国优秀传统文化。我在樊口工作22年，记得招商引资时，我每次向客商推介樊口，都会介绍刘备屯兵处、元结隐居处、樊口载春酒、又食武昌鱼、樊口电排站、李先念试验田等人文历史。历史曾经无比眷顾樊口，仅仅这些关于樊口人文的简单宣传，就让客商对樊口产生浓厚的兴趣，前来投资兴业旅游，也鼓励着我对她进行追根溯源。

　　前年，鄂州市吴都文化研究所负责人陈运东找到我，就准备编纂《人文樊口》一书征求我的意见，我当即赞成。因为，这不仅做了一件擦亮樊口文化名片的善事，而且也遂了我多年探寻樊口文化源流的心愿。四年来，他们经过长时间的挖掘、搜集、考证，终于编纂完成《人文樊口》，淋漓尽致地诠释了"樊"字的来龙去脉，荟萃了樊口的人文奇观。这一精品力作的问世，必将带给读者精神文化的熏陶。

　　翻开《人文樊口》，可谓色彩斑斓，目不暇接。全书以樊口的历史人文为底色，以纪实的手法，如歌如泣地再现江南重镇鼓角争鸣、市井阡陌、灯火渔歌、行商坐贾、人文荟萃等波澜壮阔的历史画卷。笔触涉及历史、地理、工业、农业、文化、教育、科学、宗教、风土人情等方方面面，共十三章，洋洋洒洒二十几万字。这一系列宝贵的人文资源，无不凸显出樊口物华天宝、人杰地灵的文化底蕴，必将为促进我市文旅事业和相关产业发展，推进我市"三城一化"建设提供重要参考。

　　闻悉这项工作，一直得到市社科联的高度重视和大力支持，并委派专家亲临指导，市有关文史专家也给予了鼎力帮助，辖区市民积极配合，这里一并致以诚挚的谢意！

　　值此书稿即将付梓之际，我谨代表樊口街道党工委、办事处表示热烈祝贺！

　　习近平总书记指出，文化自信是一个国家、一个民族发展中更基本、更深沉、更持久的力量。让我们更加坚定"四个自信"，充分展现樊口文化的底气、蓬勃的朝气、昂扬的锐气、浩然的正气，为强力推进樊口高质量发展而努力奋斗！

谨为序。

2021年7月20日

（作者系鄂城区委常委、樊口街道党工委书记）

录
CONTENTS

第四章　遗迹遗址见沧桑

第五章　鼓角争鸣惊天地

民歌民谣 1. 小调   2. 插田锣鼓   3. 渔歌   4. 灯歌
          5. 风俗歌   6. 儿歌   7 放牛歌   8. 劳动号子
          9. 新民歌   10. 碛歌

第九章　创新发展绘宏图

武汉港工业园   宏泰工业园
超凡物流园   木之君公司
湖北兴欣科技股份有限公司   鄂州威尔工业有限公司
湖北金牛管业有限公司   湖北诺琦投资集团电气有限公司
顾地科技股份有限公司   湖北高程时代标识材料有限公司
湖北新力板簧股份有限公司   杜沟旺丰物资有限公司

第十章　旅游景点造"金山"

百年古董·民信闸   吞吐江河·樊口大闸
镇妖降魔·樊口电排站及二站

文化高地·西山风景区   极目楚天怀故土·望楚亭
苍松滴翠水潺潺·西山庵   探幽寻踪忆浪翁——退谷·抔湖
千年不朽的地标·九曲亭   登阁临风听松涛·松风阁
青山有幸埋忠骨·彭楚藩烈士墓   滨江新景·樊口公园
回归自然·青天湖湿地公园

百果飘香·得胜龙福果园农家乐

第十三章 诗文吟诵存风雅

> 名家名作　　　　　樊口治水历史文献

> 樊口建闸奏议　　　奏折　　　樊口闸坝私议
> 樊口筑堤修闸光绪皇帝七道谕旨

> 诗歌　　楹联　　散文

后 记

概 述

　　樊口，位于长江中下游南岸、鄂州市城区的西部，侧卧江滨港畔，半枕退谷樊山，是拥有悠久历史的江南重镇，是历代文人骚客蜂拥而至的游览胜地，是三国赤壁之战的策划处，是吴都文化之根，是鄂州世界非遗剪纸的摇篮，是百湖之市的龙头，是湖北梁子湖水利建设的枢纽，是长江中游军事要塞，是驰名中外的武昌鱼的故乡，是隋文帝南巡夜泊的吉祥之地，是曾任国务院副总理的李先念与农民同吃、同住、同劳动的联系点……

　　樊口久负"玉带拴珠"的盛名，其源头可追溯到两千年前的西汉。据《武昌县志》载，汉高祖刘邦灭楚后，为巩固其疆土，除重兵设防樊口外，还将此地封给临武侯樊哙为食邑之地，故而这里的山川都随之姓樊了，于是演绎出了樊湖、樊港、樊溪、樊川、樊山、樊口等。

　　樊口波连曲港，山踞滨江，为历代军事要冲。三国时，吴王孙权迁都武昌（今鄂州市）时，在樊口筑军事城堡"樊口戍"。刘备弃新野、败当阳后，与诸葛亮、关羽、张飞"尽移江夏之兵，进驻鄂县之樊口"。后来，东吴大将周瑜、程普与刘备会师樊口，共商北上破曹大计，大败曹军于赤壁。太平天国农民起义军渡江北上时，曾占据樊山扼守江面，攻陷江北黄州。

　　樊口自古以来名胜古迹甚多，樊西有伍子胥投江的芦洲渡，樊东有吴王钓鱼台，樊山上有吴王孙权避暑宫、祭天坛，樊山下有唐代大将军、诗人元结耕钓的抔湖、退谷。以"满城风雨近重阳"诗句闻名的宋代诗人潘大临，因家境贫寒，客居樊口，打鱼卖酒，惹得"樊口潘生酒"名噪宋、元、明、清。苏东坡被贬黄州后，慕名乘小舟来樊口，常与潘大临携酒登山，酌酒论诗，留下了千古传颂的"忆从樊口载春酒，步上西山寻野梅"的诗句。

　　古时樊口，江湖之间本来是没有堤坝阻隔的。每逢外江发洪水，内湖必闹洪灾，滨湖万顷良田无不变成泽国。光绪三年（1877年），樊口人民推举汪国源、胡炳卢二位抻头，在樊口筑坝御洪。可是，当时任湖广总督的李瀚章（安徽人）却断言此举是将祸水东引安徽巢湖。于是，除下令毁掉樊口子堤外，更将汪国源斩首示众。直到1911年辛亥革命推翻清王朝后，这里才正式修堤、筑坝、建闸。因建闸取信于民、利于民生，故1925年大闸建成之日分别取名为"民信闸""民生闸"。

新中国成立后，党和人民政府为使八百里樊川人民摆脱千年外江洪灾、内湖涝灾带来的痛楚，多次拨款在樊口沿江一线筑起了百里长江大堤；在樊山下修建了一座自动化十孔大闸；后又在民信闸旁建成了一座规模宏伟、造型美观的现代化电力排灌站，装有四台直径各四米的大型立式轴流泵，以280立方米/秒的流量排水。

今日樊口，不仅以其悠久的历史、动人的传说让人引为骄傲，而且以其富庶的生产、崭新的变化让人感到自豪。

梁子的螃蟹、长港的甲鱼、樊湖的白莲，无不驰名中外。一代伟人毛泽东笔下的著名"武昌鱼"，更是独产于樊口，因此又有"樊口鳊鱼"的雅号。每到秋冬季节，武昌鱼从湖中游到江、湖汇合处的樊口河槽深处越冬，此时此地捕捞的武昌鱼，才称得上是正牌货。这个"小精灵"，不仅成就了人们舌尖上的念想，更承载了樊口文化的传扬——"长江绕廊知鱼美""南游莫忘武昌鱼""才饮长沙水，又食武昌鱼"。为满足国内外需要，近年来国家在梁子湖开辟了武昌鱼饲养基地。令人可喜的是，肉嫩味美的武昌鱼，如今已在全国23个省市安家落户了。

不仅如此，樊口以其地理优势，2008年8月经省政府批复筹建，同年11月正式组建"湖北鄂州经济开发区"，自此，樊口的历史翻开了新的一页。经过十余年的开发建设，企业集群在这片热土如雨后春笋蓬勃发展，功能区有：制造业聚集区、中小企业创业区、科技企业孵化区、物流贸易区、城市发展新区；主要产业有：装备制造、建材制造；建有武汉港工业园、宏泰工业园、超凡物流园等园区；拥有湖北晨风轨道装备、湖北鄂州扬子重型机械、欣欣建材、顾地科技、兴方磨具、多佳服饰、金牛管业、木之君等300余家企业和82家规模以上企业。

千古奔流的长江、樊水，流经新时代的樊口，把古镇洗染得绚丽多姿。樊口公园是长江沿岸最宽的江滩公园，由岸线向内延伸达420多米。该项目核心区面积5.06平方公里，主要建设内容包括江滩综合整治（含一级水源地保护）、水系综合治理、沿江主干路（桥）建设、生态景观工程和市政及其他配套工程等。项目立足于防洪及环境整治，依托樊口区域的水文地质条件和资源优势，将樊口区域打造成彰显水利核心功能、注重生态环境改善、富有历史文化内涵的鄂州城市新名片。

登上绿荫堆翠的樊山，好一幅秀色扑面的画卷灿然入目：远处的樊湖，帆影点点；近处的樊川，麦浪滚滚；脚下的樊口，喷霞溢彩。一弯银波荡漾的樊水抱街环流，斑斑点点地闪着金光，恰似翡翠镶上了一道金边，古人以"玉带拴珠"描画这一带的景色，真是再恰当不过了。

习近平总书记曾指出：历史文化是城市的灵魂，要像爱惜自己的生命一样保护好城市历史文化遗产。为了贯彻落实习近平总书记的重要指示精神，让鄂州历史文化焕发新的光彩，为鄂州文化旅游发展夯实历史底蕴与支撑，吴都文化研究所集中力量，耗费了四年时间，编撰了《人文樊口》。该书以纪实的方法，如歌如泣地再现江南重镇鼓角争鸣、市井阡陌、星火渔歌、驯水降魔、商贾云集、人文荟萃等波澜壮阔、脍炙人口的历史画卷，也讴歌了改革开放以来这里所发生的翻天覆地、日新月异的变化和人民幸福的精神风貌。

第一章　源远流长话地名

一、追根溯源　历史悠久

"樊口"历史源远流长。历史上出现樊湖、樊港、樊川、樊山、樊口这么多带"樊"字的地名，绝非偶然，必定有着深厚的"樊"文化背景。目前，对于"樊口"名称的来历，有以下两种说法。

一是"樊"字地名与鄂州古代祈雨的民俗有关。古人认为天旱是鬼神作祟，因而祈神求雨。各地求雨的做法不一，古鄂州人求雨的方法是放火烧山，古语称作"燔山"。《搜神记》就记载了鄂州祈雨这一风俗，并称"天若亢旱，燔山则雨"。鄂州城附近最高的山唯有西山和雷山，两山逶迤相接，北临长江，西滨长港，特别是雷山脚下的樊口港，是梁子湖通长江的咽喉，港阔潭深，水急流险，古人疑为藏龙之所；西山东麓的江浒又有"龙蟠矶"，人称"龙蟠凤集之乡"。在这一带燔山火，大概最易于激怒蛰伏于长江中或深潜于樊口港里的"卧龙"，因此易收到起龙致雨之神效。所以，每遇旱灾，古鄂州人必在西山、雷山一带燔山求雨，久之，把"燔"叫作了"樊"。苏轼谪居黄州期间，经常过江游览樊山，并对樊山之名的由来进行过考证，在《樊山记》中有"樊山，或曰燔山。岁旱燔山，起龙致雨"的记载。考之鄂州历代州府县志，历史上确有不少的郡守县令曾到樊山祈神求雨。河港因此亦名樊港，由之上溯又有樊湖，也就是顺理成章之事了。苏东坡在考证樊山山名之来历时，还注意到另外一种说法，即"或曰樊氏居之"，意思是，樊山之所以带樊，是因为曾有樊姓居民聚居此山。按中国地名最基本的命名规律，乃移"人"之姓于"地"。虽然苏东坡对此未作肯定结论，只是将这种猜测和前面曾经提到过的"燔山"之说客观地并提，表示"未知孰是"，但民间有这种说法，则是可以肯定的。今樊湖一线确有不少"樊"姓居民，且多聚居于长港两岸。也有人认为，樊山之"樊"确系移"人"之姓而来，不过，开始很可能不是"樊"，而是"袁"。如六朝时期庾仲雍《江水记》云："谷里袁口江津，南入历樊山上下三百里。"这里的"袁口"指的就是今"樊口"；《九州记》《水经注》都说，鄂县城南有"袁山"；宋代武昌县令薛季宣作过一首《袁山春望》诗，有"密雨作春社，袁山暂登临"之句，其"袁山"皆指"樊山"。随着历史的推移，"袁"系地名逐渐湮没，而

"樊"派地名则幸运地保存下来并延续至今。还有文字记载说"樊山"又曾叫作"来山",至于"来山"从何而来,就需要进一步考证了。

二是汉朝樊哙封地说。汉高祖外邦曾给其爱将樊哙一块封地,这块封地即在今之鄂州一带,樊山即在其封地辖内,并因此而得名。据史书记载,鄂州有两处景点直接与樊大将军有关。一是樊山路旁有一石,石上有窟,世传樊哙磨旗于此,并得窟,故名"磨旗石";二是樊山脚下怡亭边有一石,其石势如今之沙发椅,相传樊哙率军渡江候船时,曾憩息靠背于此石,因名"靠背石"。《搜神记》也记载了一个与樊哙有关的故事:三国时,吴王孙权驻军鄂州,到西山打猎时,遇见一老媪,对他讲:"我是汉舞阳侯樊哙的母亲。魏国将要攻打你们吴蜀二国了,我将帮助你打赢这一仗。"言讫不见。果不其然,不久,曹操亲率大军大举进攻,孙权与刘备合作,赢得了赤壁之役。孙权感念樊山奇遇,特立庙祭祀樊母,名"樊姆庙"。《武昌记》也记述了一个大同小异的故事,说是孙权在雷山打猎,黄昏将归时,遇一老媪,问他有何收获,孙权兴高采烈地回答:"刚刚猎到一只豹子。"老媪便讲:"为什么不把豹尾竖起来呢?"汉制,天子出巡,队列中应竖豹尾以示威仪。老媪言"竖豹尾",自是寓意孙权有帝王之兆。孙权闻此言,当然非常高兴,便命人在西山为之建"大姥庙"。这个故事也许是孙权或其手下人编造出来,为孙权登基称帝做舆论准备的,但立庙于樊山却是事实。苏东坡的《樊山记》也提到了这座庙,不过名称变作了"圣母庙",他叙述15年前自己第一次来武昌时,曾在庙墙上见到过"得一豹"三字,当时字迹比较模糊,这次再来,三个字已经见不到了。可见,至迟在宋元丰年间(1080年前后),这座庙还是存在的。清代县志也有关于这座庙的记载,并称庙在樊山之南。上述两个故事至今仍在鄂州流传,并且收进了《鄂城民间故事集》。

樊山、樊口、樊港、樊湖一带,又通称"樊上"。但"樊上"所指甚广。唐代诗人元结因避难隐居"樊上",实际上是在樊山之中。宋代浙江酒商潘鲠(潘大临之父)一家寓居的"樊上"则是"樊口",潘家所酿名噪一时的"潘生酒"因之又名"樊口春酒"。元代丁鹤年亦栖居"樊上",但他的栖居处却在昔之南浦、今之洋澜湖畔。鄂州之"樊",古今皆有不小影响。特别是苏东坡,对这里的一山一水、一草一木,都怀有极其深厚的感情,对山中水畔的野叟渔樵,更是久久不能忘怀。离开黄州好多年后,他还在一首题画诗中深情依依地回忆:"君不见武昌樊口幽绝处,东坡先生留五年。"并发抒自己由衷的感慨:"山中故老应有招我归来篇。"苏东坡对樊口、樊山的赞许和推重,对后人产生了很大影响。明朝黄冈人占谨之在鄂州任职,受东坡先生影响甚深,后来干脆弃官归隐,徙家鄂州樊上,每暇辄吟"武昌樊口幽绝处,东坡先生留五年"两句诗,真是地地道道的"樊痴"了。

由于樊上地区山川险要,地理位置特殊,"左控浔庐,右连襄汉,插御上流,西藩建康"，因而成为历代兵家的战略之地。樊山襟江带湖，拔地而起，沿江一面陡峭险恶，成为扼守江面的自然屏障，素称"楚东门户、吴晋重镇"。汉高祖刘邦为巩固其疆土，曾派灌婴筑城设防于山下。三国时，孙权除大兴土木、营造城池外，还特地在樊山设烽火瞭望台，派兵驻防，称为"樊山戍"。此后，历代一直沿袭下来，唐称"樊山府"，南唐则叫作"樊山寨"。

樊山脚下为樊港通长江之河口，其地背山临水，扼长江，锁樊川，镇武昌，是驻扎水军、停泊战舰的天然港湾。《三国演义》写道，赤壁之战前，刘备曾派大将关羽、张飞、越支等率水师屯兵樊口，与周瑜会师西山，配合孙权控制长江中游。据《读史方舆纪要》载："汉建安十三年，刘备败于当阳，用鲁肃计，留夏口，进屯鄂县之樊口是也。"清末，洪秀全、杨秀清等亦率太平军，利用樊上地区特殊险要的地形，在樊山、樊口一带与清军周旋。

二、人口迁徙　垦荒渔猎

自三国至明清以来，樊湖便是沟通长江的便捷水道，特别是樊口白菱山一带被辟为贵族墓地后，樊湖过往商船日益增多，人们大批进入湖区活动。一些王公贵族、地主豪绅派家丁或雇长工带着主人的重托来到湖区守墓。守墓者大多以周围荒滩作为酬劳，叫作"以地代酬"，即守墓者在守好墓地的同时，捕鱼耕种，不交租金，"自给自足"。随着时间的推移，一些守墓者成为"自耕农"，他们举家在此筑庐建舍，日出而作，日没而息。随着垦荒拓地者的增多，一些自耕者，在农忙时请雇工，成为雇主；水上"插标"，又成为湖主。樊湖滩涂众多，鱼虾丰盛，加之"拓荒者"奠下的基础，故吸引黄冈、湖南、江西来樊湖"做渔业"和围垦之人越来越多。守墓者、垦荒者、捕鱼者就相继成为新一轮移民。

樊湖自古为长江中游主要泄洪区之一，因江湖贯通，年年江水倒灌内湖大半年，而且五年一小灾、十年一大灾。一些开垦出来的熟地和围垸出来的良田，周期性地被洪水淹没，一次次围垸，一次次被毁，一次次重新筑堤。人们劳神费力，勤耕苦做，很难抗拒天灾。这致使一些意志薄弱者难以承受，又使慕名而来者望而却步。他们有的落荒而逃；有的放弃多年打拼而出外谋生。他们带着美好憧憬前来"大显身手"，但又一个个"扫兴而归"，这应是早期姓氏"迁进迁出"的主要原因。

在樊湖坚持下来的土著和移民后裔，有种不怕"邪"的秉性，在与自然界的斗争中，他们摸索到"水"的规律，根据"春夏水涨，秋冬水落"的特点，"兵来将挡，水来土掩"，人们开始有"意识"地兴修水利。一些拓荒者，为了保住家园和田产，不惜斥巨资围垸筑堤。他们各自为战，或相互协作，筑起的堤坝将百里樊湖分割为若干小湖。他们还开挖小港引湖水至樊川入长江，形成"湖—河—沟—港"的"自流网"，使得樊湖常年水位下降，露出大片沼泽坡地。随着樊湖生产环境的改善，黄州府将樊口沿江沿岸辟为"军屯地"和"公廨田"；又采取重奖农桑政策（为移民农垦提供耕牛、种子和工具），吸引了新一轮移民来到樊湖。

元代末年，李姓最早在雷山脚下定居种田。明初洪武年间（1368—1398年），贺氏落业李家坡。明永乐元年（1403年）以来，樊山以西的长江南岸，由于长江河道变迁，渐渐形成肥沃的洲地，江北陆续有姓氏迁来江南"插旗围标"（又名"插芦围标"）。正统辛酉年（1441年），蒙化同知徐悌卸任回黄州楼下街朱衣巷后，选择黄州大壮洲（得胜洲）定居。嘉靖年间（1522—1566年），山西太原的王氏家族被官府遣送来樊口围垸种田，成为王家湾。万历年间（1573—1620年），江西瓦屋坝田氏父子逃难到雷山附近一尼姑庵中，垦殖种田，成为田家庵。天启癸亥年（1623年），黄州通判杜墩的后裔杜富春携妻徐氏迁居得胜州。崇祯年间（1628—1644年），芦席口（六十口）张文煜、张文直两兄弟来长港南岸以渔为生，清初弃渔烧窑，名为张家窑。

清康熙年间（1662—1722年），黄冈溢流河熊百顺等两户，从燕矶转徙内河南岸，捕鱼谋生。肖维能迁来长港南岸以制米炮为业，遂名肖炮湾。阳新龙港肖瑞悟来樊口落籍，其后裔现居住在肖家湾。黄州城响堂谢雨生，入赘樊口陆家为婿。黄州教场坝举人李子春的曾孙李子华，与得胜洲卢永顾员外之女成亲，得陪奁洲地360号。江西瓦屋坝的周、刘、左等姓氏，先后从蕲水巴河驿转迁南洋湖、北洋湖，在四面环水的丘岛上种地。左礼洪、史兴阶于光绪年间联合湖区周围各姓，筑民堤、建水闸。洪水一来，鸣锣报警，老弱妇孺上高处避水，青壮年上堤抢险护田园。雍正年间（1723—1735年），黄冈桐子岗章正国、章华国、章经国三兄弟来得胜洲"插旗围标"。乾隆年间（1735—1796年），武昌余道经入赘凌家湾为婿。新庙茅草湖戴氏迁来李家坡。嘉庆年间（1796—1820年），黄冈卢家冲3户13人，长圻的陈毓，福建、江西的徐氏、王氏陆续来杜家沟落业。大冶古城的胡燕守定居樊口，以烧窑为业，遂名胡家窑。梁子碾磨山鲁家全、鲁家思两兄弟逃难而来，住在乌翅湖边以捕鱼为业。道光年间（1821—1850年），江西池湖港谈久某移民到凌家湾。清末至民国期间，先后来樊口从事农、渔、商、运等业的有江、易、宋、郭、喻、余、范、魏、夏、霍、詹等姓氏。

明清早期姓氏，坚持下来的移民三三两两围绕社庙居住。但江湖相通、江水倒灌使樊港一带变成泽国，原先的"自流网"和堤坝在洪水面前也无能为力。小灾之年，乡民只能半收，大灾之年，人们只能"望洋兴叹"。为了稳定流民，发展农耕，官府和民间有识之士，意识到修江堤抗洪防灾才是农业的根本出路。清同治八年（1869年），武昌知县张炅请以工代赈的方式，筑黄柏山大堤以挡江水入湖；杜山的程操和方意渡筑竹溪海大堤挡水；白葭山塆、杜山塆开截流沟，分别引吴氏湖和青天湖水入樊港。清光绪二年（1876年），住在郭岿塆的廪生郭瑞麟毅然出头，为筑樊口大堤上京为民请命。他联络鄂城、黄冈、大冶三县乡绅，于当年冬在樊口筑成横堤，将长江与内河隔断。次年春汛江水没有倒灌，樊湖庄稼喜获丰收。樊湖乡民第一次尝到了兴修水利所带来的好处，吸引许多外流姓氏回迁。

1922年，湖北省国民政府为了顺应民心，指定辛亥革命元勋吴兆麟将军督修樊口堤闸。1926年堤闸建成，樊口一带因旱涝保收，黄冈、大冶等移民蜂拥而至。他们或由政府派遣，或由亲戚牵引，或因受雇租种，或因联姻入籍，或以捕捞暂住，或以手艺落籍……樊口作为樊湖开发的起埠地，见证了历次移民"扬帆西进"的曲折过程。

三、重要关口　通江达海

樊口，樊湖、樊川入江之口。它襟江带湖，有雷山峻拔高昂，又有西峰巍峨耸峙。陂陀蔓延，溪谷幽邃，羊肠九曲，茂林蔚翠。

樊口，七县一州，水上大通道之总汇。樯橹如云，码头林立。渔舟唱晚，商贾云集。曾设巡检司"治安"、又牙厘局"抽税"，是一座港湾型的古镇，曾为衙门港，亦曰金子矶。

樊口是历代兵家必争之地。吴、晋间有樊山戍，唐置樊山府，南唐设樊山砦寨，五代有樊山寨，明为武昌寨。樊口是水上交通要塞，樊山居高临下，扼守长江天险，金戈铁马，千军营垒，多少英雄豪杰尽风流。

历史波澜壮阔地从这里走过，上演过一曲曲、一幕幕风云激荡的故事。当硝烟远去，历史在这里沉淀出丰富的人文景观。战国有秦皇收俘楚王"受降台"；汉有樊哙大军"磨旗石"；三国刘备、周瑜樊口会师地，又有吴王孙权钓鱼台、猎豹处，还有九曲亭、吴王岘、吴王"长安号"试航于樊口湾；晋代有陶太尉陶侃宅，后为罗汉院，又为释子居；隋文帝杨坚有樊口"吉祥梦"；唐侍郎元结侍母樊上；还有宋学士苏轼"武昌樊口幽绝处"；元诗人丁鹤年《樊口隐居》；明文学家钟惺退谷《访花翁》；更有清人宋荦、王涵《樊口》颂；雷山有寺，望夫有石；王生家有鲤、有鲂（武昌鱼）；潘大临酒店有"潘生"；三道"营盘"，两千太平军，隆隆呐喊，血铸樊口魂。

樊口是古代重要贸易关口。20世纪五六十年代，安徽发现了几枚铜节，为我们认识古代的关津问题提供了实物参考。1957年，考古工作者在安徽寿县城东邱家花园发现4枚楚国符节，其中舟节（即水路通行证）1枚、车节（即陆路通行证）3枚；1960年又发现舟节1枚，前后共计5枚符节。它们"个头"不大，舟节长约31厘米，宽约7厘米；车节长约30厘米，宽约7厘米。

这些符节以铜为材质，外表呈竹节形状，节的阳面镌有文字。它们是楚王颁给鄂地（今湖北鄂州）一位名叫"启"的封君的免税符节。后来，楚秦争夺天下，楚国失利，鄂君或其后人携带符节随楚国王室东迁至安徽，死后将其埋入地下。因此，这5枚符节简称"鄂君启节"。

鄂君启节的发现，一方面印证了古代统治者对关津要地的重视以及符节的重要价值，另一方面也印证了楚国时期，鄂州是鄂王对外贸易的始发地，樊口则是当时最重要的通江达海关口。这3枚车节、2枚舟节还为认识相关古樊口是重要关口提供了证据。

首先，我国早期关津问题或者说关津制度，并不局限于中原地区，也普遍实行于各大诸侯国。可以说，一枚枚符节流通于普天之下。需要说明的是，严格而言，"符""节"在古代有所区别，"符"一般指信符，多用作发兵的凭据，节为出行凭证，两者有时也可统称为"符节"，文中所说"符节"指作为关津通行证的"节"。

其次，发现的这5枚鄂君启节免税铜节，也说明了无论走阳关道，还是过独木桥，都是需要凭据的，哪怕身份是高级贵族，也要遵守。同时也表明，一国之内的重要关津，不仅作为军事、交通要塞存在，发挥着控制人员流动的作用，还具有独特的税收功能，即经济功能。关于这一点，节上铭文有描述，如"见其金节毋征""不见其金节则征"，意思很明白，没有特许的情况下，商人经过关津需要缴纳税款。

最后，南方也有一个渐次开发的过程。在不少人印象中，自先秦至隋唐，两湖地区一直属于蛮荒之地，古代一些士大夫如贾谊、刘禹锡、柳宗元均贬谪于此，贾谊甚至还曾担忧"长沙卑湿，自以为寿不得长"（《史记·屈原贾生列传》），因而心意惆怅。但据舟节上的文字显示，当时鄂君的商业车队或船队不仅可以通过陆路、大小江河与中原贸易往来，还能沿长江东下今安徽、江西地区，向南亦可深入湖南大部分地区，"入湘，庚牒，庚洮阳；入沫，庚鄘；入资、沅、澧、油"（鄂君启节舟节铭文）。据历史地理学家谭其骧考证，这里的"洮阳"，位于今广西壮族自治区全州县境内（谭其骧《鄂君启节铭文释地》，收入《长水集（下）》，人民出版社1987年版）。可见，鄂君的商船不仅能往返于水流量较大的湖南湘、资、沅、澧四大水系的中下游，还能延伸到它的上游。这个发现足以令人惊叹。

樊口代有人文出，引领风骚各千秋。有史书《三国志》及《资治通鉴》载录了樊口，还有郦氏《水经注》，庾氏《江图》，更有名著《东周列国志》与《三国演义》，又有干宝的《搜神记》，从这些典籍文献中，不难看出樊口历代都是重要的水路交通关口，各路将帅、文人骚客正是因樊口之名会聚于此，然后又各自走天涯。

四、区划演变　风韵万千

樊口境域历史悠久，尧时至明代，樊口境域自西山北麓至雷山沿江一线。明洪武年间，雷山西部原属通江连湖的水域，由于泥沙淤积，"深湖变浅湖"，形成芦苇遍布的沼泽地，开始有移民迁来"围垸筑圩，砍芦造田"。到民国十五年（1926年），吴兆麟在樊口修闸筑堤，堤闸内原水面都变成耕地良田，因此，这片被开垦出的陆地地域就统称为樊口。

但随着政府对这片区域实行行政管理，樊口的地域也在不断变化。明、清至1949年时，樊口地域东起西山，南界大冶，西抵六十口、马桥，北临长江。1950年至1957年，樊口境域包括樊口镇、临江、芦洲、蒲团、横山、杜山、东港所辖地域，1958年又增加东沟所辖地域。1979年，樊口境域调整为东起雷山屋、朱家垴，南至月河，西抵旭光，北到杜沟所辖地域。1987年，朱家垴地域划出。2008年，樊口地域南部扩大到周铺、范墩，西部扩大到杜山、周㘎，北部到钮墩、得胜所属地域。

史书记载，上古唐尧时代有个"樊国"，辖地在鄂州市一带。现今樊山樊水、樊湖等，其一说皆源于古代"樊国"。罗泌《路史国名记》有"帝尧时有樊仲文，今武昌有樊山"的记载，樊口早于西周设邑的鄂县。

西周中期至战国。周夷王时，王室衰微，诸侯间相互征伐兼并，楚子熊渠伐杨越于鄂，乃封其中子红为鄂王，从此鄂属楚。西周末楚都于鄂县，春秋时鄂为楚国别都，楚怀王时鄂为楚国大贵族启的封地，樊口属鄂，亦属楚国。

秦汉吴晋时。秦始皇二十六年（前278年）分天下为三十六郡，鄂属南郡。汉高祖六年（前201年）分南郡增设江夏郡，鄂属江夏郡。武帝元封五年（前106年），全国为十三州刺史部，江夏郡属荆州，鄂县属江夏，樊口隶鄂县。三国魏黄初二年（221年）八月，孙权都于武昌（鄂城），吴黄龙元年（229年）九月，孙权还都建业，留太子孙登守武昌为拱卫帝都和别都，为加强防务，吴于樊口设烽火台并派兵驻防，称"樊山戍"。西晋鄂属荆州，东晋元帝建武元年（317年），武昌属江州，州所移武昌（鄂城），太守陶侃为加强防务，常来樊口整训水师，将钓鱼台作为其指挥台。

唐和南唐。唐高祖武德四年（621年）改江夏郡为鄂州郡，属江南道，开元二十一年（753年）为江南西道，天宝元年（742年）重改鄂州郡为武昌郡，乾元元年（758年）复改江夏郡为鄂州郡。道、州、郡虽几经变更，然武昌（鄂州）上属关系亦未变，县名如故，樊口在县西五里，其隶属亦未变。五代南唐时，为适应军事和防务所需，唐曾在樊口设置樊山府和樊口砦。

明清两朝。明代武昌县（鄂城）属湖广布政使司武昌府，县在樊口设金子矶镇巡检司，常驻汛兵和塘兵，负责沿江地方治安和邮传。清代康熙三年（1664年）分湖南、湖北布政使司（省）后，湖北省分为五道，武昌县属武昌盐政道武昌府。因樊川出江之口樊口正对江北之黄冈县，清末将樊川自六十口至樊口沿港狭窄地段和沿江芦洲、粑铺、得胜、三畈（上、中、下西畈，今蒲团乡一带）划归为黄冈县的卫屯地，为湖广湖北布政使司汉黄德道黄冈县捕衙汛厢坊乡。咸丰五年（1855年），湖广总督官文，湖北巡抚胡林翼核定设立樊口牙厘局征收沿江过往船只税务，牙厘局分北南二卡，总卡设南岸属鄂城县，分卡设北岸（洲尾）属黄冈县所辖。

辛亥革命前后，黄冈县领属未变，樊口上隶下领亦未变。民国七八年间，黄冈废小区，将所领六汛改为六大区，每区设三个保卫团，樊口属第一区第三保卫团，地域辖樊口、三畈、得马（粑铺、芦洲、得胜）。民国二十一年（1932年），将六区改为六区署，下设联保、保、甲。樊口属湖北省四行政督察区黄冈县第二区署，下设七、八、九联保。民国二十三年（1934年），樊口为黄冈县樊川乡。1938年樊口被日寇侵占为据点后，樊口划归湖北省第一行政督察区鄂城县管辖，原樊川乡分为得马、三畈（港畈）、樊川三个乡，乡设三个联保。樊川乡乡公所设樊口镇。1945年9月抗战胜利后至1949年新中国成立前夕，樊口隶属黄冈县新州区署，将樊川、得马、三畈合并为樊川乡，乡公所仍设樊口镇。

新中国成立初期的樊口和樊口地区。1949年5月，鄂城县解放，樊口及其原所辖得马、三畈地区划归鄂城县管辖。6月，鄂城县人民民主政府和鄂城县委会成立，樊口区相应成立，辖原樊川、得马、三畈地区，区公所设樊口。1949年至1950年，鄂城县人民民主政府设樊口街（现蔬菜门市部）。1949年，樊口成立樊口街，辖薛家沟老街，坝上正街，邻近周、刘、左和潭柏山等村湾。

1953年春，樊口街与方异乡的月河村合并组成樊口乡，所辖地域除原樊口街所属村街外，增加长港南岸沿港自张家窑至衙门港沿岸村湾，即张家窑、胡家窑、程家墩、王家湾、肖家墩、河南岸、周家窝、余家湾和范家墩。

1959年樊口成立区辖镇，镇辖薛家沟老街、坝上正街、内河后街、包袱街、雷山街以及由河南岸、范家墩、余家湾、周家窝组成的渔业合作社。左湾划归得胜乡群英高级农业合作社，周家湾划归杜山乡。

1958年9月，樊口区成立旭光人民公社，樊口镇改为旭光公社樊口管理区，辖渔业大队、薛家沟老街、坝上正街、内河后街、包袱街、雷山街及居民组成的"三八"大队，周、刘、左湾和向家墩组成的蔬菜大队，共辖三个大队、五个街。

1961年人民公社调整并恢复区级政府，樊口管理区改为鄂城县樊口区樊口镇，镇所辖区域不变，至1975年撤区并社前，樊口镇领属未变。撤区并社后樊口镇划归鄂城县城关镇管辖，为城关镇樊口街道办事处，所辖区域五街三大队不变。1978年政社分家，樊口仍为城关镇樊口街道办事处，隶属未变，代管鄂钢桥和朱家塆两村，直至1980年县市分家。

1980年1月，鄂城市设立，樊口为鄂城市樊口街道办事处，原所属村街不变，另划临江公社杜沟村，旭光公社月河、旭光两村，城关镇朱家堎、鄂钢桥两村共五村隶属樊口街道办事处。1983年10月，鄂城县、鄂城市、黄冈县黄州镇合并设立鄂州市，分设黄州、鄂城两个县级城区和增设四个副县级农业派出区。樊口街道办事处属鄂州市鄂城区，领域不变。1987年8月，鄂州市将黄州区划出，撤销四个农业派出区，改设华容、梁子湖两个县级农业区，樊口街道办事处朱家堎村、鄂钢桥村划出并成立西山街道办事处，樊口街道办事处属鄂州市鄂城区，辖杜沟、长堤、月河、旭光、新河五村，薛家沟、内河、樊川、电排站、大闸五个居委会。1997年12月，樊口街道办事处划归市直管街道办事处，下辖区域不变。

樊口古镇因其历史悠久和地理位置重要，新中国成立后鄂城县区划不断变更，在很长一段时间内樊川自六十口以下沿岸都以樊口为核心不断变动。1949年6月，鄂城县人民民主政府成立，10月，正式成立鄂城县人民政府，全县分设7个区，樊口为樊口区，辖樊川自六十口至樊口沿岸地区、三畈地区和沿江得马、粑铺、芦洲等地。1950年全县分设9个区，樊口为第三区，所辖区域不变。12月，黄冈县将原六十口至樊口沿长港两岸地区正式移交给鄂城县。1953年，全县调整为12个区，樊口为第四区，将原有24个乡调整为16个乡。1954年改称第五区，辖16个乡，即：东港、桐山、路口、横山、金鸡、樊口、得胜、粑铺、芦洲、杜山、保桥、周劳、大庙、蒲团、方异、徐刘（先台乡）。1955年，全县分设11个区，樊口仍为第五区，辖22个乡，将撤销的第八区（东沟区）的六十口、夏沟、东沟、大垅、鲈州、月山6个乡划归樊口区，范围基本与原樊川乡一致。1956年，鄂城县再度减区并乡，区名以地名命名，全县分设10个区1个镇，分领62个乡，3个区辖镇。樊口区辖临江、芦洲、蒲团、横山、杜山、东港6乡和樊口镇。1957年撤区设指导组，樊口区为杜山指导组，辖原樊口区所有区域。

1958年9月，杜山指导组成立旭光人民公社，所辖区域不变，将原所辖6乡1镇改为7个管理区，管理区下设生产大队，生产大队下设生产小队。1961年鄂城县撤销，同时设立鄂城市，人民公社进行调整，恢复区级建制，旭光公社所辖7个管理区改设为东港、旭光、蒲团、横山、临江、芦洲6个公社和樊口镇，隶属于樊口区。1964年，全县分设9区，原东沟区东沟公社划归樊口区管辖，临江与芦洲二社合并为临江公社，樊口区领东沟、东港、旭光、临江、蒲团、横山6公社和1区属镇——樊口镇。

1975年，撤区并社，樊口区原所辖6公社撤并为旭光、东沟、蒲团、临江4个公社，直属鄂城县管，樊口镇所属渔业大队、"三八"大队、蔬菜大队和樊口镇一起划归鄂城县城关镇，为城关镇樊口街道办事处。1983年鄂州市成立，分设鄂城、黄州两个县级城区，华容、长港、程潮和梁子湖4个副县级派出区，长港派出区领辖原樊口区所有公社。1984年社政分开，改公社为乡、镇行政机构，长港派出区所辖4社改为临江、蒲团、杜山3乡和东沟1镇。

1987年，鄂州市撤销4个农业派出区，改设华容、梁子湖2个农业县级区和鄂城区。东沟镇隶属梁子湖区，临江、蒲团隶属华容区，杜山隶属鄂城区。

2008年，成立鄂州经济开发区，华容区临江乡的钮墩村、得胜村，蒲团乡的周为村，鄂城区杜山乡的杜山村、范墩村，西山街道的周铺村划归为开发区管辖。

2019年4月，撤销鄂州经济开发区，恢复樊口街道办事处，属鄂城区管辖。

第二章　樊山樊水显灵秀

一、钟灵秀山

西山积翠

西山，有美景，有人文。

西山又名樊山、袁山。三国魏黄初元年（220年），吴王孙权建避暑宫于此。东晋建武元年（317年），名僧慧远又建寒溪寺。《舆地纪胜》卷81寿昌军说：西山"在武昌西三里。一名樊山。旧名袁山"。宋苏东坡有《武昌西山》诗："忆从樊口载春酒，步上西山寻野梅。"《记樊山》文："自余所居灵皋亭下，乱流而西，泊于樊山为樊口。"张耒亦有《樊山》诗："晚天紫翠凌空阔，只有樊山取意秋。"光绪《武昌县志》卷一：西山，"今俗以九曲岭以上为西山。以临樊口者为樊山，与赤壁隔江相对"。

而今，大抵鄂州人只知西山，而不知樊山、袁山，岂不悲哉！

古往今来，有许多文人墨客都留下了诗篇咏叹西山之美。唐代孟彦深在《元次山居武昌之樊山，新春大雪，以诗问之》中写道："起来望樊山，但见群玉峰。林莺却不语，野兽翻有踪。"展现了一幅冬天的山景：寒冬的早晨，起床遥望樊山，只见一群白雪皑皑的山峰，像玉雕一般。林中的鸟儿一片静默，可以看见雪地上野兽的足迹。宋戴复古的《黄州栖霞楼即景呈谢深道国正》中的"樊山珠峰立一壁，非烟非雾笼秋色"给我们描绘了隔江遥望之秋天的西山景象，群峰林立，被非烟非雾所笼罩，具有朦胧之美。宋韩元吉在《武昌春色》中的"樊山宫殿已成陈，烟雨阴晴到处春"，让我们仿佛看到千年前樊山的春天，宫殿虽已陈旧，但不管是烟雨还是阴晴，到处都一派春意盎然。

宋张耒的《雨霁望樊山》："金碧江南数叠山，雨余秀色直堪餐。仙娥倭堕青云髻，照我衰迟泽畔颜。"把雨过天晴后的樊山比作秀色可餐的仙女。他的《宿樊溪》

"黄州望樊山，秀色如可揽"，还有《新堂望樊山》"兴发登临穷眼界，江南秀色碧云鬟"，都是远望樊山时的秀美景色，如同美女，如同美女的云鬟……有意思的是，张耒的这几首诗，均把西山比作女性，我们从而可以品味到西山的美是秀美、娇美、阴柔之美。

樊山一年四季都是美的，无论阴晴，无论远观还是近看，都能体味出它独特的美来。

西山，有历史，有故事。

让我们穿越时空的隧道，一起回到千年前的宋朝。

1079年，这一年，苏轼四十三岁，调任湖州知州。因《湖州谢表》，触怒新党，被捕，牵连达数十人，这就是著名的"乌台诗案"。经多方援救，苏轼躲过一劫，被贬为黄州团练副使，在长江边上建庐居住。

黄州没有出名的山，而长江南岸武昌（今鄂州）的群山，高低起伏，连绵不断，山谷幽深寂静，里面有佛塔寺庙僧舍，西边的叫西山寺，东边的叫寒溪寺。它们背靠山梁，面对山沟，隐蔽在茂密的松树枥树丛中，寂寞清静，与世隔绝，见不到车马的喧嚣和来人的足迹。每当风停了，太阳出来，江面平静的时候，苏轼就拄着拐杖，带着美酒，乘坐渔船，横渡长江，直奔南山而来。山中有几个人，热情好客，喜游山水，听说苏轼到来，都裹着头巾，欢笑着迎上来，然后携手同行，逍遥自在地拾级而上，一直走到深山尽处。大家都筋疲力尽了，方才停下歇息，扫去落叶，坐在草地上，彼此举起酒杯，互相问候，玩到心情舒适时，竟至忘记了回去，往往留在山上夜宿。因为过着这样惬意的生活，苏轼在黄州住了三年，都不觉得时间过得很久。

往西山去时，从青松翠柏之间经过，走过弯弯曲曲的羊肠山路，才会见到稍微平坦的地方，游览者一定会在此休息。人们倚靠在嶙峋怪石上玩赏，躲在茂密林荫下小憩，向下可俯视滚滚大江，向上可仰望巍巍高山，旁边可扫视小溪幽谷，风云变化和树林山脚正面、反面的种种景象，都在人们眼前呈现出来。

平地上有一座破旧的亭子，它的遗址非常狭小，不能够坐下许多游客。亭子旁有几十棵古木，似乎都有百围之大、千尺之高，不能够用刀斧来砍伐。苏轼每次一到树下，就整天（无可奈何地）斜视着它们。一天，来了一阵狂风暴雨，其中一棵古木被连根拔起，苏轼趁机将那倒下老树的地方收拾平整，亭子的地基才得以扩大。苏轼与朋友们进山看了看，相视而笑，说道："这大概是老天爷想成全我们重修亭台吧？"于是大家一起重修了一座新亭子。亭子建成后，西山的胜景才算完备了。苏轼对这件事极为高兴。这座亭子即为九曲亭。（据《清一统志》："九曲亭在武昌县西九曲岭，为孙吴遗迹，宋苏轼重建，苏辙有记。"）

一天，西山灵泉寺的和尚们为款待这位峨眉名士，特地制作了一种油炸饼，请他吃。苏轼见此饼呈淡黄色，且玲珑剔透，简直如象牙雕成似的。他观赏良久，然后才放进嘴里，感觉香甜酥脆，口味极佳，连忙问和尚为何这般好吃。和尚答曰：因寺内有四眼泉，泉水极佳，此饼是汲了四泉之水调制而成，所以好吃。东坡听罢，连连叫绝，并要和尚取来文房四宝，当场对饼挥毫，画了一饼，并写上"东坡居士"四字。画饼与真饼一模一样。从此，这饼便被叫作"东坡饼"了。

1084年，苏轼离开了任职5年的黄州，到汝州就任。1087年，苏轼在汴京遇到曾在黄州任官的邓圣求，两人相谈甚欢。寒暄间，东坡不由回想起他魂牵梦萦的黄州时光，顿时诗兴大发，挥毫写下《武昌西山》："春江渌涨葡萄醅，武昌官柳知谁栽。忆从樊口载春酒，步上西山寻野梅。西山一上十五里，风驾两腋飞崔嵬。同游困卧九曲岭，褰衣独到吴王台……"

鄂州人何其有幸，能生活在一代文学大师曾经多次游玩过的地方。跟随着大师的足迹，品味东坡先生的洒脱与旷达，体悟人生之真谛，"盖天下之乐无穷，而以适意为悦。方其得意，万物无以易之。及其既厌，未有不洒然自笑者也……夫孰知得失之所在？惟其无愧于中，无责于外，而姑寓焉。此子瞻之所以有乐于是也"。"以适意为悦"，"无愧于心，无责于外"，人生能达到如此之境界，何其难哉！

西山，有文治，有武功。

在更早的1700多年前的三国时期，西山曾是吴王孙权讲武修文、游猎宴饮、避暑之所。西山，与三国有着不解之缘。

220年，孙权在西山建吴王避暑宫。当然，我们现在所看到的避暑宫是1999年异地重建的仿汉建筑，由议政殿、读书堂、避暑宫、武昌楼四个单体建筑组成，再现了当时的辉煌。

议政殿是孙权当年和文武百官开会的地方，有一副对联："决战猇亭，筑城江夏，当年谋议滔滔，大殿巍峨传故事；改元黄武，经略东吴，次日和风习习，离宫锦绣新程。"横批："以武而昌。"

《资治通鉴》记载了《孙权劝学》这一篇章，体现了孙权重视学习的精神。虽然孙权号称"以武而昌"，但他同时也认识到知识的重要性。在读书堂有副对联："敛财养气，能屈能伸抱勾践宏图，读书有若汉光武；继志开基，善攻善守，得阿瞒赞叹，生子当如孙仲谋。"这是后人对孙权能文能武的一个总结性评价。

在西山，还有一个读书的地方，那就是庞统读书处，又名凤雏庵。据《三国演义》第47回介绍：蒋干第二次过江，被周瑜扣留，送往西山庵歇息。蒋干独步出屋，听到读书之声，循声前往，见一茅草屋内，一人挂剑灯前，诵读兵书。蒋干叩户请见，见此人奇丑，得知是凤雏先生庞统。蒋干劝其归曹，殊不知，庞统早与孔明商议好连环计。庞统诈降，随蒋干连夜过江，巧献连环计，为火烧赤壁立下了大功。

这里还流传着试剑石和比剑石的传说。据说，孙权有一天来到西山，举起宝剑，向上天祷告："若苍天有眼，成全我东吴大业，必削铁如泥！"手起剑落，巨石一分为二，一立一卧。巧合的是，立着的这块石头看上去占整块巨石的三分之一，而倒下的这块占三分之二。后人笑道："孙权占三分之一的天下，此乃天意也！"宋诗人秦观在《风入松·西山》中写道："石边试剑人何在？但荒烟蔓草迷茫。"

关于比剑石的传说，则是在赤壁之战前，孙权和刘备会合于西山脚下的樊口。一天，两人同游西山，见一块巨石，刘备说："联吴抗曹若成，则剑劈石开！"剑落星飞，巨石一分为二。孙权看后，很不服气，说："玄德以吾剑不利耶？吾方欲攻之，以验吾剑！"孙权一剑下去，石头二分为四。明代诗人孟登有诗云："割据提雄剑，双痕勒石边。"

而今，这些历史旧迹仍在，仿佛在无言地诉说着当年的故事，但是，故事中的人又何在？这真是："滚滚长江东逝水，浪花淘尽英雄。是非成败转头空，青山依旧在，几度夕阳红。白发渔樵江渚上，惯看秋月春风。一壶浊酒喜相逢，古今多少事，都付笑谈中。"

西山，有传统，有创新。

历史的车轮永远在不停地滚滚向前，千年时光转瞬即逝。

2006年，鄂州市启动"吴楚文化旅游名城工程"，2007年着手进行规划，2009年提出"吴楚文化旅游名城建设工程"，并列入全市十大工程。在吴楚文化旅游名城建设中，鄂州市计划把西山吴王避暑宫、吴都博物馆、孙权郊天坛、吴王试剑石、樊口戍、寒溪堂、吴王台、怡亭铭、广宴楼、孙权广场、观音阁、武昌门一线穿珠，连成一体，形成名副其实的三国吴都旅游风光带。

2012年9月，市城投公司投入资金200万元，用于西山风景区的维修改造。西山风景区管理处制定相应举措，保证环境建设全面到位。管理处对九曲亭、秀园、松风阁等景点进行了粉刷和重新设计，昔日斑驳陆离的九曲亭、秀园长廊焕然一新；上山主干道进行了加宽，两旁还装上了防护墩，山路变得更加宽敞；西山大雄宝殿等工程经过改造和兴建，形成了庞大的庙宇建筑群，气势宏大而庄严。

今日的西山，已旧貌换新颜。

西山，成了市民休闲娱乐、健身锻炼的绝佳场所。每逢节假日，游人如织，车水马龙。

行走在西山平整宽阔的柏油路上，我不由又浮想联翩。我仿佛看见，一位仙风道骨的男子，拄着竹杖，穿着芒鞋，行走于崎岖的羊肠山路上，他自由自在地在泉边漫游，采摘着山花野草，随意捡拾着落果，喝着溪水，对着山风高声吟唱……我仿佛又看见，吴王孙权带领文武百官，向上天祈福，祈求吴楚大地国泰民安，风调雨顺……

如果，他们能看到今日的西山盛况，会不会"当惊世界殊"？

雷山耸寺

雷山，历史上又名为樊山。雷山的由来又是怎样的呢？雷山是在历史进程的演变中形成的。据《武昌县志》载录："西山在县西三里"，"樊山在县西五里"。这县西五里的樊山就是指的雷山。"雷山寺在县西樊口，相传雷氏居宅为之，故名今存。"这就是说雷山寺是以姓雷的家宅为寺的，又坐落在山上，是姓雷的山寺，人们后来逐渐叫成"雷山寺"。雷山也据此而得名。

又据乾隆《武昌县志》载曰："康熙二年（1663年），相传雷臣周赶考许愿所建。雷都书捐本山香火，地二十五块。"据樊口人传说，雷臣周之女出嫁在樊口张家窑，雷臣周也如愿以偿，官至都书。

从以上的载录，可见雷山的名字应是源于清康熙年间。《武昌县志》也载录雷山得名于清代康熙年间。清代王酆鼎、吴翼圣等游雷山，都写下了咏《雷山寺》的诗篇。这些诗无不留下了时代的烙印。

熊桴写了《雷山寺》诗：

乘兴寻幽刹，阶庭鸟迹封。人家流水外，风物图画中。

胜日清尊会，高山秀气钟。凭栏且开抱，天地一浮踪。

这首诗写了雷山的幽刹古寺、阶庭、流水、人家，还有成堆的鸟粪及散落遍地的鸟毛，把雷山寺周围写得十分有生气。熊桴可是明代武昌人，他的这首《雷山寺》诗又揭示了雷山在明代的存在。

明代大才子孟绍甲，也写了《雷山寺》诗：

峭石环山寺，幽花发野藤。雨中三夜宿，树里一窗灯。

溪果供诸佛，园蔬课小僧。如何无传记，佳处写层层。

孟绍甲的这首诗把雷山寺写得很形象、更逼真，尤为幽绝。但是，人们意想不到的是，这位大才子却也慕名唐代元结，隐居退谷，结庐其间，栽花种柳，自号花翁。他所居住的退谷山西南侧（约2000米远）就是雷山寺。就是这位"花翁"，引来了明代文学家钟惺的造访。多次造访不遇后，留下了《访花翁》："野竹应藏避客身，却疑童子说山人"的失望与感叹。

《武昌县志》在载录雷山寺古诗时，有一首宋代释戒显的《雷山寺》诗：

过江山色好，望裹旧坡亭。一径入寒碧，千禽乱语青。

客幽莲社韵，僧老竹林经。喜得寒溪响，年年此卧听。

这首宋代释戒显的《雷山寺》诗又说明了雷山在宋代的存在。这首诗在收录时显然有误。从"望裹旧坡亭""一径入寒碧""喜得寒溪响"的诗句来看，这应是一首咏《寒溪》的诗。雷山的得名，不应是始于清代，也不是宋代，应是源于明代后期。光绪《武昌县志》虽说是"残缺不全，误错百出"，却又是我们研究鄂州历史文化的一本难得的、宝贵的鄂州方志。

那么，雷山之前又叫什么名字呢？据《辞源》载录："樊山又名袁山、来山、樊冈、寿昌山，今称雷山。"这里是说雷山应是由樊山演变而来的。历史上的樊山，日后演变成袁山、来山、樊冈、寿昌山，但是这四种名称历史都不长，历史影响也不大，其中袁山有过一定的影响。郦道元的《水经注》载录："今武昌郡治城南有袁山，即樊山也。"宋代武昌县令薛季宣有《袁口回棹有感》诗；清代叶封的《窊尊石》诗中也有"袁山迤东郎亭下"的诗句。可以看出袁山、袁口还有袁溪，在南北朝及宋代和清代已作为别名融入了诗文。

那么"来山"呢？史书中第一次出现"来山"的名称，应是源于三国时期。据《三国志·王蕃传》记载，孙皓于吴甘露二年（265年）迁都武昌，"即于殿上斩王蕃，出登来山"，从这里可以看到樊山在三国时曾叫"来山"；"樊冈"则是樊山的别称；寿昌山是因历史上的寿昌郡而得名。

宋代诗人苏轼，写了"忆从樊口载春酒，步上西山寻野梅"的诗句，同时又写了《樊山记》。可以看出宋代时的樊山，在县西的山叫西山，在樊口的仍然叫樊山，同时也包括了西山。

苏轼的《樊山记》很值得解读，他虽然没有说清楚樊山之源，但他对西山、樊山、樊口、芦洲的定位却是十分准确的；还有吴王岘、九曲亭、即位坛、西山寺、菩萨泉、寒溪寺、陶母庙、圣母庙等名胜古迹，如数"家珍"；在樊口这里还写了两位历史上有影响的大人物：孙权及陶侃；又提到樊山（雷山）有采矿的"穴洞"，紫色土可以磨镜。他是历史上第一位提到古铜镜之乡的磨镜史迹的诗人。他还游览了孙权樊姥庙（圣母庙），在《樊山记》中五处提到了"樊口"。苏轼的《樊山记》，是前无古人的，是对樊口历史文化的重要贡献。

光绪《武昌县志》载录："今俗以九曲岭以上为西山，而临樊口者为樊山，盖熊、邵二志已沿斯。"这里是说康熙的《武昌县志》和乾隆的《武昌县志》都"已沿用了在县西的山叫西山，临樊口的山叫樊山的说法"。这大概是由于樊口与樊山的依存关系吧，樊山的名字才得以继承下来。西山在唐代曾叫郎亭山，唐代侍郎元结曾隐居樊口，写了《樊上漫作》诗："漫家郎亭下，复在樊水边。去郭五六里，扁舟到门前。"诗中的郎亭就是现在的西山，樊水边就是指樊山的水边。到了明代后期，人们又习惯称为雷山，把樊口边的樊山也遗忘了。

白山飞絮

明代白山，隶属武昌县神山乡。谦和不争的民风，带来了白山百余年的繁荣与安宁。1664年清兵入关，清廷颁布了圈地令，随后二次下令扩大圈地范围，其间将长港一带划入黄州屯地，所圈土地分赏于齐安府官兵，以解决其生计问题。官府声称圈划的都是无主的荒地。面对安身立命的田园被朝廷无故圈占的局面，住在青天湖、吴氏湖周边的殷、李、胡等姓氏的人都畏惧清廷，敢怒而不敢言，魏、雍等姓氏的人则避而走之。唯有年近八旬的吴母叶氏斗胆直言，提出异议，率家人多次与官府交涉。齐安府府台不得不亲临现场勘查定案，他搬出清廷颁布的圈地令，罗织对抗朝廷的罪名，想一下子难倒在场的叶氏。叶氏毫无难色，当即反驳道："你们圈占的不是无主荒地，而是武昌县我吴氏五代拓垦的渔场和田地，你们黄冈人管到了我们武昌人头上了，真是无法无天了。"反驳得府台张口结舌，无话可答。随从们轮番上阵，群起而攻之，想以势众压服叶氏。但叶氏舌战群儒，据理抗辩，几个回合府台及随从便理屈词穷，招架不住。叶氏立于姚紫山头，不畏强权，巧妙周旋，迫使府台做出以稻草系裙，手掇豆腐，走步圈地，以草断裙落之地为限的许诺。叶氏忍辱负重，头顶蓝天，脚踏大地，毅然腰系稻草，手掇豆腐，在祖辈休养生息的家园路上款款而行。她行至白山脚下一斗丘地时草断裙落，从此白山地域就界定于东起姚紫山脚，西至长山裤子丘，南北达吴氏湖水拍岸之地这块方圆五平方公里的范围内，故白山隶属武昌县神山乡，其余原属地则为黄州军屯地。叶氏谢世后就葬在当年起步之地姚紫山头，面向吴氏湖，守望白山。叶氏婆大义凛然、不畏强权的精神为后代留下了传奇故事。

沙洲峥嵘

得胜洲长约十公里，宽约一公里，每年六七月份，雨季江水上涨时经常被淹没。当地泥土肥沃，适于农作物生长。

明朝之前，得胜洲称为逻洲。后由明朝朱元璋御赐得胜洲。

得胜洲原是长江中的一座大沙洲，上起粑铺涂家拐横堤，下到六五三油库，故上称洲头，杜沟处称洲尾，全长10多公里，远远超过了现时的地名概念。得胜洲有多宽？据当地老一辈人说，清朝年间，长江上下行船都是从南边夹河里走，具体就是现在粑铺大堤外民垸这一片旱地。20世纪50年代，大堤脚外百米处还有一条一两丈宽的小河沟由洲头直到洲尾水神庙，夹河南即是长江老岸。夹河变为陆地后，得胜洲的地理环境发生了巨大的变化。20世纪60年代还存在的沙洲早消逝于江涛洪波之中，而江北黄冈外的江滩却一年一年地增高长宽了。江河改道，得胜洲已不存在，空有其名。得胜洲有文字记载是在1700余年前，吴帝孙权在武昌称帝后，造有大船"长安号"，在樊口试航时，遇江风大作，孙权挥剑严令，直取逻洲。逻洲就是得胜洲最早的名字。为何逻洲又变成了得胜洲呢？这有一段传说。1956年前，得胜洲属黄州卫黄冈县。据史志记载，元朝至正年间，朱元璋为了打败劲敌陈友谅，率领水陆大军将陈友谅追杀到黄冈、武昌一带。那时，得胜洲人迹罕至，是个天然的芦苇荡。陈友谅深谋善战，他观察了这里的地形后，派出人马将朱元璋的人马诱进得胜洲，派水军团团围住，并四面放火烧芦，想将朱元璋和他的军队统统烧死。芦苇极易燃烧，江风助势，烈焰冲天，洲上顿时一片火海。朱元璋和他的大队人马左冲右突，也无法逃出火海，死伤无数。正当朱元璋骑在马上长叹之时，忽然烈焰上空一朵祥云飞来，一个红脸长须大汉手提大刀从天而降，一把将朱元璋挟起逃出火海。接着，天上雷声隆隆，乌云陡起，顷刻下起了瓢泼大雨，将大火浇灭，朱元璋的军队乘势发起反攻，大败陈友谅的军队。朱元璋深感是关公显灵救了他，又使他转败为胜，因此，当朱元璋统一了全国后，御赐逻洲为得胜洲，以示纪念。为了感谢关公的神灵，朱元璋还拨款在得胜洲上修起一座关帝庙，塑金像，让世人敬奉，并从江西迁来大量移民，在洲上开垦居住，因此当时关帝庙里香火极旺。传说，清朝乾隆年间，一位江西盐商有一天乘着一条盐船经过得胜洲江面时，突然狂风大作，巨浪滔天，船工想将帆放下来，几个人手忙脚乱地放了几次，帆就是降不下来。风越刮越猛，浪越掀越高，盐船眼看就要翻了。这时，只见乌云里一道金光，红脸关公手握大刀，奋力向帆绳砍去，绳断帆落，盐船终于平安停在得胜洲上。当时盐商进关帝庙许愿，日后一定捐款修缮庙宇，然而盐商回江西后，就把自己许的愿忘了，因此经常生病，不能外出做生意。故此，有一年特地前来还愿，还让人做了一条一米多长的精致小木船赠送给关帝庙。关公是否显灵，无法说清，但据当地人讲，盐商赠送的那条精致小木船一直摆放在关帝庙里，直到1954年发大水，关帝庙被洪水冲倒后，小木船才不见踪迹。得胜洲关帝庙，始建于明代洪武中叶，由于地理环境的改变，水患、兵灾的祸害，经过多次搬迁和修复。解放后人们见到的关帝庙已迁到芦洲粑铺大堤外的对面，也就是现在芦洲江边码头旁。原关帝庙1954年被洪水冲毁，1958年人民公社成立后没有修复，仅将部分残砖破瓦在原址上盖起一所农业中学，1962年后一度改作木器合作社和卫生所，1967年又拆除，将所有材料搬进大堤内修建"临江人民公社"办公场所。1993年，经批准，古迹得以修复，关帝庙更名为芦洲关帝寺。

二、潋滟丽水

逶迤樊川

樊川，古名江津，又名樊水，一名樊港，一名袁溪，一名长港，为樊湖水系通江之港。1949年前，樊湖水系各港汊流入长港之口有三处：一是从东沟口流入长港的，有泾头湖、保安湖、三山湖；二是过磨刀矶入长港的，有蔡家海、汪家湖、太白港、后海等港汊；三是经芦席口（六十口）入港的，有大家湖、吴塘湖、鸭儿湖、扬庄湖、峒山湖、月山湖、东塘湖、吴岭湖等。光绪《武昌县志》载："咸宁之东，武昌（鄂州）大冶之西，通山之北，江夏之南，冈峦四匝（环绕）。四山之处，长江如带，环其西北而东，三面四山之间，无大水源，而湖泊以百计，周数百里皆由武昌樊山一口为吐纳。"经樊口出江的长港，是沟通鄂东南与长江中下游物资交流的水上运输主航道。长港西起磨刀矶，东至樊口，全长46.8公里，古时就有九十里长港之说。

长港何时成港？《武昌县志》没有记载，居住长港南北两岸的居民，祖上一代一代往下流传的说法是：长港是猪婆拱的。九十里长港，沿港而居形成的自然湾落甚多，港边地势明显高出湾后耕地许多，也有一样平的。就地势而言，长港应是人工开挖而成，那是经过几代人或十几代人的汗水开挖而成的。

长港是连通梁子湖、保安湖、鸭儿湖的主要港道，是梁子湖水系的一条排水港，控制流域面积3265平方公里，其中鄂州市1144.6平方公里。长港通梁子湖有三条港道：磨刀矶北有三担沟，又名三汊港；磨刀矶南有庙沟，又名老港，在1955年前为梁子湖排水主港；磨刀矶西有四担沟，1956年疏挖为梁子湖泄水主港。这三条沟分别由北、南、西三个方向在磨刀矶汇合后形成的水域被称为西沟。自湖口流1.5公里至磨刀矶，再自西向东北流5.2公里至东沟纳保安湖水，再折而自南向北流1.3公里至车湾纳梧桐湖、杨庄湖水，再折而向东流0.809公里至夏沟纳峒山湖水，再折向东北589公里至柯家营纳愚公湖水（原严家泽），再折而向北流1.5公里至冲担沟纳范家坝水，再由西北至张沟又折而东北流4532公里至东港纳吴家大湖水，再向东北流298公里至路口又折而向东南流375公里至杨泽湾（1973年前纳三山湖水，1973年后改道新河道），再向东北流至严家大墱转向东南流4.25公里至盛桥（1973年前纳夏兴湖水），再急转折而向北流1公里纳吴氏湖、青天湖水继而向北流3公里至凌家墱（原拖拉机站），再折而向东北流2927公里至民信闸，出闸后纳薛家沟水向东北流3.073公里至洲尾入长江。自湖子湖口至洲尾，长港流程46.8公里，承载沿港30个大小湖泊的吐纳。长港平均面宽92米，最大宽度在吴氏湖杜沟泵站，为121米；最小宽度在余家渡，为5米。平均底宽18.2米，最大底宽在李家大墱，为41米；最小底宽在禹观塘，为5米。两岸坡比，港左平均1：4.02，最大坡比在武大铁路桥，为1：6；最小坡比在张沟，为1：2。港右平均坡比1：4.12，最大坡比在磨刀矶为1：16.4；最小坡比亦在张沟，为1：2.6。长港多年平均泄流量52.3立方米每秒，最大流量395立方米/秒（1969年10月14日），最小流量14.2立方米/秒（1963年3月28日），关闸期间不泄流，但樊口泵站抽排时仍泄流。

长港既是梁子湖主要排水河道，又是内湖主要航道。1911年有木帆船84艘，载重量0.75吨，在樊港运输。1916年汉口佑渊轮船公司首辟汉口金牛航线。1922年樊口横坝筑成，商船停航。1924年金樊小轮公司开辟樊口—金牛航线。1950年汉口群众轮船公司有两艘轮船在樊口—金牛航线进行客货营运。1956年前开有樊口—金牛、樊口—保安、保安—豹子邂等3条航线。1990年仅樊口—梁子镇航线。现以陆路运输代替。

纤纤薛沟

薛家沟，位于鄂州市中部，是鸭儿湖的主要排水港道。薛家沟的上游西部包括严家湖、车敦湖、曹家湖、凼网湖、瓜圻塘、泗海湖、武城湖、鸭儿湖、汤家湖、鱼湖、徐家凼等；沟的北部有马桥湖、秦家湖、段汤湖；沟南有姜家凼、梅家凼、陈家湖等湖泊。流域面积338.75平方公里，大小湖泊29个。行政区范围有庙岭、左岭、葛店、华容、段店、胡林、临江、蒲团八个乡镇。流向自西向东，西起鸭儿湖的青凤寺（1970年以前起自泗海湖口），流经徐家凼，过大庙、阮家咀，搭门咀、包家墩、季家墩、穿越铁路桥、民生桥，与长港汇合后到洲尾入江，全长127公里。新中国成立后，薛家沟港先后进行三次较大规模的疏浚：①1956年自民生闸至梅家凼长6公里，港底由原3米左右扩宽到7米，1957年继续疏挖梅家凼至徐家凼长约37公里的港道；②1965—1966年春，完成了薛家沟长达9.7公里的开港任务，港底由宽7米扩至13米；③作为樊口电排站的配套工程，在1983年冬至1985年春扩建了薛家沟港底宽18～21米的民生闸至徐家凼9.5公里的港段，排水流量由原来的64立方米/秒增加到120立方米/秒。

人造新河

新港是近代由人工开挖的一条排水道，故有此名。新港由杜山镇涂家咀至樊口大闸，全长30.5千米，是综合治理梁子湖的河湖工程。

1971年11月开始动工，到1973年修成。施工期间，原鄂城县组织各公社民兵3万多人，高峰期5万多人，顶风冒雪，共奋战三个冬春。在开挖上下椭洲湖和夏兴湖区处共3.6千米时，因淤泥流动性，不便行人，便采用铺竹排作路，人站在竹排上用土和水桶传递稀泥，进行施工。这体现了工人顽强的、不怕苦和累的精神。有时白天开挖好的，晚上淤泥又滑填了，人们又得重新开挖，工程十分艰巨。此外，涂家咀段属于中等风化石，土层坚硬，挖掘难度大，人们只能采用分层爆炸、大小爆炸结合的方法，一个月的时间只挖掘出0.5米长、20米深的河道。人们手掌打满了血泡，肩背拉破了皮，却没有一个人逃避。

新港整个工程，从樊口大闸上首200米处，桩号0+000—0+200，底宽100米；桩号0+200—2+715，底宽80米，边坡比1∶4；桩号2+715—8+223，长5508米，底宽60米，边坡比1∶2.5—1∶3。河道纵坡万分之一，由樊口大闸底高程推算，涂家咀岩石段，底部高程约抬高2米。樊口大闸至樊口港，有470米引河，底宽100米，边坡比1∶4，在19米平台以上为1∶3。全工程完成土方913.5万立方米，石方44.67万立方米。

抔湖藏波

抔湖，位于伍家龙，面积30～40亩，因夹在西山和雷山之间，像一双手抔起的一湾水域而得名。文学巨匠陶侃、元结、苏轼等都曾游历于此，并留下了脍炙人口的篇章。

唐代著名诗人元结归隐鄂州、幽居抔湖时，常在这里荡舟、垂钓、耕田、种菜。

> 漫家郎亭下，复在樊水边。
> 去郭五六里，扁舟到门前。
> 山竹绕茅舍，庭中有寒泉。
> 西边双石峰，引望堪忘年。
> 四邻皆渔父，近渚多闲田。
> 且欲学耕钓，于斯求老焉。

这便是元结在这里有感而发写下的《樊上漫作》，也是他刻画归隐之地景象、抒发自己思想情怀的经典之作。元结其人，亦名漫叟、漫郎、浪士，河南洛阳人氏。唐代安史之乱时，元结举家避难南迁，先到襄阳，再到瑞昌，因遭权贵嫉害，一度辞官，归隐来到鄂州这山中抔湖，直到晚年复出赴任道州刺史等职。当年，西山与雷山统称樊山，而长港在樊口以下与梁子湖贯通，统称樊湖，亦称樊水。元结在这里归隐时，抔湖与城外长江、内河长港直通，江河湖三水交汇，行船可直接进入抔湖，三水交汇处也成了中华名鱼武昌鱼交配繁衍的绝佳场所。所以，元结在他写下的《漫歌八曲》中，又留下了如此一唱三叹的诗句："樊水欲东流，大江又北来。樊山当其南，此中为大洄。洄中鱼好游，洄中多钓舟。漫欲作渔人，终焉无所求。"在元结看来，这是一片富有生机和秀美的山水，给他的诗兴和灵感提供了萌发跃动的"土壤"。

第三章　依山傍水建家园

一、古市新街

商贾云集·衙门港古市

衙门港古市位于现在的洲尾处。樊口古镇，早期形成于樊山北麓衙门港（亦称杨门港）至钓鱼台之间。衙门港为抔湖泄水港，入江口在团鱼山西侧山脚（今"653"油库大门西侧300米处）。秦汉吴晋时期，樊川入江口在钓鱼台西侧（现鄂州军分区训练场），钓鱼台至衙门港之间是开阔的江湾水面。东汉末年，刘备兵败当阳，大将关羽、赵云率万余水军驻扎樊口；孙刘结盟后，刘备自樊口率军北上参与赤壁之战；赤壁之战胜利后，孙权迁都武昌，常于钓鱼台操练水师，检阅水军。吴黄武五年（226年），吴国新造的能载千余人的巨舰"长安号"亦在此试航，试航失败后，孙权从郎亭山开山凿道返回武昌城，说明当时樊口无其他陆路通武昌。据记载：乱流而西，泊于樊山，为樊口；抔湖东抵抔尊，西侵退谷，北汇樊水，南涯郎亭。另据杜沟、长堤、月河、旭光四村杜、章、朱、王、肖、谢诸姓宗谱所述，明代以前，现樊口街道办事处所辖区域均为湖滩泽国，杳无人迹。自明朝以后，以上诸氏先民陆续来此定居，由此可见，樊口古镇初期形成于衙门港至钓鱼台之间无疑。

由于樊口地处军事要冲，商贸繁荣，历代统治者都对其高度重视。秦始皇统一六国时，大将王翦在樊口接受楚国降军；吴晋时，东吴在樊口设樊口戍，驻兵拱卫武昌；唐时置樊山府，南唐时设樊山砦；明王朝在此设金子矶镇巡检司，驻塘兵和汛兵负责沿江治安和邮传。

北宋苏轼《樊山记》云："自余所居临皋亭下，乱流而西，泊于樊山，为樊口。"其好友诗人潘大临在樊口卖酒，苏轼谪居黄州时常过江来此与之饮酒和诗，故西山有"忆从樊口载春酒，步上西山寻野梅"的苏轼诗章。

物流南北·薛家沟古市

薛家沟古市，位于现在的洲尾西边500米沿江一带。由于江水的冲积，明清时期，杜沟江滩逐渐淤宽淤高，并向下游延伸，昔日钓鱼台前开阔的江面被杜沟江滩洲尾所挤占，钓鱼台与洲尾间狭窄的水道向下游流经里许于团鱼山脚入江，南来北往的内河外江船只，避风或作中途停顿，都挤入这段河口。原依山傍水的狭窄集市，满足不了发展的需要，于是慢慢移至钓鱼台北岸偏西的薛家沟至水府庙（杜沟铸钢厂内）一带。这一地带较之洲尾地势高，较之衙门港至钓鱼台地段开阔，又处于薛家沟港与樊川交汇之处，发展因素优于老集市遗址。据杜沟村杜、章、徐、李、余诸氏宗谱记述：杜沟村明末清初已繁衍至近千人的村庄，北市（薛家沟）已有不少店肆。另据薛家沟教老人介绍，筑樊口横坝前，水府庙至薛家沟临河街道，街面由红砂石和青条石铺砌，街两边店铺青砖黑瓦虎皮木板门面；店铺林立，手工作坊一家挨一家。经营和生产的商品，门类品种齐全，酒店、茶馆、小吃摊密布，计各类商户和手工业作坊65户，其中金银首饰加工1户、铁匠铺5户、竹木行4户、木器店8户、豆腐店6户、杂货店6户、芦席交易店4户、槽坊2户、茶馆2户、裁缝店3户、旅店10户、中药店2户，其他若干。旺季时河岸停泊的大小船只密密麻麻，有时延伸至洲尾口，洲尾口形成一里多长的临河而建的草寮茅舍单面街集市，有各类商户86家。新中国成立初期，薛家沟北市遗留下的民居、废弃店铺都具有明清江南集镇建筑风格。1998年防汛抗洪时，在市造船厂车间（薛沟旧街遗址）堵漏过程中，挖掘出的地下排水沟，其用材和技术设计都具有明清城镇建设的特点。从各种迹象看，薛家沟北市在明清时已形成全天候固定河埠通天集镇。

名震乡里·坝上老街

坝上老街，位于民信闸至樊口铁路桥之间。

民国十五年（1926年），樊口横坝、民信闸、民生闸相继筑成，隔断长江上下游各商埠直达鄂南、鄂东南的水上通道。于是外江、内河商船集结于樊坝内外，进出物资在此集散、转运，为满足来往商旅人员生活所需和货运、散集停放所需，一些外地行商在坝上投资建房，开设旅店、货栈等，薛家沟北市商户和作坊业主跟着陆续将店铺、作坊等迁至横坝上，迅速建起以大坝为核心，东起民信闸，西至和平巷的繁华集镇。坝上老街主要包括民信街、坝上正街、包袱街和内河街。

樊口坝上老街的经营、生产规模、商品门类、街镇建筑格局和商品量大大超过薛家沟北市。经营项目有山货水产、百货广货、粮油副食、禽蛋、织印缝纫、铁竹木加工、粮油加工等。服务性行业有旅店、理发、酒楼饮食、医药诊所、货栈仓库等。娱乐业有茶馆书场、戏院等，门类齐全，交易繁荣。1932年至1950年繁荣时期，镇上有工商业150余户。街面上人来客往，生意兴隆，热闹非凡。大坝南北河埠码头帆樯林立，每天停靠船只数百艘，码头转运货物工人常年达300余人，繁忙时节，达1000余人。樊口古镇由薛家沟北市的通天集，发展成当时的昼夜集，人们针对当时的繁荣景象，戏称樊口为"小汉口"。1938年鄂城沦陷，樊口沦为日寇据点，日伪在镇上开设洋行、合作社，廉价收购农副产品，高价倾销日货。大部分商民不堪欺诈和蹂躏，外地商民逃归他乡，本地商民或逃或收藏浮财，以小本经营维持门面。市面商业萧条，至1944年，镇内工商户只有50余家。抗战胜利后，市镇商业逐渐恢复，但不及战前，1949年新中国成立前夕，工商业恢复发展到122家。

1985年，修建起东抵铁路、西至叶家菀，全长2公里、宽32米的樊川大道，使樊口老街建筑面积在20世纪70年代的基础上扩大了一倍。加之1989年10月1日，樊口新市场竣工开业，樊口老街逐步褪去了繁华，取而代之的是新街——樊川路。

渔舟唱晚·凌家湾古市

过去樊口一带地名称谓颇有意思，以樊川为界，呼河东为"武昌官柳岭"，叫河西为"齐安凌家区"。所谓"凌家区"，其实就是昔日大名鼎鼎的凌家铺。明末清初，樊口一带辟为齐安府（黄冈）的军屯地。公元1650年左右，凌氏云登公携家从黄冈回龙山来到樊川北岸以垦荒租种为生。那时，樊口老街坐落在薛沟一带；虽说樊川给金牛梁子提供了通商的便利，但樊湖西部蒲团、横山一带乃至西阳畈几十个村庄的货物进出，却只能通过樊湖水路运输。那时到达樊口最近的水路是杜山青天湖汊铁铺岭叶家溇，人们为了方便起见，就抄近路在此起坡到樊口。铁铺岭东距樊口老街不足2公里，而往南不到半里之遥的凌家湾是必经之地。凌氏家族雇请长工，在此便道垦荒耕种，历尽千辛万苦，几年下来，凌氏很快居樊川之首，日子过得富足盈余。凌氏后裔鸿公是一位精明之人，他从长年奔波的贩夫身上窥见到了赚钱的商机，于是在1730年左右，他果敢投资，在樊川岸边建码头、置盐船、设店铺，其快捷、方便、低廉的运作方式很快赢得客户的信任。一时以凌家铺为集散地，以铁铺岭叶家溇为中转站的樊湖水陆联运网初步形成。这时的凌氏家族不仅人丁兴旺，而且拥有一批盐船、盐号、米店、渔行、布铺、轿铺、油坊等相关产业，生意可谓"财富逼人，鸿运难挡"。在凌家铺的带动下，铁铺岭叶家溇便道两旁一批日用百货、茶馆酒肆、客栈匠铺、肉店牌楼也相继开张，逐渐形成"合面街"集市，成为东来西往商客的落脚点。集市两头船只云集在湖汊港湾，一到晚上灯火辉煌，人声鼎沸，在樊川一带小有名气，故人们戏称"合面街"为"小汉口"。

兴衰更迭·叶家渍码头

叶家渍为青天湖天然湖汊，海拔为17米，是青天湖水域最低处（樊口附近平均海拔为20～21米）。因常年积水，盛产荷花莲藕，俗称"荷叶兜"，后异化为叶家渍。叶家渍建湾历史至少有300年以上，虽叫叶家渍，但没有叶姓，先后在此居住的有15个姓氏，最早来叶家渍垦荒居住的为胡姓（1660年左右）。

过去青天湖为樊湖水系，水满时平均3～5米深，昔日号称"百湖之县"的鄂城，人们出行大多以舟代步。那时湖岸湖汊众多，下坡乘船、靠岸系缆是湖区司空见惯的事。在青天湖周边随便下湖，扬帆往南可直达三山、保安、金牛；往西经峒山可到鸭儿湖、梁子、江夏；往西北水路可直抵脉岭、豹澥、武昌城。

说百里樊湖自古为长江上游至下游的最佳便捷水道，是因为长江在湖北境内自西向东蜿蜒流淌，过洞庭湖后，陡然折向东北流经武汉与汉水汇合，又陡然折向东南流经樊口，其走向犹如"弓字形"。而樊湖是湖北境内第二大湖，号称"百里樊湖"。从东西走向看长江上游蒲圻至下游樊口就像一条直线，最便捷。如果将武汉的长江比作一张弓箭的话，那么，武汉水道就是"弓背"，而樊湖水道就是"弓弦"。据长年行船的老人讲，从樊湖水道往返于长江，要比从长江上往返可最少缩短两天的路程。因此，历代官府商客都将樊湖视为沟通东西长江的首选要道；也是往返于洞庭、鄱阳等地渔民进入樊湖捕鱼作业的最佳途径。

叶家渍码头的形成，不外乎：一有樊湖便捷水道的"天时"机运；二有樊口通江达湖的"地利"因缘；三有商贸往来"人脉"的聚集。早在三国孙权驻军樊口期间，青天湖就是孙吴水军操练西进樊湖的起埠地。至南北朝时，叶家渍水埠街市已初具雏形。官方民间过往船只都在此泊船休整。为了方便过往商客祈祷"一帆风顺"，一些善男信女便在码头附近建了一座草庙，常年有高僧在此主持。不管历史风云如何变幻，但世代的"吉祥梦"传说却经久不衰。得天独厚的叶家渍码头历经千年沧桑，因码头的兴起，让叶家渍与佛祖结下了不解之缘（吉祥寺至今香火旺盛），成就了一代帝王的伟业（高僧解梦，杨坚黄袍加身建立隋朝）；又因码头的繁荣，使叶家渍成为樊口远近闻名的商埠集散地。

过去，铁铺岭和叶家渍西、南、北三面环水，只有一条旱路向东经凌家铺沿河直达樊口（叶家渍东至长港河边只有150米）。那时，青天湖水道四通八达，极大地方便了樊口与樊湖"三畈"（即牛山湖、鸭儿湖、红莲湖一带）的人员流动和货物进出。在水漫金山的年代里，西阳畈上百个村湾的农副产品、水产品都是经由叶家渍转运至樊口行销到各地的；一些日用百货也是由樊口经叶家溴转运到湖区销到百姓手中。人们上街下县，走亲访友也乘船经叶家溴往返于城乡之间。明清时期，叶家溴码头集市已初具规模，南来北往的商机，让一些相关行业应运而生。茅舍竹寮、茶馆酒肆、匠铺作坊、牌铺典当、布匹花铺、百货糕点、油炸熟食、鱼市肉店、旅店、药店、轿铺、理发、修补、娱乐等行业应有尽有。那时，官绅富庶、贩夫走卒、商贾名流、地痞流氓等都混杂云集码头。据老人讲，那时每天停靠码头的船只最少百来条，最多时有200多条，成天帆船穿梭，人员往来不绝。特别是逢年过节，集市上更是人声鼎沸，热闹非凡。至民国初年，叶家溴集市已形成100多米长的"合面街"，可谓码头渔舟唱晚，灯火辉煌；长街人头攒动，昼夜不息。故叶家溴曾一时有"小汉口"之美称。

自民国十五年（1926年）吴兆麟在樊口筑堤建闸后，江湖隔断，湖区货物只有通过樊口大堤转运才能往返于外江内河，故樊口坝上就成为新的商品转运集散地。一些从业人员随即转移聚集于樊口，逐渐形成街市。即便如此，这时的叶家溴码头功能还没有完全丧失，每天货物进出主要靠人力挑夫从叶家溴码头由旱路转运至樊口。新中国成立后，叶家溴码头集市一直延续到1954年，因码头遭洪水损毁，后又重建集市。1955年后因内湖水位降低，湖区滩涂陆路逐渐贯通，人们可步行通过旱路到达樊口。船运逐年减少，故码头集市每况愈下。1957年后，薛家沟拓宽疏浚，原西阳畈蒲团等地船只可直达樊口，加之樊蒲公路开通运营，叶家溴码头随之失去往日的辉煌，而街面集市因人少生意清淡而逐渐消失。

岁月如歌，沧桑巨变。如今，码头遗址已改建成叶溴路，昔日集市"合面街"已建起一幢幢现代化的住宅小区。幸运的是，青天湖的"吉祥梦"已载入史册，一部古码头的兴衰史，将永远留在人们的记忆中。

供需给力·樊口市场

樊口集贸市场，位于樊川中路南侧铁路与码头路之间。1986年由市工商局投资2万元征用旭光村六组十余亩水塘填压基础，1987年6月再次投资42万元动工兴建，1989年10月1日竣工开业，总共投资66万元。市场建有固定商亭130间，商品零售摊位250个，绿化景点1处，五层市场管理办公楼1幢，2001年又在入场门左侧临街增建商亭5间。该市场的竣工开业，彻底改变了樊口老街多年占道经营的脏乱局面，同时，也将樊口商业贸易中心从老街移至樊川中路，调整和规范了樊口商业贸易布局。该市场现开设固定商店130家，商品零售摊位250个，共计380户，从业人员510人。摊点一摊位一人，商亭一户一店。经营分三大类：一是轻工业小商品，主要有服装、鞋帽、绒线、针纺织品、日用杂货等，或趸进零售，或代厂直销，或小额批发。二是粮油、副食杂货，亦是趸进零售、代厂直销。以上两类多为一主兼百杂。三是农副产品及其加工产品交易，主要有肉食品、水产品、豆制品、禽蛋、蔬菜、莲藕、水果等。经营者或趸进零售，或自产自销，或就地收购异地贩卖等。该市场居家日常生活所需一应俱全，除满足本街村、居民所需外，还辐射至临江、蒲团、杜山、东沟等周边乡镇，日客流量达15 000人次，日成交额达150 000元，是本市城区第三大综合集贸市场，曾多次被湖北省、鄂州市授予"文明市场"荣誉称号。

城市坐标·豪威城市广场

豪威城市广场是闽商在鄂州市投资20亿元，建设的商业地产，是湖北省重点招商引资项目。项目首期56万平方米，是集家具建材、建材辅材、汽车汽配、百货购物中心、生态酒店、星级影城、SOHO公寓、湖畔洋房为一体的大型城市商住综合体，是华中最大的家具建材王国，物流、仓储基地，缔造武汉国际港商业中心，鄂州城市新地标。

豪威城市广场项目总用地面积428亩，一期项目工程总体量为21万平方米，其中包括自营8万平方米超大型国际家具建材广场、8万平方米建材辅材步行街和5万平方米SOHO公寓。国际家具建材广场经营品类有国内外顶级品牌磁砖、卫浴、门业、衣柜、厨具、灯饰、窗帘布艺、红木家具、欧式家具、实木家具、现代家具等。作为鄂州首家5星级标准家具建材广场，豪威国际建材家具广场引进全球和国内主要生产商入驻，实现生产商直接对终端用户的销售。整座商城只租不售，同时，通过统一返租、统一经营、统一管理、统一宣传、统一售后、统一报税6个"统一"，确保项目品质和管理水平，真正实现政企和谐，共谋多赢发展。

豪威城市广场主商城右侧为建材辅材步行街，业态为石材、地墙砖、墙纸、油漆、门窗、水暖配件、五金锁器、电线插座等家装辅材及汽车汽配等。

豪威城市广场主商城左侧规划建设15万平方米商业品牌步行街，于2013年5月1日建成开业，包括3万平方米斯普瑞斯奥莱世界品牌折扣购物中心和12万平方米商业步行街/公寓，其以领先20年的规划理念倾心打造，填补了鄂州无商业风情步行街的遗憾。

商业品牌步行街左侧沿青天湖畔规划建设20万平方米湖畔洋房，于2013年9月28日落成。幼儿园、商场超市、银行、餐饮、娱乐休闲一应俱全，更有鄂州首家游艇码头，打造武汉港核心商务圈首席绿色环保社区。

豪威城市广场左后侧四海大道沿街规划为二期项目豪威·华中石材城，建设400亩石材展示交易中心/物流仓储，打造华中最大的石材展示销售中心，立足鄂州，辐射鄂东南。

豪威城市广场具有八大支柱产业：

·豪威国际家具建材广场

豪威城市广场是闽商在鄂州投资20亿人名币建设的商业产地，是湖北省重点招商引资项目，项目首期56万㎡。豪威国际家具建材广场，是武汉东部最大的集成品展示销售、多功能商务办公、便携中转仓库及集多项便捷化服务为一体的建材家具SHOPPINGMALL。

·奥特莱斯世界品牌折扣购物中心

奥特莱斯在现代零售商业中，专指由世界著名品牌折扣店组成的大型休闲体验式购物场所，即风靡全球的"世界品牌折扣中心"。经过百年发展，已经成为现代零售商业中的一种领先业态，它云集世界品牌，以最优惠的价格让最广泛的人群享受国际时尚的新生活。这里有享誉世界的品牌，极具竞争力的价格，最舒适的购物环境，在这里你将体验前所未有的品牌、折扣震撼。

·阳光商业步行街

武汉东部首家阳光商城步行街，实行统一管理经营，品牌品类分布清晰，内设自动扶梯、观光电梯轻松体验一站式购物，全天候中央空调，后现代遮阳顶篷让您在购物的同时也可以享受阳光的沐浴，四通八达的空中连廊让您畅快抵达。

·时代全球国际影城

豪威城市广场引进以五星级标准兴建的豪华国际化多功能影城。影城近5000平方米，设有几十个超一流的专业影厅和豪华VIP厅，可容纳数千名观众。整个影城时尚典雅，融娱乐、休闲、购物于一体。影城售票大厅宽敞宏伟，先进的售票系统，品种丰富的卖品，无障碍的残疾人专用通道，尽显人性化的设计及国际影院的气派。国际影城十多个超豪华影院的试听配备集合了世界影音的顶尖技术和理念，将给你带来无与伦比的视听享受与超乎想象的震撼效果。

·生态酒店

饮食是一种文化，更是一种心境。生态园酒店超大的就餐空间被有序的植物隔开，让你在绿荫环抱中安然临窗欣赏各地四季风景，品尝高品质的绿色无公害食品。在豪威享受与众不同，在小桥流水、鸟语花香、鱼儿跳跃、翠色环绕中享受一种油然而生的怡然心境，与爱人、与小孩、与朋友全方位地与自然生态环境零距离接触，陶醉在世外桃源般的世界里。

·大型超市

大型超市是市级商业点睛之笔，豪威城市广场将进驻知名大型量贩式超市，经营商品达5000种，主要提供便利消费和便民服务，以满足顾客需求为目的，以"高品质，低价位，优服务"为宗旨。

·SOHO公寓

结合了当代国际流行时尚潮流，迎合现代前卫人士思想理念，为其精心打造的温馨家园。5.5米鄂州第一高度即彰显身份的华贵且享受一层两用的大空间。公寓户型结构合理，尽显人性化设计，环境典雅，宽敞明亮，极力为您打造舒适的家庭氛围。

·湖畔洋房

城市的西方，一个至纯至真至善至美的风水佳境，一座如诗如画的小城——品味生活从豪威雅居开始。一个现代气息浓厚、智能化、配套完善的21万平方米大型生态园林社区，为鄂州市民开辟崭新的高品质生活、交流、休闲、居住空间。鄂州城西中心最后黄金地段，一座超越别墅的CLD中央豪宅。

豪威城市广场为城市定制中心，引领鄂州走进大商业时代！

湖畔风情·红枫家园

红枫家园位于旭光村西北部，距村委会驻地约200米。有居民346户，1230人。以落叶乔木红枫命名。2000年动工兴建，2003年建成。境内有鄂州经济开发区管委会办公大楼、樊口邮政支局、鄂州市建设银行支行、社区卫生服务中心等单位。有居民楼11栋，占地面积5公顷，建筑面积42万平方米，绿化面积1200平方米。旭光大道、四海大道交会过境。

红枫家园坐落在青天湖湿地公园旁，依托自然生态风光和独特的地理、区位优势，彰显樊口乡愁文化内涵，积极打造环湖休闲生态居住环境，提升居民生活品质，实现樊口绿色崛起。家园露新颜，湖畔显风情。近年来，红枫家园配套不断完善，正一步一个脚印，努力打造成为绿色旅游胜地、体验自然的乐园、休闲度假的最佳去处、业主心中的"诗和远方"。

居住在湖畔和风徐徐吹来，柳枝依依，这是隋文帝"吉祥梦"的无限垂眷和牵绊；走向清晨的湖道，看湖面荡漾的水波，那是西子怀春酿，怎不醉得晕晕晃晃？恰似在迷幻中看到瑶池楼台，满湖春色，风情万种。

二、行政演变

公元前221年，秦始皇统一中国后，开始推行郡县制。樊口时属江夏郡鄂县。公元229年，孙权在武昌称帝，樊口属东吴武昌郡武昌县，置樊口。唐代属鄂州武昌县，置樊山府。南唐（967年）后，樊口分属武昌县、黄冈县、大冶县辖，设置樊山砦。明代，樊口分属武昌县神山乡一里、黄州卫捕衙汛、大冶县西四乡流水里，置樊口巡检司。清代分属于武昌县神山乡一里、黄冈县厢坊乡七里、大冶县西四乡流水里，樊口巡检司迁金牛镇。民国年间分属鄂城县尚义乡，黄冈县得马乡、樊川乡，大冶县四会乡。1950年，原属黄冈县的得马乡、樊川乡划归鄂城县，樊口置鄂城县，辖樊口区，坝上集市置樊口街。1953年改置樊口乡。1955年又改置区辖镇。

1957年，樊口区辖樊口镇和临江、芦洲、杜山、蒲团、横山、东港6个乡。1958年，樊口区置鄂城县旭光人民公社，6个乡改置耕作区，同时华光的建新、太和的东沟和大冶县的三山乡划入。1962年，撤销旭光大公社，恢复区建制，耕作区设为小公社，樊口耕作区恢复樊口镇。1975年，樊口镇改置鄂城县樊口街道办。1983年成立鄂州市后，1984年隶属鄂城区。1997年又改属市直管。2008年，鄂州市在樊口成立鄂州经济开发区，樊口街道属其代管，华容区划临江乡钮墩村、得胜村，蒲团乡周劳村，鄂城区杜山镇杜山村、范墩村，西山街道周铺村构成行政区划。2019年，撤销鄂州经济开发区，改置鄂城区樊口街道至今。

旭光公社为原鄂城县樊口区的一个行政单位（科级），前身即原樊口区杜山乡。1958年9月2日成立至1984年4月撤销，历时26年。

"旭光"称呼因"旭日东升，光芒万丈"而得名。1953年，全国掀起农业互助合作高潮，樊口区附近的叶渎湾胡遐波、胡昌树领导的两个互助组开始酝酿成立初级社，但一直为讨论社名争论不休。时任县委工作组蹲点干部段建章建议说：初级社是新事物，如"旭日东升，光芒万丈"，就叫"旭光社"好不好？一经提出，与会社员一致赞成。就这样，鄂城县第一个农业合作社——旭光农业合作社于1954年1月23日正式成立。后来以"旭光"二字命名的社名、村名一直沿用至今。

1949年5月15日鄂城解放，10月10日樊口区政府成立（辖16个乡）。新中国成立前，原樊口沿江黄柏山和沿湖长港六十口一带属黄冈县樊川乡管辖。1950年1月，黄冈将樊川乡（乡办公地点设薛家沟）正式移交给鄂城县。1950年7月，樊口区撤樊川乡（乡办公地点设吉祥寺），成立杜山乡政府（辖8个村湾。办公地点开始设在詹家湾，后迁吴王庙）。1957年3月鄂城县撤销樊口区（区办公地点设樊口街），成立杜山指导组（耕作区，辖6乡1镇）。1958年9月2日，鄂城县撤销杜山指导组，县委在樊口中学举行万人大会，成立鄂城县第一个人民公社—旭光人民公社（辖6乡1镇，办公地点设樊口街）。1961年5月，鄂城县撤大公社，恢复区镇建制，全县调整为9区1镇，以区为单位组建46个小公社。樊口区旭光公社（辖旭光、月河、杜山、柏山、程操、范墩、先台、旭东、路口9个大队，办公地点设吴王庙）。1975年，鄂城县撤区并社，全县撤销9个区组建24个大公社。旭光和东港两个小公社合并成立大旭光公社（办公地点迁至旭东欧家塆，下辖旭光、月河、杜山、范墩、先台、旭东、路口、东港、下王、柯营、三山11个大队以及农科所和三山农场等单位）。

公社体制是中国社会主义制度下产生的一个基层行政机构，其特点是："政社合一"（政府与合作社为一体），"一大二公"（大集体，土地和生产资料完全公有化）。公社政社管理，包揽农村政治、经济、文化、生产、生活等一切事务。"组织军事化、生产战斗化、生活集体化"，取消家庭副业，没收自留地。各生产队对社员生活实行粮、油、柴、菜、鱼、肉以及幼托、读书、文娱、穿衣、住、生、老、病、死等15包。

旭光公社当年实行"三级所有，队为基础"，即以生产队为核算单位，公社、大队和小队三级所有，执行"各尽所能、按劳分配"的原则。在大规模集体劳动的锻炼下，人们的道德观念、意识形态、生产习惯、生活质量都发生了巨大变化。生产资料公有化，促进了劳动出勤率的提高；实行"按劳取酬"的分配制度，激活了社员的生产积极性；兴修水利，确保了农业稳产高产；发展多种经营，既增加了集体收入，改善了社员生活，又培养了一批技术骨干；实行农村"五保"和劳保制度，解决了劳动者的后顾之忧。公社通过工农联盟、商业合作以及兴建商店、学校、影院、俱乐部、医院、托儿所等事业，极大地丰富了人民的精神和物质文化需求。但1966年以后，在"政治挂帅、思想领先"的指导下，公社推行人寨式评分记分方法，即社员凭政治觉悟、劳动态度评工分，后农村普遍形成"吃大锅饭"现象，即社员出工不出力，干多干少一个样，极大地挫伤了社员的生产积极性，严重制约农村的经济发展。

改革开放后，1981年10月，鄂城县参照安徽省"大包干"经验，试行"农业承包、联产计酬、联产到劳、包干到户"的生产经营模式，当年就使广大社员尝到了甜头。1982年11月，旭光公社正式推行农村第一轮承包责任制。在这样的背景下，鉴于在"政社合一"行政体制下的大集体生产方式已不适应农村需要，1983年8月，撤销鄂城县成立鄂州市。1984年4月，鄂州市实行乡镇建制，撤销旭光公社，恢复杜山乡名称（1997年撤杜山乡，设杜山镇）。至此，旭光公社完成了它的历史使命。

三、现辖村居

生态文明·旭光村

旭光村位于樊口街道中部，村委会驻樊川大道18号，距街道办事处800米。东邻樊川社区，南滨长港，西界旭光大道，北止薛家沟。有村民749户，2570人。辖区面积2.5平方千米。下辖7个居民点。以前身旭光初级社与高级社命名。旭光：指旭日东升，光芒四射，意含新生事物，朝气蓬勃。1953年为旭光初级社，1955年为旭光高级社，1958

年属旭光公社，1980年属樊口街道，2008年划属鄂州经济开发区代管。有耕地面积8.2公顷。境内主要有湖北鄂州金鸿达交通设施有限公司、湖北兴冶特钢实业发展有限公司、鄂州开发区管委会、樊口中心小学等行政企事业单位。有名胜古迹吉祥寺。村民以租赁、务工、经商为主要营生。通樊川大道。

旭光，九十里长港河畔的一颗明珠。曾经铸就过20世纪50年代的辉煌，在经历改革开放大潮的洗礼之后，如今更加熠熠生辉。旭光村环境优美，地理优越，坐落于著名的武昌鱼产地樊口，东临滚滚长江，西望浩渺梁子湖；武（昌）九（江）双线铁路从村东穿过，武（昌）黄（石）高速公路在村西延伸。尽管只有300多年的历史，历代民众却在这片富饶的土地上，谱写出了一篇又一篇动人的乐章。特别是在20世纪50年代，"旭光高级农业社"就像它的名字那样，如东升旭日，光芒四射，吸引了许多海内外人士慕名前来。时任国务院副总理李先念先后两次到社里视察，夸奖干部社员的创造精神和劳动热情。30多个国家的友人不远万里到这里参观访问。20多个国家部委、10多个省市的领导人风尘仆仆来社里考察取经。旭光人意气风发，涌现出一批又一批名闻遐迩的劳动模范人物，如"农民发明家"肖功梓、"红旗抽水机手"余绪发、"棉花姑娘"田桂英等，就是他们当中的杰出代表。这一代人，使旭光人民感到无比的骄傲和自豪；他们的业绩，理应成为精神财富传给旭光的子子孙孙。

2017年12月，旭光村被湖北省授予"生态文明村"，是鄂州市12个文明村中的一个，是全省457个文明村中的一个，成为首批"生态文明村"殊荣的获得者。

企业集群·杜山村

杜山村位于樊口街道办事处旭光大道和吴楚大道中段，是鄂州西城区的核心区域。毗邻武黄高速公路、汉鄂高速干道；武黄城际高速铁路、吴楚大道交会于此。东有风光旖旎的九十里樊川穿村而过，与月河村隔河相望；西有碧波荡漾的青天湖湿地公园环绕，与周为村一衣带水；南有风景秀丽的长山和共青港水利枢纽，与范墩村、先台村、农科所地界交错；北抵玉带般的薛家沟，与吉祥寺、旭光村毗邻。

杜山村建湾历史至少500年。最早来此居住建湾的姓氏有吴姓（1524年）、殷姓（1546年）、胡姓（1602年）、杜姓（1681年）。杜山之称源于杜山湾杜姓。古时无固定地名，当地多以吉阳寺或吴王庙相称。明代万历年叫"武昌县神山乡吉阳村第九保白葭山"。清代康熙年杜山湾、詹家湾、刘墩湾、方意渡和程操湾叫"黄冈县东弦乡吉阳村第八保"；吴王庙、六房湾和桥西湾先叫"武昌县神山乡神五里白葭山"，后叫"武昌县尚义乡白葭山"。1949年前杜山地界统称"黄冈县樊川乡吉阳村第八保"。1950年6月，黄冈将樊川乡移交鄂城县，7月樊口区撤销樊川乡，成立杜山乡（以杜山湾冠名），从此"杜山"作为正式地名沿用至今。

杜山村地形呈东北至西南走向，地理坐标为东经114º49′，北纬30º19′，平均海拔20～21米，最低为青天湖叶渎17米，最高为座山50米。杜山村属典型丘陵滨湖地貌，其特点易涝易旱。昔日"三山六水一分田"，号称"四十八塘湖"。自古农渔兼顾，主要种植水稻、小麦和杂粮，水产资源丰富，素有"鱼米之乡"的美称。

杜山村未开发前由杜山湾、詹家湾、刘墩湾、方意渡湾、程操湾、白葭山湾、桥西湾（新农村）七个湾落组成。村属面积为7平方公里（约10500亩），其中耕地面积8069亩，水域面积1200亩（新中国成立前为5000亩），山林350亩，基础用地881亩（含宅基地、自留地、道路、沟渠、塘堰、堤坝等）。2015年末全村有1056户，4261人；全村居住49个姓氏，4个民族（其中汉族4255人，土家族4人，朝鲜族1人，苗族1人）。

杜山村地理位置得天独厚，村东方意渡过河距鄂州城区直线不足6公里；村北吉祥寺距樊口街直线为2公里；村南新农村距路口街不足1公里。自2003年鄂州市设立樊口工业园后，杜山村青天湖被纳入园区内。2007年2月，工业园开始按规划在杜山村范围内征地建路、建桥、建厂。2008年11月20日，鄂州市经济开发区在樊口工业园正式挂牌，规划总面积47平方公里，给杜山村带来新的发展机遇。2008年后，随着旭光大道、吴楚大道、滨港大道、创业大道、双港大桥和青天湖大桥等干线开通运营，随着武汉港工业园、浙江工业园和豪威城市广场的建立和杜山村程操湾170余户住房的相继拆迁，至2019年杜山村境内已有90余户企业落户工业园，青天湖1000余亩水面被辟为湿地公园。至此，全村98%的土地被征完。居民安居乐业，经济来源主要是务工所得和退休金。

杜山村在百里长港示范带处于重要地位，村委一班人在上级党委正确领导下，围绕"七个一体化"，大力推进居住向小区集中，改善居民生活；推进产业向园区集中，为城乡一体化夯实基础。目前，园区内企业群集，高楼林立；小区错落有致，环境优美；街道整洁明亮，路网林荫蔽日，已形成集制造、办公、旅游、服务、休闲、购物为一体的城镇化社区格局。

潜力发展·周劳村

周劳村位于鄂城区樊口街道西部，距樊口街道办事处所在地1公里，东邻樊口街道旭光村，南界杜山村、青天湖湿地公园，西连蒲团乡郭垱村，北连蒲团乡小庙村。地处平原地带，平均海拔高度20米。村内有吴楚大道由南向北和四海大道由东向西穿村而过，外围武黄高速、汉鄂高速公路、城际铁路穿境而过。土地总面积9平方公里，其中耕地面积4200亩（水田2500亩），人均耕地0.98亩，实际耕种3000亩，国家征用1200亩，无流转耕地。农户主要种植棉花、油菜、蔬菜、莲子、莲藕。

现有新社区1个，10个自然湾：陈家境、周家岃、毛家湾、旗杆湾、宋家湾、明张、张家湾、高家咀、周家小湾、郭家墩，村委会位于四海大道旁；共有20个村民小组，1365户、4298人，其中低保户46户，精准扶贫户70户。近年来，村党支部和村委会按照"宜居宜业、建设生态周岃村"的理念，着力建设社会主义和谐新农村，实现了又好又快发展。

莲藕飘香·钮墩村

钮墩村位于樊口街道西南部，隔薛家沟、断汤湖与蒲团乡周岃村、大庙村、石竹村相毗邻，北面与临江乡王埠村接壤，东北和东南与芦洲村、得胜村以幸福港为界，西南面过薛家沟，是鄂州樊口中心区。旭光大道已建在本村区域，武九铁路贯穿全村。有龚家墩、钮家墩、包家墩、黄泥墩、藕荷塘、严淑维、唐夏7个自然湾，14个村民小组，696户，2591人。全村国土面积507.9公顷，其中湖泊水面630亩。

钮墩村以钮家墩湾而得名，村委会设在黄泥墩、包家墩、钮家墩之间的高地处，旁有村抽水机站和原钮墩小学旧址。

钮墩村是湖滩平原地貌。据考，境内有十几个湖泊名称，即：董家湖（断汤湖）、牛皮塘、大牛海、小牛海、常家塘、钟家荡、孟家荡、藕荷塘、北杨湖等。现除断汤湖外，其他湖塘早已变成了耕地。

钮墩村西南靠薛家沟和断汤湖，沿线略高，北面和东面偏低，西部和南部有海拔十几米的黄土小山包，为黄黏土质。平原为泥沙混合土质，潮泥地。

钮墩村水源丰富，东面幸福港过境水段约2.5公里，西南有断汤湖，南面薛家沟在村区域内约4公里。

钮墩村交通方便。东面，由316国道经郑家塆铁路涵洞，有一条3.5米宽的村级公路通村；东北面，经芦洲湾铁路涵洞也有一条通村公路；南面过旭光大道公路桥，可到樊口街办大楼门前。

排灌设施齐全。到2005年，修有中型电力排灌泵站2座，水泥渠道2公里，有土渠沟1300余米，建桥闸3座，绿化树木4000余米。基本实现耕地网化。

钮墩村湾的形成历史不长，多于明末至清代，开始有人择高埠而居，兴盛于民国年间。今据《黄冈县志》载，清光绪八年（1882年），钮墩村属黄冈县厢坊一里，因临江地貌特殊，实行军事建制与行政区划并行。军事建制为钮墩村捕蒞汛，行政为黄冈县第一区。区下设里、村。

民国初，沿袭清代建制未变。民国二十一年（1932年），废除里、村，改为联保，厢坊里改为得胜联保，为黄冈第一区辖，钮墩村属得胜联保。民国三十年（1941年），撤区、联保，设乡镇，为得马乡。

民国三十三年（1944年），省政府将得马乡划归鄂城县辖，但交接未果，仍属于黄冈县管。

1949年，钮墩村解放，秋，成立乡农会。1950年，黄泥墩、藕荷塘、包家墩3个自然湾属鄂城县樊口区周㕔乡辖；严淑维、唐夏两个自然湾属樊口区大庙乡辖；龚家墩、钮家墩湾属樊口区芦洲乡辖。1951年土改时，蒲团、临江两地以断汤湖为界，严淑维、唐夏两个自然湾属芦洲乡王埠村管辖。1956年，全县小乡并大乡，包家墩、黄泥墩、藕荷塘并入芦洲乡。是年，成立高级农业合作社，严淑维、唐夏属"康乐"农业社（王埠）管辖；龚家墩、包家墩、黄泥墩、藕荷塘属芦洲乡群星三社辖；钮家墩为群星二社辖。同年初，成立群星联社（包括得胜村大堤内季家墩、周家墩、史家墩、徐家窝湾、周家湾；樊口蔬菜队的刘家湾、向家墩、左家湾；芦洲村的王家湾、张家湾。联社办公地设在得胜周家湾前面的三四墩处，后改为小学）。当时钮墩村属群星联社6大队。

1957年，鄂城县撤区设指导组，芦洲乡属杜山指导组辖，各自然村隶属关系未变。

1958年8月，全县人办人民公社，撤销区、镇、乡。钮墩村属旭光人民公社芦洲耕作管理区辖。

1961年，全县改大公社，设小公社建制，恢复区、镇。公社下辖耕作管理区。芦洲耕作区与临江耕作区合并为临江人民公社，下辖黄柏山、临江粑铺、王埠、芦洲、钮墩、得胜、杜沟8个生产大队，公社办公地点设在芦洲大队芦洲湾。

1964年，严淑维、唐夏两湾由王埠第四大队划属钮墩管辖。

1984年，公社恢复乡建制，临江公社改为临江乡，钮墩大队改为钮墩村，下设小队改为小组，隶属关系未变。

1987年，鄂州市撤销黄州县级区和4个派出区，改设鄂城、华容、梁子湖3个县级区，钮墩村属华容区临江乡辖。

2001年，胡林镇与临江乡合并为临江乡，钮墩村隶属关系未变。

2008年，鄂州市设立鄂州经济开发区，钮墩村从临江乡划属鄂州经济开发区辖。

钮墩村从1964年开始抓村办企业，大力发展多种经营，当年在村建起了榨油厂、粮棉加工厂，方便了社员，也增加了集体收入。

1969年，在断汤湖开办渔业、养猪场和酒厂。责任制变更后，榨油厂改为剧院，米面加工厂承包给私人。

1985年，由集体投资在黄泥墩下湾兴办了18门的轮台窑，年产红砖500万块。同时，村委会解放思想，鼓励村民调整种植、养殖结构，充分利用水资源，发展养殖业；其次招商引资兴办企业，先后兴办了两个水泥厂，年产量均在2万吨以上，安排了本村剩余劳动力就业。

由于集体经济较好，就抓了公益事业的建设。1974年，为方便钮墩的适龄儿童就近入学，将大队部拆迁，投资10万余元，兴建了一栋两层8个教室、650平方米的教学楼。随后又兴修教师宿舍楼和卫生室等配套用房700平方米。

20世纪90年代后，随着农村改革的不断深入与发展，大力推进农村结构调整，水面养殖业发展，庭院经济兴起，种植无公害蔬菜。藕荷塘、黄泥墩等自然湾有蔬菜专业户20余家；包家墩有养鱼的专业户，而且还种有莲藕，每年收入2万多元，有的村民建楼房养猪，每年出栏肥猪200余头，年收入4万多元。唐夏和严淑维的村民，将临湖低田开挖精养鱼池，收入翻倍。同期，村发展小型水泥厂5家，并引进投资50万元的塑料颗粒制品厂项目，引进红莲湖旅游区苗木基地建设等项目。

2000年，全村筹资50万元，将村主道5.6公里修成水泥路，建成通湾道路2.6公里。近两年，村委会组织修建水泥渠道共8公里，挖排水河道20公里，修塘堰水泥坡岸8口，建抽水泵站7座，疏清排水港道2000余米，极大改善了农田排灌条件，修建水泥村组路累计15公里。到2013年，村湾实现了水泥路网，用上了自来水，并抓了厕所改造、垃圾集中处理，基本改变了脏、乱、差现象，营造出一种文明向上的村风。此间，通过招商引资，在藕塘湾有3家年产值过40万的企业落户。鄂州经济开发区旭光大道北段正在向钮墩村延伸修建，将促进当地的开放与发展。

芦苇故里·得胜村

得胜村位于樊口街道西北部，离办事处5公里。该村有季家墩湾、邵家湾、史家墩湾、徐家窝湾、周家墩湾、八房湾、周家湾、郑家湾、舒家填、马房咀湾10个自然湾，其中有一个消失的自然湾，即周家墩。有11个小组，769户，3023人，国土面积451.91公顷。

得胜村地理环境非常独特。全村所辖自然湾均在粑铺大堤脚下，从古镇樊口向北延伸。东与黄冈隔江相望，东南与杜沟村等隔港相依，西与钮墩村、北与芦洲村毗邻。属滨江平原，土地肥沃，水源充沛。316国道、武黄铁路贯村而过。外有黄金水道，南临四海湖通往长江的薛家沟，西有幸福港。鄂州市27路公交车直通村委会。村湾道路百分之百是水泥路，依城傍镇的区位优越，水陆交通方便，有利于工业开发和农业发展。

明清时期，季家墩、周家墩属神山乡神一里辖。据《黄冈县志》载，光绪八年（1882年），邵家墩、史家墩、徐家窝、八房湾、郑家湾、舒家墩、房咀7个自然湾，长堤村向家墩、刘家湾、左家湾，属黄冈县厢坊一里辖。因地理位置特殊，军事建制与行政区划并行。得胜村7个自然湾属捕衙汛，与黄冈县第一区并存。区下设里、村。

民国初，沿袭清代建制未变。民国二十一年（1932年），废除里、村，改为联保制，厢坊里改为得胜联保，为黄冈第一区辖。得胜村属得胜联保。民国三十年（1941年），撤区、联保，设乡镇，得胜联保与马桥联保合并为得马乡。周家墩和季家墩西边属鄂城县尚义乡。

民国三十三年（1944年），樊川乡和得马乡划归鄂城县辖，鄂城县奉省政府令接受两乡，但后两县交接未果，仍隶属黄冈。

1949年5月，得胜村解放，1950年5月，黄冈县"飞地"得胜洲、樊川乡，划鄂城县辖。鄂城县设9区1镇，分领163乡。得胜村的周家墩、季家墩、刘家湾、左家湾属樊口区周为乡辖；沿江岸的马房咀、舒家墩、八房湾、郑家湾属沙洲乡；向家墩、邵家墩、史家墩、徐家窝、周家湾属芦洲乡辖。

1952年辖区未变。1955年，鄂城县辖区进行过两次调整，向家墩、刘家湾、左家湾属樊口镇辖，其他自然村所属关系均未变。

1956年，全县合并大乡，芦洲等乡合并成立临江乡，并成立群星初级农业社，群星一社（周家墩、季家墩、邵家墩、史家墩）、群星二社（徐家窝、周家湾）合并为群星高级社。不久，沿江四湾合并为建华高级农业合作社。

1957年，鄂城县改区设镇和指导组，得胜村属芦洲乡，属杜山指导组辖。

1958年成立旭光人民公社，1959年1月，得胜村属旭光人民公社芦洲耕作管理区辖。1960年，鄂城县改为鄂城市，得胜村所辖季家墩、邵家墩划归樊口蔬菜队辖。

1962年1月2日，鄂城市复ების为鄂城县，大公社改为小公社，得胜村属临江公社辖，季家墩、邵家墩从樊口镇划归得胜村。沿江建华改为建华大队，堤内五湾改为季墩大队。1964年，建华大队与季墩大队合并为得胜大队，其他隶属关系不变。

1975年，撤区并社，临江公社直属县辖，下辖临江、粑铺、黄柏山、王埠、芦洲、钮墩、得胜、杜沟8个生产大队。

1983年，鄂城县改为鄂州市，成立两个县级区和四个派出区，得胜大队属长港派出区临江公社辖。

1984年，临江公社改为临江乡，得胜大队随之改为得胜村，下辖11个村民小组。1987年成立华容县级区，临江乡改划为华容区辖。2008年鄂州市设立鄂州经济开发区。2010年，得胜村从华容区临江乡划归鄂州市经济开发区辖。

1953年前，村民主要从事农业生产。沿江依港的自然湾兼有捕鱼、驾船、开磨坊，以及碾槽、卖花样、织芦席等手工业作坊。

1953年，得胜村开始走集体化道路。从办互助组到建初级社、高级社，为了提高产量，推广小麦南大"2419""岱籽棉""胜利籼"等新品种改良土壤，修建沟渠；使用新式农具，不仅解放了生产力，同时提高了产量。到1956年，全村人均收入水平已达到土改时富裕中农的生活水平。

1958年，人民公社化后，在"大跃进"运动中，出现"浮夸风""一平二调"风，农业生产和经济发展受到一定冲击，加之随后三年自然灾害，出现吃不饱和饿死人的现象。但在此期间，得胜村的水利设施却得到较好改造，为日后农业生产创造了条件。

1961年后，得胜大队领导班子按上级精神，大抓粮食生产，发展多种经营，广辟门路搞副业，大力发展棉花经济作物，全大队开展芦席编织，经济迅速得以恢复。但是，在大集体时期，多做不能多得，致使人心、体力疲劳，生产发展不快。但村办企业的发展较好，先后办了粮食加工厂、榨油厂、轧花厂，同时修整了江边民堤。

1982年，得胜大队实行土地联产承包责任制，调动了群众的生产积极性，也调动了自主经营的模式，群众生活水平逐步提高。20世纪80年代初，领导班子解放思想，发展村办企业，开办了"得胜轧钢厂"，年收入10多万元，并成立了建筑队。同时大队招商引资，在辖区内办厂兴业，先后有鄂州市建筑设计院、市汽运公司、市饲料厂、市板簧厂、市除尘设备厂、市农校、市教育局、家具厂进驻邵家墩生产队，不仅解决了大队富余劳力就业，也带动了经济发展。到了21世纪后，村委会注重抓人民生活质量的提高，村湾道路全部建成水泥路；解决了全村吃卫生水；修整塘池，处理好了村墩脏、乱、差；建成了图书阅览室，老年人活动中心和健身场地；同时在发展生产上引进市18家沙站和郑家湾段长江货运码头及季家墩港外市污水处理厂、建筑熟料厂等多家企业。

滨江寄情·杜沟村

杜沟村，位于本境北面长港与长江交汇的江滩。明朝后期，该地芦苇丛生，来自江浙到黄冈府宦游的杜、章、徐三姓后裔先后来此圈地围垦定居，随后王、李、余、陈、叶、卢等姓氏先民陆续迁徙于此。各姓聚族而居，至清初已形成杜家沟、老屋墩（徐姓）、王家墩、李家寨、余家、章家祠堂、陈家墩。湾末距大湾一里处为洲尾口，地处长港入江之口，乃过往船只避风良港，习为过往船民和商旅提供生活方便，或对船只进行维修。清代形成近一里长的沿河集市，居民和店铺共86家，多为章、陈、卢等姓氏先民，其建筑皆为竹寮茅舍，清樊口牙厘局北卡设于此。民国十八年（1929年）阴历三月十八日遭火灾，86家烧毁82家，灾后重建，规模仍不如前，至新中国成立后只有40余家。1956年，再遭火灾，其居民迁回本湾，洲尾集市废弃。

该村清末属黄冈县捕衙汛厢坊乡，民国初年为黄冈县樊川乡，民国二十六（1937年）到民国三十六年（1947年）为黄冈县樊川乡第七联保第五保。抗日战争时期，为鄂城县得马乡第五保。抗战胜利后至新中国成立前夕，为黄冈新洲区署樊川乡第五保。新中国成立初期，为鄂城县樊口区得胜乡第一、第二村，1958—1961年为旭光公社芦洲管理区杜沟大队，辖8个生产小队。1961—1980年，为临江公社杜沟大队。1980年至今先后分别为鄂城市、鄂州市鄂城区樊口街道办事处杜沟村。杜沟村民委员会和杜沟居民委员会辖9个村民小组。

新中国成立前该村村民多以耕种滩地和驾木船从事运输为业，若遇丰水年，田地被淹，全靠耕种土地的农户只好逃往阳新割芦苇和打芦席换钱度日。民国初年，章海门和杜、徐富户倡议率众修筑民垸，称久康堤或得胜堤。新中国成立后由于长江洪水冲刷，造成江岸崩塌，民垸曾于1954年、1969年、1981年内迁三次。1983年大水，全村被淹，江岸崩塌加剧，江水直逼具有400余年历史的村湾。1984年民垸再次内迁，新迁大堤西起马坟，直接与粑铺大堤衔接，东抵唐家咀老闸，全长500余米、堤高4米、面宽8米。同时村庄开始整体搬迁至粑铺大堤樊口堤段边。1998年村湾遗址全部崩塌于江中。

2017年4月，为了樊口公园建设，杜沟村整体拆迁，在长堤村新社区安置点安置。

梦中家园·长堤村

长堤村，位于本街西北面，北依粑铺大堤薛家沟段，西临薛家沟，和临江乡得胜村相望，南到武九铁路边，东傍粑铺大堤樊口废弃堤段，村因堤而命名，其中第四村民小组肖家湾位于月河南岸铁路桥头铁路两旁。该村主要由向家墩、刘家大湾、左家湾、周家湾和肖家湾组成。向家墩在薛家沟北岸依粑铺大堤与临江乡得胜村相邻，村民大都为明末清初来此圈地围垦的周、朱、刘、左、肖诸姓先民的后裔，其中刘姓来自粑铺村刘家大湾，肖姓来自阳新龙港。

清末，该村属黄冈县捕衙汛厢坊乡，民国初属黄冈县樊川乡，1926—1936年为黄冈县第二区署樊川乡第七联保。抗日战争时期为鄂城县樊川乡第七联保第八保。抗日战争胜利后至新中国成立前夕，为黄冈县新洲区署樊川乡第九保。新中国成立初期属鄂城县樊口区樊口乡；合作化时期，周家湾划归杜山乡旭光高级农业合作社，刘家湾、左家湾、向家墩划归得胜乡群星高级农业社；1958年成立人民公社时，将以上村湾组成樊口蔬菜大队，隶属旭光公社樊口管理区。

1961年公社调整，恢复区级建制，樊口蔬菜大队隶属鄂城县樊口区樊口镇，直至1975年。1975年区级建制再度撤销，樊口镇划归鄂城县城关镇，樊口蔬菜大队隶属鄂城县城关镇樊口街道办事处。1980年鄂城县、市分家时将旭光公社月河大队肖家湾划归蔬菜大队，为鄂城市樊口街道办事处蔬菜大队，1984年改为长堤村，隶属樊口街道办事处至今，辖四个村民小组。

该村境内有市粮食局饲料加工厂、市棉花公司樊口打包厂、市第三医院、市鞋帽机械厂等市直企事业单位。20世纪80年代乡镇企业兴旺时，街道办事处在该村境内兴办有火柴厂、卫生材料厂、皮件厂、五金制品厂、玻璃制品厂、索线厂等十来家街办企业。20世纪80年代中期，杜沟村部分村民在该村西北角靠季家墩铁路桥择地修建新村。市造船厂扩建，征用薛家沟北市遗址，其居民迁入长堤村。

2017年，长堤村一组、二组、三组拆迁，集中建长堤社区，居民住进了梦幻家园。

能工巧匠·周铺村

周铺村位于西山街道西部，属鄂州经济开发区管委会代管，村委会驻中心村，距管委会驻地5千米。东接七里界村，南临夏兴湖，西邻杜山镇范墩村，北连梁新屋村。辖区面积7.5平方千米。有17个居民点，1048户，4560人。以居民点命名。周铺指居民点。1950年属怀德区西佛乡，1955年分属民主合作一、四社，1958年属石山人民公社石山管理区，1975年属城关镇，1984年属西山街道，2008年划入鄂州经济开发区代管。有耕地面积200公顷，水域面积100.5公顷。主要种植水稻、油菜。居民主要经济来源是务农及外出务工。境内主要企事业单位有鄂城殡仪馆、周铺小学、周铺卫生室（北临吴楚大道）。寿昌西路自东向西过境。

两港舞动·范墩村

范墩村位于樊口街南部，村委会驻范墩大湾，距街办办公楼约2千米。东接华光村、周铺村，南连建新村、杨方村，西邻先台村，北靠杜山村、月河村。有村民604户，2580人。辖区面积3784平方千米。下辖6个居民点和1个新社区。以居民点命名。范墩：指居民点。1950年属鄂城县樊口区，1958—1975年属旭光人民公社，1984年属杜山乡，1998年属杜山镇，2008年划入鄂州经济开发区代管。有耕地面积223.3公顷，水面、滩涂面积882公顷。以种植业为主，以养殖业、工副业为辅。主要种植棉花、小麦、油菜、水稻。境内主要有范墩小学等4个企事业单位。长港、新港纵贯南北，汉鄂高速、武黄城际铁路、吴楚大道东西过境。

范墩新社区位于范墩村东部，距村委会驻地500米。有居民130户，500人。2010年动工兴建，2013年建成。占地面积约3公顷，紧邻发展大道。

长港欢歌·月河村

月河村位于本街西南面，东接长堤村肖家湾，南隔新港与西山街办鄂钢桥、朱家垴村相望，西与杜山镇范家墩相邻，北临长港。长港在境内形成大弯，恰如下弦月，故村名"月河"。明代以前，该村面对乌翅湖，背靠长港，只沿港岸一线高墩。明末清初，来自江西、大冶、阳新、本地余家渡的胡、张、程、肖、王等诸，先民在此择高墩建村湾，圈湖滩围垦，因而该村主要由胡家窑、张家窑、程家墩、肖家湾、王家湾等几个村湾组成，其先民主要以耕种湖田、烧窑做砖做瓦、捕鱼、驾船为业，所以今有胡家窑、张家窑之称。

清末，该村属黄冈县捕衙汛厢坊乡；民国属黄冈县第二区署樊川乡第八联保下半保；抗日战争时期，隶属鄂城县樊川乡；抗战胜利后至新中国成立前夕属黄冈县新洲区署樊川乡第八联保下半保；1950年为鄂城县樊口区方异乡四五村；1953年划归樊口区樊口乡；1955年划归方异乡；1958年成立旭光公社，该村隶属旭光公社杜山管理区月河大队。1961年恢复区级建制，调整人民公社，该村为樊口区旭光公社月河大队，直至1980年。1980年鄂城县、市分设，该村划归鄂城市樊口街道办事处，同时将肖家湾划入长堤村。1984年政社分家，改大队为村，该村为鄂州市鄂城区樊口街道办事处月河村，辖12个村民小组。

民国十三年（1924年）修筑樊口横坝和民信闸时，挖肖家湾东边为民信进水港，隔断了该村与樊口的陆上通道。大坝修筑成功，樊口形成集市后，肖家湾和王家湾青壮年男丁大部分成为樊口河埠码头搬运工人。1957年武黄铁路和月河铁路桥修筑成功后，便利了月河人进出。1986年，月河公路桥建成通车，加快了该村经济建设。目前，境内有市武昌鱼集团公司蔬菜加工厂、武昌鱼集团公司武昌鱼精养鱼池。2002年修筑起全街最宽最长的村级公路。

古河新流·樊口社区

樊口社区，原名大闸社区，于2019年与内河社区合并，取名为樊口社区。位于樊口街道中北部，社区居委会驻民信路16号，距街道办事驻地500米。东临长港，南抵武九铁路，西北与长堤村相邻。辖14个居民小区。有居民1510户，4560人。以地域命名。

主要管辖原大闸村（新河村）、薛沟坊、薛家沟集贸市场、电排站生活小区、樊口中学生活小区、造船厂生活小区、樊口大闸生活小区。境内有樊口电排站、市水利局堤防管理处和禹龙公司、樊口大闸管理处、樊口变电站、水文站、水利局物资公司、造船厂、磷肥厂、鄂钢供水站、樊口中学、鄂州市第三医院、樊口国家粮库等十几家省、市企事业单位。

薛家沟集贸市场地处薛家沟老街西南面粑铺大堤樊口段堤上，集市形成于1983年，集贸市场兴建于1987年，主要经营农副产品、饮食和日杂。薛家沟坊因地处薛家沟港与长港交汇处而得名，位于长港西岸，薛家沟港北岸，其居民主要为薛家沟北市遗址居民。清末民初，隶属黄冈县捕衙汛厢坊乡；民国时隶属黄冈县第二区署樊川乡第七联保；抗日战争期间隶属鄂城县樊川乡第七联保；抗战胜利后至新中国成立前夕，隶属黄冈县新洲区署樊川乡第七联保；新中国成立初期隶属樊口区得胜乡。1956年樊口街成立樊口区辖镇，将其划归樊口镇，为樊口区樊口镇醇家沟街；1958年撤区成立人民公社时，与坝上居民组成"三八"大队，为旭光公社樊口管理区"三八"大队。1961年恢复樊口镇和樊口区，公社进行调整，薛家沟隶属樊口镇"三八"大队，自此至今，一直属樊口镇或属樊口街道办事处。1958年，薛家沟北市遗址部分被造船厂征用，20世纪80年代再次被该厂征用大部分，现只剩依大堤而居的部分居民。清末民国初得胜郑家祠堂兴建于本遗址。民国十六年（1927年）樊口早期地下共产党员贾海轩曾在该祠堂组织本地区农民运动，1954年祠堂毁于洪水。

大闸村在未建电排站和樊口大闸前，村民东起钓鱼台、西抵民信闸东头、北依长港沿河而居，俗称河南岸。该村由河南岸、雷山北麓周家窝、范家墩、余家窝等自然村湾组成。明清时熊、谈、范、李、方、贾、魏、周、余诸姓先民驾船捕鱼来此定居，逐渐形成以上村湾。清末，雷山尾至钓鱼台隶属鄂城县洪道乡洪一里，民信闸至雷山尾河南岸隶属黄冈县捕衙汛厢坊乡。民国时期，河南岸隶属黄冈县樊川乡，其他村湾隶属鄂城县洪道乡洪一里；抗日战争时期，河南岸改属鄂城县樊川乡，其他村湾隶属不变；抗战胜利后至新中国成立前夕，河南岸改属黄冈县樊川乡，其他村湾隶属未变。新中国成立初期，河南岸先属樊口区方异乡，1953年后属樊口乡；其他村湾隶属怀德区雷山乡。1955年河南岸与其他村湾组建成立渔业高级合作社，范家湾、周家窝、余家窝始属樊口区樊口乡。1956年樊口成立樊口镇，渔业合作社属樊口镇。1958年为旭光公社樊口管理区渔业大队。1961年为鄂城县樊口区樊口镇渔业大队，直至1975年。1975年3月撤区并社，樊口镇划归鄂城县城关镇，为樊口街道办事处，渔业大队隶属樊口街道办事处。1980年为鄂城市樊口街道办事处渔业大队。1983年为鄂州市鄂城区樊口街道办事处渔业大队。1984年改渔业大队为大闸村，领属不变。1990年3月改大闸村为大闸居委会，领属不变。2001年，大闸居委会与电排站居委会合并组建大闸居委会。

20世纪70年代至80年代，因兴修樊口电排站和樊口大闸，该村一度因面临新港而得名新河村，南端为沟通新港与长港的开河道，该村东、南、西三面环水，北依武昌大道，成为名副其实的"江南水上人家"。

附：内河居委会

以樊口老坝为核心，位于本街中央，辖民信路、樊口老街、樊川东路、内河街、粮道坊、新建坊、和平巷、民信西路、民生路等街巷坊，基本包括了整个樊口古镇老市区，因地处坝上和坝内，且紧邻长港，故名内河居委会。新中国成立前后是古镇商贸、手工业加工中心。清末隶属黄冈县捕衙汛厢坊乡。民国初属黄冈县第一区第三保卫团。民国二十一年（1932年）属黄冈县第二区署樊川乡。抗日战争时期，沦为日寇据点，属鄂城县樊川乡。抗战胜利后至新中国成立前夕，仍属黄冈县樊川乡。新中国成立初期，隶属鄂城县樊口区樊口乡。1956年隶属樊口区樊口镇。1958年隶属旭光公社樊口管理区"三八"大队。1961年隶属樊口区樊口镇"三八"大队直至1975年。1975年5月，隶属鄂城县城关镇樊口街道办事处"三八"大队。1980年鄂城市成立，改为鄂城市樊口街道办事处樊口居委会。1983年鄂州市成立，改为鄂州市鄂城区樊口街道办事处内河居委会。

该居委会民信路位于民信闸至樊口粮店沿大堤处，西临长港故道，东面地势开阔。新中国成立前后竹木、煤炭、窑货等经营业集中于此。20世纪70年代路东兴建钟厂和樊口米面加工厂。樊口米面厂与樊口粮店间的道路昔日被人们称为拖船路，过坝的小木船经此由码头工人拖进拖出，坝内外货物亦经此由码头工人转运。

内河后街位于樊口坝南侧，东起樊口米面厂，西至月河铁路桥头，临坝内长港故道。新中国成立前后，樊口镇货栈、旅店、酿造作坊等集中于此。20世纪50—70年代，樊口派出所设于后街中段西侧，长港河运业兴旺时，后街西端建有客运码头。50—60年代，樊口卫生院设于后街中段西侧，70年代卫生院搬迁，改设樊口区公所，现改建为樊口粮食储运站职工宿舍。1980年鄂城市成立，樊口街道办事处曾设后于街中段南侧。后街东端为鄂州市大通公司樊口站停车场，西端为1954年兴建的樊口小学，现改为樊口幼教中心和樊口星光老年活动中心。

樊口商场至铁路立交桥间为樊川东路，新中国成立前后为竹木、铁业、印染等手工业经营集中地，因其建筑多为砖木、茅草结构，易发生火灾，人们戏称为"包袱街"（农历七月十五日化包袱）。1956年冬天一场大火，将整条街化为灰烬。50—70年代，樊口镇在此兴办樊口农机修造厂、拉丝厂等企业。樊口老街位于樊口横坝上，长200余米。1949—1950年，鄂城县政府设于老街中段南侧，后改设樊口区公所。新中国成立前后是樊口镇商贸、饮食、娱乐中心，各商号、铺店、药房、酒馆、茶楼等依街两侧而建，武黄公路穿街而过。新中国成立前后樊口戏院建在老街东头（现粮食储运站门市部），长江中下游商埠京、汉、楚等剧团经常来此演出。现街道两旁建筑物多为50—70年代兴建，樊口商场为80年代所建。1987年，老街进行全面改造，临街店铺门面重新统一粉饰，街面垫高并全部水泥硬化，人行道拓宽并绿化，保持老街面古朴风格。樊川路竣工和樊口集贸市场落成后，商业中心移至铁路立交桥西南，老街主要经营建材、五金、农用物资和副食批发。

悠悠情思·樊川社区

樊川社区因樊川大道而得名，位于铁路桥以西的新建商业、机关、工业、学校区，主辖民生路、凤山路、樊口集贸市场和樊川大道东起铁路桥、西抵叶家苑大道两旁企事业单位。

樊口集贸市场位于樊川大道南侧铁路与码头路之间，占地十余亩。1989年填压旭光村六组鱼塘兴建而成，建有100余家商亭和200余个摊位，是本街最大的商业网点，主要经营鞋帽服装、干鲜日杂、农副蔬菜、鱼肉蛋禽等，人们日常生活所需一应俱全，日客流量万余人次，是本市城区第三大集贸市场。

樊川大道是1985年征用旭光村湾后土地兴修的，东起铁路立交桥，西抵旭光村叶家浹，长2公里、宽32米，是市区西线上武黄高速公路的必经之道。东段为商业、服务、机关区；中段建有樊口公路收费站；西段大道两旁土地开阔，是工业区，依次兴建了常鑫、美鑫建材公司、蓝天铝业公司、大康饲料厂、纸桶厂、方方碾米砂辊厂等现代化企业和市广播塔，是优良的投资场所。

铁路立交桥，是2001年在原狭窄的单孔桥洞基础上扩建而成的，桥高5.4米，人车分流，四孔四车道。

四、美丽村湾

环境优美·樊口电排站小区

樊口电排站小区位于大闸社区西南部民主街9号，距居委会驻地250米。有居民112户，410人。以辖内枢纽水利设施而得名。1979年修建住宅楼4栋，2001年增建1栋，2008年再建1栋。共有居民楼6栋，12个单元。居民房屋呈块状分布，占地面积1.2公顷，建筑面积1.48万平方米，绿化面积560平方米，小区路面和活动场所均已硬化。小区三面环水，东面新港，西畔薛家沟，南临民信新闸，北靠316国道。常年绿树成荫，花团簇拥。小区内布局有篮球场、羽毛球场，还配套有健身器材。

百年公义·方意渡

清光绪《武昌县志》载："城西六里有方家渡。"方意渡位于杜山村东南长港岸，它既是一个渡口，又是一个居民点。以摆渡人姓名而得名。建于何时，无从考。不过据年逾八旬的余老先生讲，他的高祖父曾与方家船老大第九代传人方如意同庚，常摆渡玩耍于渡口两岸。如此推算，方意渡形成的年代最迟应在清顺治年间，距今应有360多年历史。如今的方意渡湾是个杂姓居民点。有居民460人。耕地大部分被开发征用，村民以工副业为生。

据传，明末清初，方氏后裔为躲避兵灾，从江北南渡武昌，沿樊水西行到现在渡口东岸落脚建庄，以亦农亦渔为业。清问鼎中原后，朝廷为安抚民心，招募乡民填湖围垦，樊川两岸移民逐年增多。这时的方家在东岸耕种，常常摆渡到西岸湖滩捕鱼。当地乡民常常搭方家船过河。轻舟便利，一来一往，惠及乡邻，久而久之，方家就顺应自然以摆渡为生。

方意渡地理位置正好是县城通往西部陆路便捷之道，是历朝历代县衙联络樊湖的陆上口岸，多少年来为沟通东西两岸的乡民提供了许多便利。那时，渡口两岸设有茶坊、店铺，生意兴隆，人来客往，热闹非凡。"墟落斜阳外，人家古渡头。"清末武昌文人蔡希孟回樊湖老家路过方意渡也感慨地写道："风寒萧条怨晓箭，渡头游子问人家。江东分外春来早，蛙鼓催红二月花。"字里行间那种初临家门的期盼之情溢于言表。

历史上的方意渡应在古樊川东岸，即现在的月河村吴家墩和张塆一带。现在意义上的方意湾实际指的是西岸杜山村刘墩、许夏和余墩。原因是1820年后，方家因种种原因一蹶不振，后方姓衰落。清光绪十年以前方意渡一直是华光王姓的私渡。因过渡收费极为苛刻，港西许、余、詹、刘、程、操、周等七姓由程勋佐、周茂香领头到县衙打官司，夺回了渡船所有权，从此改名"方意渡"，并在渡船尾部写上"七姓公渡"字样。除出嫁姑娘收费外，两岸过往的男女老少都不收费。每年腊月七姓公渡管理者到各户收少量粮食，确保渡船管理人员生活。

中华民国及中华人民共和国成立后，该渡先期由两岸吴、张、许、詹等姓轮流掌管，后期才固定由西岸詹姓经营。如今，百年古渡依然"方意"地穿梭在渡口两岸，但终因桥通路畅、人流稀少而失去了往日的辉煌。

崇文重教·牛家社儒学堂

牛家社儒学堂位于樊口西南杜山社区境内竹溪海北岸周家山东侧（遗址在滨港大道与杜山村交会处）。学堂东北距詹陆谢不足200米；东南距方意渡150米；西南紧邻程操湾，距吴王庙六房湾200米；北距吉祥寺杜山湾400米。牛家社儒学堂创立于清顺治时期，至清末逐渐衰落，曾为樊口沿港一带开创了"塾馆教育"先河。

古代程操湾、六房湾、杜山湾统称"白葭山"（意为芦花盛开的地方）。三国时，这里湖深鱼肥，人烟稀少，故被官府辟为贵族墓地。南北朝时，这里作为茫茫湖区过往船只的落脚点和避风港。樊口开埠后，樊湖樊川便作为百里湖区便捷通商水域。从1567年起，黄冈府衙将樊口沿江沿港辟为"军屯地"，鼓励饥民沿江河水道向西插旗为标，步步围垦，一些姓氏便沿长港两岸高墩居住。因竹溪海水域西通樊湖，是靠近樊口最近的湖岸，一些先民到樊口入港西行至刘墩起坡，抄近路从竹溪海进入湖区。因此，竹溪海便成了起埠地，而北岸的周家山便自然成为移民迁徙的落脚点。进出频繁，一来二往，周家山便成为垦荒人员流转的集散地。

"牛家社"因周家山一座社庙而得名。清代中期程操湾叫"黄冈长港白葭山牛家社"（见《程氏宗谱》道训公名录）或"齐安河西凌家区牛家社"（见《程氏宗谱》道训公续谱支序）。那时周家山地理方位独特，东有长港，南北是湖，只有一条独路可东西通行，可谓水陆两便。走陆路，这里是捷径要道：往东过方意渡可达县城，往北沿河可到樊口。走水路，这里更便利自如：往东可下港，往南北下湖可四通八达。因此，周家山是过去湖区来往商客必经之地。从明代开始，朝廷重视樊湖开发，奖励农桑。为了便于管理，地方官绅也随移民进入湖区理政。因古代有"打春牛"习俗（每年立春后第五个戊日为"春社日"），为了教化乡民不误农时，齐安府便选择在热闹的周家山东侧建了一座社稷坛（俗称社庙）。每年"春社日"，官府就组织乡民在社庙举行"打春牛"活动（塑土牛，用柳条棍击打，意为劝农耕）。久而久之，民间就将周家山的社稷坛称之为"牛家社"，"牛家社"也就取代周家山作为正式地名。

清代康乾盛世时期，白葭山牛家社周围湾落基本形成。乡民经过几代人的奋斗，开垦出大量湖场和田地，积累了财富，加之人口急剧增加，改变了人们的生活节奏，同时也增添了忧患意识。为了支撑门面，一些富户纷纷让子孙外出求学，以应对日后的竞争。白葭山六房湾吴德姬饱读诗书，在白葭山首兴"崇文重教，诗书继世"之风。他在新屋场设帐馆亲自授学，教自家子孙，其学子个个成才，被誉为"一门五国学，六代九业儒"。程操湾士绅操之采、蔡作文和刘姓、詹姓等一批有识之士也跟着筹资修缮牛家社庙，扩展厅堂创办"儒学堂"，聘请黄冈、武昌两县著名先生来学堂授课，使各湾一批聪慧少年有机会坐堂读书，为樊口沿港各湾培养出众多乡儒士绅。

可是，随着樊湖水患日益猖獗，民生变得贫困。几十年后，儒学堂步履艰难。随着年久失修，1850年牛家社在风雨飘摇中倒塌，"儒学堂"也随之解散。但其治学精神，"诗书继世"传统未丢。经"儒学堂"培养出来的莘莘学子，或业儒授学，或弃学经商，或从政，或学技，或习武，或从医，大都成为栋梁之材。1862年，程操湾程道训、操道南在吴王庙东侧重建"儒学堂"（后留有学堂垴地名），先后培养出恩科进士程光朗（未出仕，后业儒私塾），程光灿、程祖猷二侍郎（朝廷命官）；著名中医程勋珍还为操姓培养出8位秀才、2位举人以及许多邑庠生、国子监生和许多著名教书先生。1885年，经牛家社儒学堂培养出来的刘副榜（刘墩人），乃饱学之士，秀才出身，屡试不第，多年在县城教私塾。1889年，刘副榜应族人之邀回刘墩办私塾，使方意渡、詹陆谢农家子弟有机会上学。1891年在刘副榜倡导下，白葭山吴、余、黄等姓氏在吴王庙合办私塾，先后培养出进士余中熙，国学生6人，太学生2人。1892年，刘副榜开设吉阳寺经馆，常年招收杜山湾、詹陆谢、凌家湾、肖岔、周㘄等村湾农家子弟上学，先后培养著名讼师程勋佐，私塾先生10多人。1893年经牛家社儒学堂培养出来的范化石（范墩人）在范墩办私塾，方意渡有子弟入塾就读。

清末至民国期间，各学堂走出来的学子纷纷设帐私塾，使白葭山湖区私塾教育有所复兴。1925年，詹家湾举族建房办书塾；詹子华在自家堂屋办私塾；詹林书到路口私塾教书。1926年，程操湾程勋洪开私塾。1928年白葭山余湾人余少海到城关当塾师；余克明在吴王庙办私塾执教28年。1930年左右，杜山湾杜子松、杜瑞华、杜永清、杜绪峰等人开设三所私塾，让杜姓子弟就近入学。1937年，六房塆吴紫星兴办书塾。1939年刘墩湾刘慧亭办私塾，后任教于湖北教育学院。各湾先后培养出杜跃龙、杜礼堂、杜林森、刘桂庭、程劲松、操倘伦、秦新庭、刘冠华、吴赞尧、余兴隆、操贤明等士绅人才。1942年中共武鄂工委兴办吴王庙公学。1946年余扬志考取国立湖北师范学院，成为白葭山第一个大学生。1948年，谢家湾5处私塾，有李明清等6位先生执教。至新中国成立前，历代农家子弟饱读诗书，学以致用。一批私塾先生默默耕耘，先后为地方培养出一批批精英，新中国成立后大多成为地方政治、经济、文化等方面的骨干。1950年后，在私塾教育基础上，白葭山人不忘初心，经历耕读教学、扫盲教育、乡村办学、九年义务教育等过程，使100%的适龄儿童接受新式教育，培养一批批优秀师资。恢复高考后，一批"教育世家""书香门第"和中高级人才脱颖而出，大学生更是不计其数。

白葭山是多姓杂居的村落，自古重视教育。数百年来，乡民信奉"耕读传家，诗书继世"的传统理念，历代先祖都会把优秀子弟送到学堂或私塾读书，挑选有成就的长者任蒙师，把孔孟之书、儒家文化作为启蒙修养之道。如今，教育发达，后继有人。人们不会忘记先辈们为"耕读教育"所作出的努力，更不会忘记牛家社儒学堂为奠定后世教育所作出的历史贡献。

第四章　遗迹遗址见沧桑

一、穿越时空·樊姥庙

樊姥庙，位于樊山之口，即现在的六五山的山腰。最早见于干宝的《搜神记》："樊口之东有樊山，若天灾以火烧山，即至大雨。又以为孙权出猎，见姥曰：'我舞阳侯樊哙母也。魏将伐吴，当助子一战。'后果有赤壁之捷。因立庙祀之，名其山曰樊山，皆不经之论也。"干宝的记录，是最早的有关"樊姥庙"得名的由来。

值得一提的是，孙权在樊山口"猎豹"的故事，应是他在武昌称帝的一种舆论宣传。

"魏将伐吴，当助子一战，后果有赤壁之捷"有误，应是"蜀将伐吴，当助子一战，后果有猇亭之捷"。赤壁大战前夕，刘备被曹操打得大败后于樊口与周瑜会师，此时的孙权并不在樊山，而在九江的柴桑。赤壁大战前夕，曹操并未封"魏"，当然谈不上魏将伐吴。

孙权于樊山下见老母，"猎一豹"，应是在公元221年孙权迁来鄂县之后，公元222年"蜀将伐吴"，即"陆逊火烧刘备七百里连营"的猇亭大战前夕。这为孙权在樊山口"猎一豹"提供了时间、空间和载体。可见，樊口樊姥庙是孙权迁来鄂县，建于公元222年吴蜀猇亭大战之后的，距今已有1700多年的历史。

樊山是藏豹卧虎之地，到了明代有熊桴伏虎的典故。因此孙权于樊山口"得一豹"应是可信的。据《武昌县志》引《武昌记》："樊口南有大姥庙，孙权常猎于山下，依夕见姥，问权猎何所得。曰：'正得一豹。'母曰：'何不竖豹尾？'忽然不见。应邵《汉官仪序》曰：豹尾过后，执金吾罢屯解围，天子卤簿中，后属车施豹尾于道路。豹尾之内为省中盖。权事应在此，故为立庙也。"《武昌县志》所引的《武昌记》实际上是北魏郦道元的《水经注》引《武昌记》的载录，他后面则引用了应邵的《汉官仪序》，是说汉朝天子出巡时，仪仗队中竖豹尾，以示大汉天子威仪。"何不竖豹尾"，是寓意孙权有帝王之兆。"故为立庙也""权事应在此"，可见孙权在为自己登基称帝做舆论准备。《武昌记》窥透了孙权的"心思"，郦道元在引用时则解释得更加清楚，为樊口樊姥庙赋予了新的历史内涵。这里较为有权威的史记，应是宋代苏轼的《樊山记》："仲谋（孙权）猎于樊口，得一豹，见老母：'何不建其尾？'忽然不见。今山中有圣母庙，予十五年前过之，见彼板仿佛有'得一豹'三字，今亡矣。"

从苏轼《樊山记》的载录中看到"圣母庙"确实存在。苏轼说他于十五年前来过一次，当时圣母庙里彼板上留有模糊的"得一豹"三个字，由于年代古久，字迹被腐蚀了。苏轼谪贬黄州后再次游圣母庙时，已相隔了十五年，那彼板上模糊的"得一豹"三个字，已经完全看不见了。

据《武昌县志》引陈朝虞荔《鼎录》说："吴主孙权猎于樊山，见一姥，问得何兽，答曰：得一豹。曰：何不截尾？遂为姥立庙，并作一鼎，文曰：'豹尾鼎。'"苏轼的《樊山记》及虞荔的《鼎录》，都是樊姥庙存在的史料。又据《武昌县志》载曰："大姥庙在县樊山口，旧名樊姥庙。"可见，孙权建庙时始名应是樊姥庙，日后又历史地演绎为大姥庙、圣母庙。

《搜神记》《武昌记》《水经注》《太平御览》《独异志》《东坡志林》等历史文献都载录了樊口樊姥庙。而这些历史文献，在我国历史上又产生过重要影响。南宋武昌县令薛季宣游了樊口的抔湖退谷后，写了一篇《樊港访退谷》，其中有"此心如介石，自誓向樊母"的语句，这"樊母"应是樊哙之母，又是孙权樊山猎豹遇樊母"何不竖其尾"的典故。

二、叱咤风云·孙权猎豹处

吴王孙权樊口猎豹处。孙权曾于樊口猎豹，史书多有记载，前已表述。

三、雄踞天下·即位坛

即位坛，又名郊天坛，以三国东吴孙权称帝在此即位告天而得名。《水经注》载："武昌（今鄂州）城西郊坛，孙权即位告天于此。"

即位坛位于西山东南部的白虎山，东瞰老城区，南望落驾坪，西邻公园路，北依古灵泉寺。占地面积约600平方米，其形态为"陡绝圆坛"，即呈圆周形，垂直而上。据有关记载，该坛到南宋乾道年间（1165—1173年）仍基本保存原状。清康熙年间（1662—1722年），故址犹存，至今尚依稀可辨。

东汉末年，孙刘联军在赤壁之战中大胜曹操。孙权不久又收复荆州，于公元221年自公安（今湖北公安县）迁往鄂县（今鄂州），将鄂县更名为武昌。公元229年夏四月丙申日，孙权率群臣上西山登坛即皇帝位，焚燎告天，其告天文曰：皇帝臣权敢用玄牡昭告于皇皇后帝：汉享国二十有四世，历年四百三十有四，行气数终，禄祚运尽，普天弛绝，率土分崩。孽臣曹丕遂夺神器，丕子叡继世作愿，淫名乱制。权生于东南，遭值期运，承乾秉戎，志在平世，奉辞行罚，举足为民。群臣将相，州郡百城，执事之人咸以为天意已去于汉，汉氏已绝祀于天，皇帝位虚，郊祀无主。休征嘉瑞，前后杂沓，历数在躬，不得不受。权畏天命，不敢不从。谨择元日，登坛燎祭，即皇帝位。惟尔有神飨之，左右有吴，永终天禄。

登基礼毕，群臣护驾回到武昌宫（又名安乐宫），升太极殿，诏告天下，定国号吴，改年号为黄龙元年。自此，魏、蜀、吴三国鼎立的局面正式形成。

清末咸丰二年至六年（1852—1856年），太平天国军队四度攻占武昌（今鄂州），每次都在西山与清朝军队展开激战。相传太平军首领都在即位坛处点将督师，故后世又称其为点将台。

在郊天坛的周边，还留有吴大帝孙权修文习武、避暑狩猎的遗迹。如白虎山麓的读书堂，剑石峰上的试剑石、比剑石、洗剑池，青龙与白虎二峰山间的避暑宫，还有广宴亭等。

"青山依旧在，几度夕阳红。"历经千年风雨，即位坛的地面建筑早已不复存在，但其残基依稀可辨。游客在即位坛遗址旁，看到的是高耸云天的广播电视微波发射塔。这个发射塔，每天向市民发射着福音——春满鄂城，文明吴都。

四、守望星辰·樊山戍

樊山戍，位于现在雷山上。由于樊山地区山川险要，地理位置特殊，"左控浔庐，右连襄汉，插御上流，西藩建康"，因而成为历代军事家争锋之地。樊山襟江带湖，拔地而起，沿江一面陡峭险恶，成为扼守江面的自然屏障，素称"楚东门户、吴晋重镇"。汉高祖刘邦为巩固其疆土，曾派灌婴筑城设防于山下。三国时，孙权除大兴土木、营造城池外，还特地在樊山设烽火瞭望台，派兵驻防，称为"樊山戍"。此后，历代一直沿袭下来，唐称"樊山府"，南唐则叫作"樊山砦"。樊山脚下为樊港通长江之河口，其地背山临水，扼长江，锁樊川，镇武昌，是驻扎水军停泊战舰的天然避风港。《三国演义》写道，赤壁之战前，刘备曾派大将关羽、张飞、越支等率水师屯兵樊口，与周瑜会师西山，配合孙权控制长江中游。据《读史方舆纪要》载："汉建安十三年，刘备败于当阳，用鲁肃计，留夏口，进屯鄂县之樊口是也。"清末，洪秀全、杨秀清等亦率太平军，利用樊山地区特殊险要的地形，在樊山、樊口一带与清军周旋。

五、千秋史话·钓台

钓台遗址在今鄂州西山之北，郎亭峰之东的长江边上。据古代诗文描绘，此地有石如翼，笔直地展向江滨。它背倚幽谷，面临大江，其上平旷宽阔，可同时容纳百余人。

台畔绿杨掩映，婀娜多姿，台下则坐石林立，横江截浪。站立台上俯视长江，便生大江东去、迷茫无际之感；若遇风盛，看惊涛拍岸，则又宛如乘风破浪。

一次，孙权同群臣宴饮于西山江滨钓鱼台。宴饮开始前，他便声言：今日大家都要喝个痛快，直到一个个醉得掉下钓鱼台去，方才罢休。他不仅本人喝得酩酊大醉，还派人用冷水洒在群臣身上，浇醒了再喝。孙权的这一做法，可把老臣张昭气坏了，遂以罢宴相抗议，一个人离开了席位，到外面的车子上独自坐起来。孙权发现张昭离去，派人把他找回来，对他说："朕今天不过是想同大家一起乐一乐，你为什么要生这么大气呢？"张昭一本正经地回答："昔日的商纣好饮酒，美酒装满了池，酒糟堆成了山，君臣们经常在一起喝个通宵，他也认为是一件乐事，而不认为是一件坏事啊！"孙权听后，自觉理亏，马上命人撤去酒席。

孙权不仅在钓鱼台上宴饮，还经常在台上讲武、阅军，或者指挥水军操练于此。钓鱼台实际上也是孙权号令水军之司令台。史载，吴黄武五年（226年），吴国在武昌新造了一条能够乘坐3000人的军事指挥船，取名"长安号"。因为"涧中浪不恶，复在武昌郭。来客去客船，皆向此中泊"，所以，"长安号"正式下水试航便选定在钓鱼台附近的小涧水域一带。当孙权在钓鱼台亲自主持了新船下水典礼仪式后，又登船参加首航。天公不作美，此时江中突然刮起了猛烈的强风，不得不转舵驶入可以避风的樊口港。

晋灭吴后，著名军事家陶侃镇守武昌。他效法先贤，也把钓鱼台作为自己的军事指挥之台，经常在这里整训水师。《武昌县志》记载了一个真实的故事，有一个时期，全国正闹饥荒，盗贼纷起。江北西阳（今湖北黄冈县）守将王美的部属也经常在长江上拦劫过往商船。陶侃得知此事后，立即派兵过江，逼迫王交出匿藏营中的盗贼，又在西山脚下的钓鱼台布兵列阵，以为后继。王美迫于营前大兵压境，又见对江钓鱼台一带旌旗蔽日，鼓角震天，只得将部下曾做过盗贼的20来人绑缚起来，送交陶营治罪。

自此以后，武昌钓鱼台渐渐成为历代墨客骚人游目骋怀、飞觞醉月之台。南朝诗人庾信游历过武昌的山山水水，熟知钓鱼台边上那婀娜多姿的武昌官柳，也在钓鱼台上持竿钓取过味美可口的武昌鱼，抒发过"还思建业水，终忆武昌鱼"的感慨。唐代大诗人李白一生中至少两次到过鄂州。从他和黄钟共赋的《武昌钓台篇》可知，他确实游览过钓鱼台，亲自凭吊过孙权、陶侃、庾信等辈在钓鱼台的遗迹，也熟知武昌钓鱼台的掌故逸闻。至于曾辞官归于武昌西山的唐诗人元结，更住在钓鱼台上的退谷之中，对"大涧""小涧"和钓鱼台等都十分熟悉，为后人留下了许多优美动人的诗文佳作。宋代著名文学家苏东坡和黄山谷曾一同游过钓鱼台，还曾在钓鱼台上昼眠休憩。苏东坡死，黄山谷旧地重游，很自然地勾起了对往事的回忆，以"钓台惊涛聒昼眠"的诗句来描绘当年两人同游钓鱼台的欢乐之情。明代诗人赵贞吉也游过武昌钓鱼台，还写过一首题为

《钓台》的七绝，诗曰："醉骨烟云艇半开，半竿风雨上鱼台。无人知是寒山子，明月玉箫呼未回。"从诗的字里行间，可以想见诗人对武昌钓鱼台的无限向往之情。

沧海桑田，世移物换。曾经在武昌钓鱼台叱咤风云的英才俊杰虽已不复存在，但那些歌吟咏叹武昌钓鱼台的优美诗篇，却长传人世。

六、旌旗猎猎·刘备屯兵处

刘备屯兵处，在现在樊口公园一线。读史《方舆纪要》载："汉建安十三年，刘备败于当阳，用鲁肃计，留夏口，进屯鄂县之樊口是也。"樊口"左控湓庐，右连襄汉，插御上流，西藩建康"。前引之文记叙的是东汉末年赤壁之战前夕，刘备（字玄德）领兵退守樊口，与东吴孙权会盟共抵曹兵的史实。

东汉建安十三年（208年），曹操进军襄阳，刘备不听诸葛亮趁机夺取襄阳、占领荆襄六郡以此与曹操抗衡的建议，带领十万老百姓，日行十余里避难江陵，结果大败于当阳。曹操顺利地攻占了荆襄六郡，完成了统一北方的大业。曹操屯大军于荆襄进行整顿，准备穷追刘备，顺势挥师南下，一举消灭孙权，统一全国。

东吴君臣获知曹操攻占荆襄，准备挥师江南后，上下一片恐慌，言战言降皆有，意见不一。时东吴主战派鲁肃，请命西上汉沔，一方面刺探曹军虚实与意图，另一方面迎请刘玄德，组成抗曹联军，以成掎角之势。于是刘玄德留荆襄旧主刘表长子刘琦守夏口，召集刘表旧部，整顿军马。自己则率领关羽、张飞、赵云及残军进屯樊口。

刘玄德屯军樊口后，派遣诸葛亮赴东吴商定联吴抗曹大计，自己与关、张、赵等在樊口整顿水师，操练军马。联吴抗曹，火烧赤壁后，刘玄德趁势收复荆襄六郡，攻占西川，建立蜀汉政权，自称昭烈皇帝。

后来，樊口地区的人们为了纪念刘玄德屯军樊口，将其营寨称为一号营盘、二号营盘、三号营盘。至今，钓鱼台、杜沟、得胜等地还有一号营盘、二号营盘、三号营盘的老地名。

七、逐梦战船·败泊湾

败泊湾，在现在雷山脚下。《江表传》载："权于武昌新装大船，名为长安，试泛之钓台圻。时风大盛，谷利令舵工取樊口。权曰：'当张头取罗州。'利拔刀向舵工曰：'不取樊口者斩。'工即转舵入樊口，风遂猛不可行，乃还。"这段文字记叙的是东吴孙权（孙仲谋）在樊口长江水域带领文臣武将试航新造巨舰"长安号"的经过。

东吴以水军立国，造船业十分兴盛，技术力量也很强，最大的造船基地在建安郡（福建闽江口一带）。公元221年孙权将东吴政治中心西迁鄂州后，也将造船业引到了鄂州。一次，东吴新造巨舰"长安号"能乘千余人，孙权听说后十分高兴，带领文臣武将来到樊山戍（樊口）试航。当孙权和文臣武将们登上"长安号"经杜沟水域向得胜水域驶去时，狂风骤起，巨舰随着大浪颠簸不已，随行大将谷利命令舵工返航樊口。孙权却说"迎着巨浪驶往罗洲"。谷利见形势危险，不顾孙权阻挡，拔出腰刀指着舵工命令道："不立即返航樊口，马上斩首。"舵工只好屈从于谷利，调转航向往樊口。由于风大浪急，船被吹坏。"长安号"只好强行靠岸，孙权一行离船登陆。

孙权一行到樊山戍后，无法返回武昌城，只好命令随行士兵经郎亭山伐木开道，取山路返回武昌城。后来，人们将"长安号"停泊处取名"败泊湾"或"败船湾"，将所开山路称为"吴造岘"，至今遗迹尚存。

八、漫郎桃源·退谷

退谷，位于西山和雷山之间的伍家龙。因元结隐居在此而得名。

据《元次山年谱》："次山以老母久病，乞免官归养，代宗许之，拜著作郎，乃家于武昌樊水之郎亭山下。"又《樊上漫作》诗："漫家郎亭下，复在樊水边。去郭五六里，扁舟到门前。"可见元结住在"郎亭山下"的樊水边。

"复在樊水边"，是说住在郎亭山下樊水的那边，即"退谷"的樊水边。抔湖水也叫樊水，因为抔湖东边的山叫郎亭山（西山），抔湖西边的山叫樊山（即现在的雷山），故元结诗中有樊上、樊水之说。

元结在《退谷铭并序》中则说得较为清楚："何人作铭，铭之谷口。荒浪者欤，退谷漫叟。"是说他住在"（退）谷口"。

最能说明元结住在抔湖退谷的应是孟士源，他在《樊山新春大雪寄元次山》诗中说"怀君欲进谒，溪滑渡舟难"，说明孟士源去拜望元结时要乘舟过抔湖。

还有南宋武昌县令薛季宣《送张愷还停舟访退谷》诗："送客过樊溪，停桡退谷口。不见元次山，静立踌躇久。"又《退谷里章》："退谷中人带筹箸，山中缭绕茅舍傍……漫歌八曲音清冷，风高水寒叹之声。勿哦大洞修黄庭，谷中之乐实难名。"薛季宣这里是说唐侍郎住在樊口的退谷口，又在退谷吟哦出了《漫歌八曲》。

元结在《自释》中说他住的地方"左右有渔者"。这就是说他住的地方左右有渔舍。综上所述，"元结宅"应是在郎亭山下樊水的那边退谷口，即抔湖的南端退谷侧。

元结隐居退谷，他的旧部下属特地远道而来看望他，他很高兴，以酒相待，并作《喻旧部曲》诗："与之一杯酒，喻使烧戒服。""劝尔学全生，随我奋退谷。"劝他脱掉戒服，"解甲归田"，和他一起隐居退谷。

从以上诗文可见，此时的元结对大唐腐败的朝政大为失望。自己辞官，还劝同僚、友人、旧部不为官、不摄（代）官、不做官，和他一起泛抔湖、游退谷。

唐侍郎元结隐居樊口，在樊上留下了《抔湖铭并序》《退谷铭并序》《漫歌八曲》《樊上漫作》《招孟武昌》《酬贾沔洲》《喻裴云客》等数十篇诗文，为我们留下了宝贵的历史文化遗产，在鄂州历史上产生过深远的影响和积极的作用。在绍定年间筑三贤堂，其中供奉的就有唐侍郎元结像，另两位就是历史上赫赫有名的陶侃和陶渊明。

后人还建了三贤祠，供奉的除陶侃、苏轼外，还有唐侍郎元结，历史留下了武昌人对元结深深的纪念！

九、先民足迹·团鱼山古遗址

樊口团鱼山，位于西山六五三油库西北侧。此处有西周、春秋时期的人类活动遗址，已列为鄂州市文物保护单位。1984年10月，鄂州市人民政府立保护碑。

十、六朝文明·程操古墓区、白葭山古墓区

杜山村的杜山湾、程操湾和吴王庙古代统称西阳畈"白葭山"。三国至六朝时期（222—589年），白葭山一带为贵族墓地。这一地带至今仍留有许多古墓文物、历史足迹和民间传说。

古墓：程操湾和白葭山，1984年被鄂州市人民政府定为市级"古墓区"保护单位（详见保护碑）。古墓区包括蔡家咀、程操湾、白葭山，面积有0.2平方公里，约300多亩。

明末清初，这里有人居住时，就有部分古墓出土。新中国成立后，高级社和人民公社时期（1955—1973年），大搞农田水利建设，又有部分古墓出土。1974—1984年旭光公社砖瓦厂、杜山大队砖厂在程操湾蔡家咀、吴王庙周边挖土烧窑共出土古墓100多座。古墓全部用青砖砌拱建成，有大、中、小三种规格。大号墓长3米、高2米、宽1.5米；中号墓长2.5米、高1米、宽1米；小号墓长2米、高1米、宽0.8米。出土青砖有两种，一种是正长方形，长30厘米、宽16厘米、厚5厘米，砖面有条纹和菱形图案；另一种刀形砖（专门砌拱用），长30厘米、宽16厘米，上沿（大头）厚5厘米，下沿（小头）厚3厘米。2008年，杜山村由鄂城区杜山镇划为鄂州经济开发区管辖（现樊口办事处辖区）。2009年程操湾整体搬迁。2010年8月和2015年5月，鄂州市博物馆在程操湾废墟上进行两次抢救性发掘，出土古墓20多座。其中2010年8月发掘一座罕见的三国东吴时期大型穹窿顶砖室墓葬。该墓由墓塘和墓室两部分组成，墓坐北朝南走向，南北长20.7米，东西宽8.76米，深3.56米，墓道长11.06米，墓室长9.14米，宽8.50米，拱形顶高3.15米。据专家考证，该墓墓主为公元253年东吴宗室重要成员或相当于将军级别的显赫

人物。

出土文物：人民公社时期从出土古墓中发掘出大量的陶器、瓷器、金银器、铜镜、铁箭等文物，当时人们文物意识淡薄，一些坛罐碗盏被打碎，一些金银器、铁器和铜镜被当成废品卖掉，一些金银珍品被人低价收藏。1984年前后，常见一些古董商到古墓区周边淘宝。据市博物馆资料显示：在2010年8月的出土古墓中，有研究价值的文物39件；2015年5月出土有研究价值的文物20余件，分别为：青瓷口壶、青瓷碗、青瓷盏、铜魁、铜勺、铜鐎斗、铜三足炉、神兽铜镜、连弧纹铜镜、铜弩机、铜剑、铁镜、金钗、金指环、金饰、银指环、银钗、料珠、铁环、铜钱、石黛板等物件，其中铜镜上有铭文，具有较高的研究价值（以上文物均珍藏于鄂州市博物馆）。

古碑：杜山村古墓区有大量古碑。人民公社时期，土地平整时将有价值的古碑当成基础建设的石料，有的做了水渠涵洞，有的当青石板架了桥，有的当成石板做了洗衣埠，有的石碑做了仓库的奠基石等。

1995年白葭山蔡云峰在老屋基墩子挖出一块石碑（60厘米见方），据蔡先生讲，刚挖出来时，红色字迹清楚，时隔20多年，上面的油漆脱落、雕刻字迹模糊。经仔细辨认，为明代万历十六年（1589年）立的碑，距今已有430多年。碑义为竖式（从右至左），第一行："明历刑司黄州卫，某某人氏见武昌"，第二行："神山乡吉阳村第九保白家山龙塘山居住"，第三行："明显考魏公讳魏东山大人之墓"，第四行："万历十六年九月，魏廷瑛等祭祀"。按以上碑文分析，我们最少可得到几点信息：第一，墓主人叫"魏东山"，居住龙塘山。正好与程操湾相传龙塘湖周边是魏姓人的田地，地名叫"魏上人"的说法相吻合；第二，题写碑文的是黄州卫刑司的官员，说明墓主生前与黄州卫有"瓜葛"，至少是黄州卫的官员，这也与传说中"魏姓是员外，很富有"的说法相一致；第三，从石碑地名得知，明代时吴王庙一带地名叫"武昌县神山乡吉阳村白家山"。魏东山居住在龙塘山（属程操湾），由此可以得知杜山村在明代就有人居住，由古碑推断杜山村建湾历史应在公元1516年前后。

十一、时代印象·雷山铁矿开采遗址

白矿

20世纪五六十年代，樊口镇渔业大队在雷山采石。人工打炮取石，大块片石作为成品出售给建筑行业，小块片石经人工锤成瓜米碎做修路材料或做预制件原料，日产各类石料200吨左右。至70年代，该矿由鄂城县水利局接管，渔业大队遂停止白矿生产。

红矿

20世纪60年代开始，樊口镇集体筹资在雷山北麓原雷山寺遗址上创办采场，开采露天铁矿。初期，人工打眼放炮取石，人工选矿和粉碎。发展至70年代，陆续添置粉碎机、溜筛、转扬机等设备，矿石粉碎、提选实现了机械化，日产铁矿石200吨左右。1976年，樊口镇铁矿与鄂城县城关镇铁矿合并为鄂城县城关镇红矿。至20世纪80年代初，雷山禁止开山取石，该企业遂停。

第五章　鼓角争鸣惊天地

一、秦王落驾·王翦樊口降楚卒十万

樊口背山临水，山川险要，地理位置特殊，成为历代兵家争锋之地，是一个充满传奇色彩的地方。明冯梦龙《东周列国志》载："秦王政发驾樊口，受俘负刍，以杀君之罪废为庶人。命王翦合兵于鄂渚，以收荆襄。"又："公元前223年（楚王负刍五年），秦攻楚，俘楚王，秦王嬴政从汉水至鄂渚樊口，废负刍为庶人。楚亡。"（政协鄂州市委员会文史委员会：《鄂州文物概略》第243页，2002鄂州内图字第12号）。

《东周列国志》记录了这一战事情况。楚幽王十年（公元前228年），楚幽王去世，楚哀王即位。楚哀王在位两个多月，负刍的党羽袭击杀害楚哀王，而拥立负刍为王，史称楚王负刍。对于楚王负刍来说，是为战国时期楚国最后一位君主。

公元前223年，秦王嬴政派王翦率领60万大军进攻楚国。战前，王翦对众将士发出"今日与诸君破楚"的动员令。将士皆摩拳擦掌，积极备战。当王翦突然分兵来袭时，楚军将领项燕未曾料到，只得仓皇出战。奈何秦军积蓄已久，个个以一敌百，楚兵大败，项燕与景骐率败兵东走，王翦乘胜追逐，遂攻下西陵，荆襄大震。王翦与蒙武分军一半，屯于鄂渚，传檄湖南各郡，宣布秦王威德，自率大军径趋淮南，直捣寿春，遣人往咸阳报捷。项燕往淮上募兵未回，王翦乘虚急攻，城遂破，景骐自刎于城楼，楚王负刍被虏。秦王政发驾亲至樊口受俘，责负刍以弑君之罪，废为庶人。楚王负刍被俘，意味着楚国的正式灭亡。

楚王负刍在楚都寿春（今安徽寿县）被俘，为何要被押解到鄂县樊口而不是其他地方？秦王政为何不远千里亲自来樊口？关于这段历史，史书中记载甚少，我们还未能获得更多的相关史料，但"王翦樊口屯兵，秦始皇大驾樊口"这一重大历史事件，为我们留下了"落驾坪"（在今樊口东北）这一地名且沿用至今，这也是最早出现在史料中的樊口。而巧的是，早在公元前323年（楚怀王六年），怀王封其弟启为鄂君，颁发"鄂君启节"，就是在安徽寿县出土的，个中之谜，有待我们探索。

二、烽火狼烟·鄂州古今第一战场

樊口，一个叫了两千多年的名字，一个名头早于秦鄂县的地方，以其壮阔的山水，雄浑的气概，将秦汉以来帝王将相、军事家、政治家、高官巨贾等吸引至此，尤其是历代文人墨客在这里留下众多赞美、抒情和怀念的诗文。"江从樊口转，山自武昌连。日月悬终古，乾坤别逝川。"（宋潘大临《江间作（其一）》诗句）无论是潘大临叹岁月易逝念好友，缅古时英雄结归隐志诗，还是吴国伦、毛泽东等众多古今名人笔下的樊口，都让人唏嘘感叹。先贤们伫立西山，面对天下无双的樊口，发出了无尽的赞美与感慨。

然而，樊口不仅仅有感人的诗歌、传奇的故事和美味的武昌鱼，更有那经历战争风云洗礼与铭记在史籍中的沧桑，只不过樊口这一曾经的烽火狼烟之地被这里更加丰富厚重、多姿多彩的历史人文光芒所遮蔽。

"战国城池尽悄然，昔人遗迹遍山川。"（唐释栖一《武昌怀古》诗句）史料上虽有秦攻楚，从汉水至鄂渚樊口，秦王政发驾亲至樊口受俘之事，但无更加多的史料来旁证战事情况，在这里不可妄加评说，但作为历史上军事要邑的古武昌（今鄂州，下同），樊口就是其中的一个大战场。史载，自三国孙吴政权在此建都，其后的多个朝代，这里先后建有樊口戍、武昌寨、营盘、巡检司等军事设施和军事管制机构。从唐朝末年起，宋、元、清几个朝代，这里都发生过较大的战事，遍数鄂州，还没有哪里能够有与之相比的战场。清咸丰时期，巡阅长江水师、前兵部侍郎彭玉麟在其《樊口建闸凑议》中就说："鄂中为天下咽喉，樊口乃省城后路，自来论形势者，江汉与武昌并重。"（清光绪《武昌县志（全五册）》2010年版第一册第67页）因此，樊口不仅仅是一个大战场，而且堪称鄂州古今第一战场。而在这个战场中有一核心地带，即紧临樊口东北面、西山与雷山之间的一块平地——五家垅。

五家垅实为形胜之地，其"学名"退谷，五家垅是其俗名。"谁命退谷，孟公士源。"退谷因唐孟士源曾与元结同隐于此而得名。这里之所以称为鄂州第一古战场的核心战场，主要有两大方面的因素：一是地理位置、地形地貌；二是多个朝代曾经在这里多次发生战事。

五家垅在鄂州老城区西，地处西山和雷山之间，距鄂州中心城区约3千米，距西南面的重镇樊口约2千米，距长江约1千米。五家垅东为西山，西为雷山，南为两山之间的南出口，从这里出去后向东可以进入城区，向西则可直奔省府；北与长江相通。要到达这里，若非翻山越岭，只有南北两个隘口可以进出。史志载，清代以前，有官道沿西山、雷山脚下逶迤而前。

五家垅南北长约1.5千米、东西宽约1千米，整个地形呈中间阔、南面稍宽、北边极窄的山谷，而北边两个山头中极窄的通道则构成了通往武昌城至为重要的关隘，其特殊的地形地貌形成了五家垅成为核心战场的先决条件。

五家垅东北紧连抔湖。抔湖，旧名杨门港（衙门港），据《鄂城市地名志》载："杨门港湖总面积约三十六亩，水深一二米，可以养鱼……"抔湖呈一狭窄形，为带状湖泊，其北尽头与长江相连。这里两山对峙，陡峭的山体几成九十度，中间仅不到百米的距离且中间隔着抔湖，因此形成了鄂州主城区（老城区）极为重要，甚至是唯一的军事关隘。如此地形地貌和地理位置，自是古人极好的屯兵戍守之处。所以也就有了三国时期，吴王孙权将"樊口戍"这一军事营垒建在此地；东晋重臣王敦驻扎武昌时将其作为建营的理想之地；唐和宋五代时期，守卫武昌城的部队亦扎营在此，名曰"武昌寨"；清咸丰时期清兵与太平军对垒时的军营"头道营盘""二道营盘"在这里留有遗址。此地虽不说具有"一夫当关万夫莫开"之险，但也是一"锁喉之地"："上通荆岳，下达吴越"，把住了这里，就是把守住了进出武昌城的通道，由此往外，朔江而上可至武汉，往东顺流而下，则可进入江浙；往内，则可通过九十里樊港（长港）进入梁子湖，控扼南进兴国（今黄石阳新）至江西。

至于发生在这里的战事，可谓多多：隋伐陈樊口出兵，梁、唐五家垅之战，五家垅宋军大破南唐军，元军、义军战樊口，清军与太平军激战樊口，清军几次破樊口和武昌城，中国守军樊口阻击日军西进等诸多战事，都发生在樊口。由此看来，樊口为鄂州古今第一战场，名副其实，当之无愧。

三、吴蜀联盟·孙刘樊口会师

刘备樊口屯兵，在樊口洲尾口与东吴大都督周瑜会师，是孙刘联盟共同抗击曹魏大军的重大标志。

孙刘在此结成军事同盟联手抗曹，在此有必要简述当时背景。当时南方的主要割据势力有两个，一是立国三世的东吴孙权政权，他据有扬州六郡。这些地方土地肥沃、物产丰富，在当时战乱较少。而北方人的南迁又给当地带来了先进的生产技术，因此东吴的经济有了长足的进步。在军事上，孙权拥有精兵数万，有周瑜、程普、黄盖等著名将领，加上据有长江天险，因而使它成为曹操吞并天下的主要障碍。南方另一个主要割据势力是荆州的刘表，但其政权不稳固。至于刘备，在当时还没有自己固定的地盘。他原来依附袁绍，官渡之战后投奔刘表。刘表让他屯兵新野、樊城一带，为自己据守阻止曹军南下的门户。但刘备素号"枭雄"，志在"匡复汉室"，所以就趁着这一机会扩充军队、网罗人才。他这时拥有诸葛亮、关羽、张飞、赵云等谋士、猛将，是曹操吞并天下的又一重要障碍。

　　建安十二年（207年）七月，曹操平定乌桓，统一北方后，便挥师南下，直取荆州。当时正值刘表新亡，荆州无主，他迫降刘表次子刘琮，追击刘备于当阳长坂坡，占领了战略要地江陵，基本上控制了荆州北部。刘备仅仅同诸葛亮、张飞、赵云等数十骑突围，在与关羽、刘琦等部会合后，退守龟缩于长江南岸的樊口一线。"备用肃计，进住鄂县之樊口。曹操自江陵将顺江东下。诸葛亮谓刘备曰：事急矣，请奉命求救于孙将军。遂与鲁肃俱诣孙权。"（司马光：《资治通鉴·汉纪五十七》）这是说，此前鲁肃与刘备会于当阳长坂坡时，鲁肃为其分析了天下大势，向刘备提出，蜀刘应"共济世业"，即与东吴联合抗曹，共成帝王之业。鲁肃的一番分析言中了刘备的心事，于是刘备接受了鲁肃的建议，进驻了孙权的地盘鄂县樊口。当然，由于刘备的名声大，表面上看是双方联合，但其实就是刘备向孙权表明："我已经被打败来投奔你了，希望你大力援救。"

　　刘备进驻鄂县樊口后，诸葛亮随鲁肃继续东下拜见孙权，商讨孙刘联盟抗曹大计。

　　此时的夏口不属于吴，《三国志》载，当年孙权消灭黄祖后，虽然放弃了夏口，但是一直占据着江南地区，其中委任胡琮为鄂长，樊口就在其辖区内。胡琮文武双全，是孙权的同学，深得孙权信赖，常常参与东吴军国大事的筹划，在参加孙权征伐黄祖之战因功被拜为鄂县之长。此官职虽然不高，但鄂县境内有樊口、樊山、西塞山等军事关隘，又与战略要地夏口毗邻，将此地交与重臣看守，足见其地的重要性。其时，刘备军队在吴魏前线的夏口、樊口兵力部署如下：关羽率水军约万人驻在夏口（今武汉市武昌区）；张飞、赵云各率陆军四千人驻在鲁山（今武汉市汉阳西）；刘琦（刘表长子）率军万余人驻在樊口；甘宁屯兵当口（前哨部队，位于今武汉市江夏附近）；刘备本人在樊口。

　　此时的诸葛亮随鲁肃拜见孙权未还，刘备心中十分焦急，又听到曹军将至，甚为恐惧，日夜遣水吏于下江观望，终于盼到了周瑜水军的到来。

　　刘备与周瑜会师后，两人的一番对话十分精彩，把刘备的担心和周瑜的雄才大略表现得淋漓尽致。刘备十分担心孙吴的军力，《江表传》中说：刘备问周瑜带了多少兵马，周瑜说"三万"，刘备说，太少了。周瑜说"自此足用，豫州但观瑜破之"。刘备曾任豫州刺史、豫州牧，所以周瑜在这里恭称刘备为豫州。（《三国志·刘备传》裴松之《注》引《江表传》曰："刘备问曰：'今拒曹公，深为得计。战卒有几？'瑜曰：'三万人。'备曰：'恨少。'"）

　　周瑜信心十足的表态未能让刘备放下心来，他仍然为周瑜的兵力太少未必能打败曹操而心存疑虑。

　　周瑜率军到樊口与刘备会合后，继续沿江而上，准备与顺流东下的曹军交战。在刘备、周瑜的先遣部队于樊口开拔后，诸葛亮随孙权率领的一万后续大军从柴桑浩浩荡荡逆江而上。

"三江口周郎纵火""西山放号炮""直奔黄州界""小校遥指樊口港上""武昌一望地""主公于樊口屯兵""孔明刘备往樊口看周瑜用兵"。从罗贯中《三国演义》的描述中，我们看到他对"武昌""西山""三江口""黄州""樊口"等地理及名称是如此的熟悉，该不会是罗贯中曾经亲自来武昌樊口实地考察、有过现场体验吧。总之，一场吴蜀樊口会师，使樊口名头自此响彻中华。

四、金戈铁马·芦洲之战

樊口一地，战事多多：隋文帝开皇八年（588年）周法尚樊口战熊门超，唐昭宗乾宁二年（896年）朱友恭力拔武昌寨，南宋端宗景炎二年（1277年）义军、元军战樊口，清咸丰二年（1852年）清军太平军郎亭山之战，清咸丰六年（1856年）清军太平军几番樊口激战，等等。在此，仅说梁简文帝大宝二年（551年）发生在芦洲的一场大战。

清光绪《武昌县志》载："芦洲在县西二十里，一名罗洲，一名逻洲，武昌西，江东为逻洲。"（鄂州市档案史志局点校重刊：《武昌县志》第298页，2004年6月）又《舆地志》："子胥逃楚，于江上求渡，渔父歌曰：灼灼兮侵已私，与子期分芦之漪。既渡子胥，即覆舟而死。芦洲、伍洲，皆以此名。梁大宝二年，湘东王绎遣徐文盛讨侯景，文盛克武昌，军于芦洲，即此。"（顾祖禹《读史方舆纪要》之《湖广方舆纪要序》）

梁简文帝大宝二年（551年）正月，这时距侯景之乱已经有三年了，但战乱还未平息，侯景率领的叛军继续西进。简文帝萧纲之弟、居住在荆州（今湖北省荆州市）的湘东王萧绎派遣中央军事总监（护军将军）尹悦、安东将军杜幼安、巴州（今湖南省岳阳市）州长（刺史）王恂率领两万人马，自江夏（今湖北武汉）紧急行军到武昌（今鄂州市，下同），与驻扎在城外的左卫将军徐文盛部合兵一处，并接受其指挥调遣，东下讨伐已经作乱起兵反朝廷的侯景。这年三月十一日，徐文盛打了个胜仗，攻克了武昌，并驻军到距离武昌城西约三十里处的要地芦洲（今属鄂州市华容区临江乡，该地常为军事要地。在宋代纂修的《寿昌乘·烽候》中，就有"郡宿重屯为对垒声援而上下流，悉恃以应接，少有警急则候狼烽驰羽檄，其机迅速闻不容，穟讵可不先事而备乎？望楼、樊山、下芦洲、上芦洲……"的记载）。此时，任约已经分兵偷袭了定州（湖北省麻城市北），在齐安（今麻城赤亭一带）打败了定州州长（刺史）田龙祖，并占据了西阳城（今湖北黄冈市团风县一带，下同）。徐文盛驻军芦洲后，与侯景叛军任约部隔江相持。面对长江对岸的徐文盛大军，任约慌忙向侯景告急。

这时，侯景已经率领大部队从建康（今南京，下同）出发，目标直指西面梁宗室、湘东王萧绎的老巢江陵（湖北省荆州市江陵，下同）。一时间，从建康南面的军事重地石头城，到建康新林（江苏省江宁县西）的江面上，战船相连，旌旗遮日，兵卒铺天盖地，势不可挡。为了制约简文帝萧纲，他这次还带上太子萧大器作为人质一同前往，让部将王伟留下守护建康。

接到任约告急后，三月二十九日，侯景率水军沿长江而上，抵达了西阳，与南梁左卫将军徐文盛军形成了对峙的局面。双方各自在长江两岸挖沟建垒、修筑阵地。次日，徐文盛首先发动了进攻，在鼓角声中，一支飞箭射中了侯景掌管钱谷的官员（右丞库）狄式和，狄式和受伤落水淹死，侯景见势不妙，撤军逃走。

徐文盛在武昌城西的芦洲与西阳城的长江水面上打出了威风。任约、侯景都败在了这位名不见经传的将军徐文盛手里。有了这次胜利，萧绎、徐文盛、鲍泉都有些麻痹大意，导致郢州（今武汉市武昌）被侯景派人偷袭。

此时郢州（今武汉市武昌，下同）的州长（刺史）、湘东王萧绎的次子萧方诸是个心高气傲、年仅十五岁的懵懂少年。此时，他仗着徐文盛的大军就在郢州城下游仅六十余公里的门护武昌芦洲，侯景的人马哪里到得了这里，安全得很，就没有设下第二道防线，而且还觉得他们无事可做，每天在百无聊赖中玩乐消遣，将湘东王的军事参谋（谘议参军，代理行使郢州事务）、生性谦和的常务副州长鲍泉不当回事，有时甚至逼鲍泉匍匐在床上让他当马骑，呼来唤去用脚踢，在玩乐中打发时光。

由于徐文盛对侯景用兵，郢州城里留守的兵力就不多，加上萧方诸和鲍泉这对主仆麻痹大意，郢州城里空虚的情况被侯景探得一清二楚。于是侯景就制订了一个偷袭郢州的计划。梁简文帝大宝二年（551年）四月初二，侯景派部将宋子仙、任约率领精锐骑兵四百人，准备从南面偷袭郢州。正好这天天公作美，狂风暴雨，一时间飞沙走石、天昏地暗。郢州城里有人登上城墙，发现了暴风雨中疾驰而来的大批骑兵，赶忙向鲍泉报告说，敌人的骑兵往郢州来了！萧方诸和鲍泉听了不以为然地说：徐文盛的大军就在长江下游不远处，叛军怎么敢到这里来！应当是巴州（今湖南省岳阳市）州长（刺史）王珣所率的人马回来了吧。"没有把这一重要军情当回事。

片刻，又有人不断地来报告说，有好多骑兵就要到郢州城了。待萧方诸和鲍泉发现情况不对再下令关闭城门时，为时已晚了，叛军宋子仙纵火焚烧了城门，率部带着一路的狂风暴雨冲进了城。

宋子仙冲进郢州州政府机关时，州长（刺史）萧方诸吓得连忙跪拜在地，而常务副州长鲍泉在慌乱中躲到了床底下。宋子仙活捉了这两位守城主将，接着又活捉了郢州城的城防司令官（司马）虞豫，并一起押送给了侯景。

再说侯景与徐文盛两部。在偷袭郢州之战打响后，双方的后续部队急忙跟进。四月初四，侯景率部先一步占领了郢州。徐文盛见此，以为此乃天道助逆，因害怕而溃散。结果是，徐文盛和长沙王萧韶等人一起逃回江陵。王珣、杜幼安因家眷在郢州，不得已就投降了侯景。

徐文盛武昌芦洲战任约，是史上称之为萧绎讨平侯之乱中的一个战役。侯景之乱后，南朝从此衰落不振。几年后，又一个新的王朝——南朝陈诞生，而皇帝就是曾经南朝梁的大将陈霸先。

五、风起云涌·太平天国战事

清文宗咸丰二年至十一年（1852—1862年），太平天国军先后四次攻占武昌城。

咸丰二年十二月初四日，天王洪秀全、东王杨秀清占领湖北省城后，于十日从黄州分兵攻战武昌城（今鄂州）。咸丰三年正月，提督向荣攻省城，总兵郭仁布率闽兵驻武昌县境，由葛店至郎亭山，与太平天国军激战，战死百余人。向荣督师从南岸下追，太平军撤退至江西。

咸丰三年九月，太平天国军破江西九江府，攻田家镇。总督张亮基命令汉黄德道徐丰玉、汉阳知府张汝瀛、总兵杨昌泗率炮船拒战。九月十三日踞半壁山的太平天国军，凭高发炮下击，防军大溃，徐丰玉、张汝瀛及荆知州李概均战死。太平天国军水陆并进，于九月十五日再占武昌城，又占领黄州。十月初一日，由樊口入金牛镇，围攻团练局。十一月，布政使唐树义率领的军队乏饷，退驻省城。太平天国军南渡樊口，进军华容、新店，伺机攻省城。

咸丰四年正月，总督吴文熔赴黄州督战被打死。太平天国军从新店发兵，攻占汉阳。六月，再次占领省城。八月，侍郎曾国膳复克省城，总兵杨昌泗收复武昌县城。九月十九日，曾国藩率水师至县城，在西山稍事休整，随即督师东下。十二月下旬，总督杨霈督师从黄州至广济遭迎头截击，官军大败。太平天国军乘胜而上，向黄州进军。

咸丰五年正月初一，太平天国军从黄州南渡，第三次占领武昌城，驻军固守。二月十六日，水军从葛店进军江夏县青山矶，十七日第三次占领省城。湖北巡抚胡林翼率兵攻城，一个多月攻不下。六月，翼王石达开带兵数万，由江西到金牛镇，西援省城。十二月，太平天国军在梁子湖和金牛镇与千总余云龙交战失利。

咸丰六年五月，桥点古隆贤带兵万余西援，在江夏县洪山战败，折还葛店，又被余云龙打败。五月十六日，古隆贤率余部三千人，由梁子湖滨经青门桥，撤至樊口，与来援的大拖、舢板、战舰相依为垒固守；派指挥郑添得、将军罗文元领兵七八千踞葛店，在街头筑垒四座，周围挖深广逾丈的长濠，湖内战船与陆地相依守备。清军兵分两路，一路潜渡白浒山，绕出葛店之后侧击，一路正面夹击，攻扑营垒二座。太平天国军用连环炮还击，官军伏地不敢前进，如此三伏三起，才攻破营垒，罗文元及部下两千余人牺牲，郑添得败退华容。六月初四日，全军撤至樊口，在西山、雷山设关固守，军饷、器械皆聚于此，驻陆军于得胜洲。总兵杨载福率水师登岸，分路进逼，千总邓有才凫水夺舢板一艘，继续进攻，击毙两千余人。太平天国军撤离樊口，渡梁子湖。七月，翼王石达开急调卫天侯曾春官、丞相张自全带兵五万自金陵上援，分兵万众走金牛镇；到江夏山坡驿，侦悉纸坊有备，便折回葛店，谋夺洪山；七月二十八日，进攻姚家岭；胡林翼命令"诸军力战"，石达开的援军大溃。八月初六日，从姚家岭撤退，又遭护军参领江保追击，尾军数百人在华容被歼。石达开率众万余由蚂蝗洲凫水登岸，"经武昌而东返金陵"。十二月二十二日，官军收复省城。二十四日，原撤退的太平天国军，渡梁子湖返樊口，与县城的驻军会合，"据冈筑垒以战"。知县林之华夜造浮桥渡师，总兵杨载福率水军"乘势攻克县城"。

咸丰十一年二月初八日，英王陈玉成发兵蕲水攻黄州，武昌戒严。四月，忠王李秀成带兵数万，攻击兴国守军，知府唐协和、副将余际昌败退大冶。四月初五日，王相从金牛镇发兵，旗帜遍野，于四月初八日第四次占领武昌城。十八日，广东按察使彭玉麟率师回援，舟次樊口。太平天国军"闭城固守"。彭玉麟令水师掘南湖堤灌城，迫使太平天国军撤离县城。

六、可歌可泣·樊口抗日阻击战

1. 樊口抗日阻击战大背景

樊口抗日阻击战是1938年武汉会战核心阵地战的一个重要部分。

武汉位于长江中游，在20世纪30年代是中国的第二大城市，人口超过200万。该市被长江及汉水分成武昌、汉口及汉阳三部分，武昌是政治中心，汉口是商业的集中地，汉阳是工业重镇。粤汉铁路建成后，它是中国内陆的重要交通中心，同时也是将南方港口运来的援助运往内陆的枢纽。日军侵占南京后，国民政府虽西迁重庆，但政府机关大部和军事统帅部却在武汉，武汉实际上成为当时全国军事、政治、经济中心和战时首都。

此时中国的军事力量均集中保卫武汉。为了进行武汉会战，国民党军参加武汉作战的部队以及空军、海军总计14个集团军、50个军，作战飞机约200架，舰艇30余艘，总兵力近110万人；日军大本营在华中地区集中有14个师的兵力，直接参加武汉作战的是第2集团军和第11集团军共9个师的兵力，约25万余人，以及海军第3舰队、航空兵团等，共有各型舰艇约120艘，各型战斗机约300架。

1938年6月11日，会战在安庆打响。6月26日，武汉的江防第一道屏障、设在江西彭泽县境内的重要关隘——马当要塞失守；7月4日，湖口失守；26日，九江失守。至此，湖北门户大开，日军于8月下旬完成集结，分五路合围武汉。至9月末，长江下游防线的军事重镇田家镇（今湖北黄冈市蕲春县田家镇）要塞失守，至10月中下旬，中日双方军队开始进行武汉核心阵地战。沿长江两岸西进的日军第11军向武汉发动全面进攻，逐渐形成对武汉的包围。江南日军在攻陷湖北阳新、大冶后，兵分三路西进，其中的波田支队、高品支队分别向鄂城、樊口、葛店、武昌（今武汉市江夏区）和金牛（今属湖北黄石市大冶）等两个方向北上与西进。波田、高品两个支队于10月24日攻抵葛店。日海军及其陆战队沿长江西进，逐次突破长江两岸的黄鄂要塞（今分属黄冈市团风和鄂州市葛店），向武汉攻击。国民党军第四兵团在长江北岸节节抗击日军第6师团西进。

为保存军力以利长期抗战，国民政府军事委员会于10月24日下令放弃武汉，撤退武汉地区部队。25日夜，汉口沦陷；26日凌晨，波田支队占领武昌；27日午后，汉阳也被日军占领。至此，日军攻占武汉三镇，武汉会战宣告结束。

2. 城关、樊口阻击战

1938年10月18日，日军波田支队在占领阳新、辛潭铺后，继续向武昌（今武汉市江夏区）推进。

10月22日，日军南路进攻队伍自石灰窑（今属湖北黄石市）登陆抵达鄂（城）冶（大冶）连界的泽林嘴（今属鄂州市鄂城区），长江两岸南北日军已逼近距离武汉东大门仅60余公里的鄂城。此期间先后有国民党第94军54师163旅325团、329团、306团（10月20日，国军163旅第325团的三个营从段店、豹子海赶赴鄂城县城，325团第一营进入五丈港、窑山、西山北麓一带阵地；第二营进入樊山、雷山阵地；第三营进入扫帚山、五里墩、西山寺一线），第83师一部和江防要塞司令部的守备总队，驻守鄂城沿江阵地及西山、雷山、城区北门江边、窑山，在鄂城外围，在五里墩、大王河（王河村）仙人山和通往金牛镇的要津姚家渡等地布兵防守，抗击日军。

10月20日起，防守五丈港、窑山、西山北麓、雷山、扫帚山、五里墩、西山寺一线的国军第325团的三个营与日军进行了艰难的阻击战。日军在其舰艇炮火和空中飞机的支援下，在城区东五丈闸几次强行登陆，但均被国军325团1营击退。21日，日军投入了更多的兵力，增加了空中力量，十余架飞机向中国守军阵地狂轰滥炸，又一次发起了更加猛烈的进攻，中国守军将日军击退。22日，日军舰12艘，汽艇五六十只，2000余兵力，在20余架飞机的掩护下，分头登陆，成扇形将中国守军阵地围住。中国守军沉着应战，在敌众我寡的情况下，除极少数冲出包围圈外，余部均壮烈牺牲。日军完成水上登陆。陆地上，日军已经突破石灰窑（今属湖北黄石市）和大冶防线，正向鄂城推进。中国守军第83师第326团第1营紧急布置在樊口江边、西山寺、五里墩等一线，以阻日军进犯。部队刚部署完成，公路正面约1000日军在火炮的掩护下，向中国守军发动了进攻。

日军初次进攻被中国守军的火力压制住，卧伏战壕中不敢动弹。随后，在三架日军飞机的掩护下，再次发动进攻，在日军空中和地面的猛烈攻击下，中国守军顽强抵抗，并与日军开展肉搏战，直至尽忠报国。

至10月22日，仅陆地城区南线，中国守军在阻击日军进攻的城南五里墩等防线上，仙人山阵地牺牲百余人，石头塝阵地牺牲30余人，姚家渡阵地牺牲20余人，周庄屋内10余人，周家铺阵地牺牲10余人，大王河（王河村）主阵地国军第83师第326团第1营与日军千余人激战，除营长杨其卓等少数人杀出重围外，其余的全部壮烈牺牲。

另一部日军波田支队则自长江鄂城段东北面的燕矶登陆，沿堤西上，声势浩大。此时城关东门东守卫阎王山阵地不足两个连的中国守军仍然坚持战斗。战至激烈时刻，国军遭到来自突破大王河防线日军的夹击，中国守军腹背受敌，最终弹尽援绝，大部战死于阎王山叶四婆坟山一带（今武昌大道东升花园小区路北，原老化肥厂旧址）。

10月22日，日军铃木支队、青木支队侵入县城，鄂城县城失守。日军继续向西推进，以数架轰炸机不断地轰炸中国守军扼守的护卫武汉的最后一道关口——葛店白浒山黄鄂要塞炮台。25日，葛店黄鄂要塞炮台失守，至此鄂城全境沦陷。

在城区城关和樊口江面、东门外和城南城东的大王河、泽林、五丈闸、阎王山等处战斗中，国民党守军多次击退强行登陆和陆地进犯的日本侵略军，击毙日军200余人，击沉击坏日舰艇各一艘。有数百国军将士牺牲。

七、英雄礼赞·血染樊湖杀顽敌

"樊湖"一名，清光绪《武昌县志》说："西有樊口，樊湖出焉"（《武昌县志·形胜》）、"鄂渚，即樊湖"（《武昌县志·名胜》）。1940年1月，中共樊湖工委开辟抗日根据地的工作迅速向樊湖纵深推进，工委将樊湖地区划分为华北、华滨、华南、五合、共和、德马、小庙七大片，在各片建立党组织和政权组织。经过几个月的努力，先后建立起中共华滨乡、五合乡、共和乡、德马乡、华北乡、华南乡和小庙乡，分区委和乡政府。至此，樊湖敌后抗日根据地建成。

此后，根据革命斗争形势发展需要，以及工作重点的转移，中共樊湖工委、樊湖政务委员会几易其名：1941年8月，中共樊湖工委改为中共鄂城县委；1942年8月，中共鄂城县委改为中共樊湖工委；同年10月，中共樊湖工委改为中共梁子湖工委；12月，中共梁子湖工委改为武（昌）鄂（城）工委；1943年2月，中共武鄂工委分为中共樊湖工委和中共武昌工委；1944年中共樊湖工委和中共武昌工委合并，组成武鄂工委；1945年，中共武鄂工委改称为中共武鄂县委；6月，中共武鄂县委改称为武鄂中心县委，同时，成立武鄂中心县政府；8月，中共武鄂中心县委改称中共武鄂县委，同时，成立武鄂县政府。

这是一片极为重要的地域，武黄公路将左岭、葛店、华容、段店、樊口等镇一线穿珠，进而可以穿越梁子湖区深入大幕山鄂南腹地，退可北渡长江依靠鄂东根据地，对于巩固江北抗日根据地，发展鄂南具有重要的战略地位。

抗日战争时期，樊湖一带是我们新四军5师的活动地区，抗日战争后期则成为我们包围武汉和我军横渡长江的坚固桥头堡。在这块土地上，中共领导下的抗日武装力量与日本侵略者、与伪军以及国民党顽军进行了艰苦卓绝的斗争：1939年5月的徐桥伏击战、1941年7月夏家塝事件、1942年配合新四军开展的谈（家桥）付（家山）刘（仁八）战役、1943年2月戴家山战斗（亦称脉岭阻击战）、1944年7月肖家口袭击日军军车、1945年2月消灭顽军廖义华部、5月消灭伪军熊云臣部、6月消灭顽军马钦武部……谱写下一曲曲可歌可泣的动人故事。

郭垱惨案 被誉为鄂南抗日游击队"李向阳"的郭非，曾任樊湖抗日十人团副团长、武鄂总队总队长。郭非英勇善战，带领战士袭扰日伪驻点，破坏公路，还捕杀汉奸骨干，引起了日伪仇恨，认为郭垱村是大大的匪窝。

1942年12月3日上午，驻鄂城日伪军百余人，在汉奸侦缉队队长王春堂的带领下窜到郭家垱，逼交郭非，搜抢财物，然后火烧房屋。转眼间，郭家垱及周边村庄200多家、700多间房屋和财物化为灰烬，死伤近百人。

"郭垱惨案"发生后，延安新华社、《挺进报》和《七七报》等多家媒体播发了"郭垱惨案"的消息，揭露了日军的这一滔天罪行。新四军第5师政治部编印的《战士一百课》，将"郭垱惨案"列入课本，对军民进行教育。

戴家山战斗 1943年1月，鄂豫边区党委决定撤销鄂皖湘赣指挥部，其职能由中共长江地委履行。为了巩固鄂城这个江南抗日桥头堡，以此作为发展鄂南的依托，杨学诚提请鄂豫边区党委批准，成立中共长江地委（亦称四地委），统一领导鄂城和黄冈县，使江南江北两块根据地紧密连在一起，互为依托、互相支持。夏农苔任长江地委书记兼军分区政委，熊作芳任军分区司令员，贺建华任行署专员，鲁明健任副专员。地委、行署机关设在鄂大麻羊垴。

中共长江地委和军分区成立之后，即指挥42团狠狠教训了强占樊湖根据地三山、柯家营的顽军马钦武部1个大队。接着又在横山反击顽军的袭扰，毙伤顽军20余人。

1943年2月，根据中共鄂南工委的指示，中共武鄂工委一分为二，即恢复中共樊湖工委，成立中共武昌工委。

此时，顽军马钦武部以为樊湖空虚，立即向樊湖抗日根据地发动进攻，先后占领了月山、鲊洲等地。入夏，马部又继续向横山一带进犯。新四军第4军分区司令员熊作芳率领主力一部在横山一线与马部展开了拉锯战，坚决阻止马部继续北犯。

为了配合横山战斗，阻击马部豹澥的部队向樊湖增援，李平和樊湖挺进支队支队长林魁率41团一个连和樊湖及武北地方武装穿插到庙岭，截敌增援。部队刚到郑家畈村，马钦武部参谋长鲍云卿、大队长宦云龙率200余人已经开进脉岭，占据了戴家山。李平、林魁当即决定，乘其不备，立即发动攻击，迫其回撤。由李平、林魁率主力连担任主攻，张弦、胡柏才、李飞鹏率地方武装侧击，形成夹击之势。战斗迅速打响，顽军依据有利地形顽抗。主攻连组织多次攻击未能奏效。战斗持续至下午4点钟，顽军疲乏，林魁一马当先率领一个排强攻西面山头，全歼顽军一个班，占领了西山头，突破了顽军侧翼防线。李平、张弦各率人马乘机发起强攻。敌三面受击，慌忙撤退。此战共毙伤顽军几十人，缴获步枪几十支，机枪两挺。支队长林魁在战斗即将结束时，用望远镜观察顽军动态，不幸被敌机枪射中头部，当即牺牲。战斗中牺牲的还有班长林华山等人。武北地方武装负责人李飞鹏等人负伤。

脉岭阻击战的胜利，有力地支援了横山战斗，马部增援被截断，遂撤兵。

樊湖地区的抗战，是一场军民联合的全面抗战，除了中共领导的武装力量在战场上打击日伪军和顽军外，樊湖人民也不甘屈服，以锄头扁担为武器，打击日伪军。不仅如此，在樊口、临江、燕矶、新庙等地，当地的花样艺人以手中的剪纸为"武器"，创作出大量的抗日战争题材的剪纸花样。这些花样剪纸从构图、技法上看，虽然比较稚嫩、粗糙，但充分体现了艺人们的抗日精神和创新精神。其中最显眼的是一张边缘残缺、破旧的黄裱纸，上面依稀可见"儿童团"三个字，是唯一的一张剪纸原稿。据市收藏家叶家庆介绍，剪纸写着"打到了鄂南省减租减息，毛主席心（新）人马北方新起"的花样，从内容分析，反映了1944年新四军各军区对日伪军发动春夏秋季攻势，并粉碎日伪军反扑，解放国土、人口，改善华中各抗日根据地的斗争形势。其他作品则是利用一些特殊意义的"抗战数字"，如"9·18""1·28"等，并配以飞机、大炮的鞋头花、拖鞋花，十分醒目，有鲜明的时代感，反映了樊湖地区军民齐心协力、共同抗日的雄心壮志。

土地革命时期的樊口农民运动 1926年8月，是国共两党第一次合作的黄金时期，一批共产党员以国民党的身份在鄂城筹建国民党县党部，领导和发动鄂城地区的工农运动。10月樊口镇成立了船民、码头搬运、店员等行业工会，开展打土豪、斗不法资本家的斗争。接着，樊口成立了国民党黄冈县第七区党部第一分部，由共产党员贾海轩负责。10月底，樊口成立农民协会，由共产党员徐志谷任会长。为加强共产党对工农运动的领导，1927年1月，樊口成立中国共产党支部，贾海轩任党支部书记。樊口地区的工农运动明的在国民党的领导下，暗中在共产党的领导下发展迅速，如火如荼，得胜洲、仰山庙、潭柏山、凌家湾、王家湾、肖家岔、周刘左湾、炮家湾等地，纷纷相继成立了农民协会、妇女协会、儿童团等组织。在樊口农民协会负责人郑威甫、梁卿安、徐志谷、程华山等人的领导下，妇女、农民、儿童团组成浩浩荡荡的游行队伍攻打樊口税收局、斗土豪劣绅，农民扬眉吐气，土豪劣绅失魂落魄。1927年2月，贺龙率国民革命军第9军第1师进驻鄂城，贺龙同志十分支持鄂城地区农民运动的开展。有一次郑家湾的地主豪绅秘密串联，由"拆白行"的光棍郑泽权带头，以打税收局为名，诱骗樊口商民和本湾农民到郑家祠堂（位于薛家沟老街）开会，捆绑贾海轩、倪志平等人。贺龙得知情报后，立即派部队前来救援。不久派人查出实情，将郑家湾的地主豪坤郑翠庭、那少林等捉到阳新某湖边进行镇压。

横山高耸埋忠骨　横山在梁子湖西北约10公里，是一个小山。1945年5月王震同志和王首道同志率领南下支队，从延安挺进到大别山与新四军5师李先念同志会师后，继续横渡长江，南下湘鄂赣地区，配合国民党正面战场，开创敌后抗日根据地。当时随军南下的作家周立波同志在王首道同志直接领导下，创办了江南敌后第一张报纸《挺进报》，这份报纸就是在樊湖六十口邱家村创刊的。此时盘踞在梁子湖中的梁子镇和月山一带的伪顽军马钦武部，企图阻挠新四军南下。鄂东军区司令员张体学和王首道同志在指挥发动月山战斗的前夕，王首道的未婚妻小顾，刚从家乡黄梅赶来结婚，张体学司令员已准假，但小顾毅然参加战斗，不幸在战斗中壮烈牺牲，年仅21岁。牺牲后的小顾就埋在横山。

鲜血染红上倪村　蒲团乡上倪村是个有50多户人家的村庄，坐落在鸭儿湖畔。1942年10月，顽军孟昭厚大队40余人，由鸭儿湖登岸进至上倪村一带，企图攻击新四军。当时新四军第5师参谋长刘少卿同志率领40团和41团1000余人从江北夜渡长江，拟继续进军到鄂城、大冶地区开展对敌斗争。第5师出于自卫，遂与孟昭厚大队发生激战。敌人凭着村庄建筑的有利地势，用轻机枪、手榴弹以及迫击炮，布置了密集的火力网。而新四军只有轻机枪、步枪、手榴弹，没有重武器。要接近敌人，毫无隐蔽的地形，极其不利。加之日军周围据点很近，一旦日军听到枪声而出动，新四军势必遭两面夹击。在这种险恶情况下，新四军全体官兵不畏牺牲，顽强战斗，冒着敌人的枪林弹雨，前赴后继。敌人凭借湾子边的壕沟做掩体，用机枪猛烈扫射，压制新四军的次次冲锋，导致新四军伤亡很大。这时，只见一名连长在泥田里快速滚到湾子边，消灭了敌机枪手，刘少卿参谋长指挥部队，迅速冲进上倪村，全歼了孟昭厚部。

长山地下党联络点　樊口附近长港边有一座山，自东向西横在青天湖边，当地人叫长山，过去叫茅山和坳山，高50多米，是长港西岸距樊口最近的一座小山。抗日时期至新中国成立前夕，坳山口有一个姓周的在便道旁盖有两间茅屋，经营烟酒副食，名义上叫"周个铺"，实际是新四军地下党在这里秘密建立的联络点。

为何要在这里建地下党联络点呢？这与长山的独特地理位置有关。过去，九十里长港从梁子湖九曲回肠向东到达樊口，长港两岸水漫金山，长港水为避开长山，在路口折转向东南绕了一个九十度大弯再向北到达樊口。九十度大弯的北岸就是柏山吴氏湖，长山就在吴氏湖和青天湖中间自东南向西北横卧着。山的四周荡漾着湖水，自古人们以舟代步。自从樊口筑大堤以后，水位下降，人们为了开辟里港至樊口县城便捷陆路，就在路口至长山间筑了一段堤，人称"走马堤"，再从长山中段最低处坳山口开辟一条便道，向东下山沿湖岸连接吴氏湖。

　　过去人们徒步东去县城樊口，西达里港，这条陆路平时来往穿梭，非常热闹。可以说除了水路之外，坳山口是扼制东西交往的陆路咽喉，战略地位十分重要。早在大革命时期，鄂城樊湖地区就有红军开辟的根据地。1932年11月中央苏区反围剿失败后，鄂南许多与组织失散的共产党人和红军战士都在樊湖一带隐蔽起来，以待时日。抗战爆发后，鄂南地下党在湘鄂赣特委领导下从事抗日武装活动。国共合作时期，冯玉亭、彭济时、欧阳毅、郭非等人以共产党员身份加入国民党湘鄂赣边游击纵队，从事抗日宣传。1939年3月国民党出台"限共、防共、溶共"政策，共产党人相继离开国民党军队，被迫转入地下活动。"平江惨案"后，鄂南属豫鄂边区领导。1941年7月，江北新四军为了打开鄂南抗日局面，陆续派了许多侦察员化装成卖针头线脑的乡间小贩，以及吹糖人、卖花样、打鼓说书、江湖郎中、皮影戏、杂耍等手艺，过江到樊湖发展组织、建立秘密交通站，为江北新四军提供情报。陆续建立了燕矶池湖水上交通站；泥矶陈玉涂水上交通站；武鄂交通情报站（后改为鄂南中心交通站）；马桥水上交通站；鄂南敌伪工作站等新四军站点。形成鄂城通向樊湖四大地下交通线，即南线：池湖—麻羊垴（鄂南中心县委和新四军江南指挥部驻地）—凤凰山—大山寺—三山（大鄂县委驻地）—五家棚—六十口—邱家墩；北线：泥矶—马桥—对家咀—吕家畈；中线：临江塘门口—徐家窝—凌家湾—长山—路口—东港口—峒山；南北线：麻羊垴—凤凰山—大山寺—范墩—柏山—周为—大庙—吕家畈（武鄂工委驻地）。

　　1940年，郭非调离湘鄂赣游击纵队后，经党指派回樊湖组建抗日锄奸团，建立以郭子清为站长的地下党鄂城交通站。郭非以他熟悉的地形为依托，以亲戚关系为纽带，从事革命活动。他在樊口附近吴王庙（他读书的地方）建立联络点，以长山要道为中心，建立与郭凼（郭的老家）、路口、三山（郭的老表）、大山寺（郭的舅亲）、柏山（郭的干爷、老师和同学）、杜山湾（郭的姑爷）连成一片的地下交通网。他经常带领武工队员穿梭于各个联络点之间，神出鬼没地打日寇、除汉奸、惩顽匪。他利用这片交通网的掩护，多次躲过敌伪的追捕。

　　基于樊口至路口这条便道的重要性，国共两党和日伪情报部门都将这条线路视为必争之地。许多国民党游击队、侦缉队和日伪便衣侦探经常化装成小贩在樊口至路口沿线侦察新四军的行踪。我党地下侦察员也常挑货担跑乡或以喝茶打牌为名到蔡家咀孙个铺喝茶聊天，侦察日伪动向。江北新四军挺进樊湖后，凡带江北口音人员都遭到日伪和国民党的重点盘查，有的北方人因没有当地人担保而惨遭杀害。鉴于此种局面，1941年，地下党安排一名鄂城口音的人，化名周海山，由地下党出资在长山坳口盖了两间茅屋开杂货铺，时称"周个铺"。周以小卖铺做掩护传递情报，负责与过往人员接头，掩护地下党进出樊湖。据老年人回忆，周海山，大个子，年龄约50多岁，待人热情，经常赊东西给周围农户，在柏山、桥西、路口一带人缘很好。可是到了1949年4月，长山周个铺突然关了门，外面赊销的货款也没有人去讨，从此再也没有人见周海山来过。

八、不屈不挠·红色得马乡

抗日战争时期，樊川乡（樊口）划分为樊川、三畈、得马三个乡。得马乡位于樊口街西边武黄公路两旁，北临长江，东西长约40里，南北最宽处约15里，是往返武、黄、鄂的水陆交通要道。1938年10月鄂城沦陷后，日军在此设立据点，使得马人民无宁日。

1939年，中共为扩大敌后抗日根据地，将活动范围由江北发展到江南沿江一线。党先后派陈大行、陈大发、郭穆生、谭道如、汪木桂等人过江，采取各种隐蔽方法，深入村湾，宣传、发动群众。他们首先在临江的彭家湾、金家湾、陈王涂等地活动，发展了黄少安、金子安、沈定刚、涂威等人入党，建立了党支部；接着又在粑铺先后发展了许臣诚、刘四香、余开勋、包继云等同志入党，在临江一带建立了十四个党支部。1939年至1945年，得马乡先后发展了300多名共产党员。

1940年，随着斗争形势的发展和抗日力量的壮大，党组织决定成立得马乡分区委，周振芳担任区委书记。当时地下工作十分艰苦，困难重重，为了解决生活给养，1941年得马乡成立了税务所，征收商业税，彭先云任所长。紧接着，得马乡又建立了自卫大队，黄少安兼任大队长，各支部也相继建立了自卫队，队长由各支部书记兼任，其主要任务是站岗放哨，防止敌人突然袭击，保卫我党政人员的安全。陈王涂党支部书记陈银珍就是在一次晚上放哨时，突然遭到段店侦缉队和日军的偷袭，为掩护其他同志而光荣牺牲的。

1943年3月，中共武鄂政务委员会对得马乡乡政府领导成员进行整顿，得马乡武工队改为乡连队，余国民任连指导员。在斗争中，乡连队不断发展壮大，采取灵活机动的战术打击敌人。樊口地区的汉奸董汉生、王细送等人，作恶多端，使我们不少同志惨遭毒手。为铲除这些民族败类，县公安局局长杨惕臣（杨涤尘）派人在樊口摸清他们的行动规律，余国民带领乡连队配合县手枪连，在樊口剧院将董汉生捕获，处以枪决。接着，他们又在杜沟将王细送抓获，交县政府处决。从南京回来的大汉奸徐克山，勾结顽军马钦武，抢劫民财、强奸妇女，捕杀樊湖地区抗日人员，人民无比愤恨。为了除掉这个汉奸，得马乡乡连队派出侦察员跟踪徐克山，终于在一天晚上将其抓捕处决。

临江黄柏山码头，是沟通大江南北，连结鄂东、鄂南的重要码头之一，也是中共鄂城党组织和武装的一个秘密渡江点。但是，汉奸林三咏在这一带敲诈勒索过往行人，奸淫妇女，无恶不作。而且此人阴险狡诈，行踪不定，得马乡政府便派党员沈云成以串乡卖肉做掩护，进行侦察。一天，他侦察到林三咏在黄柏山黄子清家抹牌。于是，余国民带领乡连队直奔黄柏山，将林三咏一举抓获。送往县政府驻地后，林三咏被当地群众用乱锄挖死。这一时期由于连除了几个大祸根，割掉了敌人的耳目，中共在这里的工作顺利得多了。

1945年6月的一天，一辆满载军需品的日伪汽车，从武汉开往阳新，行至临江塘门口时抛锚。乡连队发现后，立即到得马乡政府驻地余家榨房，向乡连队指导员余国民报告。余国民迅速赶到对家嘴，向武鄂县抗日政府公安局局长杨惕臣汇报。经过敌情分析，他们决定派县手枪队和得马乡乡连队，分别从对家嘴和马桥出发，向塘门口方向逼近。手枪队和乡连队一举将日军打跑，缴获了车上的布匹和其他日用品，并由县手枪队队长胡伯才和王真送往六十口，交给了新四军，受到王首道和张体学首长的高度赞扬。

1945年8月初，抗日斗争胜利在望，为配合主力部队全面大反攻，迫使日军投降，得马乡乡连队全体出动，埋地雷、炸桥梁，锯断了黄柏山至关帝庙日军据点的电线杆，使日伪城乡通讯瘫痪。

1949年后，得马乡人民发扬当年的光荣传统，为建设社会主义而继续奋斗。

第六章 古今人物展风采

一、历史人物

陶侃

陶侃（259—334年），字士行（一作士衡）。公元334年，病逝于樊口，享年76岁。谥号"桓"，史称桓公。据史志记载，陶侃两度镇守武昌（今鄂州）。东晋时期名将。有文集二卷，今已佚。《全晋文》录有其文。其曾孙为著名田园诗人陶渊明。唐德宗时，陶侃成为武成王庙六十四将之一。宋徽宗时，位列武庙七十二将。

陶侃曾任武昌（今湖北鄂州）太守，为政严谨、终生勤奋、注重桑农、奖励耕织、体恤百姓，深得民心。

东晋时期，社会动荡，战争不断，兵匪盗贼趁机作乱，常常拦江抢劫，鱼肉乡民。《武昌县志》载，为扫除这帮盗贼，足智多谋的陶侃令将士藏于商船，诱捕盗匪，当即捕获数人。经审讯，得知是晋宗室、太宰西阳（今黄冈东）王司马羕的部下。为荡平盗贼，陶侃不畏权贵，在武昌钓鱼台整军列阵，兴师渡江，逼着手握重兵的司马羕交出兵匪20人并斩之。从此，水陆交通一路平安，武昌地区的社会环境彻底改善，人民群众和进出武昌的商人，无不感怀陶侃的大德。

陶侃幼年丧父，家境酷贫，母子相依，人生起点很低。但他从不向命运低头，从小立下积极进取的决心，在母亲的督促下发奋读书，自小养成勤勉惜时的好习惯。咸和五年（330年），陶侃自巴陵还镇武昌，此时干戈稍息，官兵休整。但是，少数将士恶习滋生，三五成群在军营中酗酒或聚赌。陶侃获悉此事后，不仅没有因为将士们杀敌有功而放纵宽容，而是给予惩罚，命人将酒器和赌具丢入长江中，并训诫他们说："大禹圣者，乃惜寸阴，至于众人，当惜分阴，岂可逸游荒醉？生无益于时，死无闻于后，是自弃也！"陶侃治军从厉、治政从严的精神，广为后世崇尚。

居功不傲、清廉自律、一生正气、清白做人，是陶侃一生的操守。咸和九年（334

年）6月2日，当他因病重从武昌太守辞官告老还乡时，最后的一班岗也站得令人感动，晚节昭昭，光可鉴人。离任之际，他把朝廷赐给他的一切军资等国家财产，一一登记造册，封印入库，亲掌匙锁，清点完毕交付右司马王愆期后，才登船离开武昌，其廉洁自律精神深为世人称道。这件事当时朝廷内外都广为称赞。晋尚书梅陶曾评价陶侃说："桓公机神明鉴似魏武，忠顺勤劳似孔明。"苏东坡盛赞陶侃说："陶桓公忠义之节，横秋霜而贯白日。"

元结

元结，唐代著名文学家（719—772年），字次山，原籍洛阳，其父元延祖以鲁山商余（今河南鲁山马楼乡商余口南山）多产灵药，遂迁居焉。元结生于鲁山，为鲁山人。开元二十三年（735年），元结十七岁，折节向学，以从兄鲁山县令元德秀为师。天宝六年（747年），唐玄宗欲求天下之士，命通一艺以上者皆诣京师，二十九岁的元结与三十六岁的杜甫俱应试长安（今陕西西安）。但奸相李林甫以草野之士猥多，恐窥得其机密，斥言其奸恶，乃令尚书省一概不予录取，却上表欺哄唐玄宗，贺以"天下太平，野无遗贤"。

元结归居商余山，潜心治学，著《元子》十卷，其《文编》受到礼部侍郎杨浚的赏识。天宝十三年（754年），杨浚知贡举，擢元结为进士。次年，"安史之乱"爆发，东京洛阳、京师长安相继沦陷，元结举家逃难，浪迹武昌（今湖北鄂州）猗玗洞，后移壤溪（今江西瑞昌境内），自号浪士，世称"浪翁"。乾元二年（759年），史思明降而复叛，再陷洛阳。唐肃宗诏问天下可用之士，国子司业苏源明举荐元结，元结得到肃宗召见。肃宗命元结于唐、邓、汝、蔡等州召集义军，抵御史思明叛军南侵。元结率领义军数万人，成功保全豫南十五城，使百姓免遭叛军蹂躏。唐肃宗以功擢升元结水部员外郎兼殿中侍御史，充荆南节度判官。元结为政清明，忠于职守，既仕，或谓"浪者亦漫为官乎，呼为'漫郎'"。宝应元年（762年），代宗李豫即位，元结以老母久病，乞免官归养，代宗许之，拜著作郎，隐居武昌樊水郎亭山下，与渔人、酒徒为邻。渔者呼为"聱叟"，酒徒称为"漫叟"。这一年元结44岁。是时孟彦深为武昌令，与元结过从甚密。郎亭西乳有巨石，石顶有窊，元结修以藏酒。孟彦深爱之，命为"抔樽"。元结作《抔樽铭》，言"时俗浇狡，日益为薄，谁能抔饮，共守淳朴"。抔樽之下有湖，名之曰"抔湖"，"有菱有荷，有菰有蒲"。元结作《抔湖铭》："谁游江海，能厌其大。谁泛抔湖，能厌其小。人不厌者，君子之道。于戏君子，人不厌之。虽死千岁，其行可师。可厌之类，不独为害，死虽万代，独堪污秽。或问作铭，意尽此欤。吾欲为人厌者，勿泛抔湖。"湖西南有谷，孟彦深命之曰"退谷"。元结作《退谷铭》，称"干进之客，不羞游之"。次年九月，朝廷起用元结为道州（治所在今湖南道县）刺史。元结上任不到50天，共接到朝廷各种征调符牒200余封，且云"失其限者，罪至贬削"。元结以应命则州县乱，违命则自获罪戾，乃作《舂陵行》以抒"宁待罪以安民，毋邀功而贼民"之意，并上书请免百姓所负租杂等税，代宗许之。在道州任上，元结移家祁阳（今属湖南省永州市）浯溪。容州（治所在今广西容县）一带发生民变，占据州城经年，州县官吏流徙无着，呈现无政府状态。大历三年（768年），朝廷调元结任容州刺史中丞，充本管经略守捉使，使持节都督容州诸军事。元结单车至任，多方抚谕，两月间收复八州县。大历四年（769年），元结因母亲亡故，获准辞掉容州职任，为母守孝。大历七年（772年），元结守母孝期满，朝京师，遇疾，夏四月二十日卒于长安永崇坊旅馆，荣赠礼部侍郎之衔。十一月二十六日归葬于故里鲁山青岭泉陂原（在今鲁山县梁洼镇泉上村北），好友颜真卿为其撰书了碑铭。

元结品格高洁，心胸豁达，处世端严，智勇双全，文韬武略兼备。三十岁作《丐论》，称"古人，乡无君子，则与云山为友；里无君子，则与松竹为友；坐无君子，则与琴酒为友"。出则为国为民，尽职尽责；处则与山水相融，尊亲慎友。顺境不骄不躁，无欺无妄；逆境无怨无悔，不卑不亢。文能亲民理政，武可平乱安邦。因之，深受后人景仰。

苏轼

苏轼（1037—1101年），字子瞻，又字和仲，号东坡居士，世称苏东坡、苏仙。汉族，北宋眉州眉山（今属四川省眉山市）人，祖籍河北栾城，北宋著名文学家、书法家、画家。其诗题材广阔，清新豪健，善用夸张比喻，独具风格，与黄庭坚并称"苏黄"；其词开豪放一派，与辛弃疾同是豪放派代表，并称"苏辛"；其散文著述宏富，豪放自如，与欧阳修并称"欧苏"，为"唐宋八大家"之一。苏轼亦善书，为"宋四家"之一。有《东坡七集》《东坡易传》《东坡乐府》等传世。

宋神宗元丰三年（1080年），苏轼从"乌台诗案"中解脱出来，以黄州团练副使的身份，于二月初到达黄州，至元丰七年（1084年）四月离开黄州赴汝州任上，在黄州度过了五个年头的贬谪生涯。这期间，因武昌山水秀丽，特别是被武昌人民的淳朴好客所吸引，经常渡江南来，饮潘生酒，食武昌鱼，游寒溪寺，寻西山梅，尝东坡饼，品菩萨泉，建九曲亭，留下了不少优美的诗篇。

作品有《樊山记》《武昌西山诗并序》《定惠院夜月出望樊口》《书王定国所藏烟江叠嶂图》等。

黄庭坚

黄庭坚（1045年8月9日—1105年5月24日），字鲁直，号山谷道人，晚号涪翁，洪州分宁（今江西省九江市修水县）人，北宋著名文学家、书法家，盛极一时的江西诗派开山之祖，与杜甫、陈师道和陈与义素有"一祖三宗"（黄庭坚为其中一宗）之称。与张耒、晁补之、秦观都游学于苏轼门下，合称为"苏门四学士"。生前与苏轼齐名，世称"苏黄"。

宋徽宗崇宁元年（1102年），黄庭坚结束了黔、戎二州"万死投荒，一身吊影"的放逐生活，赴太平州（今安徽当涂）任职。不料只当九日知州，再度罢官，只得暂住鄂州（今武汉市武昌）流寓。是年9月途经武昌（今鄂州）。此时，苏轼已病殁常州，新旧党争余波未息，其好友张耒因"闻苏轼讣，为举哀行服"再遭贬斥，即将第三次贬官黄州。庭坚闻此讯，便系舟武昌，一则游览西山、赤壁盛景，凭吊苏轼遗踪；二则专候张耒，以便与之晤面。

当时，松风阁刚刚落成，正待贤者为之赐名。黄庭坚乃当世明贤，一生政治上颇不得志，又不愿与世俗同流合污，因而常以"阅世卧云壑"的老松自嘲，对松素怀一种特殊偏爱，遂以"松风"为阁命名。

黄庭坚给松风阁命名后，又有"甚好贤"的"二三子"，邀他饮于刚刚落成的"松风阁"中。大家畅饮纵谈，不觉夜已深沉，又遇上突如其来的夜雨，一行人不得不夜宿阁中。根据所见所闻，黄庭坚诗兴勃发，遂挥毫疾书，写下了千古流传的《武昌松风阁》诗。

黄庭坚多次游历西山，还亲自为西山寺题过榜。当时，尽管他的书法已是闻名遐迩，练字仍十分勤苦，每次写完字，都要到西山寺外积翠门边菩萨泉下的一个大水池中涮洗笔砚，久之，竟将一池清水染成黛绿色。后人就把这个水池叫作"洗墨池"。

张耒

张耒（1054—1114年），字文潜，号柯山，亳州谯县（今安徽亳州市）人。北宋时期大臣、文学家，人称宛丘先生、张右史。

宋神宗熙宁年间，考中进士，历任临淮主簿、著作郎、史馆检讨。哲宗绍圣初年，以直龙阁学士知润州。宋徽宗初，召为太常少卿，成为苏门四学士（秦观、黄庭坚、张耒、晁补之）中辞世最晚而受唐影响最深的作家。

苏轼卒于常州，张耒在颍州举哀行服，痛悼一代文豪和恩师。未想竟触怒了上方，于崇宁元年（1102年）被贬为房州（今湖北房县）别驾，安置于黄州，这是他在短短六七年内第三次被贬到那里。他在黄州先后共生活了七八年。在此期间，他多次游历樊口，并写下了许多诗作，如《新堂望樊山》《夜宿樊山》《宿樊口》等。

潘大临

潘大临（约公元1090年前后在世），宋代江西派诗人，湖北黄州（今属黄冈市）人，字邠老，一字君孚，潘鲠之子。

北宋诗僧惠洪在《冷斋夜话》中记载：湖北黄州人潘大临工诗，多佳句，然甚贫。东坡、山谷尤喜之。临川谢无逸致书问："近新作诗否？"潘答书曰："秋来景物，件件是佳句，恨为俗氛所蔽翳。昨日清卧，闻撼林风雨声，遂题壁曰：满城风雨近重阳……忽催租人至，遂败意。只此一句奉寄。"这就是文学史上著名的"一句诗"的来历。

苏轼被贬黄州，潘大临此时20多岁，常居樊口，以举网捕鱼为生。苏轼常渡江而来，系舟樊口与潘大临在"樊口江上钓鳊野炊"（《黄州府志》），食武昌鱼，饮潘生酒。虽然二人的年龄相差20多岁，但不影响他们之间的交往。"江从樊口转，山自武昌连。""西山连虎穴，赤壁隐龙宫。"这是潘大临在《江间作四首》中写到的樊口和西山。

大临自云诗法老杜，其宝不甚相似，仅得句法于苏轼耳。徽宗大观间客死蕲春，年未五十。著有《柯山集》二卷，已佚。《两宋名贤小集》中存有《潘邠老小集》一卷。

薛季宣

薛季宣（1134—1173年），字士龙，号艮斋，学者称艮斋先生，永嘉（今浙江温州市鹿城区）人，南宋哲学家，永嘉学派创始人。薛徽言之子。少时随伯父薛弼宦游各地。17岁时，在岳父处读书，师事袁溉，得其所学，通礼、乐、兵、农，官至大理寺主簿，历仕鄂州武昌县令。

绍兴三十年，以二伯父昌年恩荫鄂州武昌知县（今鄂县），推行保伍法，防备金兵南下，并力争罢籴。次年九月，金兵至蕲州、黄州以南，诸官均遣回眷属，系马于庭准备逃跑。唯季宣将家属留在城内死守不去，民心赖以振奋，并乞师于汪澈，得甲三百、楼船十艘，声气甚张，渡江来归者数千家，江西恃以无恐。三十二年，成《武昌土俗编》2卷，刊行。

留下的关于樊口的诗作有：《樊口》三首《送张懎还停舟退谷口》《退谷里章》

《鄂城篇》等。

丁鹤年

丁鹤年，元末明初诗人、养生家，京城老字号"鹤年堂"创始人。有《丁鹤年集》传世。著名孝子，是明初十大孝子之一。以73岁高龄为母守灵达17载，直到90岁去世。《四库全书》中收录的《丁孝子传》和《丁孝子诗》即是他的事迹。诗开篇赞曰："丁鹤年精诚之心上达九天，丁鹤年精诚之心下达九泉。"

丁鹤年为西域色目人，他的父亲马禄丁任武昌达鲁花赤。鹤年以父名丁为姓。元朝末，父官武昌，遂为武昌人。元亡，避四明。方国珍据浙东，最忌色目人，他转徙逃匿。

明初，还武昌，生母已前死，不知殡处，恸哭行求，得骨以葬。晚学浮屠，结庐居父墓。鹤年好学洽闻，精诗律，自以家世仕元，赋诗情词悱恻。

晚年隐居樊口，写下了《樊口幽居》《题泉水野趣图》《九曲山房》等诗文。

王冕

王冕（1310年9月1日—1359年），元代诗人、文学家、书法家、画家。字元章，号煮石山农，中国绍兴诸暨人。出身农家。幼年丧父，在秦家放牛，每天利用放牛的时间画荷花，晚至寺院长明灯下读书，学识深邃，能诗，青团墨梅。隐居九里山，以卖画为生。画梅以胭脂作梅花骨体，或花密枝繁，别具风格，亦善写竹石。兼能刻印，用花乳石作印材，相传是他始创。著有《竹斋集》《墨梅图题诗》等。

自幼嗜学，白天放牛，窃入学舍听诸生读书，暮乃返，忘其牛，间壁秦老怒挞之，已而复然。母愿听其所为，因往依僧寺，每晚坐佛膝上，映长明灯读书。后从会稽学者韩性学习，终成通儒。但屡应试不第，遂将举业文章付之一炬。行事异于常人，时戴高帽，身披绿蓑衣，足穿木齿屐。王冕学画，手提木制剑，引吭高歌，往返于市中；或骑黄牛，持《汉书》诵读，人以狂生视之。著作郎李孝光欲荐作府吏，冕宣称："我有田可耕，有书可读，奈何朝夕抱案立于庭下，以供奴役之使！"遂下东吴，入淮楚，历览名山大川。

"武昌樊口最幽绝，东坡曾为留五年。"就来自他的古诗《送吴瑞卿归武昌》。

蔡哲

蔡哲（1336年6月—1396年4月），字思贤，号松鹤，湖广武昌县（今湖北鄂州）人，系樊口程操蔡氏二世祖。明初文臣、政治家，官至中书省参政、御史台侍御史。为明朝统一南方、建立政权、恢复和安定社会作出了贡献。在诗文及书法方面有很高的造诣。

蔡哲为鄂州历史名人，是古代中国官居宰辅的唯一鄂州籍人物，也是明清两朝武昌县唯一以"王"为称号奉祀于乡贤祠的先贤。《明史》有其任官及生平记载，《明实录》《明史稿》《大明一统志》等官方正史，以及明清两代历次湖北方志都立有人物传，其传记还载入多种中国宰相辞书和历史人物论著。清代《武昌县志》中有关蔡哲的记载达14处之多，其墓为《鄂州市志》（2000年版）中记载的29座鄂州古代名人墓之一。

二、英雄烈士

1. 杜少兵，鄂州市临江乡人。生于1975年4月23日，1992年4月在鄂州市樊口大闸管理处参加工作，1994年担任潜水员工作。参加工作八年来，年年被樊口大闸管理处评为先进工作者，连续五年被市水利局评为先进个人。2000年4月开始，鄂州遭遇百年不遇大旱，为缓解旱情，市委、市政府决定开启大闸引江水济湖。8月6日13时20分，杜少兵不顾个人安危，跳入旋流湍急的闸口处抢救落水少年而英勇捐躯。他身上体现了对共产主义思想和信念的执着追求，体现了一代优秀青年志士的世界观、人生观和价值观，体现了伟大的抗洪精神和爱岗敬业的奉献精神。他任劳任怨、忠于职守、团结同志、乐于助人、无私奉献。他是人民的好儿子。省委追认他为中共党员，省人民政府批准他为革命烈士，并追记一等功，团省委、省水利厅分别授予他为"舍己救人青年英雄""爱岗敬业勇于献身优秀防汛潜水员"荣誉称号。

2. 左金元，生于1949年，鄂州市樊口街道长堤村人。1966年参军，任中国人民解放军2670部队飞行员，1968年加入中国共产党，1970年10月在广东遂溪战备飞行训练中牺牲，年仅21岁。

3. 洪焕文，生于1926年，鄂州市樊口街办周铺村人。1951年应征入伍，任中国人民志愿军204师611团8连战士，1952年4月在朝鲜邵方山战斗中牺牲，年仅26岁。

4. 严福琪，生于1923年，鄂州市樊口街办周铺村人。1951年应征入伍，任中国人民志愿军204师611团7连战士，1952年4月在朝鲜邵方山战斗中牺牲，年仅29岁。

5. 王孝灯，生于1952年，鄂州市樊口街办钮墩村人。1969年应征入伍到解放军5833部队，1971年加入中国共产党，1974年12月在四川省万源县三线铁路施工建设中牺牲，年仅22岁。

6. 范龙山，生于1924年，鄂州市樊口街办范墩村人。1941年参军革命，1942年加入中国共产党，任第四野战区孝感军分区应城县大队辅导员、孝感医院政治协理员，1951年7月在孝感休养所病故，年仅27岁。

7. 王苏（1911—1941年），原名王骧，号儒林，化名王一鸣，涂镇下杨人。少时读私塾多年。1927年秋，涂镇掀起了打土豪、斗地主的革命高潮。他参加童子团，协助农民协会站岗放哨，维持社会治安。在其兄王时雨（中共贤庚区委书记）的影响下，1930年加入中国共产党。1930年，其兄惨遭地主"保卫团"杀害。为继承兄志，他随县委书记林明炯到县委机关工作，同时，将学名王儒林改为王骧，立志要做一匹听从党驾驭的好马。1931年，王苏因林明炯蒙难受株连被审查，后被送往红军七团特务连当兵，提升为特务连连长。1934年，在攻城战斗中，王苏受伤被捕，转解回鄂城，后经地方保甲联名具保，于同年底释放回家。1938年，王苏积极参加抗日，又重新加入中国共产党，并改名为王苏，以表明自己的政治生命得到复苏。11月中旬，王苏任梁湖抗日游击大队第一大队附兼一中队队长。不久，这支队伍发展到500余人，是鄂城地区最活跃的一支抗日游击队，在涂镇抓土匪30人，匪首处以极刑，其余经教育认罪，给予路费回家。首战告捷，从此，他军威大振，名气更大了。1939年5月初，金牛镇伪维持会长柯有吉带领200余人到涂家塆"打捞"，王苏立即集合3个中队兵力，选择徐家桥有利地形伏击敌人。经过一个多小时的激战，打死打伤日伪军80多人，缴获枪支弹药一批。汉奸柯有吉当场被打死。此次战斗，打破了"皇军不可战胜"的神话，使日寇不敢再侵犯涂家塆，同时，大大鼓舞了抗日军民的斗志。1940年12月，王苏任鄂南游击地委军事部长，兼任新四军鄂南独立第五团团长。1941年3月底，在华容魏家咀围歼了土匪魏老幺部。4月上旬，在华南乡蛇咀窑全歼顽军廖义华部特务中队，从此，平息了葛店、华容、段店一线公路两侧的匪患，安定了社会秩序。1941年7月6日，中共鄂南中心县委以及咸宁、武昌县委的领导成员集中在夏家塝召开扩大会议，不料这一行动被敌人探悉。7日凌晨，数百名日伪军包围了夏家塝，中共鄂南中心县委书记兼独立五团政委黄全德等18人遭敌围捕。日伪军威逼群众交出藏匿的新四军，一面派人烧房，一面用机枪扫射群众。此时，隐身于群众之中的王苏毅然挺身而出，被敌人绑赴鄂城，用尽各种威胁引诱手段劝他投降，但他坚贞不屈，不久，被敌人杀害于樊口江边。

8. 林研兵，男，生于1922年，黄冈团风人。1938年参加鄂东抗日独立游击五大队，后编入新四军，历任排长、连长、营长等职。1944年带部队到樊口剿灭国民党"红枪会"，战斗中牺牲。

9. 袁斌，男，樊口得马乡许湾党支部书记。1944年3月，他与中共得马乡分区委书记汪穆桂（女）到樊口执行任务，由于汉奸董汉生、王细送告密，惨遭日军杀害。

10. 汪自顺，男，生于1955年，樊口街办旭光村人。1975年12月参军，1982年因公牺牲。

三、乡贤人物

1. 郭非，男，又名郭远程，笔名戈挥、观行等。1921年出生，华容区蒲团乡郭垱村人。抗日战争前就读黄冈六中、武昌教育学院。1938年投考湘鄂赣游击总指挥部青年政训班，同时通过党在该部的彭济时、冯玉亭的介绍加入中国共产党，在家乡从事抗日救亡活动。历任樊湖挺进大队长，并先后组建了樊湖抗日锄奸团、樊湖民众自卫团、武鄂抗日十人团等，都担任了领导要职。抗大毕业后，在新四军五师领导机关所在地任礼山支队政委。后调回鄂南任武鄂总队长，武鄂沿江办事处主任、党委书记。日军投降后任鄂东军区司令部（司令员张体学）通讯科、侦察科科长。曾参与诱杀顽匪鄂南留守处主任卢鸿雁，消灭伪军司令熊云程，沿江偷袭日伪驻点、公路、电讯、交通、日军舰艇，惩处了伪司令王龙飞和伪保安大队长王宽廷等大小战斗近百余次，所以遭日伪报复，造成震惊边区的"郭家垱惨案"。郭非在抗大第十分校学习时任高干班区队长、文化教员。双十协定后，调中共中原局（宣化店）任招待处主任，旋即由中原局组织部派遣，经李先念司令员亲自谈话，和其妻程龙到武汉从事地下交通情报工作，并化装转移了一批县团以上干部。中原突围后，郭非、程龙及其弟程收桑也转移北上。1947年冬，郭非从华东局党校学习结束，先后在华野随营学校直属队任党委书记（政委）、华东野战军第十纵队（司令员宋时轮）后炮队政委，旋任十纵宣传部部长，参加了济南和淮海战役。1949年4月在三野九兵团（司令员宋时轮）任宣传部副部长兼青年科科长（后当军长的战斗英雄魏来国任副科长，华南同志任宣传部部长，后任总政副主任兼解放军报社社长）。郭非创办了《长江报》，任主编。参加了渡江和解放上海战役。作为军队代表出席了上海市第一届人民代表大会，其发言稿《把上海各界人民代表大会精神贯彻到实际行动中去》，刊在1949年8月12日的《解放日报》上。不久郭非又参加了抗美援朝作战，后从前线回山东兵团留守处，被诬包庇恶霸地主堂兄郭干才（郭干才也是冤案，后向最高法院申诉判无罪），先后关押五年之久。后经湖北省省长张体学（原郭非老上级）拍胸，郭非北上前经过多次审查，政治无问题，才作为立场问题无罪释放。1956年回到上海，在逆境中整理出版了《鄂南抗日歌谣》（其序歌后来成电影《东方红》的序歌）。"文革"期间与姚文元针锋相对，在《光明日报》上发表了《就海瑞罢官谈海瑞罢官》的长篇论文，因而受到无情打击。十一届三中全会后，中央部委不少领导干部为郭非冤案讲公道话，才得以彻底平反。在已离休的情况下，郭非仍投身到文艺和新闻事业中去，在各级报刊上发表了大量诗文，参加创办了《文学报》并任主编，还先后担任《最优化报》《老战士报》《人才导报》《枫林诗词》等小报刊的负责人。1991年应邀去日本观光访问，写有《游日诗简》《历代文学名人画赞》等。八十高龄后着手整理出版《郭非诗文选》。

2. 霍秉权（1903—1988年），霍家汉子，湖北鄂州市樊口老街内河人。物理学家、教育家，我国首批从事宇宙射线、高能物理和核物理研究的物理学家之一。改进威尔逊云室，提高了云室的功能，并研制成我国第一台"双云室"宇宙线探测器，为开创我国宇宙线物理研究和发展核物理研究做出了杰出的贡献。从事教育工作50余年，培养了大批人才，并为创办和发展郑州大学做出了贡献。霍秉权，字重衡，早年在私塾读书，后独身到鄂城县寒溪中学读初中。高中毕业后，考入东南大学（中央大学前身）。1929年在中央大学物理系毕业，获理学学士学位，随即留校任助教。1930年考取湖北省公费留学英国，先后在伦敦大学和剑桥大学从事物理学研究工作。1935年回国，任清华大学教授。1943年赴美国华盛顿卡内基（Carnegie）研究所进行合作研究。1944年回国，历任清华大学物理系教授、系主任（1946—1949年）；东北工学院物理系教授兼系主任（1951—1952年）；东北人民大学物理系教授（1952—1955年）。1956年到河南省筹建郑州大学，历任物理系教授、系主任、校长助理、副校长。还当选为第二、三、五届全国人民代表大会代表兼河南省人民代表大会代表及河南省第五届人民代表大会常务委员会副主任；中国民主同盟中央委员、河南省第四、五届副主任；中国人民政治协商会议河南省第四届委员会副主席；河南省科学院副院长；中国高能物理学会理事、河南省物理学会理事长、河南省核学会名誉理事长等职。1988年9月27日病逝于南京，享年86岁。

3. 霍裕平，1937年8月出生，樊口内河人。1960年毕业于北京大学物理系。曾任中科院离子体物理研究所所长兼中科院合肥分院院长多年。现任郑州大学物理工程学院院长。1984年被评为"全国有突出贡献的科学工作者"；1987年获得"全国五一劳动奖章"；1989年被评为全国先进工作者；1993年晋升为中科院学部委员、院士、博士研究生导师。

4. 肖功梓，1926年11月生于樊口旭光村。高小文化程度，1954年加入中国共产党。全国科协第一届委员。20世纪50年代中期至20世纪70年代末，历任初级社社长、高级社技术主任、区农具厂厂长、县农机研究所副所长、县二机械厂党支部书记等职，1980年任樊口自来水厂党支部副书记。1992年退休。1957年12月前，革新农机具10余种，其中有简易起重机、双管喷雾器、安全喷雾车、三行开沟器、四行播种车等，分别提高功效1倍、3倍至7倍。人民公社化后，又改良、创制播种器、脱粒机、改良犁、电动碾、擦藕机、莛秧机、蓖麻子、剥壳机等农机具20余种，给农业生产带来了极大的方便，提高了工效。1957年被黄冈专署授予"特等劳模"称号，并出席了省劳模大会。1958年被省授予"劳动模范""红旗标兵"，同年3月，李先念副总理、张体学省长视察杜山乡旭光农业时，给予其支持和鼓励，省人民委员会奖给工具一套。湖北省人民出版社于同年8月出版通俗小丛书《农民发明家——肖功梓》。1959年，赴北京参加新中国成立十周年大庆。11月出席全国群英会，被国务院授予"先进生产者"称号，并获得"全国工交财贸战线劳动模范"称号。1964年9月，在农机部、农业部联合召开的全国半机械化农机具工作会议上，被评为"全国农具改革能手"。1978年，在全国科学大会上获得"先进科学工作者"荣誉。

5. 余治国，1941年10月19日出生，樊口旭光村人，中共党员。1967年毕业于武汉机械学院，后入伍，现供职于广州军区工程科技设计所。高级工程师。1977年和同志们一起研制自动导航爆破艇，在进行装备试验时，为保护他人安全而受伤，导致三等乙级残废。他主持研制的793火箭扫雷车弹填补了我军装备的一项空白，获得军队科技进一步一等奖；野战站台车属国内外首创，授权发明权利，获得军队科技进一步一等奖；野战站台车属国内外首创，授权发明专利，获得军队科技进步一等奖和国家进步科技三等奖；GQL121型轻型机械化桥授权发明专利，获得军队科技进步一等奖；GSL210型火箭扫雷弹获军队科技二等奖；轻型组合站台授权发明专利获得军队科技进步二等奖；轻型组合站台授权发明专利，获军队科技进步二等奖和美国国际新产品博览会及国际荣誉评奖会国际金奖；GSL110型火箭扫雷车和履带式大面积火箭扫雷车获军队科技进步三等奖等。近年来，他编写的《火箭扫雷车》和《野战站台车》等成果被列为军队装备教材。从事科研工作30多年来，取得科技成果20多项。1990年赴泰国负责81式火箭扫雷车的教学培训，受到泰国官兵高度赞扬，荣立二等功三次，多次受到嘉奖，并被评为广州军区先进科技工作者。1993年享受政府特殊津贴，1994年被批准为国家有突出贡献的中青年专家，1998年当选为广东省七届人大代表，获军区优秀专业技术人才奖励基金一等奖。1999年获中国人民解放军第二届专业技术重大贡献奖。其成绩已入编《世界优秀专家人才名典》《共和国专家成就博览》《中国世纪专家》《新时期中国共产党人》《中华成功人才大辞典》《世界文化名人大辞海》《中国人才辞典》《二十一世纪杰出专家》《中国专家大辞典》《广东高级专家大辞典》。

6. 肖辉家，1942年生于樊口肖家墙。新华社高级记者。1967年武汉大学毕业后分配到新华社福建分社当记者，历任农村组组长，采编主任、副社长等职。1968年9月至1970年2月在福建某队农场劳动锻炼；1982年9月至1983年7月在中央校学习。1991年10月调新华社海南分社任社长、党组书记，兼任海南省新闻工作者协会副主席、新闻学会副会长，新华社新闻研所兼职研究员，海南省政协委员。1998年6月调新华社福建分社任社长、党组书记，兼任福建省新闻工作者协会副主席、福建省对外宣传领导小组成员。在30多年的新闻工作中，采写了大量新闻、通讯、调查报告，组织指挥了许多战役性报道，并多次与国家领导人合影留念。1988年所撰写的人物通讯《绿色丰碑前的沉思——追记"包山大户"李金耀》，获《人民日报》和农业部联合主办的《农村改革十年》征文一等奖。通讯《请首长不要再批条子了》全国各大报争相刊载……著作有《中国土特产大全（福建卷）》《福建游》《海峡西岸行》《快意雄风海上来》。

7. 周华堂，男，1964年1月出生，中共党员，研究生学历，周铺村周家大湾人。1970年至1982年，分别在周铺小学，石山中学，泽林高中读书。1982年至1989年，考入华南理工大学化学纤维系专业，分别获学士、硕士学位。1990年至今，在中国纺织工业设计院、中国昆仑工程公司工作，历任设计部副主任、主任、院长助理、副院长、副总经理、院长，总经理等职。教授级高级工程师。同时担任中国纺织工程学会副理事长，中国纺织学会理事，多次获得各种国家级奖励和荣誉证书。2000年底主持完成了"国产20万吨四釜流程工艺和装备研发暨国产化聚酯系列化工程"的开发，该项目获得国家科技进步二等奖、中纺工业协会科技进步一等奖、桑麻纺织科技一等奖，并采用国产化聚酯技术设计承包国内外签约项目80多项，成为国内行业的领军者。同时，亲自设计的南京仪征化纤公司年产25万吨PTA装置增容改造工程获全国优秀工程设计金奖。2004年4月，时任总理温家宝批示："聚酯技术自主化和装备国产化的成功启示是宝贵的。"是对他铸造人生极高的褒扬。其配偶彭洁，1965年8月生，湖南灵乡人，中共党员，博士学位，与丈夫大学同窗，1986年大学毕业被分配至中国科技情报研究所工作，现任资源管理中心主任，《中国科技资源导报》主编，情报学硕士生导师和博士后工作站合作导师。他们相互励志，携手共创，服务社会，报效国家，同样在科研、学术上取得了一定的成果。

8. 刘国保（1927—1965年），男，樊口街杜山刘墩塆人。1950年后，刘国保在土地改革，互助合作时期崭露头角，敢为人先，乐于贡献，善于说理，是杜山村第一批参加中国共产党人员之一。1956年成立高级社，刘国保出任中共联星社支部书记，带领全体社员，实干巧干，应用农业新技术深耕细作、合理密植、重度施肥、适时管理，使全社粮棉产量大幅提升，多次被评为省、县劳动模范。1958年，被鄂城县喻为"棉花大王"。1959年出席全省劳模大会，被授"十里棉田翻白浪"锦旗。同年，荣获全国农业劳动模范称号，去北京出席全国劳模大会，受到毛泽东主席、周恩来总理等中央领导人接见。

9. 范海松，1961年8月生，樊口街办范墩村人，中共党员。1983年8月特招入伍，分配到原武汉军区空军司令部直属政治部干部科任干事。1985年11月至1997年4月先后任空军后勤第六训练团政治处干事，广州军区空军政治部宣传处宣传科干事，兼任空军报驻广州记者站记者、站长、解放军报特约记者。先后加入空军蓝天摄影协会、广东省和中国摄影家协会。1985年9月至1987年7月参加空军上海政治学院经济管理本科函授毕业。1997年5月至今在广州军区空军政治部宣传处工作。长期从事部队新闻工作，五次获个人三等功。在1998年度抗洪抢险中因成功推出"抗洪英雄"高建成及17勇士等闻名全国的重大典型，荣立个人二等功。转业后任广州市委宣传部副部长。

10. 郑振华，1938年5月生，樊口街办人。中共党员，研究员。1959年毕业于太原工学院，1961年在中国科技大学学习和工作，现任电子工业部第52研究所所长（正厅级），中国计算机行业协会常务理事，中国电子学会计算机工程与应用学会常务理事，中国电子学会资源委员会委员，中国中文信息学会汉字专用设备委员会主任，浙江省计算机行业协会副会长，浙江省计算机学会副理事长，杭州大学杭州电子工学院、浙江丝绸工学院兼职教授，深圳科润电脑有限公司董事长，国家自然科学发明奖预审员，浙江省信息化领导小组专家成员。参加我国最早的计算机107机、103机、104机、109机、119机的设计、试验调试和运行，是我国最早从事计算技术研究的科技人员之一。主持完成英国ICL公司进口的1903机的调试和运行，并翻译资料；主持完成我国最早用计算机实现自动转报方案设计获通信兵部嘉奖；组织和罗马尼亚合作的流式磁性机项目获部科技进步一等奖；在我国第一次提出汉字、计算机、显示装置合一的汉字显示智能终端，获部科技进步二等奖；在组织国家"七五"科技攻关过程中获部科技进步奖二等奖三次。1991年获机械电子工业部优秀领导干部称号。1992年获政府特殊津贴的专家。

11. 舒德干，湖北省鄂州市樊口街办得胜村人，1946年出生，德国洪堡博士后、长江学者、中国科学院院士。西北大学早期生命研究所所长。1969年毕业于北京大学地质物理系古生物专业，1981年获西北大学地质系古生物学专业硕士学位，1987年获中国地质大学理学博士学位，现任西北大学早期生命研究所所长，曾获国家教委和陕西省政府省部级二等奖四次，获全国模范教师全国优秀科技工作者陕西省突出贡献专家等荣誉称号。西北大学早期生命研究所所长舒德干教授和他的同事弟子们苦干了十几年，发现了已知的最古老的脊椎动物原始祖先生活在5.3亿年前寒武纪早期海洋中的鱼化石。这块化石的发现，将脊椎动物的历史纪录至少前推了5千万年，是半个世纪以来关于寒武纪生命大爆发研究中最重大的关键性突破。寒武纪生命大爆发在不到地球生命发展史百分之一的瞬间创生了百分之九十以上的动物门类，奠定了动物类型多样性的基本框架。这一生物创生事件产生的谜团一直是学术前沿的热点。1995年以前，学术界新发现的寒武纪生命大爆发所产生的动物均仅限于无脊椎动物。几百年来，无数学者试图突破这一界限，均无功而返。两万平方公里的云南澄江化石库蕴藏着极为丰富的早寒武世化石，舒德干和他的同事弟子们，在野外日复一日敲敲打打，在实验室日以继夜的钻研。功夫不负苦心人，多年探求所取得的一系列成果终于引起了国际学术界的关注和肯定。1996年以来，先后在国际权威 学术期刊《Nature》和《Science》上发表了11篇重要学术论文，先后发现了"云南虫""华夏鳗""西大动物""昆明鱼""海口鱼""长江海鞘"等一系列具有原始生命性状的半索动物、头索动物、脊椎动物、尾索动物早期生命化石，论证了地球早期最原始的真后生动物"春光虫"和奇特的灭绝动物类群"古虫动物门"，提出了脊椎动物起源"五步走"的新假说，首次全面勾勒出了"寒武纪生命大爆发"所创生的"生命树"原口动物、后口动物两大枝系动物演化谱系的基本轮廓，提出"寒武纪暖水与冷水两大古生物地理分区"的假说和"广义进化论"。舒德干的发现与研究，首次勾勒出脊椎动物实证起源演化的基本轮廓。1999年，舒教授的研究成果被中国科学院和中国工程院的院士投票评为该年的中国十大科技进展，被科技部评为中国基础研究十大新闻，被教育部评为中国高校十大科技进展。2004年，舒德干教授等人的研究成果"澄江动物群与寒武纪大爆发"荣获2003年度国家自然科学奖一等奖。这是该年度国家科技奖励唯一一个自然科学奖一等奖，也是陕西省自评奖以来所获得的第一个自然科学奖一等奖。他前后参加过3次大型国庆观礼活动。50多年前，大学毕业前夕，作为青年学生代表，他第一次兴致勃勃地走上天安门观礼台，不久便离开大都市，登上黄土高原，兢兢业业为培养农民的孩子而奉献青春。1978年以来，他一直在西北大学从事教育和科学研究，与青年教师团结奋斗，共创优秀团队，先后受邀参加新中国60和70华诞的天安门庆典观礼。

12. 余学谦，男，曾用名余勋南。1955年5月1日出生，鄂州市杜山村白葭山人。工学硕士，教授级高级工程师，国家注册城市规划师，湖北省有突出贡献的中青年专家，湖北省城市规划行业专家库专家。曾担任鄂州市专家协会副会长，湖北省城市规划信息化专家委员会主任委员，中国地理信息系统（GS）协会科普和教育委员会副主任委员。其事迹被载入《中国专家人名辞典》和《中国专家大辞典》。1980年9月，毕业于哈尔滨冶金测量学校（现黑龙江工程学院）航空摄影测量专业；同年分配到冶金有色金属公司工作，先后担任工程处技术员、总公司经理办公室秘书。1983年6月调回鄂州市建设委员会，先后担任城镇规划科科员、副科长办公室主任。1988年起担任鄂州市城市规划设计研究院党总支书记院长；1992年1月起担任鄂州市城市规划管理局党组书记、局长兼市规划设计研究院党总支书记、院长（副县级），其间，1993年参加同济大学城市规划进修班学习年；1996年2月至1999年8月在职攻读武汉测绘科技大学航测与遥感专业地理信息系统（GS）研究方向硕士研究生；1999年10月担任市建委工委副书记、副主任兼市规划局党组书记、局长；2001年9月担任鄂州市城市规划管理局党组书记、局长（正县级）；2008年1月起，担任鄂州市住房和城乡建设委员会党委书记主任。2012年3月退居二线担任调研员。其主持设计施工项目多次获得国家、省、市大奖，如：建成的鄂州凤凰广场被国家文化部评为"全国特色文化广场"；编写的《鄂州市地理空间数据基础设施建设纲要（数字鄂州）》，上报国家测绘局审批，批准鄂州市为全国数字城市"试点城市";主持设计并组织施工建设的鄂州洋澜湖生态公园项目,被国家住建部评为2011年度"人居环境范例奖";主持设计并组织施工建设的鄂州滨江公园工程获得省、市领导和市民的广泛赞誉。先后撰写了《武(汉)九(江)城市群,迈向新世纪的带型城市》《构建武汉都市圈,圈出一片新天地》《依托大武汉、构建新鄂州》《基于生态的城市防涝减灾规划思考》等数十篇学术论文,分别发表在《地理学研究》《长江建设》《规划师》《城市发展研究》等国家级学术杂志上。获得荣誉:1995年受建设部表彰为全国城市规划先进工作者;1997年被授予"湖北省有突出贡献的中青年专家"称号;1998年被湖北省委、省政府、省军区授予"抗洪抢险一等功";2000年被湖北省人民政府授予"湖北省劳动模范"称号;2000年受建设部表彰为"全国建设技术创新先进个人";2001年受建设部表彰为"全国建设信息化工作先进个人";2003年荣获"全国五一劳动奖章获得者"称号;2004年被中国城市规划协会评为"全国城市规划行业优秀规划工作者"。

13. 谈春林,1964年出生,旭光村六组人。1985年中南财经政法大学毕业;1988年考取财政部科学研究所硕士研究生,同年在财政部工作。1994年加入中国共产党。1997年在中央党校学习,历任财政部综合计划司副处长、处长等职。在财政部工作期间,编著《中国住房制度改革》《中国住房制度改革探索》《中国国债专项投资》等著作十余部,单独发表论文40余篇150万字,经中国经济出版社、中国财政经济出版社、经济科学出版社出版发行。1998年被财政部评为高级经济师、高级会计师的"双高"职称。担任财政部科学研究所经济学硕士研究生导师,2000年底,调任中共中央金融工作委员会工作;2003年任中国银行业监督管理委员会专职监事。

(专页)园丁风采

春风化雨　桃李芬芳
——记鄂州市第二中学物理教师涂作昌

1981年,师范毕业的涂作昌,怀着满腔的热情,成为一名普通而光荣的人民教师。四十年来,涂作昌老师爱岗敬业、关心学生、严于律己,任劳任怨,深受学生、同事及领导的好评。四十年来,涂作昌老师善于与学生交朋友,用爱心架起学生心灵的桥梁,将责任落实到日常班级管理的点点滴滴中,在三尺讲台展现了一名共产党员诲人不倦、无私奉献的风采。多次荣获学校优秀班主任、优秀教师光荣称号。

学高为师　爱岗敬业

涂作昌老师能以身作则,给学生榜样的作用。几十年如一日,从不迟到、早退,每天早到班,检查班级卫生和学生出勤情况;监督每日学生两操,作为班级一员,他积极各项活动。作为一名教师，在业务上他也从不放松对自己的要求，做到课前精心设计教案，钻研教法；认真批改作业，及时做好课后的教学反思和学困生的辅导工作。在工作中，严格要求自己的言行，用实际行动去感染学生，使学生形成了端正的学习态度和良好的学习习惯。

在知识结构上，他具有比较精深和渊博的专业知识和学科理论知识。以扎实的专业知识为基础，努力掌握专业知识体系，透彻理解教学大纲、教科书的内涵。

在教学过程中，他不断探索教学方法，寻找最佳的方法。为把握解题过程中可能会出现的问题，他总是在不看标准答案的前提下，先自己做一遍，然后再讲解给学生听。他注重前后知识间的联系，温故知新，他精考精评，举一反三。把评讲试卷同复习课本知识、探求答题步骤、提高答题能力结合起来，揭示易犯错误，达到评讲一题，复习一片，掌握一类的目的。

在教学之余，他不断吸取专业知识并进行归纳、整理，形成理论性的成果多篇。

德高为范　乐于奉献

从1988年至2010年，22年来，涂作昌老师一直担任班主任，送走了8届毕业生，其中，90届的黄自军、高飞考入北大，94届的李治国考入北大，97届朱宙宇考入上海交大，欧阳林海物理149分。1990年，学校在全市首届高二学生物理实验操作赛获团体总分第一名；1992年，辅导学生金长州荣获全国奥林匹克物理竞赛省级二等奖。

他曾担任过97届、2000届年级主任，1998—2001年担任教导处副主任。在这几年的时间里，他带着年级组把工作做细做精，做大做强，并加强教风、学风建设。1998年高考上省线404人，超过了历史记录，净增人数在全市首屈一指。

这些成果的取得，和他孜孜不倦的努力，以及付出的爱心和耐心密切相关。2003年担任班主任期间，班上有个学生家境很不好，体质又差，住不惯集体宿舍。涂老师和妻子商量后，把孩子接到自己家中，提供膳食，直至高考。最后这个学生获得了全市文科第四名的好成绩。

这些年来，他获得了系列荣誉。1997年，荣获市二中"十佳教师"光荣称号。1998年，被评为"优秀党员"。2005年，被评为全市优秀班主任……

他用精湛的业务和高尚的师德教书育人，培养了一批又一批的优秀学生，不但出色完成了自己的本职业工作，而且胜任学校交给他的其它各项任务，赢得了学校师生的广泛赞誉。

第七章 特色物品誉天下

一、特色物产

驰名中外·武昌鱼

"才饮长沙水，又食武昌鱼。"这是毛泽东主席1956年在湖北畅游长江时，写下的《水调歌头·游泳》中的名词佳句，武昌鱼因此声著华夏，名扬五洲。一个小精灵，千百年来，不仅是人们餐桌上的佳肴，而且演绎成了史记文化、诗文化、名人文化、地方民俗文化、旅游文化，形成了一种文化品牌。

（一）武昌鱼名称的由来

1. 武昌鱼的产地在哪里

武昌鱼学名团头鲂，又叫樊口鳊鱼，亦曰缩项鳊。据《湖广通志》载："缩项鳊，出于武昌樊口……"《湖北通志》载："鳊鱼即鲂鱼，各处通产，以武昌樊口所出为最。"又据《武昌县志》载："有鲂，即鳊鱼，名缩项鳊，产樊口者甲天下。是处水势洄漩，深潭无底，渔人置罾捕得之，止此一罾味肥美，食亦较胜别地，今县前有一家市之，鳞白而腹内无黑膜者。"《中国水产》明文记载："武昌鱼又名团头鲂，原产于湖北省鄂城县樊口镇一带水域……"

又据《中国地名大辞典》载："樊港入江处也，又名衙门港，亦曰金子矶，近城扼要，为县境和乡镇之总汇，夙以产鳊鱼著称。"

《武昌鱼国家标准》载："武昌鱼，学名团头鲂，属鲤形目，鲤科，鲌亚科鲂属。原产于鄂州樊口与长江交汇处，味道鲜美可口，为名贵鱼科之一。"

2. 武昌鱼名称的由来

武昌鱼文化的历史渊源，还得从孙皓帝迁都武昌说起。据《三国志·吴书·孙皓传》载录，孙皓帝于甘露元年（公元265年）"九月从西陵督步阐表，徙都武昌……十一月，孙皓至武昌，又大赦"。这就是说吴甘露元年（265年），孙皓帝于十一月迁都武昌。据《三国志·吴书·陆凯传》载录，吴宝鼎元年（266年）八月，新上任的左丞相陆凯，在武昌殿上呈给孙皓帝的《疏》中，洋洋千余言，引经据典，谈古论今，切中时弊，尤其是对孙皓帝迁都武昌不满："又武昌土地，实危险而瘠确，非王都安国养民之处，船泊则沉漂，陵居则峻危。且童谣曰：'宁饮建业水，不食武昌鱼。宁还建业死，不止武昌居。'"陆凯的童谣，实有"偏安"之意，在历史上产生过重大的影响，武昌鱼也由此而得名。孙皓帝迁都武昌实有加强吴国长江上游的防御，又有进取之意，此时魏已灭蜀，司马代曹。晋军随时都有可能从长江上游的蜀地（四川），浮江而下进攻东吴。孙皓帝迁都武昌，应是关系到吴国生死存亡的重大战略举措。

左丞相陆凯的上疏起了"离心"作用和消极的影响，时隔不久，孙皓帝仍还都建业。据《三国志·吴书·孙皓传》，孙皓帝迁都武昌的第二年，"改年大赦"，是为宝鼎元年。八月，以陆凯为左丞相……"十月，孙皓帝"后院起火"，山贼居然劫走了孙皓的庶弟，并在其祖坟上"鼓吹曲盖"，甚至闹到了建业……"十二月，（孙）皓还都建业，卫将军滕牧留镇武昌"。

其祖父吴大帝孙权留下了武昌城，孙皓帝则历史地留下了"武昌鱼"。一首"苦涩"的童谣，遂成一种文化，千古绝唱！

（二）武昌鱼历史美誉

1. 古诗中的武昌鱼

"宁饮建业水，不食武昌鱼。"这陆凯"水"比"鱼"好的典故，令历代名人、诗人感叹不已。后人为此写下了不少关于"武昌鱼"的诗词，或吟咏武昌鱼，或赞美古武昌，或称颂高尚情操，或抒发怀恋之情，或借喻、或化用武昌鱼的典故，比喻美好事物，寄托不同的情感，等等，留下了一首首生动而又雅趣的诗篇。

（1）武昌鱼的打鱼诗

清代诗人王涵《樊口》一诗，是一首打鱼诗：

"晚雨鸳鸯集，斜阳舴艋多"，"芦汀吹牧笛，柳岸挂鱼蓑"。王涵描叙晚雨过后的樊口码头有很多停泊在这里的鸳鸯（帆船）；斜阳之下又有很多打鱼的舴艋（渔船），同时岸边又有下雨时打鱼人穿的很多蓑衣挂在柳树上。从诗文中可以看到樊口雨后斜阳的时候，有很多打鱼的渔船和在岸边打鱼的渔人。

（2）武昌鱼的钓鱼诗

清代另一位诗人宋荦的《樊口》一诗，是一首钓鱼诗：

"水落鱼初出，山高日易阴。""只因同钓叟，来往得幽寻。"宋荦记录了樊口这里退水的时候，山边的水岸阴处有很多钓鱼的人们来来往往，寻找幽静有鱼的地方钓鱼。

（3）武昌鱼的看打鱼诗

"晓梦惊辞赤壁鹤，夜栖看打武昌鱼。"这是宋人周端朝的《武昌鱼》诗。诗的大意是说诗人在樊口旅游，天刚放亮的时候，看到了对江黄州赤壁的上空有很多飞翔的白鹤，晚上则在樊口看打武昌鱼。

（4）武昌鱼的钓鱼、烹鱼诗

宋代大文豪苏轼因乌台诗案，于元丰三年（公元1080年）谪居黄州。他经常游樊口，自钓、自烹，食武昌鱼，饮潘生酒，并在樊口写下了"晓日照江面，游鱼是玉瓶。谁言解缩项，食饵每遭烹"的《鳊鱼》（武昌鱼）诗。

（5）武昌鱼的产地诗句

宋代大文豪苏轼在樊口食武昌鱼、饮潘生酒的酒店老板潘大临，写了一首武昌鱼产地诗："八字山头雁，武昌江上鱼。""八字山头"是指樊口山头地貌，樊口抔湖两边的山头上正好是"八字"形，武昌鱼则是产于樊口入江处水域。

（6）武昌鱼的旅游诗

元代马祖常有"携幼归来拜丘陇，南游莫忘武昌鱼"的旅游诗。他在诗里告诉人们，到南方去旅游，一定不要忘记到久享盛名的武昌鱼故里去看一看。

（7）武昌鱼的怀念诗

南北朝大文学家庾信的《奉和永丰殿下言志》诗："还思建业水，终忆武昌鱼。"他吟《童谣》之韵，却反其意而咏之。庾信出生于河南新野，诗文表达了他对故国的怀念之情。他还真的到过武昌鱼故里樊口，在《哀江南赋》中有"钓台斜趣（趋），望赤壁而沾衣"的佳句。这钓鱼台就在樊口洲尾江边的不远处（市三国博物馆斜对面江边的高台即是），隔江斜对面就是黄州赤壁。

（8）武昌鱼的思归诗

唐代诗人孙元宴的《武昌》诗中说："武昌鱼美应难恋，历数须归建业来。"这里是说，武昌鱼再美，再好吃，也就是说武昌再怎么样美好，来武昌的建业人终究是留不住的，"历数须归建业来"。

（9）武昌鱼的借喻诗

明代何景明的《送卫进士推武昌》诗说得好："此去且随彭蠡雁，何须不食武昌鱼。"诗中的"彭蠡雁"并不是一个人的名字，"彭蠡"是指鄱阳湖。这句诗大意是说：且随鄱阳湖的大雁到武昌，为何不食武昌鱼呢？这又是在批评三国陆凯"不食武昌鱼"的童谣。

（10）武昌鱼的感叹诗

明代诗人王格的《梦登黄鹤楼》，则为吴王孙权为取荆州顾不上吃武昌鱼而感到惋惜。他说："可笑孙郎鱼不食，年年血战取荆州。"

一首陆凯的千古"童谣"，留下了近百首长长的诗叹，演绎出了绚丽多彩的武昌鱼诗文化。

2. 地方民俗中的武昌鱼

（1）武昌鱼的民谣。武昌鱼是惯常通称，它的土名即俗名叫什么呢？叫樊口鳊鱼。樊口鳊鱼在历史上是非常有名的水特产，这里有一首广为流传的民谣：

樊口的鳊鱼，武昌的酒。

黄州的豆腐，巴河的藕。

可见，樊口鳊鱼位列大江南北四大名优产品之首。武昌酒并非是现在武昌的酒，是古代武昌酒，即樊口的潘生酒，最早见于苏轼的《与秦少游书》："樊口有潘生，酿酒醇浓"；又见于清代王涵《樊口》诗"欲买潘生酒，青旗在水涡"。

（2）武昌鱼的歇后语。樊口这里传颂着不少关于武昌鱼的民俗歇后语，以鲜活的语言脍炙人口：

门缝里看樊口鳊鱼——把人看扁了；

水里看樊口鳊鱼——小瞧你了；

三斤的樊口鳊鱼——把你侧看了；

水里看鳊鱼头——大的在后头；

快刀刮鳊鱼——到玉林（倒玉鳞）；

我怕你是鳊鱼跳龙门——想当皇帝；

鳊鱼吃水——吞吞吐吐；

鳊鱼弹到石灰里——越谈越明白。

（3）武昌鱼的工艺剪纸。武昌鱼故里又出现了武昌鱼的花样剪纸，作为吉祥物在民间广为流传。在2005年全省花样剪纸比赛中，民间剪纸家万水清的武昌鱼花样荣获金奖。

（4）武昌鱼的民间传说。关于武昌鱼的民间传说有《武昌鱼九九美丽的传说》《武昌鱼跳到吴王御锅的传说》《武昌鱼的故事》等等。不仅如此，武昌鱼还作为第六届全国城市运动会"吉祥物晶晶"，展示在世人面前，该设计出自湖北美术学院设计系大四女生任芳之手。

武昌鱼作为乡土文化，极大地丰富了民间文化和文学艺术。同时，它已融入人们的日常生活之中，也渗透到经济领域里。

3. 名人与武昌鱼

（1）早在孙权时期，武昌鱼已成为王宫宴品

吴王孙权取了荆州后，于公元221年迁来鄂县，常在樊口钓鱼台讲武阅军，食武昌鱼、饮武昌酒。同时，他又常在樊口取鱼，"召群臣斫脍"。据《寿昌乘·白》载："石白，在石盆渡湖上，雷氏《武昌记》云：'孙权于此取鱼，召群臣斫脍，味美于他处，有石白存焉。'"这"石白"就是吴王钓鱼台的南向背后下面水域里的一个很大的

天然石凹。这里确又是盛产武昌鱼的水域，只有武昌鱼才"味美于他处"。可见，早在孙权时期，武昌鱼就成了王宫宴品。

（2）苏轼的"长江绕廓知鱼美"

元丰三年（公元1080年），宋代大文豪苏轼谪居黄州，经常到对岸的樊口食武昌鱼，饮潘生酒。他在《初到黄州》诗中有"长江绕廓知鱼美，好竹连山觉笋香"的诗句。武昌鱼实在是太美了，太好吃了，苏轼经常跑到对江樊口吃武昌鱼，解解馋，吃了之后，他还不好意思地说："自笑平生为口忙，老来事业转荒唐。"

（3）王安石盛赞武昌鱼

王安石是北宋政治家、文学家，官至宰相。他曾官差武昌，到过武昌鱼故里，之后赞叹不已。他在《寄岳州张使君》诗中云："昔人宁饮建业水，共道不食武昌鱼。公来建业每自如，亦复不厌武昌居。"这无疑是对陆凯《童谣》的批评。他又赞美说："武昌山川今可想，绿水逶迤烟苍莽。白鸥晴飞随两桨，岸荠茸茸映鱼网。"

（4）薛季宣的石盆古渡犹多鱼

南宋武昌县令薛季宣的《鄂城篇》，有"建业信徒生死语，石盆古渡犹多鱼"的诗句。诗中"建业信徒生死语"，是指陆凯"宁饮建业水，不食武昌鱼，宁还建业死，不止武昌居"的《童谣》。诗中的"石盆古渡"是指樊口吴王钓鱼台这一带水域。薛季宣的诗证实了石盆古渡这一带水域有很多武昌鱼。

4. 文化遗迹与武昌鱼

樊口的大洄、小洄是打鱼、钓鱼的最佳水域。唐代侍郎元结曾隐居樊口，写下了打鱼、钓鱼的《大回中漫歌》及《小回中漫歌》，又载入全唐诗《漫歌八曲》中。因武昌鱼在大洄、小洄中活动频繁而兴起两座古钓鱼台，一座叫雷山钓鱼台，一座叫武昌钓鱼台，即吴王钓鱼台，也是鄂州的名胜古迹。

（1）雷山钓鱼台

雷山钓鱼台在雷山脚下，现在的钓鱼台居委会社区，是因此而得名的。这座钓鱼台是一座天然原花岗岩钓矶（不远的石头是泡石头），上面有人的石脚印，还有野兽的石脚迹。说是姜太公在此钓过鱼，这脚印是姜太公踩出来的，又有的说孙权曾在此讲武阅军，这些当然只是传说。这座钓鱼台确是一座古钓鱼台，是一个面积6平方米左右的天然石矶，在下面水里钓的确是武昌鱼。

（2）武昌钓鱼台

武昌鱼与雷山钓鱼台，人们是知道的，然而历史上赫赫有名的武昌钓鱼台即吴王钓鱼台却鲜为人知。据《三国志·吴书·孙权传》载录："权于武昌钓台，饮酒失醉。权使人以水酒群臣曰：'今日酣饮，惟醉堕台中，乃当止耳。'昭正色不言，出外车中坐。权遣人呼昭还，谓曰：'为共作乐耳，公何怒乎？'昭对曰：'昔纣为糟丘酒池长夜之饮，当时以为乐，不以为恶也。'权默然，有惭色，遂罢酒。"武昌钓鱼台也因此名列中国十大古钓鱼台之四，即陕西宝鸡姜太公钓鱼台、浙江桐庐严子陵钓鱼台、江苏淮阴韩信钓鱼台、湖北武昌孙权钓鱼台。这座钓鱼台在樊口洲尾口江边码头的不远处。

唐代李白游武昌钓鱼台曾"与黄公共赋武昌钓台篇"。《晋书·陶侃传》载录："侃整阵于钓台，逼西阳王（司马）羕……"唐代侍郎元结，也曾在此钓鱼，并写下了《小回中漫歌》："丛石横大江，人言是钓台。水石相冲激，此中为小回。回中浪不恶，复在武昌郭。来客去客船，皆向此中泊。"宋代大文豪苏辙与其兄苏轼游了武昌钓鱼台后大发感慨："君看孙讨虏（孙权），百战不摇目。犹怜江上台，高会饮千斛。巾冠堕台下，坐使张公哭。"武昌鱼的历史文化链又演绎出了武昌钓鱼台精彩的典故。

（三）武昌鱼的文化现象

1. 毛泽东主席诗赞武昌鱼

1956年5月下旬，毛主席从长沙南下到武汉，6月1日、6月3日、6月4日连续三次畅游长江。在下榻的武昌东湖宾馆，毛主席高兴地品尝了厨师杨纯卿精心烹制的"清蒸樊口鳊鱼"后，词兴大发，泼墨挥毫，写下了千古绝唱《水调歌头·游泳》："才饮长沙水，又食武昌鱼……"事后，毛主席的随行人员叶子龙还风趣地对杨纯卿厨师说："主席吃了你做的武昌鱼，写诗还用了武昌鱼的典故。"同年12月，湖北省人民政府把湖北传统名菜"清蒸樊口鳊鱼"更名为"清蒸武昌鱼"，武昌鱼也由于毛主席的这首诗词，而从此蜚声中华，名扬四海。

2. 毛泽东主席批注武昌鱼的历史

毛主席1958年在《水调歌头·游泳》词的批注中写道："武昌鱼：三国孙皓一度从南京迁都武昌，官僚、士绅、地主及其他富裕阶层不悦，反对迁都，造出口号：'宁饮建业水，不食武昌鱼。'那时的南京人心情如此，现在改变了，武昌鱼是很有味道的。"

1958年12月21日，在文物出版社刻印的《毛主席诗词十九首》的书眉上作了关于武昌鱼的注释："武昌鱼，据《三国志·吴书·陆凯传》记载：吴主孙皓要把都城从建业（故都在今南京市南）迁到武昌，老百姓不愿意，有童谣说'宁饮建业水，不食武昌鱼'，这里化用。武昌鱼，指古武昌（今鄂城）樊口的鳊鱼，称团头鲂或团头鳊。"可见毛主席十分钟情武昌鱼，同时，对武昌鱼的历史文化及其产地也是十分了解的。

3. 毛泽东主席注解武昌鱼

十七年后，毛主席又在1975年5月一次中央政治局的会议上，谈到《水调歌头·游泳》词，他说："我说才饮长沙水，就是白沙井的水。武昌鱼不是今天的武昌，是古代的武昌，在现在的武昌到大冶之间，叫什么县我忘记了，武昌鱼就是那个地方的鳊鱼。所以我说：'才饮长沙水，又食武昌鱼。'"

毛主席通古达今，两句话引用了两个典故，"长沙水"不是现在长沙的水，"武昌鱼"也不是现在武昌的鱼。

4. 周恩来总理的武昌鱼外交

1972年2月，美国总统尼克松访问中国，周恩来总理举行欢迎宴会。席间周恩来总理当着美国客人介绍："这种鱼叫武昌鱼，不仅味道鲜美，而且每根鱼刺浸泡在水里能冒出9朵油花。"在座的美国客人不相信，周总理让服务员取来一杯温水，拈起掌上一根银白鱼刺放进杯中，果然水杯里先后冒出9朵油花。尼克松总统及随行客人兴奋得鼓起掌来，美国国务卿基辛格还竖起大拇指，赞叹奇妙的东方饮食文化。随行记者拍下了武昌鱼的彩照。周总理巧妙的武昌鱼外交，为中美首脑成功会谈创造了和谐的氛围。不久，中国武昌鱼的彩照作为友好"使者"，在美国的一家报纸上刊登出来。

武昌鱼在历史的进程中，随着社会的进步、生产力的发展，作为一种三国历史文化现象，越来越产生着积极的作用和重要的影响

沉醉千秋·潘生酒

苏轼曾说："樊口有潘生，酿酒醇浓。"这里所说的潘生，就是潘丙，字颜明，其祖籍福建长乐。其先人第六代潘吉甫为官，终国子博士。第七代潘衢进士及第，为官多年，最后举家寓居黄州，其声卓著，范仲淹为他作传。第八代潘革为处士，有三个儿子：长子潘鲠，元丰己末（1079年）进士；次子潘丙；三子潘原。潘鲠有两个儿子：潘大临和潘大观。"潘生酒"，是潘丙选择武昌依山傍水的樊口，取樊川之天然活水，利用武昌优质谷物，运用潘家独到的浸泡、培菌、发酵、甑蒸之法酿出的清香冽醇之美酒。

这潘生酒，醉了文豪千秋情缘。

"忆从樊口载春酒，步上西山寻野梅。"苏轼与潘生酒结下的不解之缘，与他的一位忘年交，即渔友潘大临有着千丝万缕的关联。潘大临，字邠老，其父潘鲠，元丰二年（1079年）进士。公元1080年，苏轼因"乌台诗案"贬谪黄州，潘鲠为黄州蕲水县尉。

潘大临20岁中秀才，后多次考试都未能及第。他以布衣之身享誉于诗坛，是江西派重要诗人成员，诗风接近黄庭坚。他的诗作中，有一首《江上晚步》写到了西山与赤壁："西山通虎穴，赤壁隐龙宫。形胜三分国，波流万世功。沙明拳宿鹭，天阔退飞鸿……"在这首诗中，潘大临以景抒怀，展示了他高远的抱负。

苏轼被贬黄州，潘大临此时常居樊口，以举网捕鱼为生。苏轼常渡江而来，系舟樊口与潘大临在"樊口江上钓鳊野炊"，食武昌鱼，饮潘生酒。虽然二人的年龄相差20多岁，但他们情趣相投，爱好一致，交往甚密。

"江从樊口转，山自武昌连。"这是潘大临写江南的樊口和西山，他的诗写得好，深受苏东坡喜爱。潘大临对苏东坡这样诗文人品俱佳的长辈，更是敬重有加。他们亦师

亦友，潘大临经常去苏轼居所拜访求教。

元丰五年（1082年）2月，苏轼在黄州废弃的军营地，也就是他躬耕东坡的一侧，修建茅屋，很多诗友前来帮忙。在五间房子落成之日，恰遇大雪，纷飞的雪花让苏轼欣喜不已。他突发灵感，在堂屋四壁中绘满雪花，并在门楣上题"东坡雪堂"。

到雪堂来欣赏的人络绎不绝，并赞不绝口。这天中午，潘大临来到苏轼的雪堂，见苏轼在雪堂偏房内靠着几案假寐，便用手中扇子触醒了苏轼。睡眼惺松的苏轼起来，二人谦让着来到大堂。年轻的潘大临就雪堂引出了自己对人生的见解，二人就此进行了问答。送走潘大临之后，苏轼将自己与潘大临的对话记录下来，这就是《雪堂问答》。

很多人到雪堂找苏轼求字求画，有人用好纸好墨好笔作为答谢，有人见苏轼生活窘困，用粮食或其他物件答谢。但是求字之人须携酒一坛，这是好酒的苏轼规定的。

当时酒业由官府控制，"予虽饮酒不多，然而日欲把盏为乐，殆不可一日无此君。州酿既少，官酤又恶而贵……"（苏轼《饮酒说》）。携酒的人大多是用江西景德镇湖田窑产的影青瓷器装酒，倒完酒后，容器带走。求字的人一多，家中没有了装酒的容器。潘大临看到此情景，到巴河窑制器作坊，买来了一口雕花大瓮，送给苏轼盛酒。苏轼答谢潘大临的自然是手札一帧，这个雕花大瓮被苏轼戏称为"雪堂义樽"。

苏轼佐酒的鱼肴也常常是潘大临在江中所捕。苏轼常坐潘大临的渔船，或到樊口沽酒畅饮，或任小舟在江中漂荡。元丰五年（1082年）10月15日傍晚，苏轼与杨世昌、潘大临三人从雪堂出发，想回到临皋亭。一路上，四周寂静，月亮高高悬在空中。三人经过黄泥坂时，月光从叶间漏下来，洒在地上，三人情趣盎然，一路高歌。歇息之时，苏轼看到月白风清，不禁感慨有客没有酒，有酒没有肴。

潘大临说，傍晚时分打了一条松江鲈鱼。苏轼一听，高兴极了，快步回到临皋亭的家中，对妻子说了此事，妻子连忙拿出急时备用的酒，潘大临拿来的鱼也弄好了，三人带着鱼和酒逆流而上，来到赤壁下泛舟。

在此前的7月16日，苏轼与杨世昌等人也在赤壁下泛舟，并写下了《赤壁赋》。时间相隔三个月了，在赤壁之下，苏轼发现月下的赤壁与三个月前大不相同。江水不如汛期时满，低头俯视，江水哗哗地响，抬头仰望，山高月小，山壁陡峭，上次隐于水中的石头全部裸露了出来。

他们从船上下来，攀着险峻的山崖，拨开杂乱的荆棘，踩平疯长的野草，来到一块像虎豹的山石上休息了一下。苏轼爬上一棵大树，对着远处吹了一声口哨，霎时，水似乎涌起来了，风刮起来了，熟睡的草木似乎也惊醒了。想到自己的处境，苏轼不由悲凉起来。他爬下树，与后面赶上来的潘大临和杨世昌返回船中。潘大临将船撑到江中心，任其漂荡，他们月下畅饮，直到尽兴。第二天，苏轼以月夜泛赤壁为题材，记下了前一夜泛赤壁及梦中所见，这就是《后赤壁赋》。

元丰七年（1084年）3月，潘大临准备先去参加开封府的解试，即秋闱，取得解元资格后，再参加来年春天的春闱。苏轼祝愿潘大临蟾宫折桂，写下了《蝶恋花·送潘大临》一词：

别酒劝君君一醉，清润潘郎，又是何郎婿。记取钗头新利市，莫将分付东邻子。

回首长安佳丽地，三十年前，我是风流帅。为向青楼寻旧事，花枝缺处除名字。

对年轻的潘大临，苏轼寄予厚望，希望他金榜题名，成为栋梁之材。

后来，神宗又调任苏轼为汝州刺史，潘大临依依不舍。

潘大临与弟弟请苏轼书赤壁二赋、《归去来辞》作为墨宝珍藏，苏东坡将雪堂交付给潘大临兄弟居住。1101年7月28日，苏轼病逝于前往常州的船上，享年66岁。潘大临得知此消息后，悲痛万分，写下了《哭东坡》两首：

其一：公与文忠总遇谗，谗人有口直须缄。声名百世谁常在，公与文忠北斗南。

其二：元祐丝纶两汉前，曲刑意得龙光宣。裕陵圣德如天大，谁道微臣敢议天。

出仕不顺的潘大临后来居住在苏轼所赠的雪堂内，过着布衣生活。他与苏轼的忘年交在文坛留下了佳话。

二、手工产品

凝结乡愁·芦席编织

明代以前，本地盛产芦苇，来此围垦的先民，习惯以芦苇盖房，编织芦席作墙，自此养成编织芦席的习惯。发展到清末民国初，乡民将编织芦席作为增加家庭收入的一种来源和谋生的手段。清末，薛家沟北市有六家芦席交易行。民国十五年（1926年）集市迁来樊口后，芦席交易行发展至8家。他们直接从乡民手中收购芦席，除供应本地乡民盖房和船民做篷垫用外，还出境进行交易。资本雄厚的商户，有时到外地组织收购芦苇运回售给乡民编织，芦席经营市场十分兴旺。

清末民国初，本地芦苇资源枯竭，所需芦苇材料主要来自洞庭湖沿岸，少量来源阳新、下江等地。有的是产地芦苇商人收购水运至本地，出售给乡民，有的是本地芦席行到产地收购运回，进行出售。杜沟、得胜部分贫苦人家每遇水灾，举家逃往阳新，就地割芦苇，编织芦席。

新中国成立后，50年代至60年代，芦席经营由供销合作商业部门进行收购，主要做砖瓦厂盖毛坯砖瓦、防汛器材和建筑辅助材料供应市场。芦席生产主要是杜沟、得胜两地农业社和生产队作为副业，组织女社员进行编织。进入20世纪70年代后，由于芦苇种植面积收缩和芦席的用途被其他材料所代替，芦席生产和芦席经营市场自行消失。

锦绣生活·樊口花样

形成 清代末期，樊口地区姑娘、媳妇们在相互交流绣花活动中，觉得用笔绘出的图案容易弄脏物件，且会识字会描绘者甚少，于是请识字且想象丰富者用白纸将所绣花草、动物剪成图案贴在物件上，按样进行刺绣。这样刺绣出的物件既不会被弄脏，所刺图案又规范，得之又快速。久而久之，常为绣女们剪制"花样"者不断总结经验和创新，根据刺绣者的意图和绣物的种类，剪制不同的图案，如窄小的鞋面设计出简单的花草花样，枕头、围腰等稍大物品设计出动物和花草结合的较复杂花样。发展至民国初年，马房嘴、八房湾等村湾，出现了一批专门以剪制各式剪纸花样为业的艺人。

发展 20世纪20年代后期，这一民间文化艺术发展至樊口杜沟、薛家沟一带，擅长剪纸工艺的人员不断增多，特别是章家湾、陈家湾的青壮年男子，几乎人人都会剪纸这门技艺。每年的下半年，为了维持生活，章修田、章修谷、章维民、章修大等几十个穷苦青壮年，身背剪纸箱，手摇货郎鼓，结伴外出卖剪纸花样。他们的足迹遍布鄂东南，乃至江西西部的乡乡镇镇、大街小巷。鄂城樊口的剪纸花样，不仅在鄂城沿江一带大有名气，而且在武汉、黄石、九江、南昌等地也很有名气。为了便于交流剪纸技术，不断提高剪纸花样工艺技术，以及维护自身的利益，20世纪30年代中期，樊口剪纸花样艺人与鄂城城关同行组织成立花样工会。鄂城是迄今为止最早成立剪纸花样工会的城市。最繁盛的时候，工会会员达到150多人。

随着剪纸花样工艺的不断发展与需求量的增加，剪纸艺人在相互交流剪纸体验中不断改进剪纸技术。据健在的民间剪纸艺人章修田老人讲，原来的剪纸花样是艺人们根据绣女的意图，用剪刀绞剪，一次只能绞剪一张花样，同一种花样，如需两张，难免大小不一，且功效极低。发展至民国三十五年后，艺人们用小刀对多层纸张进行雕刻花样。雕刻时，根据花样的大小，将纸张裁成纸片，20～30张叠在一起，钻眼用纸媒（纸搓的线索）钉好固定，然后在上面蒙上拓版放在砧板上用小刀依版雕刻，这样，一次可雕20～30张同一花样，大小一致且规范，工效快。严格地说，我们可以将这种剪纸工艺称为纸雕花样工艺。砧板用材质细腻、疏松的木料制成碗口大的圆形；拓版是用白薄纸和墨块在雕好的花样上拓制而成，常常是随雕随拓。外出卖花样的艺人，除带足花样外，大多带上工具，白天走村串户叫卖，晚上就地购纸在旅店雕刻，既便于补足样式，又能结合当地习俗，及时创作、雕刻人们喜欢的花样。

特点 樊口剪纸花样，以花草、动物为主体，品种齐全，样式繁多，能根据使用绣物对象的身份、使用环境设计出不同的花样，如待字闺中的姑娘鞋面，设计出牡丹、芍药的花样；中青年妇女的鞋面设计菊花、兰花的花样；老年妇女的鞋面设计兰草、丁香的花样；姑娘出阁做新娘时穿的满绣花鞋，设计双凤朝阳的花样；枕头设计鸳鸯戏水、并蒂莲花的花样；定情绣物的花样除花草动物外，还在适当的地方剪上"哥是奴的人，妹是哥的心"等字样。总之不同的绣物，根据花草、动物的性质、特征设计不同的花样。据不完全统计，樊口剪纸花样可分65个类别，500余个品种。樊口剪纸花样的另一个特点就是表现手法细腻，圆润流畅。因其使用的工具为各类不同的平、尖小刀，在处理画面时，能结合花草、动物的不同部位，使用不同的小刀和刀法，如用平刀和圆润的拉刻来处理花草的枝蔓，达到轻柔、舒展自如和自然的效果。在处理花朵、动物的画面时，使用小尖刀和挑、剔、镂刻的手法，表达花瓣的层次和动物的情态，达到立体感的效果。同时每张剪纸均采用描写与写意相结合的手法，达到主次分明的目的。由于樊口花样为多层纸雕花样，成双成对绣物，分别使用同一画面花样时，能保证两件绣品大小一致。

　　新中国成立后，很多服饰物件用印花布料代替，加之绣女们忙于务工务农，使用刺绣品者大大减少，从事剪纸花样的艺人，只好改作他业。"文革"期间视刺绣物件和花样等为"四旧"，对其进行了一次彻底清查，樊口剪纸工艺基本失传。但杜沟村民间剪纸花样艺人章修田老人，由于家庭成分好，未受冲击，他暗地里保存了剪纸花样全套工具，卖花样的货箱和货郎鼓，以及10件花样。20世纪90年代中南民族学院美术系曾先后两次来杜沟采访章修田老人和参观他的作品，并对樊口剪纸花样的特色进行了理论性总结。

民间工匠·铁器加工

　　肖家岔路口有两家铁匠铺，汪铁匠名汪道贵，李铁匠名李名山，老家都是新庙乡人。汪家铁匠铺在东，李家铁匠铺在西，两家相隔200余米。汪铁匠20岁只身一人来樊口学打铁手艺，1942年带徒弟一人自办铁匠铺。李铁匠的铺面晚开张两年，也带一个徒弟。汪铁匠打的撞箍、饼圈有名，不易断裂；李铁匠打的菜刀、锄头好用，两家各有所长。汪铁匠打的撞箍、饼圈是重头货，生意比李家要好。两家都以打铁为生。1952年，樊口成立铁器社，汪、李二人都带红炉入社，成为铁器社工人。现在的鄂州市机床厂就是在铁器社的基础上发展起来的。

制造奇迹·樊口木匠铺

陈木匠名陈道贵，在叶家渍开木匠铺。陈木匠为人精明能干，头脑灵活肯钻研，自小酷爱木工活，木工手艺一看就会，可谓无师自通，练就一手木工绝活。他经营的方式一是来料加工，二是上门制作。他制作的农具如犁、耙、秒、磙、水车，不但结实轻巧，而且经久耐用；他制作的家具如衣柜、桌椅外形美观，表面看不出缝隙；他制作的水车，龙骨比别人高三分，叶子比别人少两片，车身比别人长五分，整车比别人轻十斤，水车用起来取水快、水量大、省工省力。方圆几十里都知陈木匠大名，其弟陈道甲得其真传。

三、工业产品

四海通达·樊口造船

樊口地区造船业历来兴盛。新中国成立前，本地造船业主要是新造和维修木帆船。无论是建造或维修，都没有固定的厂房，亦无专门从事建造和维修的业主。大都是船主需要建造或维修时，聘请几名木匠，推选一名技术高超的匠人作"掌墨师傅"。掌墨师傅根据船主的意图，设计船舶的式样；船主根据掌墨师傅的要求，组织和购置一切用料。然后在樊口或洲尾选一河滩地，择日动手建造或维修。新中国成立前，本地专门从事船舶建造和维修的铁匠、木匠达150多人。

1954年，路口木船工匠组织造船互助组。1956年，路口造船互助组与樊口铁器、木器互助组合并成立船业修造合作社。1958年，樊口、泥矶两个船舶修造合作社合并，在薛家沟老街遗址建立鄂城县樊口民船社。同年7月，该社被黄冈地区交通局接管，成立鄂城县造船厂，为黄冈地区各县承造机帆船、木驳船和动力设备。1959年造船三艘。

1950年—1966年，该厂与武汉水运工程学院合作，先后试制成功65-1型农用吸泥船和66型抓扬式挖泥船。1967年，参加化肥设备生产大会战，暂时停止船舶制造。1968年，樊口造船厂制造出第一艘钢质拖轮下水。1969年承造游艇、拖轮和汽车渡驳各一艘。1975年，樊口造船厂更名为鄂城县造船厂，正式承接交通部、六机部的造船任务，先后建造交通船、特殊工程趸船、物料供应船、航道工程船、自航挖砂船、40米趸船和500吨输砂驳、甲板驳、挖砂机驳等船舶，其中自行设计施工的船舶12种15艘。

1979年，该厂从上海聘请技术人员，帮助攻克技术难关，建造长江第一艘配有无线电通讯、液压控制等装置的现代化物料供应船。1982年，建造的物料供应船，安装有ZP150全回转Z型推进装置，获交通部优秀成果三等奖。1983年，鄂州市成立，该厂更名为鄂州市造船厂。进入20世纪90年代，造船厂已经具备了自行设计建造3000吨左右各种类型船舶及生产大型金属构件的能力，先后建造客轮、海轮、货轮、趸船、拖轮、油轮、挖泥船、集装箱、石油液化气码头趸船等250余艘，产品遍及长江上下游各大港口、地方航运公司。鄂州市造船厂还与省科研院长航科研所、长江航运规划院、长江船舶计院、中国重工业集团701研究所加强技术合作，开发研制出了水泥熟料装船机的全新产品。

1996年，鄂州市造船厂为新加坡外商承造一艘规格230英尺的散货船。1999年1月，该厂一分厂为华新宜昌水泥有限公司建成了长江最大的浮式水浸水泥装船机"华宜趸1号"。该厂现有职工250余人，拥有固定资产1383万元，具有建造4000吨级各类船舶的能力。

另外，20世纪50年代中期，鄂城水运业成立内河社和外河社，两社分别在樊口自来水厂和河南岸兴建船舶修造厂，承担本社新船建造和旧船维修任务。1959年，内外河社合并为鄂城县水运公司樊口运输大队，承担全运输队船舶建造和维修。1976年，全县水运社合并为鄂城县航运公司，河南岸船厂迁至钓鱼台，更名为鄂城县航运造船公司，承担全公司的船舶建造和维修。随着生产和技术的发展，至20世纪末，该公司已具有建造5000吨级各类钢质船舶及机械维修钢件加工的能力。

光阴嘀嗒·樊口时钟

1976年8月，樊口农机厂与城关钟表修理合作社合并，在樊口街民信东路成立鄂城县钟厂。到1979年，县钟厂形成具有年产3.2万只机械木壳钟的生产能力。1980年，该厂与上海的中国钟厂签订联营合同，上海钟厂派7名人员来厂进行技术指导，提高了企业的整体素质。1983年，生产时钟13.56万只，完成工业产值47万元。1984年，该厂通过全面整顿，产品质量和经济效益全面提高，B型晶牌15天、31天机械木壳钟被评为省优质产品，当年实现利润81万元。此后几年，产品性能不断更新，由机械摆钟发展为双历钟、音乐钟、控铃钟、石英钟等系列产品。1987年，完成工业产值1117.2万元，产量达31.02万只，实现利润186.4万元。当年末，企业拥有职工539人，厂房面积25233平方米，专用设备155台，固定资产原值516万元，年生产能力达30万只，是中国钟表协会理事厂家之一。

星火燎原·樊口火柴

1981年，樊口街道办事处投资95万元，兴建蜡梗火柴厂。1982年7月试产成功，其产品用上蜡纸梗代替木梗，产品由省计委纳入国家计划，省百货公司包销。至1983年，火柴厂建有厂房、车间、办公室、宿舍、食堂以及生产、生活用房42间，1610平方米，拥有自动连续机、圆杆火柴机、卡盒机、刷机和车床、钻床共计9台套。1983年生产火柴10.4万件，是填补省内外空白的新产品。

1984年企业有职工349人，生产火柴13.9万件，实现产值305.9万元，利润29.64万元。1985年，职工增加到475人，年产火柴15万件，产值327.7万元，利润17.3万元。自1986年开始，省百货公司不再包销，蜡梗火柴限产，计划生产1400万件，只完成923万件，计划产值315万元，只完成231.74万元。1990年，购进木梗，生产木梗火柴，一时产销两旺，年产值287.5万元。1990年实行第二轮承包，合同规定产值240万元，利润4.8万元。实际完成产值349.5万元。同年投资130万元，企业搬迁改建，并更新生产木梗火柴的设备和技术改造。1992年，引进资金和设备，从武汉火柴厂聘请科研人员做技术指导，自产木梗和盒片，形成制梗、加料、包装一条龙的流水线生产。

1994年，筹建光明火柴厂，结转原火柴厂固定资产10.26万元，加上设备安装、水电安装、基建木工费、庆典等合计开办费用共15.38万元。同年5月投产，到1995年7月，共生产火柴21 154件，其中新标火柴9837万件、老标火柴11 317件。

行业领军·兴方砂辊

鄂州市兴方磨具有限公司（原鄂州市方方磨具有限责任公司），位于樊川大道193号，是国内最大的碾米砂轮制造基地，也是碾米砂轮行业标准的制定者。公司创立于1971年，现有厂房面积12 000平方米，设备300台套，年生产能力3 500吨。

公司主导产品有碾米砂轮、工业砂轮两个系列，通过持续改进和研发，如今，已由碾米砂轮扩展到碾杂粮（如高粱 、玉米等）砂轮，由普通工业砂轮扩展到了重负荷、高精高附加值的工业砂轮。

"方方"牌商标自1998年起，连续四届被评为湖北省著名商标。特别是碾米砂轮，其独特的制作工艺为该公司首创。公司拥有2项发明专利、2项实用新型专利和20项外观设计专利，多次获得湖北省科技成果奖。JM3、JM5两种型号的碾米砂轮于1984年获原商业部优质产品奖，1986年荣获国家优质产品银质奖。在企业管理方面，各项基础扎实，计量被定为国家二级，设备管理被评为省级优秀。至2009年，"方方"牌碾米砂轮连续四次通过了湖北省精品名牌的验收。2001年公司通过ISO9001和2000质量体系认证。2010年获得国家高新技术企业认证。

公司产品已行销全国30个省市自治区，国内市场占有率高达70%。工业砂轮产品已被鄂钢、冶钢、武钢、涟钢等大型企业选用，并远销西南部分省市。2005年，公司获得自营出口权，产品也随之出口到亚洲、欧洲、非洲及南北美洲的20多个国家和地区，年出口额逐年以30%的速度递增。兴方磨具的"方方"商标在巴基斯坦等多国进行了国际注册，进一步增强了公司在国际市场上的影响力。

该公司技术力量雄厚，工艺装备精良，检测手段完备，永远遵循"质量第一，用户至上"的服务宗旨。"愿为客户提供最优的磨具产品"是兴方人共同的追求。

四、特色美食

畅游洄水　丰腴味美·清蒸武昌鱼

主料：武昌鱼一尾（750克）

辅料：熟瘦火腿35克、熟猪油25克、鸡汤30克、姜葱盐25克、玉兰片35克、味精5克、水发香菇35克、白胡椒粉5克、料酒15克。

制法：

1. 将武昌鱼刮鳞去鳃，剖腹除内脏洗净，在两边鱼背处剞兰草花刀，入热水中稍烫，沥干。

2. 将姜、葱置入鱼腹内，用盐、料酒、味精腌渍后放入盘中，将火腿、玉兰片、香菇切柏叶形片，间隔地点缀在鱼上面成菊花形，淋入猪油和鸡汤上笼蒸约12分钟取出，撒白胡椒粉即成。

特点：肉肥美细腻，汤清新，味鲜香。

武昌鱼肉质细腻，肥嫩味美，为席上珍品。《诗经》有云："岂其食鱼，必河之鲂。"北魏贾思勰《齐民要术》中就有介绍鳊鱼的三种煎炙技法。唐孟诜《食疗本草》记载："鲂鱼，调胃气，利五脏，和芥子酱食之，能助肺气，去胃风，消谷。"中国古代用新熟五谷（或时新食物）祭祀祖庙的祭祀活动中，为了表示自己对祖先神灵的敬意，一年之中凡有新食物，先以奉祀祖先，然后自己食用，叫"荐新"。明代洪武元年制定的"荐新"仪物，鳊鱼赫然在列。武昌鱼的特点："以鳞白腹内无黑膜者真。它头团、身宽、肉多，两侧呈菱形，口较窄，背鳍短，尾柄高，两侧肋骨刺比其他鳊鱼多一根。"它富有极高的营养价值，由于肉质纤维细腻而白嫩，无论烧、妙、蒸烤、炸、爆、烩、焖、卤、煎、酥、汤等，无不味道鲜美。历代诗人吟咏武昌鱼佳肴隽味的诗比比皆是，如唐代孟浩然《砚潭作》："纤手绘红鲜""莼羹何足传"。唐李群玉《石门韦明府为致东阳潭石鲫鲙》："隽味品流知第一，更劳霜橘助芳鲜。"宋刘学箕《渔家傲》："钓得活鳞鳊缩项，篘成玉液香浮盎。"宋杨忆《水部何郎中知鄂州》："郡阁平窥汉阳树，盘餐频荐武昌鱼。"宋孔武仲《晚登庾楼》："满瓮尚留桑落酒，登盘今有武昌鱼。"宋黄庭坚《次韵答任仲微》："缩项鱼肥炊稻饭，扶头酒熟卧芦花。"宋梅尧臣《送韩王汝太偲知洋州》："庖供缩项鳊，坐使宫娥斟。"宋潘从大《谢人惠鱼米》："江南缩项鲜堪鲙，浙右长腰色胜银。"元代丁鹤年《次向自城韵》："华表忽归辽海鹤，仙庖频食武昌鱼。"等等。

　　清代著名食书《随园食单》《调鼎集》均收有许多武昌鱼菜谱中的"面煨鳊鱼"（用面团包裹武昌鱼烤制），新颖别致。风流才子李渔在《闲情偶寄·饮馔部》里对"清蒸武昌鱼"的技法更有精当的评说："食鳍首重在鲜，次则及肥，肥而且鲜，鱼之能事毕矣。鱼之至味在鲜，而鲜之至味又只在初熟离釜之片刻。更有制鱼良法，能使鲜肥迸进，不失无真，迟速咸宜，不虞火候者，则莫妙于蒸……以鲜味尽在鱼中。"

　　尤其是鄂菜，有着两千余年历史。而鄂菜的嬗变中，武昌鱼始终居于主导地位，即"无鱼不成席"之说。三国时期武昌鱼的出名，是鄂菜演化史上的大事。它标志着鄂菜有了资深望重的领衔菜品，高高竖起了"帅旗"，成为湖北名菜的领头羊。鄂菜以"水产为本，鱼菜为主"的优势，在湘、苏、川、粤、鲁等十大菜系的竞争中突显出了自己的特色。

传统制作　弹性十足·鱼丸

　　樊口地域历来盛产鱼类，人们对于吃鱼也很有讲究，吃出了许多花样。吃鱼丸就是五花八门的吃法之中的一种。"无丸不成席"也成为樊口一带酒席的习俗。鱼丸是用鱼肉剁成的鱼茸和淀粉为主料，加盐、葱、姜等调料拌匀，将拌匀的料挤成一个个丸子，放入清水煮沸而成，色泽雪白，形似珍珠，质地松软，丸身富有弹性，鲜嫩可口，回味悠长。

　　鱼丸制作方法是：新鲜的花鲢鱼去鳞掏肚洗净，挂着滴干血水，大概挂一晚。第二天把鱼中间的主刺留着，两边的鱼肉顺方向用刀刮下来，只要白色的肉，鱼背肉都刮下来后，用手把鱼刺摸出来扔掉，然后剁成鱼茸。把鱼茸分成三份，再放入一份生粉，共四份的量，要一样多；然后放鸡蛋清混合在一起，要多揉一会儿，像揉面一样，再加入姜汁，边揉边加入，直到差不多成流水样；然后加入时针方向搅动，大概搅五分钟，再加一点点盐，然后继续搅，边搅边加盐。直到感觉有阻力了，可以拿鱼丸瓢试着做一个放进冷水里，要是可以浮起，便成功了；如果不行，就要继续搅动，再加一点点盐，直到丸子浮起。锅里多加点水，温水放入丸子，大火烧开后，用勺子在丸子上面不停划动，让它们均匀受热，煮五分钟就大功告成了。这可是湖北人的最爱。

色泽如玉　进口香糯·糍粑

糯米糍粑，流行于本境各地，是配合豆丝面煮食的佳品。原料是糯米，通过甑蒸熟后，再用木棒揣，揣得不成米状，取出来摊在簸箕里，用布沾水将其按成一个大圆饼即成，俗称"揣糍粑"。农家多在腊月里制作。工具除甑外，还有糍粑缸，平原湖区用原石凿制而成，南部山区多用木桶，另用硬质木棍安上柄把做揣棒，通常3至5根。揣糍粑有各家自制，也有相互帮助制作的。当今都改用电动搅粉机，十分方便省力。

糍粑揣成后，用刀切成块，装在缸或盆桶里用清水浸着储藏。糍粑拌豆丝煮吃"经饿"，也可放在灶膛里烤得两面金黄，吃起来外脆内软，格外香，还可以切成麻将大小块，用油炸，蘸糖吃，或在锅里炒熟后用糖水下烹，其味道甜腻，软脆相间，用它下汤，更是香甜软滑。农家常以它作佳品送亲友过年。

精心熬制　儿童最爱·何氏浆糖

樊口附近，长港西岸有一座"吴王古刹"，人们称之"吴王庙"。昔日庙脚下住着几户人家，其中就有何氏三兄弟开的一间制糖小作坊，在樊口一带颇有名气。何忠启三兄弟制糖手艺系祖传。据说何氏祖先于清康熙年间从江西迁徙武昌，先住在洋澜湖畔五里墩一带，靠熬糖为生。清末樊湖逐步形成米粮川，吸引何氏祖先来到吴氏湖白葭山，见"吴王古刹"居高临下，依山傍水，就在此落脚，过着半耕半商的"小作坊"式生活。

到了何忠启这一代，兄弟三人勤劳苦干，齐心合力，农业风调雨顺，作坊生意火红，三家日子过得有滋有味。每到秋收过后，粮食归仓，兄弟三人就开始忙于熬糖之事。催麦芽，舂糯米，备柴，整灶，洗锅，清理器具，备足原料，一切准备就绪，选准吉日，鸣炮点火，正式熬锅。按程序将催好的麦芽和浸透的糯米在锅中加水不停地搅拌，熬成浓度为60%的赤碣色，呈黏稠状"饴"的溶液，经过淀粉在酵素作用下分解成淡黄色，呈胶状"饧"的晶块，此时胶状"饧"是麦芽糖、葡萄糖和糖稀的结晶混合物，可以直接享用，或用来做糖果和糕点的核心原料。那时的"何氏浆糖"为各地糕点铺制糕点麻糖、甜饼酥果的定点原料，因清脆酥香，甜而不腻，胶牙不黏，货真价廉而备受民间欢迎。每年腊月二十四，乡间有"祭灶王爷"习俗（即送司命菩萨上天），每家都买上好的"胶牙糖"置于灶台上，燃香点烛让"灶王爷"尽情享用。乡间卖糖货郎常常选择上好的糖饧糖饴，"叮叮当，叮叮当"，"敲浆糖"的吆喝声常常招来三五成群的小伢，那诱人的糖香味让看热闹的人按捺不住。为了解馋，小伢分头找来破铜烂铁、锈钉废铝，实在没有办法就把家中的秤砣卸下来去换一片薄薄的胶牙糖，放到嘴里立刻就有甜到心窝的感觉。有的货郎还带着火炉将糖稀吹成各式人物或鸟兽鱼虫，拿在手上既可以玩赏，也可以吃。就这样，"何氏浆糖"就成了那个时代小伢们解馋的"奢侈品"。

精工制作　点心佳品·洋糖酥饺

洋糖酥饺是樊口坝上老街上的传统小吃美食。原料是糯米。

其制作方式是将糯米淘洗后浸泡几小时，然后磨出浆，再蒙上一块棉布，上面盖上干火灰将水分吸干备用。

每天早集时，小吃师傅在街边架起案板，将糯米面摊上，旁边放个大炉，上面置锅放油。有顾客要买食，师傅就放一坨糯米团，在案板上揉搓成五寸长圆形瘪状，两手各捏一端，微微扭动成绞形，放入热油锅里炸，并不时用双长竹筷子翻动。当炸得浮出油面呈金黄色时，捞出放在一个装着白洋糖的盆里一滚，一个洋糖酥饺就做成了，形同一根粗大的麻花。

洋糖酥饺只能趁热吃，轻轻一咬，外酥内软，甜香滋润，老少相宜，如果配上一碗米酒或豆腐脑，那更是美味无穷。此小吃1955年后失传。

形似盘龙　绿色食品·豆丝

豆丝面，即豆丝，俗称"饼杂"。兴于清代。旧时农家为了节省粮食，家家户户将稻米掺小麦、豆、藕等杂粮，通过磨浆、锅烫、切丝、晒干后，冬春两季，将剩饭、白菜、萝卜等拌着豆丝面煮着吃。此俗主要流行于北部沿江及长港两岸滨江湖区。

俗言有"吃起来容易，做起来难"。通常制作一百斤米（粳稻米）的豆丝面，要掺40～50斤的小麦（除皮）。现都改用麦面粉，8～10斤的绿豆（去壳）或豌豆（去壳）和3～5斤黄豆（烫时收边好揭）。

烫豆丝都在入冬后，农闲晴朗日子进行，俗称"赶天"。烫豆丝主要工序是磨、烫、切，因此不是一家人所能完成的，邻里左右，都会主动来帮忙，男的推磨（现用电动钢磨），会烫的师傅（有男有女）上灶，女人操刀切，细伢用筲箕或筛子将豆丝饼端到栅上摊凉，烧火的专门烧火。

烫豆丝，农家称是"办年"，是十分热闹喜气的。俗规有：将先烫的两张饼分别供在灶头和神条桌上，让灶神和祖先品尝；再将烫的饼撒上糖或蒜秧丝拌盐的作料，分送给左邻右舍，让他们分享甜美。烫豆丝时，人们的笑闹声伴着香油和熟食味，在村湾里弥散。

豆丝经过两三天的风吹日晒，干了后，就用棉花篓、箩筐储藏起来。平时晚上抓几把伴白菜煮了"过夜"（吃晚饭），春节用它下肉汤待客。豆丝面吃起来软滑爽口，不糊，挑起来如细面条，不黏连，俗有"打开喉咙管，一滑十八碗"，不烧口，长吃不腻，别有风味。当今，乡民多用豆丝做礼制品，赠送城镇亲朋好友。周铺村、周为村村民常年制作，在市面各大超市销售。

绵香纯净　优雅飘逸·米酒

米酒是酒类的一种，樊口历来有饮米酒的习惯。由于它制作较简单，旧时农家无钱买烧酒，过年时就自制米酒待客和自饮。

米酒的原料是粳米和糯米。制作方法是将米淘洗干净，煮（蒸）熟，滤干，用簸箕盛着或装在盆钵内，然后撒入酒酿拌匀，上面蒙上一块布，一天后，嗅到酒香气味，就可食用或装坛储存。

食用时，用勺子舀点放在碗里，放点糖，再用开水一冲，一碗米酒就做好了。饮用起来，清香津甜，老少皆宜，但饮用多了也会醉人。如果冲一个鸡蛋，或加入几个小汤圆，味道更具特色。

磨出琼浆　爽滑可口·豆腐脑

豆腐脑又叫老豆腐，系用糖饧起色，加火烧开后，加入湿粉芡，放入泡好的油粉丝，加豆腐脑适量，葱盐椒调味。其色泽金红透亮，质微稠，舀入碗中再加入海米、海带丝、金针、韭菜丁、胡椒粉，淋点芝麻香油，浓香无比。

豆腐脑的制作方法有很多种，其基本原理都是通过添加凝固剂使豆浆中的蛋白质凝固。凝固剂有很多种，通常我们日常生活中和市面上使用的有三种：石膏、内酯、盐卤，而做豆腐脑主要用石膏或内酯。

湖水熬制　营养丰富·鲫鱼汤

樊口除武昌鱼名扬天下外，鲫鱼汤也是一种历史悠久的美味。据《黄州府志》载：

"子瞻在黄州好自煮（鲫）鱼。"苏轼每到樊口，除食樊口鳊鱼品潘生洒，还喜欢食鲫鱼汤。后在樊口留下了一种特色的风俗吃法，一直流传至今。街市、乡村，几乎家家都会做，其做法：将鲜活的鲫鱼去掉鳞、鳃、肠，洗干净，冷水下锅，放入适量的盐，旺火煮。等鱼煮得半熟时，再配上嫩白菜心或萝卜片、生姜末、辣椒相混继续煮，不搅动。临熟时，加葱白、料酒、橘皮丝，上盆。这种做法，鱼肉鲜嫩，汤汁雪白清香，是滋补上品。旧时，人们多用鲫鱼汤给产妇催奶。

当今吃法多有改进，常在冬天煮火锅，配料呈现多样性。

龙游金海　壮阳补肾·银鱼蛋花汤

樊口历来盛产银鱼。银鱼营养价值极高，有润肺止咳、善补脾胃、宜肺、利水的功效，可治脾胃虚弱、肺虚咳嗽、虚劳诸疾。尤其适合体质虚弱，营养不足，消化不良者。银鱼味道鲜美，性味平和，诸无所忌，适合所有人食用。而且银鱼与蛋花组合在一起，能设计出极高的艺术造型——龙游金海，能博人们眼球，激起人们的食欲。

做银鱼鸡蛋羹的材料与步骤：

主料：鸡蛋、银鱼。

辅料：葱适量、盐少许、料酒适量、姜适量。

步骤：

1. 银鱼洗净，加入料酒、姜，腌一下，去腥味。

2. 鸡蛋打入碗中，打散，加入温水，水是鸡蛋的两倍，和盐搅打均匀。

3. 用筛子过滤一下鸡蛋液，去掉泡沫，加入葱花。

4. 盖上保鲜膜，中火蒸3分钟，至鸡蛋半凝固。

5. 把银鱼摆放在鸡蛋羹上，再蒸两分钟即可。

清热解暑　促进代谢·绿豆汤

绿豆汤性味甘凉，有清热降火之功。夏天在高温环境中工作的人出汗多，津液损失很大，体内的电解质平衡遭到破坏。用绿豆煮出的汤来补充水分是最理想的方法，绿豆汤能够清暑益气、止渴利尿，不仅能补充水分，而且还能及时补充无机盐，对维持电解质平衡有重要意义。

绿豆属清热解毒类药物，具有消炎杀菌、促进吞噬功能等药理作用，其籽粒和水煎液中含有生物碱、香豆素、植物甾醇等生理活性物质，对人类和动物的生理代谢活动具有重要的促进作用。

　　绿豆汤还有解毒作用。如遇有机磷农药中毒、铅中毒、酒精中毒等情况，在医院抢救前都可以先灌下一碗绿豆汤进行紧急处理，经常在有毒环境下工作或接触有毒物质的人，应经常食用绿豆来解毒保健。经常食用绿豆可以补充营养，增强体力。

　　绿豆汤含有丰富的蛋白质、磷脂，可以促进神经兴奋，提高身体机能，增加身体营养，增进食欲。

醇香飘逸　美容强体·排骨藕汤

　　排骨藕汤是樊口地区的传统美食。此汤清润，最适宜秋冬饮用，可以滋润肌肤和内脏，减轻燥邪对机体的伤害。莲藕有滋补、消炎、止血、祛咳之效，也可防治缺铁性贫血。熟藕性温，有补心生血、滋养强壮及健脾开胃之效。此汤中排骨酥烂香软，具有滋阴、补气、益肝、美容的功效。猪排骨富含有机铁和钙，有助于防贫血，强筋骨。排骨有很高的营养价值，排骨味甘咸、性平，入脾、胃、肾经；补肾养血，滋阴润燥；主治热病伤津、消渴羸瘦、肾虚体弱、产后血虚、燥咳、便秘、补虚、滋肝阴，润肌肤，利二便和止消渴。排骨具有以下几种作用：补中益气。中医认为，排骨可以补中益气，无论是酱排骨，还是排骨汤，无论是红烧，还是爆炒，排骨都有着补中益气的作用。滋养脾胃。排骨可以滋养脾胃，合理食用排骨，可以保健脾胃功能。改善贫血。排骨可提供血红素（有机铁）和促进铁吸收的半胱氨酸，能改善缺铁性贫血。强健筋骨。排骨富含铁、锌等微量元素，可以强健筋骨。增强体力。排骨有着丰富的肌氨酸，可以增强体力，让人精力充沛。

高贵典雅　养血顺气·莲子羹

　　古人有赞美莲子的诗："城中担上卖莲房，未抵西湖泛野航。旋拆荷花剥莲子，露为风味月为香。"

　　樊口旧时莲藕多，做冰糖莲子羹是传统习俗。莲子有红莲和白莲（湘莲）之分，以白莲为佳。

　　制作方法是：用干白莲子200克，去皮、芯，放在盆内加温水蒸至软烂即可；另在砂锅内放水500克、冰糖300克煮溶，用纱布过滤后再加少许枸杞子、桂圆肉、菠萝片，上火煮开；将蒸好的莲子出水，装在大汤碗内，倒入烧开的冰糖水和配料即成。今都习惯莲子配白木耳、桂圆、冰糖蒸制。此羹，莲子粉糯，糖水甜润，清香滋补。

陶罐煨制　补虚强身·土鸡汤

"客人来得稀，赶忙杀只鸡"，这是樊口人旧时待客最常用的说法。土鸡汤有补虚、提阳气的功效，有利于病人和产妇恢复身体，且人人喜食之。

土鸡汤的制作方法是：将一只肥壮的土母鸡宰杀，去毛（和肠肚），洗干净后剁成块，在锅里烧炒后用瓦灌装，加姜片、盐和适量的水，放进灶里文火煨到汤浓稠、香气四溢时，倒入碗中，加葱白、料酒等作料即可。也可将鸡汤倒入锅里烧开下面条、豆丝、线粉、糍粑等，做成鸡汤面。这是过年待客的佳品。

目前，樊口街市上仍然保留着煨制土鸡汤的专卖店。这里的鸡汤馆吸引着许多食客慕名前来品尝，让城乡民众大饱口福。

五、百年老字号

樊口现有的老字号有：王正泰粮行、春和堂中药店、大昌糕饼杂货店、和昶粮行、李万顺杂货店、一品香茶楼、王和记百货店、杜贞记百货店、疋头店、普济利分店、大成当铺分号、永兴花行分号、永兴钱庄分号、元兴槽杏坊分号、同兴瓷铁店分号、大兴疋头分号、王家油炸铺、肖家糕点铺、肖家面铺、梁家磨坊、汪李铁匠铺、陈家木匠铺、周家榨铺、陆谢轧花铺、谈家糖果铺、周家篾匠铺、陈家中药店、凌家轿铺、胡家牌铺客栈、李家肉铺、周家鱼店、客昌油炸铺、吴泰兴杂货店、吴氏渔行、锦春烛铺、何氏浆糖、和顺嫁女货铺、孙家茶铺、祥和花行店、兴隆花行。

第八章　民间文化叙乡愁

一、节日习俗

万家团圆·春节

　　春节，古称"元日"，即农历新年，是一年之岁首，传统意义上的年节。春节是我国四大传统节日之一，俗称新春、新年、新岁、岁旦、年禧、大年等，口头上又称过年、过大年。

　　百节年为首。旧时春节是以除旧布新、驱邪禳灾、拜神祭祖、纳福祈年为主要内容。这天，人们鸡鸣而起，于庭前烧响竹筒（即"爆竹"，今为燃鞭炮），以辟除山臊（传说中的一种让人发冷发热使人生病的怪人、恶鬼）。全家老小穿戴端正，拜神祭祖、拜年，以祝贺新春的到来。如今的春节是全家团圆、亲朋好友之间相互增进亲情友情的传统佳节。

　　樊口一带为过年准备年货称为"忙年"。在古代民间，人们从年末廿三或廿四的祭灶便开始"忙年"了，新年到正月十九日才结束。在现代，人们把春节定于农历正月初一，但一般正月十五新年才算结束。

　　樊口民间风俗中，"忙年"是从农历腊月二十四祭灶王爷开始的。流传的说法是：二十四祭灶王爷，二十五打豆腐，二十六备鱼肉，二十七炒豆子吃，二十八伏（杀）鸡鸭，二十九样样有，三十夜烛花谢。三十吃团年饭，鱼丸子上桌时要放鞭炮，吃饭前要先将酒、饭菜等摆放在神龛上，供奉先祖。三十这天还要将门两边的对联贴好，门楣上贴上红纸剪成的挂帘，窗户上贴上一个或几个红纸剪成的挂帘。晚上一家人围坐在一起，烤火取暖守夜，大人要给小孩子"压岁钱"。凌晨零点，家家户户要燃鞭炮，称为"接春"。

　　过年是从初一开始的。初一一早开门要燃鞭炮，要穿上新衣服、新鞋子袜子。拜年的时间一般在初一至初三，初一是邻里、朋友互拜，初二是外孙拜外祖家，初三是女婿拜岳丈家。出门时要放鞭炮，称为"出方"，来了客人也要放鞭炮。拜年见面要说"万事如意""恭喜发财""健康长寿"等吉祥话。如这年家中建有新居，在大年初二，则要办酒酬谢春节前来送新居礼品如中堂、挂屏、礼金等祝贺的亲朋好友，称为"对子酒"。居丧之家，大门上要贴上"辞""谢"二字，亲戚朋友则在初一来"拜大年"，喝"大年酒"。

春节的禁忌有很多：春节期间初一到初三，不能出财，即扫地的垃圾不能往外倒，水也不能往外倒。自家的东西不能往外借，也不借别人家的东西。宰杀鸡鸭猪等牲畜，不能说杀，要说"伏"，如"伏鸡""伏鸭""伏猪"等。吃年饭不能用菜水拌饭吃，否则一年中出门会遇到雨水。过年要多吃藕，因为藕孔多，吃了会变聪明。鱼丸子和汤圆要叫"元宝"。老人去世不说"死"，要说"老了""过了生"。睡觉称为"纳福"，熄灯要说"圆灯"。要在窗户上贴上"姜太公在此，诸神回避"，鸡鸭笼子两边要贴上"六畜兴旺""鸡鸭成群"，牛角上要贴上红纸条，大门正中要贴上"开门大发"。因禁忌繁多，很多人家在堂屋两侧贴上"百无禁忌""不禁童言"的红纸条，以破解无意间说出不吉利的字眼冲犯了天神。

春节，它不仅集中体现了中华民族的思想信仰、理想愿望、生活娱乐和文化心理，而且还是节日交流、问候，传递亲朋乡里之间的亲情伦理，全家团圆的日子。它是人们祈福禳灾增深感情的重要节日，是一个欢乐祥和、亲朋好友欢聚的传统佳节。

追思怀远·清明节

清明节，是中华民族最隆重盛大的祭祖大节，属于礼敬祖先、慎终追远、扫墓祭祀的传统节日。清明节又称为踏青节、行清节、三月节、祭祖节等。在其发展演变过程中融合了寒食节、上巳节（俗称三月三）的习俗。清明节节期在仲春与暮春之交，太阳黄经达15度的时候，交节时间在公历4月5日前后。1935年中华民国政府明确规定4月5日为国定假日清明节，这个时间一直沿用至今。

清明节祭祖一般在清明节前后三天。每年清明，家家户户包括远在他乡的亲属都要回乡团聚，并且必须全家都到祖坟扫墓祭祖。鄂州民间风俗是清明前一个月便开始准备，要打纸钱、包包袱，写上受用者、供奉者的姓名。故鄂州民间有"清明不祭祖，死了变猪狗"之俗语。祭祖这天，前去祭祖的人带上铁锹、柴刀、纸钱、鞭炮、香烛、彩纸制作的纸幡前往葬地。到达后，先用柴刀清除去坟墓上的杂草，然后用锹取新土对旧墓进行培土修整。修整好后，将散纸钱一排排放在坟墓上，用土疙瘩压住，名曰"盖瓦"。盖好瓦后，在坟墓上插上纸幡，现在用纸或布扎的花替代，然后在坟前点上香烛，点香时要握着香拜三拜，然后焚烧纸钱（又称烧包袱）。纸钱已在家中用纸袋子装好，写上逝去者的姓名称呼，以及祭祀者的姓名。纸钱焚烧完后，参与祭祀的人按顺序叩首，然后燃鞭炮，祭祀先人的程序到此结束。

若是新逝去的亲人，后辈须在逝去三年后的清明立碑。碑上刻有逝去者的出生年月与逝世的时间，以及后辈的姓名。

祭祀或立碑完成后回到家中，一般要置办简单的酒宴，家族成员聚在一起缅怀先人的生平业绩，激励后人积极向上。特别是很多从外地回到故乡的族人，对他们来说这是一个与亲人团聚的日子。他们聚在一起谈谈工作和生活，亲情因为这个节日的团聚更加浓厚了。

清明节是传统的重大春祭节日，它弘扬着中华民族自古以来孝道亲情的优良传统，唤醒家族缅怀逝去亲人勤劳奋斗的岁月，对促进家族团结以及民族凝聚力有着不可估量的影响。这个节日融会自然节气与人文风俗为一体，是人们缅怀亲人、崇尚自然的具体体现。它不仅体现了先祖们追求"天、地、人"的和谐统一，也体现了人们遵循天时地利的自然规律。

致敬感德·端午节

端午节是古老的传统节日，本是初夏一个驱除瘟疫的节日。春秋时期，被流放到沅湘流域的楚国诗人屈原，看到国破家亡后，在极度的悲愤之中于五月五日，写下绝笔词《怀沙》，然后投汨罗江自尽。楚国百姓异常悲愤，纷纷来到汨罗江边凭吊爱国诗人屈原。渔民们划起船只，在江上打捞他的真身。有人将饭团、鸡蛋丢进江中，让鱼虾吃饱，使它们不再伤害屈原。后来演变成纪念屈原的节日，每年农历五月初五民间有龙舟竞渡、吃粽子、喝雄黄酒等活动。

樊川一带一直沿袭楚地习俗，通常在农历五月初五日这一天食粽子、咸鸭蛋、大蒜坨烧肉、馒头、包子等。屈原"乘鄂渚而反顾"，为纪念他，当地还要举行一系列民俗活动，如"采艾悬门""斗草游戏""舟楫竞渡""争采杂药""系丝辟瘟"等。这天市民要踏百草（踏青）；要采摘艾草束扎成人形，悬挂在门上，以祭祷消灾；要去采集百药，以去除毒气；新蚕吐丝，要用五色丝织品系在臂上或绣织成物品奉进尊长；以五彩线制小布猴、香囊，给小孩佩戴。最有影响的是龙舟竞渡，龙舟有黄、红、青三色，龙舟两端分别挂有龙头和龙尾，龙头高，龙尾低。每条龙舟上有划手10多人，穿同色号衣。船上还有锣鼓手、艄公等，击鼓竞划。龙舟竞赛组织者会在目的地放一些奖品，谁先到达目的地，谁就夺标。20世纪60年代以前，樊口大闸是龙舟竞渡的水域之一。

龙舟竞渡历史悠久，这是一种以龙舟竞渡为载体，以纪念屈原和弘扬爱国主义精神为主的一项民俗活动。龙舟文化的传承，也是中华民族龙文化的传承。

天涯与共·中秋节

农历八月十五日为中秋节，又称祭月节、团圆节等。古代帝王有春天祭日、秋天祭月的礼制。早在《周礼》一书中，已有"中秋"的记载。后来贵族和文人学士也仿效起来，在中秋时节，对着天上又亮又圆一轮皓月，观赏祭拜，寄托情怀，这种习俗就这样传到民间，形成一个传统的活动。所以，中秋节源自天象崇拜，由古代秋夕祭月演变而来。中秋节从唐代起就成为固定节日，盛行于宋朝，至明清时，成为我国的主要节日之一。

中秋节借月圆寓意一家人团圆，因此在这一天，很多人会赶回家与家人团聚。一大早，人们购回新鲜鱼肉、蔬菜、月饼、水果等。中午一家人围坐餐桌前品尝丰富的菜肴。夜晚，一家人围坐着吃月饼、品茶、赏月。

旧时，樊口一带有一种由米粉加糖制成的"月亮糕"，糕上印有"嫦娥奔月"等图案，用一根红索子穿着，挂在小孩子颈上，小孩子可以边玩边吃。中秋节农村有"摸秋"习俗，即婚久不育的妇女，暗地托人去园中偷瓜，送到自己床上，寓意可得贵子。古时民间有在头一天把朱砂点在小孩额上的习俗，称为"天灸"，意思是可以用来制服疾疫；又以金箔制"眼明囊"用以装百草上的头苴，拌以露水，用来洗眼睛，能使眼睛明亮，后演变为用鲜艳的丝绸制作的锦袋辗转相送，成为一种象征性的"眼明囊"。

中秋节有很多民间传说和歌谣，这些传说浪漫而有趣，民间歌谣不仅口口相传，还记录成文字，深入民心。2006年5月20日，中华人民共和国国务院将中秋节列入首批国家级非物质文化遗产名录。自2008年起中秋节被列为国家法定节假日。

二、营造风俗

讲究风水求兴旺·建房风俗

房屋是人类的栖身之所，樊口这一带乡村民居和城镇店铺有所不同。

乡村民居房屋的建筑材料以木材、青砖、布瓦为主，富裕之家多为青砖墙，贫民多为土坯墙，屋顶或盖布瓦，或盖茅草。民居形式多样，建筑大多坐北朝南，主要有连三间的简单式、带有天井的厅井式和前庭后院的天井院落式。连三间简单式是明三暗五，进门是堂屋，后面是灶房，右边和左边的厢房用墙隔开成两间，所以实为五间。天井式民居多为殷实之家，它是由三座房屋或四座房屋与一面墙合围成的一个庭院，中间留有面积不大的露天庭院，称为"天井"；"天井"地势低于周围，多用青石砌成，其作用一是通风散热，其次是贮存雨天顺着屋面流下的雨水，有"四水归堂、财不外流"之意。天井院落式融合院落式与天井式特点，堂屋前由门屋、照壁和院墙围合成前院，院中多设有禾场和池塘；中轴线上对称分布着各种内室围合成的大小不等的天井，形成前院落后天井的式样，房屋屋顶多采用高于屋顶的马头墙。

城镇民居在满足居住的需要时，还要考虑作为店铺的功能，即布局上多为"前店后坊"或"前店后居"的格局。城镇民居多是青砖青瓦的天井式结构，天井是用青条石铺设，面朝街道的房间通常被主人作为店铺，屋檐伸出较多，便于顾客遮挡日头和风雨。为方便顾客与货物进出，往往是临街的一整面墙被拆掉，用作售卖货物的门面，晚上关门用木板木门代墙而封，也有留着大窗户作为售卖的窗口。房子的窗户多是木格，后面的厢房住人，有的房子建有木质阁楼，楼梯设在堂屋后。

在营建房屋时，有很多讲究。住宅的方位多是坐北朝南以避风向阳，免受风雨的侵扰。有"坐北朝南屋，住着好享福""坐北朝南，冬暖夏凉""屋朝南，人向阳"的俗语。城镇集市住宅讲究阳面、顺路、顺眼、人流量高。营造房屋称为"造龙窝"，择地基要请风水先生看日子。施工的日子要选黄道吉日，挑选不与主家和石匠木匠犯冲的吉日。日子择定后，主家要办"起手酒"，招待石匠和木匠。挖脚下屋基时，也要看时辰。施工时，主家要在脚手架上用彩纸扎彩。立大门框时，门框上要搭上红纸或红布，要给石匠和木匠工头封红包。房屋建造到上梁这一环节时，有很多讲究。选择上梁木，有的用榆木，榆谐音"余"，取"余粮万石"之意；有的用枣木做檩，取"早积余粮"之意。上梁时间多定在上午9点或下午3点，以避开午时。上梁时，梁木要由木工用红绸或红棉布包梁，石、瓦、木、锯四匠齐集，左邻右舍都来捧场凑热闹，在掌墨师傅的口令下，四个木工小伙用新绳索将房梁向上提升到位，在场的人们兴高采烈，房主放鞭炮。掌墨师傅从梁上往下撒香烟、糖果、饼干和包子，供观看上梁者哄抢，石匠木匠等还要说吉利的话喝彩。这些撒下来的食品多是由出嫁之女或亲戚所买，看的人和抢的人越多就越热闹，寓意这家将来越发达。

此外，旧时上梁还有"偷梁"的习俗。主家为图兴旺，偷伐别人家的一棵树作为屋梁。偷树时，放一挂鞭炮，即使被树的主人发现了，若递上一支烟，他也不会追究。

富裕人家，一次落成两栋房屋，有的还给敲锣打鼓的人、给掌墨的木匠师傅送上一根大如中柱的木料，称为"送架尺"。

营建房屋需要很多人帮忙，主家于是要办待工酒。待工酒是款待匠人和帮工者酒席的总称。一日三餐，餐餐佳肴。一栋房屋的建成有开工酒、上梁酒、圆工酒。建房耗资大，民间有一种说法，"没有三年陈酒浆，不能动用木瓦匠"。

现在建造的房屋多是楼房，很多习俗改变了，但是下屋基和镶水泥板上梁等习俗保留了下来。

选择吉日求平安·造船风俗

樊口地处长江之滨，在樊湖（梁子湖）出口长港和长江的交汇处。便利的水运交通使造船业应运而生，兴旺发达。

新中国成立前樊口的造船业主要是新造和维修木帆船。当船主需要造船时，请几位造船的木匠，其中手艺高超者为掌墨师傅。掌墨师傅根据船主的要求设计出船舶的式样，船主同意后，便按照掌墨师傅的要求备料。木料买回后，掌墨师傅带着木匠们在樊口或洲尾选一河滩地，择吉日开始造船。

新中国成立后，樊口地区先后成立船业修造合作社、鄂城县樊口民船社、鄂城县造船厂、鄂州市造船厂等合作经营单位。所造之船由原来的机帆船、木驳船、动力设备转而制造农用吸泥船、挖泥船、钢质拖轮、游艇、汽车渡驳、交通船、特殊工程泵船、物质供应船、货轮、客轮等船舶。

旧时造木船有很多习俗及讲究。所造之船有"头不顶桑，脚不踏槐"的习俗，即造船时，船头不用桑木，船尾不用槐树。造船要选质地细实的木料，如椿木、桑木、柏木、梓木、楠木等。民间有谚语"想蓄子孙船，椿桑柏梓楠"，说的就是造船要用这些木料。

造船时，船头一般嵌有两个八方短桩，一左一右，叫作"船眼"。做船上的篷帆也有讲究，船帆上所缝的暗纹图案是"七飞禽、八走兽"等图案。新船下水时，要用"元宝钉"将红、黄、蓝、白、黑五色布条钉在船头。船头称为"龙口"，妇女不能跨越"龙口"，船桅横倒时，妇女也不能跨越它，否则不吉利。

航船出行，禁忌也多。起锚时，要焚香、敬神。说话也有很多禁忌，如倒水要说"清了"，不能说"泼掉"，碗碟翻面不能说"扑倒""调面"，要说"打个桩"。

随着时光的流逝，科学的进步，很多禁忌现在都消失了，人们更加相信科学。

三、生活民俗

男婚女嫁多礼节·婚嫁礼仪

"男大当婚、女大当嫁"，男女到了适婚年龄，就要男婚女嫁。鄂州的婚俗礼仪在沿袭先秦六礼古习的基础上，不断丰富、发展，形成了具有鲜明地方特色的民俗，其过程是提媒、行庚、纳吉、行聘、请期、迎亲、成婚、回门等。

　　"提媒"是指男方父母请媒人去女方家里提亲，经许诺后再合庚行聘。也有女方托媒人向男方提亲。此外，旧时还有指腹为婚、摇窝定亲、抱童养媳等习俗。

　　"行庚"是将男女双方的"八字"请算命先生推算，看属相是否相合来决定是否联姻，这称为"合八字"。若合八字，便通过媒人互换"庚书"，由女方备办酒席，这称为"喝准盅"。此时，男方要送定礼，多以金银玉器为主。

　　"纳吉"是男方到女方家首次登门，俗称"过门"或"过路"。通过媒人商定日期后，男方要提一对大鲤鱼，若干斤肉、若干对芝麻饼或喜饼上门。酒桌上男方坐上席，上大菜（鱼丸子）时要给厨师和送菜之人封礼包。"过路"后男方要送"三节"（春节、端午节和中秋节）。

　　"行聘"也叫"送大节"。男女双方商定婚期后，男方要送女方大礼，礼物通常是衣料、鱼肉或其他贵重的礼品。

　　"请期"又称"报日子"，俗称"下书子"。未婚夫拿着写有结婚日期的"书子"去女方家通报结婚的日子。请期这天，男方要给女方送一对大鲤鱼、猪肉、喜糖和饼子。还有的地方要送一担红箱子，箱子里装有两个红鸡蛋，两个精致的小碗、两双筷子和四季青枝叶数枝。

　　"迎亲"规矩较多。婚期前一天下午要办"启媒酒"，酬谢媒人。媒人晚上在新床上睡，叫"压床"。旧时新媳妇要坐轿到婆家，花轿内要置白米一斗、镜子一面，点燃清油灯"照轿"等。女孩子出嫁前，村里人要给"压袋钱"，有的地方有哭嫁的习俗。迎亲当天早晨，男方来搬女方的陪嫁，称为"盘嫁妆"，女方家将担子送出大门，男方家封礼后接担子。一般下午来接新娘，新娘叩拜祖宗后出门，出门脚不能粘地，或铺毡条行走，或由新娘子的兄弟背出门，出门后再换上新鞋子。此举是怕新娘带走了家里的财气。

　　"成婚"是接新娘的花轿抬回男方家里后，所举行的一系列仪式。举行"回马车"仪式后是拜堂，接着是入洞房，喝交杯酒，吃"长命线"（一碗有红枣、鱼丸子的面条），喝"暖房酒"，闹洞房等。闹洞房有"三天无大小"之说。

　　"回门"是姑娘出嫁三天后，由女方派亲属给新娘送擦头油，并接新婚夫妇回门。鄂州有"三天回门当天转，九天回门住一晚"的习俗。新娘回家要带花生、蚕豆、枣子之类的食品，以应"早生贵子"之意。

生儿育女添喜气·生育习俗

　　随着一声嘹亮的啼哭，一个新的生命诞生了。为了庆贺新的生命来到人世，一系列的庆贺仪式也随之而来。

婴儿出生后，是产儿报喜。婴儿的父亲要提鸡、酒水之类前去岳父家报喜。婴儿出生三天，要做"三朝"，为孩子洗浴。乡村大多是在第九天给婴儿做"九朝"，这天要宴请宾客。前来祝贺的多是女客，所送的礼物是衣料、红糖、鸡蛋、面条等。若是初胎，娘家除了送鸡、面条、红糖、鸡蛋外，还要送摇篮、伽（gā）椅、童车、童椅及小儿的衣服、被子和鞋袜等，这叫"送粥米"。

孩子满月后，要给孩子办"满月酒"。满月要请理发师傅为小儿剃"满月头"，做母亲的要把婴儿带回娘家"讨宝"。为孩子起名是在百日后，父母长辈以及有学问的先生均可为婴儿取名。名字可以按照宗族排行辈分取。此外为孩子好养，还取一些贱名，如"石头""哈巴""苕货""狗儿"。

孩子一岁后，为纪念婴儿的第一个生日，要做周岁，叫"抓周"。据史料记载，"抓周"这一习俗，可上溯到南北朝时期。"抓周"的方法是在堂屋中间放一方桌，桌上放一簸箕，簸箕里放着书籍、笔墨纸砚、算盘、钱币、吃食、玩具等，将小孩放入簸箕中，据说通过小孩所抓的物件的次序可以预测小孩的前途与性情。

孩子长到9岁时，要做10岁生日，这叫"旺生（辰）"。这天亲朋都带着礼物前来祝贺。

送终治丧尽孝心·丧葬习俗

丧葬习俗也是一种丧葬文化，是中华民族几千年文明史的一部分，它涵盖了儒家、道家和佛家三大教派的思想理念。鄂州历来"重殓厚葬"，人死后要请和尚、道士诵经资福，或请礼生做祭。设置灵堂，供宾客登门吊丧。孝子孝孙，穿素服麻巾，扶柩送葬。

在人弥留之际，亲友要乘他未断气之时迅速搬到堂屋进门的右侧地上，铺上稻草，头朝门外，据说若在床上断气，就要驮着床去阴间。人命初终，全家哭泣。入殓有很多讲究，要烧落地钱，洗沐后寿衣要穿七层，上四下三。逝者净身后，以木板做灵床，头前点油灯为"照头灯"，这灯据说是让逝者能看清去阴间的路。若是非正常死亡，只能在屋外搭灵棚停尸。出殡前亲朋好友来祭奠，孝子要匍匐于地磕头答谢。出殡一般在早晨进行，棺木由八人或十六人抬（抬者俗称为"八大脚"）。逝者三代内的戴白孝巾，第四代戴红巾。到达墓地停柩后，要读地契文向阴间买地，破土由长子持锄头挖三下，旁人再挖。挖坑称"打井"，井打好后燃烧稻草、芝麻禾暖井，倒石灰、焚地契，落棺安葬。

棺葬第三天，亲属要来上坟，叫"伏三"或"伏山"。家中设灵位，每隔七天在家中要烧纸祭奠。七七四十九天满后，举行除灵上堂仪式，烧掉灵屋。男性孝子还要"囚七"，即四十九天内不得理发。若是逝者去世当日或孝子守孝期间的某一个"七"与日历的七数相同，叫"犯七"，其亲生子女须讨百家饭，叫"讨七"。

旧俗是守孝三年，第一年不得婚娶。春节时贴对联，第一年用白纸写对联，第二年用蓝纸或黄纸，第三年用水红纸或紫红纸写。三年后才能用红纸写。

旧时是棺葬，如今实行火葬，许多丧葬习俗被现代的追悼方式所取代，丧事从简。

四、民间故事

樊山得名的传说

樊山，指今西山和雷山，它的得名，据清光绪《武昌县志》载，是来自一个传说。

三国时期，孙权在武昌称帝后，常常带着文臣武将到皇城西苑（指西雷山，当时无名）山中围猎取乐。一次，当孙权手执弓箭追赶一只兔子来到雷山北坡时，草丛中突然蹿出一只金钱豹，直向孙权扑来，吓得孙权连连后退。就在万分危急时，不知怎的，林中出现一位白发苍苍的老太婆，厉声向金钱豹大喝一声："休得惊驾，还不快滚！"

那金钱豹立刻拖着尾巴消失了。

孙权得救，连忙向老太婆施礼感谢，并向老人打听姓名。

那老太婆淡淡一笑说："吾乃前朝名阳信樊哙母也。"说完，立刻不见了。

孙权这下吃惊不小，急忙让手下人四处寻找，最后在一块向阳丛林中发现有一座野坟，碑石上刻有"樊母墓"等字样。他记起武昌曾是樊哙万户侯的封地，这山原属樊哙的，难怪樊哙将他母亲葬在这风水宝地。

孙权知道这座无名山是属樊哙后，就将它称作"樊山"。

伍子胥芦洲渡的传说

春秋末期，楚国有个大将名叫伍子胥，他的父兄因奸臣诬陷，被楚王杀害。于是他想逃往吴国搬兵报仇。楚王知道后马上派兵追赶。这一天，伍子胥逃到了鄂渚（今鄂州）城外，看到城门上挂着他的画像，楚国的官兵正在四处搜查。伍子胥惶恐不安，情急之下慌忙钻进了城西江滩的芦丛之中。伍子胥在芦苇里东躲西藏，芦丛里的芦花纷纷散落在他的身上，一夜之间头发和胡须都变白了。见自己改变了原来的模样，伍子胥以为楚国人再也不会认得他了，便大着胆子钻出来沿长江东下，朝吴国的方向奔去。

伍子胥逃到鄂渚北门外，几个巡查守城的官兵见他的长像与画像很相似，便拦住他进行盘问。一个官兵的说："这个人形迹可疑，很像伍子胥。"另一个则说这个人的头发胡须是白的，画像上画的是不是老翁，不太像，让他过去吧。伍子胥一听，心中暗自高兴，拔脚就走。刚走不远，看到一地芦花，那官兵的顿时明白过来，喊道："哎呀，快追，这人肯定是伍子胥！别让他跑了。"

伍子胥知道事情败露，赶紧加快脚步向前跑。他跑到江边的岔路口，见一位年轻的姑娘正在江边浆洗衣服，连忙上前对她说道："姑娘，后面有官兵追杀我，我年纪大跑不赢他们，求你帮忙救我一命。如果他们追来问你，你就说我往南跑了，千万莫要说实话。"那个姑娘看他饥色满面，十分可怜的样子，就默默地点了点头，并将身边用来浆衣服的一盆米汤，递给他喝个精光。这时前有江水、后有追兵，伍子胥无奈，只好向西又躲进芦丛深处，等待时机。

过了一会儿，官兵追到江边，指着姑娘问道："喂，你看见一个白胡子老头往哪里跑了吗？"姑娘胆怯地回答说："往南跑了。"官兵往南追了几里发现受骗，转来时一怒之下，竟把姑娘杀了。因为怀疑西向江滩芦丛中可能藏有人犯，官兵们便放了一把火。过了两个时辰，料定伍子胥必死无疑，他们才收兵回营。

也许是命不该绝，正当芦林大火即将烧到身边时，伍子胥突然发现江滩边有块礁石伸向江中。于是俯身爬行到礁石背后，躲过一劫。傍晚时分，走投无路，已经绝望的伍子胥只有祈告上天，合掌跪拜。果然，天无绝人之路，暮色中只见一条渔船顺流而下，缓缓驶来。伍子胥大喜过望，急忙登上礁石，挥手求渡。来者不是别人，就是骗过官兵而后遇害的姑娘的爷爷。得知心爱的孙女救人遇害，老人万分悲痛，决心救人救到底，哪怕赔上一条老命。于是划着渔船四处寻找逃难之人。看到伍子胥在礁石上求渡，渔父将船靠拢，强忍悲痛的泪水接他上船渡江。伍子胥十分感激渔父的义举，在江边登船之时，解下身上的七星佩剑对渔父说："这是我祖传的七星佩剑，价值百两黄金，您的救命之恩我无以回报，请您收下，留个纪念吧。"渔父见此，满腔悲愤，情绪激动，他高声言道："楚王悬赏粟谷万石，还要封官授印，只为抓到你，难道这些还不值你一把百金佩剑吗？"伍子胥听后羞愧无语，只好跪地叩谢，然后登船过江。到了北岸与渔父挥别以后，刚走不远，回头一看，只见渔父已弄翻渔船，自沉而亡。原来渔父早有预感，此次救人必无好果，所以在出门之前便吩咐妻儿早早逃命，自己也没有打算生还。因为官兵知晓以后，一定会惹来杀身之祸，倒不如以死成仁。

后来，伍子胥逃到吴国受到重用，带兵伐楚报了杀害父兄之仇。凯旋时路过鄂渚，专程来到芦洲渡凭吊渔父。此时，只见一位白发老太正在两个坟堆前痛哭流涕。一问详情，才晓得救命恩人不止渔父，还有他的孙女。感叹之后，为了报答祖孙二人的大恩大德，伍子胥命人重修渔父祖孙的墓茔，奉养渔老太直至终老，还找到渔父的儿子封官晋爵并赏赐瓜米金一升，让他娶妻生子，传承香火。

鳊鱼来历的传说

　　很久很久以前，在东海龙王敖广的龙宫里，住着敖广七个心爱的女儿，一个个生得体态婀娜，唇红齿白，面若桃花，比玉皇大帝的七个女儿还要好看。龙王敖广虽然疼爱自己的女儿，但家法很严，只准女儿们在龙宫内玩耍打闹，不准出龙宫一步。七个女儿在龙宫里闷极了，就偷偷商量怎样瞒着父王出去自由自在地玩一回。

　　有一天，龙王被玉皇大帝召上天庭商量事情，七姐妹就吵着母亲说要出龙宫去玩一玩。龙母见几个女儿外出游玩心切，也就答应了。

　　七姐妹兴冲冲地走出龙宫，来到一个名叫高唐县的地方。七姐妹中最小的一个妹妹名叫圆圆，比起六个姐姐更显伶俐可爱，娇嫩水灵。由她当向导引着姐姐们上岸在一个山清水秀的地方尽情地唱歌跳舞，享受自由的快乐。正在这个时候，高唐县的县令倪秋带着一帮衙役也来这里游山玩景，寻欢取乐。这倪秋是个好色之徒，一见七个貌若天仙的女子在跳舞，心痒难耐，立刻命令衙役把那几个女子抓来见他。众龙女见衙役要抓她们，慌忙逃命，衙役们就跟在后面紧紧追赶。龙女们走投无路的时候，遇到一个年青英俊的小伙子迎面走来。圆圆在紧急之中连喊："大哥救救我们，后面有一伙恶人要欺负我们！"这个青年名叫舫哥，住在高唐县瓦窑村，长年以钓鱼为生，养活家中的老母亲。他见几个女子被追得可怜，情急之下，就把她们引到一处芦苇丛中躲藏起来。衙役们追到这里，恶声恶气地问舫哥："你看见几个年轻女子跑到这里来了没有，她们是衙役的要犯，你要是知情不报，就抓你去坐牢。"舫哥急中生智，往远处一指说："看见了七个女子，她们往那边跑了。"几个衙役听舫哥这么一讲，一声吆喝往远处追去。等衙役追远了，舫哥才到芦苇丛中把龙女们请了出来。众龙女感谢不尽，把舫哥引到一个小湖边。圆圆朝湖面上连拍了三下巴掌，这时便从湖中划过来一条快船，船头上站着一个老态龙钟、安祥富态的老太婆。老太婆上岸后，七个女子都喊她母亲，圆圆把舫哥如何救她们的事跟老太婆一讲，老太婆问了舫哥家里的情况后，就亲切地对舫哥说："舫哥，多亏你救了我的几个女儿。俗话说，滴水之恩，当涌泉相报，我就把我最小的女儿留下来侍候你吧。"说完，她又把圆圆招到自己身边，对圆圆说："我看这位大哥为人侠义，老实坦诚，你平时总要娘跟你找个人家，娘这回跟你当这个家，不知人家愿不愿意？"圆圆听了母亲的话，立刻羞红了脸，她深情地看了舫哥一眼，细声细语地说："听凭母亲做主。"龙母又从衣袖中掏出一颗亮光闪闪的珍珠对圆圆说："你嫁给舫哥，我没什么东西，这颗宝珠就给你陪嫁，带上它可以避邪消灾，排忧解难，但千万不能吞下肚去，吞了珍珠的人立刻就会变为一条鱼。"说完带着六个龙女走了。

　　舫哥把圆圆带回家中，把当天遇见的事跟母亲讲了。舫哥的母亲眼睛瞎了，听见圆圆跟她请安，高兴得合不拢嘴巴。圆圆和舫哥一起过日子，夫妻恩爱如糖似蜜。舫哥每日到湖边钓鱼，钓鱼得的钱买柴买米，圆圆每日上机织布，织布卖的钱补贴家用。她还上山采集一些草药为婆母治眼睛，给乡亲们看病。张家的大伯、李家的大婶、王家的大哥、赵家的大姐谁要头痛脑热、伤风感冒的，只要一吃圆圆开的药汤，立刻药到病除。四围八转的乡亲们都很羡慕舫哥，说他娶了一个又贤惠、又善良的好妻子。

圆圆非常关心婆母的眼睛。她时常不顾山路艰险，到虎啸狼嚎的深山老林里采集灵芝药，拿回家与珍珠一起煎，把煎好的药汤送给婆母喝。婆母喝了九九八十一天，眼睛真的被治好了。婆母高兴，舫哥高兴，圆圆高兴，周围四乡的乡亲们也高兴，都夸圆圆的宝珠真是神奇。宝珠熬汤能治好眼睛的消息一传十、十传百，不到一个月的工夫，高唐县的老百姓都知道瓦窑村舫哥家有位能干漂亮的巧媳妇，她手中的宝珠能治好百样难治的病，连瞎子也能治好。

这个消息不知怎么传到高唐县令倪秋的耳朵里，倪秋立刻派人把圆圆抓进了县衙。升堂审问时，倪秋一见圆圆那亭亭玉立的身材和漂亮的脸庞，一下子三魂掉了两魂，恨不得一把搂住圆圆亲两口。倪秋暗想，如果不想办法治这小娘儿们的罪，让这小娘儿们求他，这个女人是弄不到手的。倪秋拿定主意，把脸一沉，惊堂木一拍，大声喝道："大胆的泼妇，竟敢偷本县的镇县之宝珍珠，是受谁人指使快快招来，不然，我要你皮肉受苦。"

圆圆答道："珍珠是我出嫁时我娘送给我的陪嫁之物，怎么说成是你们县衙的镇县之宝？这分明是倚官仗势、敲诈勒索、欺压百姓！"谁知倪秋听了并不生气，他笑眯眯走下大堂，对圆圆小声说："娘子美若天仙，也可能不会是盗宝之人，即使你盗了本县的宝物，本县也不怪你。只要你肯顺从本县，我封你为七品夫人，与我同享荣华富贵，就是本县的镇县宝珠，也归你管，不知娘子意下如何？"

圆圆听了倪秋的胡言乱语，不由气得柳眉倒竖，杏眼圆睁，咬牙切齿骂道："你这寡廉鲜耻的狗官，真是瞎了你的狗眼，我情愿跟我丈夫和婆母三人相依为命，艰苦度日，就是吃糠粑、野菜，我也不会屈从你这狗官。"骂得倪秋脸上红一阵白一阵不好下台。倪秋勃然大怒，把脸一变，拍着桌子大声吼道："你这不识抬举的蠢妇，本县本想放你一马，你却不知好歹，偷了我的宝珠不但不认罪，反敢强说狡辩，诬陷本官。来人啊，把她打入大牢，秋后处斩。"众衙役一窝蜂地拥上来，把圆圆抓进牢房。

倪秋下堂后回到书房，心中暗想：听说这女子平日对丈夫温存，对婆母孝顺，我何不把她的丈夫和婆母抓来严刑拷打？这女子也许会因心痛她的丈夫和婆母而顺从我。想来想去，觉得这是个好办法。第二天升堂，他又派人把舫哥和他的母亲抓到了县衙。他还有意派红鼻子师爷把圆圆押到大堂旁边的厢房观看。倪秋首先诬蔑舫哥指使圆圆偷窃他县衙的宝珠，不等舫哥申辩就是一顿猛打，只打得舫哥皮开肉绽。舫哥始终不屈服倪秋的淫威，大骂狗官黑了良心，衙役越打舫哥越骂，直到被打得骂不出声来昏死过去。圆圆在厢房看见丈夫遭受毒打，心如刀绞，几次想答应狗官的无理要求，救出丈夫，又不好开口。倪秋见毒打舫哥的办法没有生效，又把圆圆的婆母拉上公堂毒打，只打得老人家披头散发，血流遍地。圆圆再也忍不住了，她对红鼻子师爷说，你去对那狗官说，只要他放了我的婆婆和我的丈夫，我就答应他的要求。红鼻子师爷赶忙到大堂跟倪秋传话，倪秋大喜，当堂就把舫哥和他的母亲放回了家。

倪秋回到后堂，赶紧让人把圆圆送了过来，倪秋美滋滋地对圆圆说："娘子是女中豪杰，说话算话，今日我放了你的丈夫和婆母，我俩就拜堂成亲吧。"圆圆说："拜堂成亲可以，但我总得回娘家向父母禀告一声吧。"倪秋问："你的娘家在哪里？"圆圆说不远，就在高塘湖当中的一个岛上。倪秋说，要回家禀告，我同娘子一同去拜见岳父岳母大人。说着，命人准备了一条大船，陪圆圆上船过湖。

船在湖里行了好半天，没有一个小岛，倪秋起了疑心。他命令船夫把船停下，对圆圆说这里半天没见一个小岛，你是不是骗我？你要真心想跟我成亲，先把宝珠交给我再找你的娘家。圆圆不肯交珍珠，倪秋就过来强抢。两人推来扯去，眼看倪秋要把宝珠夺去，圆圆万般无奈只好把宝珠放在口里，一下子吞了下去。倪秋大吃一惊，圆圆趁机跳到水里一下子变成了一条鳊鱼。倪秋见圆圆投水，心里非常恼火，骂骂咧咧地叫船夫将船掉头。宝珠和美女都没有得到，倪秋又生毒计，又派人去抓了舫哥和他的母亲，准备再行报复。圆圆游回龙宫，向父王和母后禀报了受害经过，龙王敖广勃然大怒，立刻亲自带领虾兵蟹将，要把高唐县沉入水中。圆圆赶紧托梦跟舫哥报信。

再说舫哥和他的母亲回到家中，因身上被打得皮开肉绽，正躺在床上昏昏欲睡，忽见圆圆闯进门来对他说她已经吞了宝珠，变成鳊鱼，高唐县马上要沉，要他母子赶快逃命。舫哥大吃一惊，出了一身冷汗，醒来时，原来是一场梦。他开门看了屋外，只见天上黑云翻滚，狂风怒吼，他知道事情不好，赶紧牵着母亲往外逃跑。龙王带着虾兵蟹将在水上作法，令旗一指首先沉了高唐县衙。倪秋落水后，龙王立即作法把他变成了一条泥鳅，只能在泥巴里拱来拱去，永世不得翻身。

接着高唐县一片片往下沉，慢慢变成一眼望不到边的大湖。龙王体念舫哥是自己的女婿，作法时手下留情，凡是舫哥和他母亲跑过的地方都没有沉。后来这块地方变成了一个小岛，人们称为娘子岛。因为这一段故事，后人也把沉下的大湖叫娘子湖。因为娘字与梁字同音，天长日久人们叫走了口，也就叫成现在的梁子岛和梁子湖了。

高唐县沉湖以后，舫哥在娘子岛钓鱼和他的母亲过了好些年日子。母亲死后，舫哥怀念圆圆的恩情，来到湖边请求变成鳊鱼的圆圆把自己也变成鳊鱼。圆圆得到龙王和龙母的恩准，也就把舫哥变成了鳊鱼，夫妻俩在娘子湖的出口樊口找了一块水碧波清的地方过日子，繁衍后代。所以后人又把鳊鱼称为缩项仙人，简称缩项鳊、鲂鱼、团头鲂等。因为樊口自古至今是武昌县的地界，人们又把樊口鳊鱼叫作武昌鱼。

苏东坡送樊口鳊鱼的传说

有一回，苏东坡到王安石家里去作客，看到屋里挂着一副对子："明月当头叫，黄犬卧花心。"苏东坡一笑，也不说王安石是他老师讲点礼，索性拿起笔来就把它改了，改成："明月当头照，黄犬卧花阴。"王安石气不过，把他放在黄州做小官。临走时，王安石把苏东坡叫去，说："你去黄州后，再回到京城看我，给我带三件东西：第一要慧空和尚画的老梅桩；第二要樊口的鳊鱼，是水河庙第三涡的；第三要三江口（现位于鄂州市段店镇东北的长江南岸）第三涡的水。"苏东坡心想，这有何难？

苏东坡到黄州以后，经常在赤壁睡觉。有一回八月十五晚上，听见一种雀子叫，声音蛮好听，他就问当地人，这是什么鸟。人家告诉他这是"明月鸟"，苏东坡一惊，这真是"明月当头叫"，师父写的对联没错。第二年五月，他也是到处转，看见一个种瓜的老货（方言即"老年人"）在捉虫，一问，这是黄犬虫，专门吃瓠子花心。苏东坡又一惊，难怪师父的对联要那样写："明月当头叫，黄犬卧花心。"有根有据，没错。

苏东坡这才想起王安石要的梅桩，就首先去找慧空长老。长老满口应承，但是要苏东坡派人给他磨墨。派去磨墨的人，一直磨了两个礼拜，磨好一砚子就往墨缸里倒。长老坐在堂屋里，一言不发。苏东坡头回去看，长老是空坐着，第二回去看，还是空坐着。墨缸快装满了，还是没看到长老动笔画。苏东坡不耐烦了，他是个傲骨头，不服气呀：你和尚总不错？画得总好？不信！他就在这湖北请些画家专门画梅桩，各式各样的梅桩，他自己也画，一共有上百人画。一直到八月初四，苏东坡快要走了，才去看一下那个和尚。正碰上和尚铺开纸张准备画，他也不跟苏东坡搭话，顺手拿起地上的一把扫帚，墨缸一揭，扫帚一蘸，往纸上一拖，就算梅桩；不经意地撒几点墨，就算是梅花；扫帚头一转，就算是半边月亮。

苏东坡把这画拿回去，看了半天也看不出什么名堂，顺手往箱子里一塞，心想：我老师怎么独独要这和尚画的？照我看，我这百幅画都比他强。

临到要回京城，他又想起鳊鱼的事，就派人到樊口去买鳊鱼，不管是不是河庙第三涡的，到处买一些，只要是樊口的鳊鱼就是了，然后用箱子连水带鱼装好，带活鳊鱼进京。船到三江口，苏东坡猛然想起："哎呀，我老师要水？再一看船已经溜到三涡底下去了。三涡没抢着，苏东坡不管三七二十一，就船边舀些起来装好，高高兴兴地回了京城。

苏东坡一进京城，就到王安石家里认错，把那副对联改过去："明月当头叫，黄犬卧花心。"王安石当时摆酒，把樊口带来的鳊鱼也入了席。王安石问苏东坡："是樊口水河庙第三涡的吗？"苏东坡口里就打"罗罗板（方言，打嘀咕）："嗯、嗯，是的。"王安石把鳊鱼的刺往水里一丢，"咕哝"一声响，一朵油花冒上来，王安石说："这条不是。"又一连往水里丢了好几条刺，不是两声咕哝，两朵油花，就是一声咕哝一朵油花，王安石都说不是。最后拿起一条鱼说："这条八成是的。"果然，鱼刺进水"咕、咕哝、咕哝"三声响，三朵油花冒出来。苏东坡心里就有些惭愧，到底师父的学问高。

接着又把三江水端出来，用瓦壶罐子烧。王安石拿七皮茶叶来泡了七碗茶。他把碗盖一揭，只见半团白气冲出来。王安石说："错了，这不是三涡的水。"苏东坡一惊："怎么不是呢？"

"这只是半只白鹤，三涡的水只拖到了一丁嘎（方言，一点点）。"

苏东坡连忙说："我这还有一桶水。"又把这一桶端来烧开，泡好了茶，一揭开盖，只是两团白气冲天。王安石说："是倒是三江口的水，只是离三涡的水还差一点。"

苏东坡问师父："这是什么讲究？"师父说："我这茶叶是云雾山的白筒含下来的，用三江口三涡的水泡，就有三只白鹤飞上天，刚才你看见只有两只白鹤。算了，这水莫丢了，明天送给万岁，从三江口带回京城也是不容易的。"

鱼也吃了，水也喝了，王安石又问起梅桩的事。苏东坡把三只箱子都抬来了，里头装的都是梅桩。他师傅看一张，说不是，看一张，丢一张，如流看（方言，接连），如流丢。一直翻到第三口箱子顶底一张，苏东坡把慧空和尚的梅柱塞在顶底下垫着的，师父一看："是的，好！"

"撞到猫子了！"苏东坡好笑，"画什么名堂，这三只箱子，哪一张不比它强？"

老师也不耳（方言，不理睬），他叫人把这张梅桩裱好。到八月十五这一天，王安石把画挂在中堂上，把苏东坡接来喝酒，一直喝到晚上。天黑了，并未见有人来掌灯，可怎么满屋大亮？再一看那中堂，先前画的半月亮团了圆，放银光！那几处墨沱子点的梅花，忽然间眼见它都喳（方言，绽放）开了，满屋里几浓的梅花香啊！

苏东坡说："这真是神了！"

王安石说："这和尚已经得了道，走了！"

他是怎么晓得的呢？苏东坡也不明白，我们也没看见。

长港的传说

今樊湖一带有一首著名民谣："九十九里长港，九十九道湾。南系梁子湖，北接扬子江。鳊鱼出樊口，美名天下扬。"提起这条像银河一样镶嵌在樊湖境内的长港，还有一段美丽的传说呢。

话说东海龙王最钟爱的小太子小白龙，从小生活在海底龙宫里，虽然荣华富贵，养尊处优，却既有天条束缚，又受宫规限制，简直烦闷透了。有一天，小白龙悄悄对贴身侍卫猪婆龙说："常听老父王感叹，道是凡间地大物博，山川锦绣，人物俊雅。怎生有个机会我们也去走上一遭，见见世面，才得心满意足。"

猪婆龙忙献计道："老龙王爷不是要上天庭向玉帝爷述职吗？何不趁他离开的当儿，我们化装出去走一回呢？"二人一合计，觉得也只有这法子了，于是摇身一变，小白龙变成一条鳞光闪闪的大鲤鱼，猪婆龙就变成一头灰黑色的江猪，一前一后游游拱拱地偷偷出了龙宫。他二人不知不觉地来到长江口，逆流而上，看不够两岸翠绿的摆柳垂杨，听不尽江面悠扬的渔歌唱晚，主仆二人真是乐不思归。一天，二人来到一座山脚下，忽听到一声声哭嚎："老天爷呀，叫我怎么活啊！"小白龙从没听过这么悲苦的声音，心里一惊，忙跃出水面一看呀，见一个老渔夫正在江边捶胸跺足，痛不欲生。他忙吩咐猪婆龙变成一叶小舟，自己变成一个小渔郎，将小船划近老人，关切地问："老人家，有什么伤心事，能不能说给我听听呀？"老渔夫抬头看见这么一个英俊的后生却也是个打鱼人，失望地说："好心的小伙子，我苦啊，怕你也帮不上忙啊。"小白龙忙答："那也不一定，也许我有办法呢？"老渔夫想想也是，就抹抹眼泪，对后生说："昨天早上，一个官船在这里起岸，我父女正在这里打鱼。那狗官见我女儿有几分姿色，就一声哨叫，一帮狗腿子围上来抢走我的女儿，说是要把她献给高唐县的老爷做小老婆。可怜我这老头被他们打得昏死过去，半夜才醒来。我可怎么办哪！"小白龙听了心里好生气：原来人世间竟有这等强霸之事。不行，我得管一管。他安慰了老人一番，把小船撑开，施展仙术，一会儿就到了高唐县衙。他眼睛一瞄，就见一间内屋关着一个美丽的小渔姑，正在悲悲切切地哭泣。

怎样救这女子出衙门呢？小姑娘可是凡人，不能变化身形，小白龙真没了主意。正在干着急时，却见一班衙役大呼小叫闯进渔姑房中，对她推推搡搡，要将她拖去"入洞房"。小白龙情急之下，也来不及与侍卫商量，就变成一个白莹莹的龙蛋滚入渔姑怀中。说来也怪，那班衙役竟一个个像被施了定身法，动弹不得。小渔姑顿感诧异，停止了哭声，四处张望，只听怀里发出一个声音："姑娘，莫怕，有我小白龙在你身上，谁也伤害不了你。"

　　猪婆龙见主人变成了蛋钻进女子怀中，急得不行。原来这蛋可是生命之源，若有破损，小白龙就再也变不回原形，那可怎么回宫向老龙王交代啊！他一急，也变作一个灰溜溜的蛋，滚到白蛋旁边，要小白龙快快离开。小白龙哪里肯听？赖在渔姑温暖的怀里一动不动。这时候，只听得电闪雷鸣，狂风大作，只觉得天颜地动，天坍地裂。原来是东海龙王回到龙宫，不见小太子主仆二人，忙派虾将四处寻找，终于在高唐县衙内发现了已变成两个龙蛋躺在姑娘怀中的小白龙和猪婆龙。这可是上犯天条，下触宫规的事儿。老龙王一发怒，当然更是怕爱子受到伤害，立马发起龙威，让高唐县变成一片汪洋，因为只有在水中龙蛋才能顺利地变成龙。为了小太子，老龙王可不管凡人的死活。当小白龙明白这一切时，十分生气：老父王怎么能这样要威风呢？又十分内疚：因为自己，害死了多少人啊。他下决心要与这姑娘在一起。他钻进姑娘肚子里，不料姑娘一下子变成一条大肚子的鱼（据说后来人们把这种鱼叫作鳊鱼）。猪婆龙蛋滚进水中，还成原形，被老龙王派来的虾兵蟹将抓回龙宫，而那条大肚子鱼却沉进水底不肯露面。老龙王又不知怎样才能让爱子还原成小白龙，只好暂时让它生活在远离龙宫的湖水里。

　　老龙王将猪婆龙捆到天庭，向玉帝告了一状，说他教唆小太子触犯天条，应该严惩。玉帝审明缘由，心想：小白龙主仆虽犯天条，但后来为了救人奋不顾身，精神可嘉，其过倒也可恕可饶。只是你老龙王一怒之下沉陷高唐，死人无数，其罪大也。但一转念，又想到老龙这多年恪尽职守，为人间风调雨顺也做出了巨大贡献，只好睁只眼闭只眼，各打五十大板。然后玉帝宣布：罚猪婆龙速速寻回小白龙，将功补过；罚老龙王将降雨的职务交给小白龙，子承父业，施恩人间。

　　那只猪婆龙谢辞玉帝，一路寻思，怎么让小白龙离开渔姑的身躯呢？不知不觉地来到南天门，忙向好友韦陀求教。韦陀问："你除了幻化身形，还有什么本事呢？"猪婆龙连忙回答："不瞒你说，我还会分河拱港。"韦陀点头说："那就好办了。只要小白龙能顺水游回龙宫，就有办法变回原形。你快去拱一条港，将小太子栖身的那大湖跟长江东海连起来，说不定小太子一想家，他就能游回龙宫，你不就完成任务了吗？"

　　猪婆龙听了大喜，掉头就要走。韦陀想，同他开个玩笑吧。就说："别忙，光是拱一条港，也不算么事大功劳。这条港要一百里长、一百个湾，那才显你本事大。"猪婆龙拱手作答："一定照办。"韦陀还想再逗逗他，又道："如果你一夜之间拱成，我还要去玉帝面前为你请功。"

　　猪婆龙不解地问："我只求补过罢了，哪里还指望请功呢？"韦陀说："你这呆子！你想啊，你把港拱成，那汪洋里的水就有出路，也算解了那一方的水患之苦，岂不有功！猪婆龙一听还有这等功劳，忙答应以鸡鸣为准，如果那时拱不成港，甘愿在玉帝面前受罚。

　　猪婆龙如同领了军令状，变化身形，瞬间便到了高唐县，听人讲这里已叫梁子湖了。他忙施展本领，拱啊拱啊，不到鸡叫就拱出了九十九道湾、九十九里长的一条港。眼看还有里把远，湖水就能流到长江里了，却听到了鸡鸣，他只得停止了施工，上天复命。其实啊，那鸡叫是韦陀捣的鬼。他见猪婆龙果然一夜之间拱成了道港，按事前打的赌，自己还得去为猪婆龙请功，他担心玉帝得知猪婆龙的本事，从而赏识他、重用他，那时自己就落在老友后头了。有了杂念，他心生一计，就学起了鸡叫。猪婆龙老老实实地跟着韦陀到玉帝前请罚，却见王母娘娘笑吟吟地立在玉帝御座前，正向玉帝禀奏猪婆龙的功绩。猪婆龙莫名其妙，韦陀更是感到奇怪：港不是还差一点点没通吗？在王母娘娘的掌心里，二人看见梁子湖那碧蓝的水正缓缓地流入长港。

原来猪婆龙与韦陀在拱港前的那番话，被王母娘娘的侍女偷听了，当作笑话告诉了王母娘娘。王母娘娘一直对忠心耿耿的猪婆龙有好感，就想帮他一把。当她听到鸡叫，长港还有一截没拱开，就忙拔下头上的银簪，轻轻划了一下，湖水就接着江水了。据说天上的银河也是她用这根簪子划成的，她一直在为自己当年误听了玉帝的指示狠心隔开了牛郎、织女这对相爱的夫妻而内疚呢。

再说猪婆龙虽然得到玉帝的宽恕和奖励，心里还是十分不安，他的小主人还在梁子湖里呀，他下决心去梁子湖劝回小王子。于是猪婆龙请旨三下江南，来到水天一色的梁子湖。

天上一日，世上十年。此时，小白龙与小渔姑已合为一体，繁衍了许多后代——当地有名的鳊鱼。他们惦念着老渔翁，自从长港开通后，便让子子孙孙沿着长港游到入江口（即樊口处）好让老渔翁能在平静的湾水里捕上鲜美的鱼，能卖上好价钱维持生计。老渔翁在这个叫作樊口湾的水里捕鱼，从没有撒过空网，老人家的晚年也不愁了。他哪里知道，这是心爱的女儿和那个好心的"小渔郎"奉献给他的呢？

猪婆龙深受感动，也不打算回龙宫了。他索性变成江猪，在长港与长江的交汇处一带游来游去，不让水族中的坏家伙侵入长港，好让小太子和小渔姑的后代自由自在地来往于梁子湖与樊口湾中。老龙王没人接班，自然就没退休啦。他特别怀念小太子，对梁子湖和长港一带格外恩惠，于是这一带风调雨顺，水美鱼肥，人们都说是沾了小白龙的光。

这就是长港的来历。据说长港不止九十九里，加上王母划的那里，足足一百里长，你要是不信，就去量一量吧。

黄金墩的传说

在樊口街道钮墩村，有个居民点叫黄金墩，因为坐落在一座不大的黄色黏性土质的山丘上而得名。这是一个杂姓湾，360余户，800余人。2013年，在全市创建"文明洁净村活动"中，被鄂州经济开发区评为文明洁净村湾。2017年因建厂，已拆迁。

黄金墩开始并不叫这个名字，而叫黄鸡墩，湾里至今还流传着这种叫法。据说，很早以前，黄金墩四周都是水，芦苇丛丛，藕荷卷浪，一个黄土墩兀立于荒草野水之中。黄土墩上长满荒草杂树，显得十分荒凉，上面住有几户人家，以种田捕鱼为生，日子过得很苦。

有一年，从黄土墩上的一个土洞里钻出两只鸡来，一公一母，个头都比一般的鸡大，通身金黄金黄的，在阳光下熠熠生辉。每天早晨，太阳还未出来，两只鸡就从土洞里钻出来，站在黄土墩子的最高处，大公鸡昂着头，扑腾着翅膀，"喔喔"地大声啼叫着，母鸡低着头在一旁"咕咕"地鸣和。当太阳出来时，两只鸡在阳光下金光四射，人们见了，觉得十分神奇，便把它们叫作"金鸡"。更为奇异的是，每天当两只金鸡唱和一遍，那个黄土墩就要长高一寸，而且还会从那个土洞里流出米和油来，让墩上的几户人家正好解决一天的生活，不多也不少，天天如此。人们觉得这两只金鸡是上天派来的神物，于是人们就买来香纸蜡烛，围着土洞顶礼膜拜。

这样神奇的事情很快在湖区四周传开。

一天，有一个贪心的财主听到这个消息后，心想，如果能得到这两只金鸡，天天让它们啼叫，所流出米和油，将会富可敌国，于是就想将金鸡占为己有。如何得到金鸡呢？经过一番深思熟虑之后，有一天这贪心的财主带着斧头，偷偷地溜到黄土坡上守在土洞口。第二天，当两只金鸡刚一钻出土洞，他就迫不及待地扑过去一把抓住了那只母鸡，而那只大公鸡却扑腾着要飞走。贪心的财主急了，慌忙将手中的斧头向大公鸡劈去，一下将公鸡的头砍落了。财主虽然觉得可惜，但见已得到母鸡认为也不错，悻悻地只好将那母鸡带回家，关在笼子里，喂以精食美味，希望金母鸡能马上为他鸣叫出源源不断的米和油来。然而那只母鸡见失去了公鸡，不吃食也不鸣叫，不几天就死去了。

从此，黄土墩再也长不动了，土洞里也流不出米和油。人们在痛恨贪心财主的同时，更加怀念这两只神鸡。人们主动捐钱捐物，在土洞旁修起一座庙宇，将石刻的鸡头和财主用的石斧（1965年平整土地时，村民确实挖出石鸡与石斧），同时供在庙里，让人们永远记住金鸡的恩德和财主的贪心残酷，并将他们居住的这个黄土墩，命名为黄鸡墩。清代时，由于筑了耙铺大堤，黄鸡墩四周变成了肥沃的良田，居民点也逐步扩大。由于墩子没石头，都是黄土，一下雨，道路泥泞，人们称居民点叫黄泥墩。新中国成立后，人们的生活蒸蒸日上，特别是改革开放后，居民点的房屋都由土砖平房改建成两至三层的小楼房，日子过得红红火火，人们又将黄鸡墩改名为黄金墩。

五、民间文化

1. 舞龙灯

舞龙灯是樊口地区民间常见的文化娱乐之一。龙灯源于民间对龙的一种敬畏文化。传说龙具有无限的生命力，能腾云驾雾，呼风唤雨，能给人制造灾难，也能赐福于人间。故古代先民创造出一种"龙灯"，在众人牵引下群"龙"起舞，龙神一高兴，就会保佑人间风调雨顺，五谷丰登。辖区旭光村谢家湾，有自己的龙灯队。谢家湾龙灯队成立于1941年，1943年因种种原因不能圆香，一停就是60年。2002年3月，老龙寨的后代谢祚全重新恢复了龙灯队。

相传龙灯制作很有讲究，首先用竹篾捆扎龙灯骨架，用红、黄、青、黑、白等彩布缝制龙身。按规定一支龙灯队，只有5条龙，即1条老龙（俗称站龙），4条滚龙（俗称子龙）。龙灯节数只能成单数不能成双数。老龙龙身21节，头高3.5米，重约70斤，披黄色龙衣，脊背红色条纹。4条子龙：红龙2条，龙身19节，披黄色龙衣，脊背红色条纹；青龙1条，龙身19节，披青色龙衣，脊背黄色条纹；花龙1条，龙身17节，披黄色龙衣，脊背花色条纹（此龙伴在老龙身边，一般不作滚龙活动）。另外，有的地方，子龙分为黑龙或白龙。

按规定，舞老龙21人，舞子龙17~19人。龙灯舞者都是青壮后生。舞龙者统一着黄色衣服，上衣对襟服，缀9对蝴蝶扣，下身穿灯笼裤，头戴红绸头巾，束红腰带，脚穿白色运动鞋。每条龙配有一人摆龙头，作滚龙牵引，配一人摆龙尾。另配有乐队（着红色服）、旗手（着绿色服）、降珠（男童，红瓜皮帽，着红服）等多人助阵。龙灯队大约由130人组成排起阵来，老龙前有圣牌开路，左右有肃静回避牌，左侧是彩旗，右侧是锣鼓，后面是唢呐队，每条龙有降珠护驾，后尾有子龙压阵。路"龙"字彩旗飞扬；开路铙，大小锣，报锣京锣，当锣得锣，台鼓唢呐，此起彼伏，鼓乐喧天。逶迤的龙阵浩浩荡荡，气势十分壮观。

舞龙也有讲究，出龙寨之前，由龙灯队给各地下"龙帖子"，告知龙灯出行时间和线路。大年三十晚在本湾地界巡游驱邪，大年初二正式出寨到各地贺年，一般舞到正月十五之后结束。龙灯队每到一湾，选择一宽敞之地，老龙站在中央，子龙守卫两旁。舞龙开始，鞭炮齐鸣，由掌执者挥动小旗左右摇摆，舞龙者随着鼓点声舞动几条子（两红一青，花龙始终站在老龙身旁）。表演者每人握紧一节龙灯木手柄，使龙上下翻滚、摇摆、起伏、跳跃。降珠者来回在三条龙中间穿梭，一会儿"龙腾下海"，一会儿"二龙戏珠"，让人目不暇接。这时助威的锣鼓声、唢呐声、鞭炮声与"呵伙"喝彩声交织在一起，三龙穿梭翻滚，最后"盘龙问天"。一阵热烈的掌声后，由掌执者一人合彩，众人和之："国泰民安，湾运隆昌；鼓乐齐鸣，龙腾四方；爆竹迎春，万事吉祥；政通人和，百家兴旺；带来鸿运，人人安康；勤劳致富，财用斗量……"表演完，红、黄二龙开始沿湾子巡游，叫"沿门造访，驱邪送福"。此时，村民都争先恐后在门前摆香设案，烧纸燃鞭，磕头打拜迎接"春龙"，还要封"红包"讨吉利。有的农户为了求子嗣，趁机请子龙入户造窠（在床上打滚），掌执者还不忘贺彩："一龙落窠，龙凤坐床；三男二女，四世同堂；五子登科，禄足顺畅……"说得主家阿弥陀佛，封礼致谢。巡完后，子龙回原地落位。每个湾的主事者还要为龙灯队安排酒席，称之为"迎龙酒"，还要封厚礼，表示对"龙神"的尊敬。

一般龙灯玩三年歇三年。开舞的头一年，要建龙窠"造龙"，龙灯制成后，要请道士为龙灯开光"点睛"，称之为"迎龙"仪式。三年后择日请道士给龙灯退光，送神龙上天，称为"化龙"仪式；最后"唱灯戏"，谢龙恩。

2. 赛龙舟

赛龙舟是长堤村、月河村、杜山村过端午的重要民间活动之一。这几个村村民小组都各有一至两条非常漂亮的龙舟，窄长的船身，威武的船头，五彩缤纷的装饰，活像水上"蛟龙"。龙船一般有14对划船手，另外还有一人在船头击鼓指挥，一人在舟尾操舵。赛舟时，　声号令，船桨整齐划一，划船手前弓后仰，只见浪花飞溅，舟如脱兔，胜者夺标，观者雀跃。

长堤村常在端午节这天在内河开展比赛；月河村每年端午都在长港里举行龙舟比赛，以电排站人字桥为起点，以市二中为终点；杜山村经常于端午节在垄塘湖举行龙舟比赛，以木鱼地湖岸为起点，终点在吴王庙上坡，岸上扎彩门悬"标的"。比赛这一天，人们蜂拥到长港两岸、垄塘湖边看热闹。只见湖岸彩旗飘扬，划船手个个精神抖擞地坐在龙舟上，整装待发。上午10时，一声号令，龙舟如脱缰野马，向对岸冲去，抢夺"标的"。1958年—1980年，龙舟竞渡作为端午常赛项目，常在内河举办水上赛事，本地人也常目睹这一壮观赛事。长堤村、月河村这一民间传统文化活动一直保持到现在。

3. 舞狮子

辖区杜山村自古有舞狮子的传统，杜山湾、詹家湾、程操湾和白葭山湾都成立过狮子队。过去舞狮子是少年活，与民间习武有关。狮子上蹿下跳，左右翻滚，前摇后摆，需要有扎实的武功基础。故历代有"狮子与武术"同源的说法，即舞狮人必有武功，练武人玩狮子容易。

过去舞狮分"文狮"和"武狮"。"文狮"着重于表情，动作细腻诙谐，主要表现温驯活泼神态，有搔痒、抖毛、舔毛、打滚等招式，难度最大的是狮子滚绣球和吐球技巧。"武狮"着重于技巧，动作勇猛，主要表现雄猛威武性格。"武狮"表演，小狮一人舞，大狮双人舞。大狮要求双人配合默契，一人舞狮头，一人弯腰扮狮身和狮尾。舞狮时，要有降狮人手持绣球作引导，表演翻扑、跳登和朝拜等动作，还要做走梅花桩、窜桌子、上梯子、踩绣球、"狮口夺标"等高难动作。

舞狮子有讲究。狮子道具由各湾师傅扎制，狮头用竹篾和红、绿、黄、黑等色布扎制，狮身、脚、尾用"线麻"染黄色扎制，套底部留有进出口，供舞狮人进出。各湾狮子队每年出寨前，要举行雄狮"开光"仪式：请出雄狮供于大桌之上，狮头朝大门；教头行叩礼后，坐于大桌右边，舞狮人行拜跪大礼。雄狮出堂，舞狮人进套内，武师牵雄狮出大门，门外燃鞭炮，敲响锣鼓助威。一般狮子队有雄狮（双人演）一只，小狮（一人演）两只，每个狮子颈上套个铜铃。狮子队配有锣鼓、唢呐和武术队员，一共50多人。

过年舞狮子一般从初一舞到正月半。每到一处便引来群众围观。表演前，领队向观众抱拳行"江湖礼"，领着狮子绕场三圈"打场子"。打场后，狮子在一旁休息。武术队开始表演拳术招式，什么"九棍十八跌""八仙棍""板凳拳""单刀""花枪""九节鞭"等节目。武术演罢，狮子出山，雄狮绕场三周，抖动身上长毛，跃到表演场中央，上蹿下跳，狮子一会儿"下山喝水"，一会儿"狮子洗脚"，一会儿"狮子仰卧"，一会儿"狮子打滚"。这时降狮人手抖绣球，身手矫健，发出"嗨嗨"声，用各种动作挑逗狮子，狮子被降狮人的勇敢所震慑。这时，舞狮场周围鞭炮、锣鼓齐鸣，观众欢呼雀跃。降狮人最终将狮子驯服，狮子顺从地躺在降狮人身边，不停地理毛发，舔脚掌，样子乖巧可爱。

最难演的是狮子"上天堂"节目，码四层大桌，雄狮从第一层舞到第四层，然后狮尾舞者将狮头舞者双股托起，狮头仰望天空站立桌上。这时场上鸦雀无声，突然雄狮从高桌一跃而下，安然落地。围观者掌声雷动，发出阵阵惊叹声。表演结束，各湾主事者封礼答谢。

民国时期，各湾狮子队表演节目大同小异。1950年—1965年，杜山湾、程操湾经常组织狮子表演，1966年后中断。1983年后，杜山湾恢复狮子队，请出本湾拳师教武术，购置狮子道具、服装和锣鼓。逢年过节，浩浩荡荡的队伍到各湾拜年祈福。1990年后，一般由引狮队带小狮子和锣锣小鼓挨家挨户拜年。每到一户，狮子作揖，引狮人贺词："元旦吉日天门开，金毛狮子下凡来，一进屋来把年拜，恭贺主家大发财。"听得顺耳，主人忙封礼答谢。有的结婚未孕之家，燃鞭炮迎请狮子进屋，到媳妇床上打滚，叫"麒麟送子"。引狮人连忙贺词："金狮落寨正当时，恭喜明年生个百岁儿。"一席话说得公公婆婆又是封礼，又是磕头打拜。

4. 采莲船

采莲船是杜山村民间的保留节目之一，来源于民间花灯调，是每年花灯表演中必不可少的一种艺术形式。采莲船也叫"划旱船"，船多用竹、木秫秸扎成，彩船下为船状，上为塔形，船身蒙以彩布，扎成一顶花轿。船两头微翘，表演者将船舱套在腰上，犹如人坐在船上。两手提船舷，双脚踏着旋律，船身随着舞步来回摇摆。采莲船为三人舞蹈节目。一般为过年和正月十五闹花灯演唱，一女子饰采莲女做坐船状，一男人扮艄公，一人（多为男子演）演艄婆，由10余采莲女伴唱（兜腔），表演时由两个蚌壳精引路。采莲女身着红衣红裤，艄公身穿蓑衣，头戴斗笠，一手扶彩船，一手持竹竿做划桨状，同时唱采莲歌。采莲女随着艄公划桨的动作做荡漾状。艄婆则手持破蒲扇，围着船转圈，做各种滑稽动作，逗人发笑。

杜山村在20世纪五六十年代，联星初俱乐部宣传队经常到各湾表演采莲船。1991年由村民自筹资金购置服装道具，恢复采莲船表演。有蚌壳精扮演者多人随行，采莲船可单独表演，也常随狮子锣鼓队一起表演，前面狮子打拜作揖，后面渔翁和蚌壳精应着节奏兜圈子，中间采莲船欢歌跳舞，后面锣鼓跟随，一路浩荡，观众如潮。艄公一边撑船一边唱道："采莲船哩，（兜腔）哟意哟！四角尖——来，（兜腔）呀噫嗨！船上人儿，（兜腔）呀喂哟，笑着划哩——划哟，（兜腔）划着……"1991年—1994年，每年春节，采莲船都随狮子锣鼓队到过泽林程八门巡回演出；还到杜山村各湾挨家挨户拜年祝福："春光明媚放光彩，莲船拜年福门开；金狮作揖鸿运到，户主新年定发财。"唱词即兴而作，富有乡土韵味。

5. 村戏

村戏是樊口地域村级文化生活中不可或缺的内容之一。农村凡是有重大喜庆活动都要唱戏庆贺，过年要唱"迎春戏"；舞龙灯要唱"谢恩戏"；丰收年要唱"娱神戏"；湾中不顺要唱"平安戏"；系家谱要唱"迎谱戏"；祝寿要唱"寿戏"等等。旧俗规定唱谱戏或坞戏必须一唱就是三年。

6. 楚戏班子

湖北人唱的楚戏是以汉调为主的牧歌式的歌唱方式来叙事述物、表达情感的戏。它以山歌小调为主旋律，讲究唱念做打基本功。唱要字正腔圆，念要抑扬顿挫，做要技巧精湛，打要干净利索。楚剧有三大特点：一要讲究"角色"，即"生旦净丑"；二要讲究"行头"，即"衣褂鞋帽"；三要讲究"脸谱"，即"忠奸黑白"。

清代樊口民间有唱"春戏"和"秋戏"的习惯。"春戏"是以唱庙会的形式迎春祝福，即在牛家社庙前唱"春戏"劝农耕，敬土地神，唱"秋戏"则是庆丰年，敬五谷神。

民国年间，樊口一带唱楚戏蔚然成风。那时最有名的楚戏班子是"义兴班"和"阳春班"，最有名的旦角是张凤奴。各湾都有楚戏的忠实"票友"和"观众"。杜山村杜山湾常请外地楚戏班子来湾中演出。杜金彪等8名票友常参加戏班表演，演唱《小渔网》《三堂会审》等戏。白葭山湾楚戏班子由杜作明承头教戏，先后有吴作焱等24名票友参加演出，常唱《打葛麻》《断桥》等戏。程操湾自古有自娱自乐的习惯，1949年前后由操尚伦等人承头三次组织戏班唱戏。1948年在程家大垮程贤谦屋前搭台，请泽林"阳春班"姣幺教戏，参加演出的票友10多人，唱《打渔杀家》《打金校》等戏；1949年在程家大增程良兴屋后搭台，请"义兴班"范子春教戏，参加演出的票友有27人，唱《李三娘》《红娘》等戏；1950年在操家垴搭台，请原班人马唱戏。解放后，《九件衣》《三世仇》等新戏逐渐兴起。1951年，由程功安承头，在中湾搭台，由程少春教戏，参加演出的票友有17人，唱《杀狗惊妻》《三世仇》等新老戏。

唱戏搭台要图个"吉利"。由湾中主事者择日子，选择向阳宽敞场地。夜深人静时（狗不叫，鸡不鸣），在台基烧黄裱纸，禀告戏神，然后用木板或跳板搭台（搭台时女人不能靠近），四角起立柱，顶端用松树枝装饰，天面扎起布篷，三面围栈。戏台口朝南，或朝东（绝不能朝北）。戏台正面上方拉起红幅，台口柱子镶嵌醒目戏联。早期戏台夜晚唱戏都点汽灯照明，1964年后改用电灯。20世纪五六十年代，人们过年娱乐就是看村戏，只要听说哪个湾唱楚戏，再远的路也要赶去看个热闹。各湾里唱年戏，每家都以"接稀客"来看戏为荣耀。演戏前，戏台内外一片沸腾，台下，儿童趁机撒野，嬉戏喧闹；乡间小贩早就摆好摊子，"馋猫"趁机打牙祭；一些戏迷围到台口评头论足先睹"名角"为快；一些人为座位争长论短，大人招呼小伢……台上，演员忙补妆、吊嗓子，琴师试琴，主持人跑上跑下，锣鼓师在开演前要打一阵"闹台锣"。阵阵锣鼓传到几公里外，人们扶老携幼，搬椅子、扛板凳，从四面八方赶到戏场。演出前由丑角先登台亮相，叫作"拜台"。随后名角登台，在热烈的掌声中，一出戏就此开始。台上演员唱念做打，演技精湛；台下观众屏住呼吸，全神贯注。哀调声中，唱落无数观众泪水；喜剧场面，引来众多戏迷笑声。接连几天，人们为了"韵戏味"，往返乐此不疲。

"幺台戏"往往演到一半，一些贺戏仪式纷纷登台"亮相"。湾里姑爷、老表、亲戚朋友争先恐后用红托盘装上鱼肉、水果罐头、香烟、糕点上台敬"戏神"，求好运，名曰"送幺台"。这时鞭声、唱声、琴声和观众的喝彩声把这台好戏推向高潮。

20世纪70年代，破"四旧"，立"四新"，村戏舞台上"现代样板戏"代替了昔日的"帝王将相，才子佳人"等古装戏。20世纪80年代，改革的春风带来了传统"楚戏"的复苏。杜山村各湾那些盼望已久的"老戏迷"和"票友"，迫不及待地请"戏班子"排戏。程操湾老票友程少春将积攒了几十年的楚戏道具行头从箱子里翻出来，无偿供给戏班子使用。一场场《罗汉钱》《铡美案》《荞麦馍赶寿》等"折子戏"，让"戏迷"们过足了瘾。久违的"村戏"再现出昔日一拨拨赶戏场子的热闹场面。进入21世纪后，多媒体丰富了人们的文化生活，虽说影碟机可看传统楚戏，但还是缺少野外那种原汁原味、人山人海的看戏乐趣。

7. 文艺宣传队

1964年，杜山大队宣传队由程贤禄负责组织排练和演出。1967年原大队俱乐部和文艺宣传队被解散。1968年杜山大队成立"东方红革命战斗队"组织，红卫兵一度占领农村宣传舞台。1969年1月，杜山大队贯彻落实鄂城县委《关于组织贫下中农毛泽东思想宣传队》的通知精神。3月，恢复成立以贫下中农为骨干的杜山大队"文艺宣传队"，挑选一些文艺青年参加，请老"票友"教演戏基本功。杜山大队宣传队开始只有10多人，后吸收了一批下放知青参加演出。吴作焱和李向清都是1949年以前舞台上的"台柱子"，表演基本功扎实，通过他们传、帮、带，一些具有艺术天赋的青年得到了锻炼。女知青胡玉珍、杨小萍、孟凡荣等人，学生时代就是学校的"文艺骨干"，她们的加入，充实了演出阵容。下放知青杜作人吹拉弹唱，样样精通，还会作曲和导演。

杜山大队党支部十分重视宣传队的培养，政治上予以关心，生活上予以照顾，业务上予以关怀。为了加强宣传队的业务培训，支部书记亲自向鄂城京剧团求援，请京剧团名角刘兰秋、胡志超等主角来大队教戏和培训武生。凡有重大演出，请京剧团主演做艺术指导，请剧团琴师辅导演出。同时，大队党友部通过关系请武汉楚剧团名角来村教楚戏，并经常组织宣传队员到武汉和鄂城等剧团观摩学习。一些戏剧脚本由县文化局牵头求助京剧团和楚剧团无偿提供，小部分由杜作人牵头集体创作。服装道具灯光布景由集体向专业剧团订购。农忙时，宣传队演员回生产队参加劳动，农闲时集中排戏。每年春节、中秋和国庆都要为社员演出。节目多为现代样板戏，如《红灯记》《沙家浜》《智取威虎山》《龙江颂》以及"湖北大鼓""湖北道情""三句半"等喜闻乐见的节目。为了不误生产，常常在晚上演出，舞台设在原杜山小学（蔡家咀）土台上。有时天气不佳就改在3队礼堂或6队礼堂表演。宣传队的精彩演出得到了县文化局的高度肯定。

焦枝铁路会战时，杜山大队宣传队作为鄂城县团部宣传队为民工演出。1971年，杜山大队宣传队被推荐代表鄂城县赴襄渝铁路慰问鄂城民工。一年多时间为民工演出五十多场。除了样板戏外，还将工地上的好人好事，编成"快板书""莲花落""三句半""渔鼓""道情"等节目演出，用他们精湛的演技，为民工增添许多乐趣。

8. 打鼓说书

听打鼓说书是过去樊口民间常见的群众娱乐活动。说书是指说书人边打鼓边打板边说、唱的曲艺形式。清末来江南打鼓说书的艺人大多来自河南、安徽和湖北的黄陂、黄冈、孝感等地。民国时期，说书一般有两种形式，一种是坐馆说书，即说书人在县城或镇上茶馆固定说专场（原樊口过街楼有茶馆说书），人们一边呷茶，一边听书，别有一番情趣；另一种是跑乡说书，说书人身背行囊，走乡串村，一年四季"春走平原夏走滩，冬天就往山林钻"，渔民樵夫要的就是当场架鼓，看"摇头晃脑"的说书野趣。

过去说书人跑乡，行头也简单，一副架鼓（响板鼓千），一把雨伞，一把折扇，一块惊堂木（也叫"醒木"），穿一件长衫，外加一块手帕。说书人都多才多艺，不但口齿伶俐，而且擅长临场发挥，开场语现编现唱，或调侃，或正话反说，往往引起哄堂大笑。正书之前一阵有节奏的开场鼓后，说一段俚语，吊吊听众胃口，行内叫"贯口"。说到高兴处，突然话锋一转"闲话少说，书归正传……如何如何"。

吃这门饭的人，都记忆力惊人，除了说书的功底，还要具备一颦一笑、一问一答间传神的功夫。一个个忠臣义士、名将贤相在他嘴里轮番登场；才子佳人在他口中次第上演。往往说到紧要处"醒木"一响，要知事情如何，且听下回分解，猛地打住。这就是说书人的聪明之处，"无巧不成书"，卖卖关子，有神秘感才有吸引力，真可谓"装文扮武我自己，一人包演一台戏"。

辖区杜山村过去有打鼓说书艺人，民国时期有程贤胜、程贤汉等人到江北拜师学艺，外出到大冶跑江湖说书。新中国成立后，程贤胜迁蒲团，常回乡为乡亲们坐场表演，其内容多为《水浒》《聊斋》《封神榜》《列国志》《岳飞》《三国》等传统段子。1958年后，一些艺人说一些新编段子。程贤汉1965年迁长峒山说书，1970年迁回程操湾，常在劳动间隙为社员打鼓消遣。1968年，程功俊师从程贤胜开始说老段子。1970年白葭山吴丰超、肖应堂学说书，后吴丰超参加大队宣传队常为社员表演湖北大鼓。"文革"期间，说古书受到批判。杜山大队经常请樊口盲艺人说新书。那时说书都在晚上表演，一到听书那天，农舍或仓库就挤得水泄不通。说书人一手打快板一手敲鼓，摇头晃脑，娓娓道来，表演的节目都是革命战争题材故事，如《敌后武工队》《平原游击队》《烈火金刚》等段子。那个年代除了一年几场电影和过年看戏外，最传神的就是听打鼓说书。说书人闭上眼睛，口若悬河地把整本书背下来，而且把故事情节的曲折和惊险完全通过语言技巧表达出来，这种语言功夫，尤其使少年儿童听得如痴如醉。20世纪八九十年代后，农村电视文化娱乐多样化。随着说书艺人相继离世，说书技艺也随之失传，那种"咚哒——哒哒咚……"的打鼓声，特别值得人们怀念。

民歌民谣

1. 小调。本境小调种类较多。主要流行于长港流域东部。农民在田间劳动时，一人领头，大家跟唱，声调婉转高亢而带泥土气味。如栽秧歌、薅秧歌、扯秧歌、薅草歌、草锣歌。流传的《十八岁大姐捡棉花》："十八岁大姐捡棉花，手遮太阳望婆家。走路的客人带个信，拜上媒人拜上他。再过三年不来接，老了棉秆谢了花。"

2. 插田锣鼓。歌者用锣鼓伴奏，一般1人到3人。插秧时节，歌者站在田埂上，胸前挂着小鼓，鼓下吊着小锣，自打自唱，有唱有念。歌词节奏鲜明，内容朴实，多是戏文或即兴编的。流传即兴唱词《占香赢》："这边望得那边低，三个闺妹走亲戚。前面走的是大表妹，后面走的是小姨，中间走的是我妻。"20世纪60年代后消失。

3. 渔歌。流传的渔歌《水乡姑娘怨》："樊口姑娘真是苦，跪在船头晒屁股，夏天两手都浸白，冬天冻得似包子。"新中国成立后消失。

4. 灯歌。此为玩灯时配唱歌曲，含采莲船歌、高跷歌、莲湘歌等。唱做合一，锣鼓伴奏。流行的《看花灯》："正月里，正月正，正月十五看花灯。我牵妹子街头过，妹子觉得好新鲜。琉璃走灯门前挂，红纸对联贴两边。爆竹声声响连天，各种锣鼓闹欢欢。婆婆爷爷手挽手，情男淑女手挨肩。妹催阿哥回家转，再看花灯又一年。"

5. 风俗歌。这种歌包含有撒帐词、铺床歌、上梁歌、贺喜贺寿词等。词为顺口溜，较粗俗。流行樊口地区风俗歌《贺码头》："金码头，银码头，来到贵镇宝码头，山清水秀龙虎地，地振人兴出王侯。"

6. 儿歌。多由母亲、祖母教小伢唱。原有《摇篮曲》《月亮歌》（月亮走，我也走，我跟月亮提笆篓，一提提到大门口。笆篓破，摘菱角……）。今有《飞船歌》："驾飞船，飞上天，我接嫦娥姑娘来过年。"

7. 放牛歌。其是小伢放牛时，自娱自乐哼唱的，歌词、曲调各地不同。

8. 劳动号子。这含"挑箩号子""碡歌""榨歌""车水号子"。"碡歌"流行于沿江一带地区，一人领唱，众人和，有固定的唱词，也有即兴编的。如流行于临江一带的固定唱词《石碡歌》《上大人》。如："上京都，下湖广，男女广有；听我把，粗大腿，细表从头。大不该，下深水，摸鱼采藕；阴风吹，受寒温，起祸根由……""榨歌"无词，只发出"嘿哟"吼声。"车水歌"只是发出"呵吹吹"声，一阵接一阵，震天动地。

9. 新民歌。这是20世纪20年代开始出现的歌曲。最突出的是革命民歌，具有题材广泛、语言朴实的特点，如《唱个翻身歌》《樊口里过来的新四军》《抗日锄奸收失地》《劝郎参军》等。

10. 碡歌。数百年来，樊口作为水利及交通枢纽，常年少不了加固堤防、建闸筑坝等水患治理工程，还有许多公路铁路施工建设，这些都必须人工抬碡夯实基础，当地叫打碡。

樊口的碡有几种：一是飞碡，用长纤锁定600毫米见方青石块的四角，四人或八人分立四角，一同将石块扯起抛向空中，然后重重砸在松土上，这是"轻碡"，通常用于平整地面。二是石碌碡，用四根两米长的杠子和铁丝，将农家在禾场上压谷子用的大石碌绑扎固定，八人围成一圈抬起来就砸，这是"重碡"，通常是用来夯实基础的。还有轻型木碡，方柱或圆柱形的，只需要一个人、最多两个人就能提着打。

夯土必打碡，打碡必唱歌，或者说"不唱碡歌不打碡"。人们抬着笨重石碡，筑堤固基，非常劳累辛苦，为了统一动作，一齐使劲，振奋精神，减轻疲劳，都要唱当地碡歌，也是一种劳动号子。

樊口硪歌具有湖区民歌特色。这种原生态劳动歌曲，简洁有力，高亢朴实，节奏感强，有快有慢，音域跨度小，一般也就八度，人人能唱。硪歌没有固定唱词，由领唱者即兴编唱，现编现唱，见人唱人、见物唱物。领唱者一般都是脑子灵光，嗓子好的人。一人领，众人和，领唱人唱有内容的歌词，众人接衬词、衬句，多是一些象声词。

20世纪70年代大兴水利工程，连年加固樊口沿江堤防。那些年，樊口坝区热闹非凡，千军万马，众志成城，一举削去雷山半个山头，新建樊口大闸、电排站，人工开挖一条长达60多里的新港……我曾身临其境，目睹工地上红旗招展，人山人海，数不清的挑土队伍排成长龙，你追我赶，前呼后拥；特别是嘹亮的硪歌声，此起彼伏，抑扬顿挫，鼓舞人心，成为工地一绝。

樊口硪歌四句一段，多为当地人喜好的楚戏脚本唱词，比如《荞麦馒赶寿》等，还有一些民歌、小曲、鼓词，词曲风格不一，韵味十足。我听得最多的一种节奏较慢的硪歌：

"同志呀……们罗哦……啊站……拢……来呀咳哟。"最后一字，众人开始兜腔合唱，一边唱一边用力抬硪，"哟——""哟——""哟——"，连夯三下，然后长舒一口气："哟喂、哟嗬嗬嗬嘞……"

有的硪歌节奏欢快，每句兜腔唱起来十分有趣，适宜小伙子们打硪。如："同志们、加油干……""哟喂、依哟嘿"；"出大力、流大汗……""嗦啦嗦啦、嘿啦嘿"；"争个上游得红旗……""哟哟喂喂子、哟嗬来"；"完成任务去吃饭…""索啦索啦、嘿啦嘿"。

人累了，乏味了，也不时穿插几句搞笑的歌词，活跃气氛，减轻疲劳。如有妇女路过，就唱"走来一个俏大嫂，粉面如花长得好，就算插在牛粪上，不当野花和野草……"听者羞红脸，唱者呵呵笑。又如施工中，常因计划不周返工，有人有意见，于是调侃"睁着眼、瞎啰夸，一里路、五个闸，挖了做、做了挖，搞得社员没办法……"还有"下定决心，力争上游，排除万难，争取胜利"，"一字写来一横长，二王单刀斩蔡阳，三气周瑜芦花荡，四郎失落在藩邦，伍子胥过关发如霜降……"等等，不胜枚举。总之，硪歌曲调五花八门，富有生活气息。

如今社会生产进步，修筑堤坝不再搞人海战术，由各种机械代替施工，再也听不到高亢朴实的硪歌声。但是硪歌作为一种历史记忆、一项珍贵的民间文化遗产仍储藏在樊口人文宝库中。

第九章　创新发展绘宏图

一、全国推介·旭光小小工厂

旭光一社用土办法办小小工厂（《红旗》杂志1958年第3期文章）

在农业生产"大跃进"的日子里，湖北省鄂城县杜山乡旭光第一农业生产合作社兴办了颗粒肥料厂、农具制造修配厂、农产品联合加工厂和沼气发电站。这些小工厂办得快、生产快、收效大。仅仅一个多月，就生产4万多斤颗粒肥料，制成和修理了各种农具、工具421件。联合加工厂也开始磨面。社里肥料缺乏的困难解决了，棉地底肥全部用上了自制的颗粒肥料，现在又在赶制水稻和棉花追肥的肥料。

这些小工厂既促进了农业生产的发展，也增加了合作社的收入，减少了开支。原来计划买新式犁，每部需要18元，小工厂自制的只要8元；棉花条播器原准备购买，每部需要34元，现在小工厂利用三齿耘锄改装的滚筒条播器，每部只要两元；颗粒肥料市价每百斤5元6角，小工厂生产的只要1元2角。在短短的一个多月的时间内，社内就节省了4千多元。

办起这些小工厂也推动了农村的技术革命。在过去两年多的时间内，全社仅发明和改进了十三种工具和操作方法，但在办起小工厂以后，两个月内就发明创造了十二种工具。过去谁也没想到运用动力工具，现在几个人只用了一个晚上的工夫，花了12元钱，就制成了一艘机帆船。正如农具厂厂长肖功梓同志所说："只愁想不到，不愁办不到。"小工厂还给社员指出了农村工业化的光明远景。有的老社员说："过去总在说工业化，实际上看不见，现在看来越来越近了。"

这个社办了这些小工厂，没有向国家要一分钱、一个人、一架机器，而是紧紧依靠群众，用穷办法和土办法办起来的。

这个社在办厂中坚持了三条原则：第一，根据社里现有的力量和资源，开始只办小型的，以后再逐渐扩大；第二，本着为农业生产服务的方针，不能单纯为了赚钱；第三，应该办的工厂，也分先后缓急，先办当前农业生产上急需的工厂。

依靠群众合作，解决资金问题

他们在办厂中首先碰到的问题是，资金从哪里来？办这些小工厂需要三万五千多元，1957年社里提成的生产资金和公共积累虽然有四万五千多元，但这只能作为1958年农副业生产费用的开支。社管理委员会专门召开会议研究，决定从农业生产费用中暂抽出两千元做工厂费用，等到收割油菜籽以后再归还。但仅仅靠这笔钱仍然不够用。社主任胡昌壁同志记起了县委书记彭英同志的话："一切困难都能够依靠群众得到解决。"于是社委会决定依靠群众合作投投资来解决资金问题，并且订出了一个"合理作价，按价收买，分期付还，按月行息"的集资章程。

社员对办工厂、实现工业化，怀着无限热烈的期望，大家知道了社里的计划以后，非常高兴。他们唱着："柳树发芽年年青，我们社里一片春，一月要办三个厂，十步要当一步行。农业社办农具厂，自己用来自己干。颗粒肥料真正好，不浪费来不流散。沼气发电成本低，联合加工真稀奇。机器夹米不用碓，机器轧花银浪翻；机器里出细白面，自动磨来自动搬。石碓石碾要进博物馆，放着不动供赏玩！"群众办工厂的劲头十足，听说缺乏资金和原料，大家都积极主动向社里投资。周启荣把留了三年准备结婚时做桌子的木料都拿了出来。他说："结婚只是个人喜，办好工厂大家喜。"老社员陆垂志也把准备盖屋的一百块钱向合作社投资，并且还积极动员别人说："过去老辈子人叫我们看破点，是说吃点、穿点，免得钱落到外人手，现在也得看破点，把钱扣在手上有什么用？拿出来办工厂，实现工业化，儿孙幸福，我们自己也要多活几十年。"就这样，全社群众投资了五千多斤木料、两千多元现金。资金、原料缺少的困难初步解决了。

因陋就简，白手起家

把资金筹集起来以后，有些人想起了城市那些大工厂的场面。社员胡云龙说："要办，就要有个样子，把房子盖起来再说。"也有人想把厂房设备等所有问题都解决以后再动手开工生产。社委会发觉了这种求大求全的思想，认为是一个值得注意的倾向，便召开全体社员大会。社主任胡昌壁在会上对大家说："我们的工厂就要开办了，钱只有这么多，又要盖房子，又要买机器，大家看该如何办？"社员们都议论开了，有的说："房子总得盖一个才像样呀！"有的说："那怎么行？孩子没下地，先就起名字，工厂还没办，就先盖房子。将来谁知道得花多少钱？"几个老农在一旁商量一阵以后，站起来说："我们老头子有个意见，不知青年人同意不？""说吧，老爹！""生产搞得好，玩得才痛快，我看暂时把俱乐部腾出来办工厂，实现生产规划以后，再盖一个大俱乐部，又看电影又看戏。"就像事先酝酿好了似的，社员们一听，齐声拥护，一致同意这个意见。社委会接受了这个意见，但为了照顾社员休息时间读画报，以及节日的娱乐，便把俱乐部搬进了一间小屋子里，原来的俱乐部就成了工厂的厂房。在因陋就简思想的指导下，找了一间破茅屋，四围糊上泥巴，能挡得住风雨，颗粒肥料制造厂的厂房也算建成了。

设备和工具大部分也是由社员东拼西凑解决的。联合加工厂没有石磨，社员梁海清就从几里路外的老家，把石磨搬来作价交给社里，陈裕畅也把心爱的石磨向社里投资。社员们还拿出了许多厂里需要的斧头、锯子等小工具，由社里统一作价。有些设备能借的就借，能代替的就代替。肥料厂要建洋灰晒台花钱太多，就用芦席代替。锡焊工具没有锡盘，就用瓦盆代替。另外，还采取了自做自用、现制现用的原则，做成了拌肥板、漏斗、工具台等物件。只有实在无法解决的设备，像铁丝、皮带、帆布等，才花钱购买了一些。动力问题，也利用社里过去用得很少的五部柴油机解决了。为了节约柴油，降低成本，社里办了一个沼气发电站，准备逐步用沼气作动力。这样设备问题就圆满解决了。

从哪里去找技术力量

技术力量从哪里来？开始有的人主张要求县农业机械厂派几个技术工人来，有的人主张把社里在外当工人的抽回来。大家一讨论，觉得这不是办法，因为农业在跃进，工业也在跃进，人派不来，也抽不回来。正在这个时候，城镇各个工厂都提出了大力支援农村的口号，当时的樊口镇上各个手工业部门还专门提出了要"技术下乡"。旭光一社听到这个消息，真是喜出望外，立即派了几个社员到樊口铁业社学习修补胶轮车胎、焊汽灯、修整喷雾器等技术，派了一个社员到汉口学习沼气发电，派了五个社员到鄂城学习制造颗粒肥料，并且请县农业机械厂、樊口铁业社、造船厂的机械工、木工、锻工到社里传授技术。他们又和樊口镇的手工业社建立联系，社里需要试制什么新工具，手工业社就派人前来具体指导。镇上的手工业工人，也经常主动地下乡指导，社员说："工人下乡，好比雪里送炭；派人学习恰是锦上添花。"干部和群众办好工厂的劲头越来越大了。

社里也并没有忽视自己原有的技术力量，把四个不太内行的木匠也组织起来，带着生手拉锯，刨木料。两名能够使用动力机的社员，带领大家学开机器。

在边做边学当中，旭光一社采取了互相学习，取长补短的办法，从而出现了一个由工人、农民、学生结合起来大搞工具改革的热潮。农民肖功梓与镇上的工人、武汉市下放参加生产的学生胡崇芬一起试制成功了履带传运器、机帆船、机动磨等各种工具。

掌握了一般的技术知识以后，社员还要求学习更多、更深一些的知识。于是社里政治、文化技术夜校的专修班也开办起来了，由技术较高的人担任教员。社里还以农民发明家肖功梓学会多种技术做典范，开展了一个"万能人"运动。经过社员讨论，制定了一个"万能"标准：男社员要学会农业生产全套技术、木工、铁工、石工、泥瓦工、开动力机、修理、设计、饲养、航行十项；女社员要学会农业生产全套技术、勤俭持家、开动力机、用牛、修理、设计、饲养、针线活、会计、演员十项。学会了五项的就授给"万能人"的光荣称号，并颁发奖状。一场轰轰烈烈的群众性的技术革命高潮在全社会展开了，许多人都学会了简单的技术，做到了"下田是农民，进厂是工人"。第一批全社"万能人"只有10个，第二批就达到了58个。

旭光一社就这样初步克服了缺乏技术力量的困难。

二、探索发展·樊口工业园

1. 园区设立

2001年，鄂州市委、市人民政府经过考察，认为樊口街道办事处工业基础雄厚、地理位置优越，生活、生产条件完备，街办党政领导开拓进取精神强，决定设立樊口工业园区。9月1日，樊口工业园区正式挂牌成立。

工业园区地域范围即樊口街道办事处行政所辖区域，辖4个村、3个居委会，国土面积9.1平方公里，总人口21570人。园区管理委员会与街道办事处实行一套班子、两块牌子，合署办公，即街道党委书记兼任园区工委书记，街办主任兼任园区管理委员会主任。

2. 园区建设

（1）打造园区知名度

宣传造势

为加大引进力度，快速发展园区，自园区成立之日起，园区工委和管委就十分重视园区宣传，让世人尽快知晓园区，了解园区。2001年10月，园区投资3万余元，在樊口大闸树立150平方米钢质永久性巨幅广告牌，介绍园区地理位置、生活和生产条件，投资优惠政策等。同年12月，园区与市委宣传部、鄂州日报社在《鄂州日报》联合开辟专栏，开展"我为樊口工业园区建设献一策"有奖征文活动，历时两个月，先后有19篇文章获奖。此后，通过鄂州广播电台的"鄂州风采""市场传真""新闻纵横"等栏目播发樊口工业园区的相关系列信息稿件20余篇。2002年2月，园区工委书记与主任参加市委市政府在武汉市洪山宾馆召开的"鄂州籍旅外知名人士座谈会"，园区工委书记与主任分别向与会人士介绍了樊口工业园区概况和发展规划，发布了"樊口工业园区招商引资优惠政策文件"。4月，工业园区邀请全市文化界知名人士来樊口举行"为樊口工业园区建设献计献策座谈会"。随后编印"樊口工业园区招商引资宣传册"一套，散发至全市。5月，建立"樊口籍在外工作人员联系网络"，定期进行科技运用、商业市场供求、工业生产等方面信息的交流。2003年8月，工业园区在市凤凰广场举办"周周乐文化活动樊口工业园区专场文艺晚会"，市委书记、副市长、宣传部部长等领导出席晚会，并观看文艺演出。由于宣传到位，樊口工业园区在外界的知名度不断提高，来樊口投资的客商越来越多，仅2002年1月至6月，园区收取招商引资信息58条，接待项目39个，顺利接纳5家外埠企业落户工业园区。

服务创优

领导身体力行，带头抓服务。自工业园区落户樊口之日起，街办实行干部蹲点企业服务责任制，主要领导蹲重点企业、龙头企业，企业有困难，干部随叫随到及时解决。党委书记蹲点兴进废物处理有限公司，自始至终坚持每周亲临公司1次，电讯联系3次，了解公司情况。2002年3月，为解决该公司与杜沟三组的用地纠纷，工委书记、园区主任亲自出面20余次进行协调，既保护了杜沟三组村民的合法权益，又促使了该企业的正常发展，业主感谢不已。同年6月，园区主任为引进四方光电科技有限公司，三下广州，与客户洽谈业务，多方联系和解决贷款、用地、用电扩容、通水等问题，使企业顺利落户樊口工业园区。

转变政府职能，全员抓服务。工业园区落户樊口，政府工作重点全面转移，全体机关干部切实转变工作作风，认真贯彻"企业需要什么，全方位提供什么服务"的工作原则，保证业主进得来，留得住，见效快。2002年10月，咏鑫特种铸造有限公司决定扩建模具钢分厂，街办抽调5名干部帮助业主跑产品立项、土地征用、资金筹集、用电扩容、道路用水等一系列工作，使该企业从产品立项、厂房修建到产品正式投产，前后只用了5个月。

部门通力合作，全力抓服务。街道党委、办事处明确规定街道城建、土地、规划、财政等部门在办理企业相关手续时，坚持做到一路绿灯，不收任何管理费。派出所全力保护企业，推行治安承诺制。2002年3月，蓉建石棉瓦厂被盗，损失1000余元，樊口派出所对企业先行赔偿1000元，然后组织专班破案，两天后抓获犯罪嫌疑人。2002年6月，万特马车轮制造有限公司落户樊口工业园区过程中，得知企业收购市铅网厂资金一时难以到位，街办财政所在财力较为紧张情况下，挤10万元帮助企业解决燃眉之急。仅2002年这一年，街办各部门为11家落户樊口的企业，到上级各部门代办各种证照手续51项（次）。

科技兴园

园区设立科技信息网络，收集国内外新产品、新生产工艺等情报，定时与现有企业进行反馈，积极引导企业加强技改、产品开发，提高企业生产能力，提高产品科技含量。

2002年1月至11月，园区投入资金9500万元，对19个项目进行技改，其中市佛兰诺陶瓷工贸有限公司等9家企业各上一条新的生产流水线；贝特塑料包装有限公司等12家企业新增设备37台套。科技、产品的开发，既壮大企业实力、加快樊口经济的发展，又提高了樊口工业园区的知名度。全园区已形成建材、塑料包装、化工、食品、机械加工、水泥制品等6大支柱产业。

（2）打造园区硬环境

樊口工业园区是一个完全开放的园区，是一个没有围墙的园区。工业园区自设立之日起，樊口街道办事处就始终坚持"筑巢引凤"的工作思路，加强园区环境硬件建设力度，为业主和职工提供发展生产、日常生活的优良环境。

2001年11月，街办千方百计加大投入，对全街水、电设施进行全面改造和维修，使自来水延伸到每一个角落，电网改造率达百分之百。2002年，街办从财政中挤出180万元，对月河村路、旭光沿河路、杜沟磁选厂路、长堤村路、余家路等五条全长8400余米的村级公路进行改造和路面硬化，延伸道路和提高运输能力。真正做到业主在樊口看中哪块地皮，哪块地皮就能建厂办企业，保证水、电、路三通。

与此同时，街办明确指示街教育部门，对户口不在樊口的业主、技术人员、职工子女的入学，免交借读费，并要求市三医院在企业密集的地方和偏远的地方设立医疗点。全街水、电、路、邮畅通，文、教、卫方面方便，购物、娱乐场所分布合理，具有满足10万人生活的功能，有7.5平方公里的地皮提供建厂办企业。

（3）强化园区管理

行政管理

樊口街道办事处对工业园区的管理，始终坚持"一切围绕园区建设转，一切围绕园区发展干"的原则。2002年初，街办颁发1号文件《开放引进实施意见》，将街办各部门、各村（居）委会的全体工作人员的工作纳入园区责任管理目标。街每周党政会议集体研究汇报一次园区工作。街、村（居）每一个主要负责干部蹲好一个企业，为企业及时排忧解难。街办各部门每周深入到园区各企业进行一次相关工作调查研究，及时指导和解决相应工作。

在引进新企业、新项目、新技术上，樊口街道办事处及时组织专班，协同工作，打歼灭战，做到了解一项、接待一项、谈成一项、落户一项、投产获利一项。文件要求全街、村（居）50名主要党政干部和部门负责人，5年内做到每人每年引进一个新企业或新项目。办事处将每年引进企业的数量和已落户企业的经济效益，作为主要干部和负责人年度考核的重要依据。由于管理严格扎实，园区经济效益明显提高。2002年引进企业11家，使园区经济与2001年相比，增长12.4%。

治安管理

为保证园区宁静祥和的生产、生活环境，樊口街道办事处治安综合治理办公室和樊口派出所加强对园区的治安管理。樊口派出所根据企业分布状况，在杜沟、长堤、旭光分设三个警务区，每个警务区全天24小时都留有治安人员掌握和解决治安问题。樊口派出所和村（居）、企业治保会组建巡逻小分队，进行全天24小时治安巡逻。派出所治安室全天24小时值班，做到哪个企业出现治安问题，接警后5分钟内出警，10分钟内赶到现场。樊口派出所与园区内128家大小企业分别签订治安承诺责任状,因治安问题造成的经济损失,承诺先赔偿后侦破,确保园区企业治安安全。

樊口社会治安综合治理委员会自2001年起,与村(居)委会、治安会和樊口司法所组建"社企关系协调小组",随时协调村(居)民与企业的关系。自2001年至2003年,协调小组分别妥善地调处了大闸居民与磷肥厂、兴进废物处理有限公司与杜沟三组村民、旭光村民与常鑫建材公司、月河村民与武昌鱼蔬菜公司等一系列社会矛盾问题。

2002年9月,樊口街办成立"整顿企业周边秩序领导小组"对企业周边社会秩序和治安进行整顿,清遣"三无"(无户口、无有效证件、无正当职业)人员47人,关闭不正规废旧回收站3家。2003年4月,"领导小组"对企业周边社会秩序和治安再次进行整治,清遣"三无"闲散人员58人,关闭不正规收废站2家,治安处罚随便出入企业"顺手牵羊"案例5件,确保了企业财产安全

3. 园区发展

樊口工业园区自2001年9月设立至2003年底,樊口街办工业生产和经济建设发展迅速,在短短两年多时间内,园区工业企业由原来的76家发展到128家,引进和创办企业40余家,其中2002年引进万特马车轮制造有限公司、安信休闲公司、恒达制动公司等外埠企业11家;引进国内资金379万美元,国外资金104万美元。2002年园区工业实现国内生产总值9010万元,比上年度增长12.4%;完成财政收入510万元,比上年度增长27.6%,其中国税248万元,比上年度增长24.6%,地税237万元,比上年度增长25.4%,创外汇20.8万美元。2003年引进项目和企业26个,引进资金965万元,实现财政收入644万元,比上年度增长了26.2%。

园区生产、经济的发展,促进了本地职工再就业。2002年企业新增近1000个就业岗位,分别安排了630余名下岗、失业人员和320多名村(居)民就业,就业率与上年相比增长23.5%。

至2007年底,工业园区178家大小企业,拥有固定资产共计52亿元,职工8000余人。园区已初步形成了以大闸水泥制品公司、蓉建石棉瓦厂为龙头的水泥制品业;以蓝天铝业、海斯建材等为龙头的建材业;以咏鑫公司亚琦精加工为龙头的机械加工业;以贝特福公司、盛泰公司为龙头的塑料包装业;以全兴化工、莱福涂料为龙头的化工业;以"小帅熊"雪饼、福半饼干、武昌鱼蔬菜加工为龙头的食品加工业等6大产业支柱。1000余种产品销中南五省,远销国际市场。

三、不辱使命·鄂州经济开发区

1. 审时度势　应运而生

鄂州经济开发区于2008年8月经省政府批复筹建，同年11月正式组建。组建时，以原樊口街道办事处为基础，从周边区街乡镇划入6个村（原鄂城区杜山镇范墩、杜山，华容区临江乡得胜、钮墩和蒲团乡周为以及西山街办周铺等6个村），行政区划由"一街六村"组成，规划面积38平方公里，人口近3.3万人，共辖10个村、3个社区。

开发区内设机构为：综合办公室、建设管理局、财政金融局、社会事务局、纪检监察室、人事组织局、招商局、经济发展局、行政审批局、综合执法局、安监局等

2. 全新定位　科学布局

鄂州开发区的基本定位是城市新区、工业新区。经过十年的发展，现初步形成了五个主导产业：一是装备制造。钢铁深加工产业集群是湖北省重点成长型产业集群，初步形成了冶金机械、粮油机械、矿山机械、环保机械、建材机械等几大系列，机械制造产业链比较完整，聚集了90多家机械制造企业。2015年，开发区成功与宏泰集团达成合作，共同建设宏泰智汇产业生态城，开始逐步向智能制造方向转型。二是塑胶管材。2012年，顾地科技公司成功上市，与金牛管业、兴欣建材三家企业为骨干，形成了一个年产值60亿元以上的产业，并已集聚上下游企业5家，目前已获批省级塑胶管材产业集群。三是商贸服务。目前有两个板块，一个集中于青天湖周边区域，目前已拥有体量56万平方米建筑面积的豪威城市广场综合体项目和诺琦酒店、五金机电城等商贸服务业项目。同时开发区正在实施青天湖湿地公园项目，有望在青天湖周边形成一个规模比较大的商圈。四是港口物流。区内现有3000多米长江深水岸线，是武汉新港三江港区核心港区之一，区位优势和交通条件适合发展港口物流业，已成功引进超凡钢材物流、晋商物流、大通物流三个10亿元以上的项目。五是节能环保。区内已聚集相关企业17家，初步形成规模。2015年开发区获批省级节能环保产业基地。

3. 推进建设　一展宏图

鄂州开发区交通条件优越，城际铁路、汉鄂快速、武黄高速、武九铁路、吴楚大道等省市交通干线穿境而过。组建以来，开发区坚持高起点规划、高标准建设、基础设施快速覆盖，先后完成樊川大道、樊蒲路、旭光大道、杜山路、滨港路、杨湖路、污水处理厂、薛沟二桥、樊口大桥、吴楚大道中段等主干路网建设，自来水管网铺设里程80公里，旭光变电站、蒲团变电站及配网主干工程完工，天然气管道铺设60公里，基础设施不断完善。基础设施实际开发面积达到11平方公里，城市形象逐步树立。

在市委、市政府的正确领导和市直部门的大力支持下，经过全区干群十年来的艰苦创业，开发区自组建以来经济规模不断扩大，综合实力不断增强。开发区共集聚各类企

业232家，其中规模以上工业企业84家，高新技术企业12家；累计引进项目183个，完成投资238.5亿元。2018年，全区实现地区生产总值35.35亿元，同比增长10.8%；规模以上工业增加值增长12.4%；完成固定资产投资67.76亿元，同比增长14.8%；高新技术产业增加值占GDP比重达到28.8%。新增规模工业企业7家。开发区累计完成财政收入39601万元，占年初预算的100.9%，同比增长15.1%。

武汉港工业园

武汉港工业园，被称为华中规模最大的绿色工业基地，2009年10月28日在武汉城市圈内的鄂州经济开发区正式开园。武汉港工业园规划总面积6000亩，总投资约75亿元，分三期开发。第一期用地1200亩，已成功签约企业29家，总投资32亿元，首批入园的13家企业同时开工。这13个项目，涵盖精密机械制造、新型环保科技、港运物流等产业，总投资10.6亿元，预计实现年销售收入31.8亿元，利税4.8亿元。武汉港工业园是鄂州经济开发区的"区中园"。工业园毗邻武钢集团鄂钢工业园、武汉富士康工业园，园内装备制造、机械制造等产业与钢铁企业联系紧密。

宏泰工业园

宏泰长江智汇港是中国宏泰发展（6166HK）与地方政府合作开发运营的产业市镇项目。项目于2017年签约，合作期限30年，被评为财政部第四批PPP示范项目，纳入国家发改委重大项目管理平台。

项目位于鄂州市鄂城区西部，占地面积43平方公里，以3年（至2020年）打基础、5年（至2022年）成规模为目标，致力于打造武汉东部宜业、宜居、宜游的标杆产业市镇项目。

2019年开工项目5个，占地面积1250亩，总投资45亿元，产业集群效应明显。预计2020年初首批产业项目投产，带动就业，驱动区域经济。园区发展已奠定坚实基础。

超凡物流园

超凡物流园位于武汉新港（鄂州）得胜港区。

超凡物流园按照码头区、物流区、仓储区、加工、商业服务区的现代港口模式建设。园区占地2000亩，其中码头占地250亩，计划建设3个5000吨级和2个3000吨级码头，其规模属武汉新港目前在建的最大的货运码头。其中物流区占地500亩；加工区占地1000亩，计划建设80万平方米厂房，布局钢材开平、剪切、彩涂、热处理等生产工区；交易区占地100亩，计划建设10万平方米交易市场；服务区占地150亩，其项目分三期进行，2014年全部建成。

木之君公司

湖北木之君工程材料有限公司、湖北木之君铁路工程有限公司分别成立于2012年7月12日和2014年7月22日，注册资金分别是2000万元和5088万元，是中国铁道科学研究院铁道建筑研究所的紧密合作伙伴。公司坐落在湖北省鄂州市经济开发区武汉港工业园轻工路，占地面积80余亩。

湖北木之君工程材料有限公司主要从事研发生产高铁轨道交通新材料，包括铁路特种工程材料、混凝土外加剂的研发、技术咨询及检测；生产（加工）销售管道压浆剂、桥梁支座砂浆、修补砂浆、轨道板掺合料、混凝土自密剂、建筑材料、砂浆干粉料、超细微粉；轨道板及桥面维修等。

湖北木之君铁路工程有限公司主要从事各种铁路工程施工，高速铁路路基沉降修复、上拱、轨道偏移修复、宽窄接缝、轨道板离缝和裂纹修补、嵌缝材料的施工、土石方工程、道路工程施工、施工劳务等。

公司经过多年的经营，得到了中国铁道科学研究院的认可，在材料研发方面已取得了多项发明专利，有多项新材料已在国家高铁建设施工及维修整治中得到广泛推广应用；在铁路工程方面，参与了国家多项高速铁路、城际铁路的特大工程的整治，有多项技术是国家高速铁路病害整治的首创，赢得了中国铁道科学研究院、各铁路局以及中国铁路总公司属下各工程施工单位的认可和广大客户的信任，被认定为讲质量、守信誉的企业。

公司目前现有职工650余人，其中管理人员150余人，技术工人500余人；在全国分别成立了东南公司、北方公司、西南公司和西北公司4个分公司，各分公司负责辖区域内的铁路工程和新材料销售业务，业务遍布全国，发展强劲。

公司始终秉承"诚信致远、服务高铁"的核心价值观，以"依托铁科，做好转化，科技创新，适应市场"为经营理念，发扬"尽责、团队、创新、奉献"的企业精神，努力实现"哪里有高铁，哪里就有木之君"的目标。

近年来木之君公司荣获的殊荣有：鄂州市创新创业示范企业、鄂州市文明诚信私营企业、鄂州市安全生产标准化三级企业、鄂州市诚信经营示范企业、鄂州市工业高质量发展十强企业、湖北省守合同重信用企业、湖北省企业技术中心、武汉工程大学实践教学基地等。

湖北兴欣科技股份有限公司

　　湖北兴欣科技股份有限公司是一家集塑料复合管研发、生产、设计、销售、安装为一体的国家级高新技术企业，成立于1994年12月，位于湖北省鄂州市。公司拥有两个生产区，占地面积共计280余亩，现有职工350人。公司注册资金10010元，总资产2.8亿元，近年来年均营业额逾4亿人民币。

　　公司于2005年引进华中地区首条钢丝网增强聚乙烯复合管生产线，现拥有钢丝网增强聚乙烯复合管生产线6条，可生产dn50-dn800规格、压力等级pn0.8Mpa-pn3.5Mpa管材，年产量可达1.5万吨；钢骨架增强聚乙烯复合管生产线4条，可生产dn75-dn630规格、压力等级pn1.0MPa-pn4.0MPa管材，年产量1.2万吨；多重增强钢塑复合压力管生产线3条，可生产dn315-dn2400多重增强钢塑复合压力管，年产量7000吨；管件注塑机11台，可生产内径dn50-dn800的各种类型电热熔管件和钢骨架塑料复合电熔管件，年产量4000吨；钢带增强聚乙烯螺旋波纹管，年产量1.1万吨；内肋增强聚乙烯（PE）螺旋波纹管生产线2条，可生产dn200-dn1200管材，年产量2000吨。各类产品合计产能可达5万吨/年。

　　"科技创新是第一生产力"，公司始终把技术创新放在发展的首要位置。技术人员占职工总人数35%以上，科研人员占职工总人数20%以上。公司现有塑料复合管道产品设计高级专家一人，国家一级注册建造师一人，注塑成型加工及配套机械磨具设计加工中高级专业技术人员12人。公司参与了GB/T32439-2015《给水用钢丝网增强聚乙烯复合管道》、CJ/T225-2011《埋地排水用钢丝网增强聚乙烯（PE）螺旋波纹管》等国家标准、行业标准的编写制定。

　　2014年2月，公司与武汉理工大学签订合作协议，共同组建新型管道材料技术研发中心，该中心先后被认定为"湖北省认定企业技术中心""湖北省新型管道材料技术研发中心"。

　　"质量是企业的生命"，由于公司的产品主要应用于市政给排水、生活给水、消防给水、燃气、煤矿、矿山及其他工业领域，产品质量尤为重要。为保证出厂产品的质量，公司采购了大量先进的实验设备及检测器具，培养了专业的质量检测人员，凡出厂产品均能做到产品受检率100%，产品合格率100%。

　　公司在发展过程中先后通过了ISO9001-2007质量管理体系认证、ISO14001环境管理体系认证和OHSAS18001：2007职业健康安全管理体系认证。公司"天健"商标获得中国驰名商标称号。公司也被工商总局评为守合同重信用企业。

　　公司设立了专门的工程安装公司，专门为产品提供安装和售后服务，并在施工过程中提供专业的安装焊接设备，对施工质量进行现场控制、指导，并提供设计寿命在内的终身技术咨询和维修。为提高服务效率，公司在全国主要地区都有服务点分布，相关技术人员能做到24小时内到达现场。

公司秉承"质量是生命，诚信是灵魂，创新是源泉"的经营方针及"滴水不漏，用户至上"的经营宗旨，坚持"团结务实、求实创新、开拓进取、与时俱进"的企业精神，为振兴民族工业、创新国家品牌的目标而奋勇前进。

鄂州威尔工业有限公司

鄂州威尔工业有限公司成立于2004年，公司位于鄂州经济开发区樊口民信西路6号，后迁移到武汉港内，是一家专业从事马上五金用品的企业，专业生产各类不锈钢、碳钢、合金钢等材质的精密铸造毛坯件及马上五金成品零件，主要产品有口衔、马刺、马镫、扣件等，年产量约为40万套。产品全部销往欧洲、美国、日本等发达国家和地区。

公司拥有齐全的生产设备、检测设备，合理的生产工艺和较为完善的质量保证体系，车间主要有精密铸造、组合安装、表面处理等等。公司按国内、国际标准生产，满足不同客户的需求。公司密切关注国际国内市场发展趋势，自主开发，以积极探索、敢为人先的企业精神和良好的信誉服务社会。

公司现有职工一百余人，管理和工程技术人员约二十余人，具备完整的管理和生产技术体系，是一家值得信赖的企业。

公司始终坚持：只有给客户提供高质量的产品和服务，才能增强产品竞争力，才能不断扩宽并巩固海外市场。"以人为本，科技创新""优质服务，用户满意"是公司的经营理念。公司将始终以市场为导向，以客户需求为中心，奋力进取，努力开发开拓，生产更多更好的高新技术产品为广大客户服务。公司竭诚欢迎国内外新老客户、各界朋友光临，愿与各界朋友携手合作，共求发展。

湖北金牛管业有限公司

湖北金牛管业有限公司是武汉金牛经济发展有限公司于2012年在鄂州投资建设的全资子公司。金牛管业是一家专业致力于提供新型塑料管道全套系统解决方案，立足高性能、高分子材料多元化应用研究和加工领域的民营国家高新技术企业。公司占地面积24万平方米，2019年实现产值13亿元，实现税收4000万元，现有员工860人。

金牛管业产品质量优异，顺利通过国内外各种专业认证和检测：在行业内率先通过ISO9001质量管理体系认证、ISO14001环境管理体系认证、OHSAS18001职业健康安全管理体系认证和SGS权威检测和检验；通过欧盟CE、西班牙AENOR、法国BUREAV VERITAS、澳大利亚WaterMark、欧罗斯GOST等国际权威认证。

先进的管道技术、科学的企业管理、一流的产品质量和完善的售后服务，使金牛管业赢得了广大客户的信赖。公司产品2004年被评为"湖北名牌"，2006年获得"中国名牌"的荣誉，2009年公司的"金牛角"商标被认定为"中国驰名商标"。

湖北金牛管业有限公司金牛不锈钢供水流体管道管件制造项目由金牛世纪实业控股集团有限公司投资建设，主要研发生产各类不锈钢管道管件。项目已于2019年3月29日正式签约落户，总投资20亿元，项目占地590亩，总建筑面积40万平方米。项目主要新建不锈钢管材生产线100条、管件生产线120条，建设研发中心、检测中心、行政楼、生产厂房及员工生活中心等基础设施。目前项目场地平整已完成。项目投产后，管件设备达到国际一流水平。

湖北金牛管业有限公司共有员工860人，春节期间有50人分三班驻厂值班，这批以中高管及骨干为主的人员为支援新冠肺炎防疫，先后与中建三局、水务集团等公司参与武汉火神山医院、武汉雷神山医院、阳逻方舱医院、黄冈方舱医院、鄂州杨叶镇临时防疫医院等项目所需管道物资的发货及安装等事宜，为打赢疫情防控阻击战贡献了一份力量。

3月17日，收到鄂州市防控指挥部复工通知书后，企业在抓好防控"六个到位"前提下，根据市场订单需求，陆续分10批次安排员工到岗复工复产。第一季度受疫情影响，市场行情低迷，公司业务开拓困难，销售收入和产量只有上年同期的1/3，设备利用率50%左右。4月份产量达到14800吨，与去年同期基本持平，设备利用率达75%~80%，销售收入明显上升，达1.18亿，只比上年同期少1000万。5月分公司销售收入和产量与去年同期相比均略有增长，企业效益好转。

根据疫情期间国家出台的相关政策，公司享受了以下扶持措施：

1. 免交三项社会保险单位缴纳部分，2月至6月，月均少交社保费用38万/月（共计190万）。

2. 用于企业培训经费的稳岗补贴由根据上年度失业险总金额的70%上调至100%，企业将享受20万的稳岗补贴。

3. 2019年技改项目补贴的100万资金已到账。

4. 税务部门现场对接，从大数据中筛选供需方的精准服务，帮助开拓市场。

5. 不锈钢新项目开发征用的500亩用地手续已基本完成，平整地面收尾工作已在市城投公司的安排下基本完工，目前正交接地块。

6. 鄂城区政府、包保帮扶单位市政法委、樊口街办全力支持企业工作，送物资、送政策、送服务，为企业解决实际问题。

困难是当前的，金牛管业始终坚持迎难而上，解决自身问题，承担更多的社会责任。在后续工作中，金牛管业将继续扛起疫情防控的主体责任，严格落实常态化防控措施，把好人员、车辆、物资等"入口关"，做到体温检测和进出登记无遗漏；把好日常生产"管控关"，做到员工口不离罩、饭不聚吃、人不聚集，确保公共场所、生产车间清洁卫生，员工健康作业；把好常态化作战"宣传关"，做到思想不松弦、防控不打折、应急不断档，有力保障复工复产和员工生命健康，助力鄂州经济快速复苏。

湖北诺琦投资集团电气有限公司

湖北诺琦投资集团电气有限公司（原武汉市诺琦光电产业制造有限公司），处于湖北鄂州市鄂州经济开发区发展大道特一号"武汉港工业园"内，占地400亩，工业厂房48万平方米。公司注册资金1000万元，在配电行业一枝独秀，大放异彩。公司是集研发、制造、销售为一体的多元化企业，在产品科技含量和技术创新上取得了巨大成就，将更好地为电力行业用户服务。

公司是原机械能源部定点生产高低压开关设备的制造厂商，主要生产12KV以下的高低压控制设备：KYN28-12金属铠装中置式开关柜、HXGN17-12型箱式固定环网开关柜、XGN2-12型箱型固定式交流金属封闭开关设备、六氟化硫环网柜、箱式变电站、PX-10控制保护屏、DT-10集中控制台、BZGN型镉镍直流屏、GCK（GCL）型抽出式低压开关柜、GGD型低压开关设备、GCS型低压抽出式开关设备、DOMINNO型低压抽出式开关设备、母线槽系列等。公司还生产各种型号标准高低压电流、电压互感器及各种非标定制；GDF固定分隔柜、MNS低压抽出式开关柜；PZ30系列家用配电终端箱、XL-21系列动力配电箱及其他各种型号工业民用配电系统柜定制；各种光电开关、接近开关、光声控制设备、变频设备、供水控制设备。

顾地科技股份有限公司

顾地科技股份有限公司由湖北顾地塑胶有限公司整体改制设立并于2012年在深交所上市，公司总部设在湖北省鄂州市。目前公司在鄂州、重庆、佛山、北京、马鞍山、甘肃拥有六大生产基地。公司是专业从事PVC、PE和PP系列管道研发、生产、销售的高新技术企业，产品广泛应用于建筑内给排水、市政给水、燃气、建筑采暖、市政排水排污等领域。公司营销网络遍布华北、华东、西南、西北、华南、华中各区域，产品畅销全国23个省（市）、自治区，是目前国内最具规模和影响力的塑胶建材制造商之一。

公司年平均销售额18亿元，是湖北省民营企业制造业100强、中国塑料加工协会副理事长单位、中国塑协管道专委会副秘书长单位，同时也是全国塑料制品标准化技术委员会塑料管材、管件及阀门分技术委员会的核心成员单位，在行业内具有较高的知名度和美誉度。

公司在职人员2007人，其中本部鄂州在职人员641人；拥有一支高学历、创新能力强的专业科研团队，是湖北省级橡塑工程技术研究中心、CNAS（国家认可）实验室，公司近年来在国内外公开发表学术论文近400余篇，著书三本，获得省部级科技成果奖两项。公司拥有各种专利140多项，技术实力雄厚。

公司先后通过了ISO9001国际质量体系认证、ISO14001环境体系认证、ISO18001职业安全认证、压力管道元件制造许可认证及国家节水产品认证等多种准入制度，公司是"全国工业品牌培育示范企业"，荣获"中国驰名商标"等称号。

自2020年3月23日复工后，公司已有订单3000多万元，已分批到岗612人，复工率95%，已经有22条挤出生产线和28台注塑机开机，24小时不间断生产，销售发货200余车，目前成品库存充足，能满足市场需求。

湖北高程时代标识材料有限公司

湖北高程时代标识材料有限公司主要致力于导向标识系统规划与设计，公共标志、环境标识等项目的研发、制造及安装。公司注册资本1020万元，拥有先进的标识制作、安装设备60余台（套），固定资产1100余万元。公司内设人力资源部、设计与策划部、工程管理部、市场开发部、财务部等五个部门和一个标准化标识生产加工基地。公司现有高级职称人员5人，其中高级工程师4个、高级经济师1人；中级职称15人，其中工程师6人，会计师1人，设计师8人；电工、焊工、安装工等技师28人，固定员工总数56人。

湖北高程时代标识材料有限公司集各类标识设计、制作、施工于一体，以其实用、美观、独特的设计风格，精湛的制作工艺，优良的施工质量，规范的工程管理体系，在标识领域占有一席之地。公司业务范围覆盖火车站、地铁、机场、站前广场、医院、场馆、写字楼、学校等公共标志领域。公司所完成的工程均得到业主的一致好评。

为适应公司业务发展，更好地服务广大客户，公司于2015年成立了湖北天致轨道交通设施有限公司，2016年成立了湖北汇中工程安装有限公司，均隶属于湖北高程时代标识材料有限公司。公司本着"以诚信为本，以科技为动力，以质量求发展"的企业精神，着力强化品牌意识、质量意识和服务意识，竭诚为客户提供一流的产品和优质的服务。

公司近年承接过厦深线站台、站房标识及站名发光字制作及安装，北起厦门，经漳州、潮州、普宁、汕头、汕尾、惠州引入深圳，全长502.4公里，其中广东段全长约357公里，福建段全长约145公里；另外有石武客专，正线全长840.7公里；宁杭铁路249公里等都已圆满履约。高程从客户订单开始，从产品生产到物流运输、专业安装，全程始终提供专业一对一客户服务及网络在线咨询，客户可随时通过专门客户经理或网络了解所需产品各类信息。全程贴心式服务，只为客户满意的微笑。

公司拥有经过专业培训的客服队伍，每个客户的具体合作事务指定客户经理提供一对一服务；拥有便捷的沟通渠道，严谨精致的生产过程与准确的交货时间，稳妥快速的物流服务，安全快捷专业的安装服务，及全方位的售后服务。高程人一直在努力打造完美的服务团队，每时每刻都在努力为客户提供关于标识设计制作的解决方案及更多的增值服务。

湖北新力板簧股份有限公司

湖北新力板簧股份有限公司，系民营企业，企业性质属股份有限责任公司，注册资金500万元，地址在鄂州经济开发区。公司总占地面积67.67亩。公司生产"新力"牌国产EQ140、CA141、NJ134、BJ130四大系列汽车板簧，产品达1000余种，同时承接各类国产进口异型板簧的加工，产品直销全国18个省、市、自治区，是二汽零配件优质供应商。公司现有员工60人，其中：大学学历5人、中高级职称5人、各类专业技术人员10人，中专学历20人。公司自成立以来，曾荣获"湖北省重合同守信用企业""鄂州市重合同守信用企业"等称号，一次性通过了ISO9001版国际质量标准认证，"新力"牌商标荣获"湖北省著名商标"称号，并通过了安全生产基础达标系统工程。

公司一直以"诚信、高效、务实、奉献"的企业精神回报社会，以"诚信为本、铸就品牌，优质服务、赢得市场"的经营理念，使企业日渐强大。公司一向讲信誉，守合同，在与银行多年交往过程中，从来都是按期支付利息和归还贷款本金，与银行建立了良好的信贷关系，与经营客户订立的合同履约率为100%，多次被省、市有关部门评为守合同，重信誉的单位，被中国农业银行评为信誉AA+级企业。自2009年起，公司先后引进了电脑自动控制卷耳机、加热步履式淬火炉、链条式回火炉、半自动淬火、喷丸、总装静电喷漆线等先进设备。公司对产品质量有先进的检测手段，拥有金相、探伤、化验、疲劳试验、压力测试等一系列完整设备。

董事长邱发清同志，中共党员，于2003年3月创办湖北新力板簧有限公司，鄂州市工商业联合会常委；多次被评为"区先进个人"和"优秀共产党员"。他与时俱进、锐意进取，是一位讲诚信、善经营、懂管理、富于实干精神的企业家。公司在他的带领下，坚持"优质、高效、诚信、服务于顾客"的经营方针和"质量是金，服务是心"的经营宗旨，团结拼搏，与时俱进，不断用先进的现代企业制度，构筑优良的企业文化，不断致力于向新的广度和深度拓展，建成了一支具有高度敬业精神、高效创新精神、高昂团队精神的员工队伍，打造出了"新力"品牌，营造出超时代风格的一流产品，建立了高品质、高水准的企业。

2014年9月2日，湖北新力板簧股份有限公司在武汉股权托管交易中心正式挂牌上市。这些荣誉极大地提升了"新力"牌产品在市场上的竞争力和品牌潜在地位，为企业营造良好发展环境。

"质量与企业共存、新力与汽车同行"，新力人正以优质的产品和最完善的售后服务真诚地与各界朋友开展广泛的合作，共同创造鄂州经济更美好的未来！

杜沟旺丰物资有限公司

杜沟旺丰物资有限公司法人徐正新，1962年出生，鄂州经济开发区樊口杜沟村三组人。

1999年，他在该村率先投资20多万元，购置了减速机、筛选机和球磨机，第一个办起了选铁厂。该厂当年产值百万元，创利10万元，增加就业农民30余人。在他的带动下，杜沟村在一年多的时间里就先后办起了30多家小企业。同时，这也带动了运输、餐饮商贸相关服务业的发展，带来了杜沟经济的繁荣发展，为无地农民提供了就业岗位和致富途径。

该村地处江滩，原以种植棉花为主，由于江岸逐年崩塌，村民不得不搬家，无地农民只有外出打工，农耕经济变成打工经济。在徐正新的带动下，就地安置了无地农民近千人。

2000年，由于徐正新工作突出，思想进步，带动农民致富，他光荣地加入了中国共产党。2002年，杜沟村30多家企业20多名党员，成立了铸钢党支部，徐正新被选为党支部书记。

2006年，徐正新被选为鄂城区政协委员。2008年以后随着鄂州经济开发区的建立，对"五小"企业进行了关、停、并、转的整顿，徐正新带头响应，于2012年关闭了原选铁厂，积极转产转行，自谋出路，在民用建筑、组组通水泥路、房屋维修、承包拆迁工程等方面做文章，于2015年成立了杜沟旺丰物资有限公司，由昔日的"铁老板"，华丽转身为公司"大老板"。企业规模不断扩大，年产值达1000万元，带动本村农民工就业30余人，为无地农民提供了岗位，为政府排忧解难，做出了一个共产党员的应有贡献。

2016年，徐正新被选为鄂城区人大代表。徐正新致富后，不忘社会，先后为村老年福利院、村小学、村文化活动中心等捐款捐物，为他人、为社会献爱心，多次被杜沟村及开发区党工委评为优秀党员。

第十章　旅游景点造"金山"

一、水利枢纽·湖北省文物保护单位

百年古董·民信闸

民信闸位于粑铺大堤雷山与樊口街之间，始建于1924年，1926年建成，并于1952年、1965两次进行加固。它是梁子湖流域防洪排涝的重要组成部分，也是保证鸭儿湖灌溉水位的重要工程。汛期内湖遭暴雨时，鸭儿湖的渍涝洪水必须通过民信闸经樊口闸（站）排入长江；发生旱灾又需要引灌梁子湖水经民信闸入鸭儿湖供沿湖泵站提灌农田；冬春还可抢排鸭儿湖涝水入长江。

由于老民信闸超期服役，存在重大安全隐患。为确保流域防洪排涝安全，我市在兼顾防洪安全和文物保护的前提下，在现闸址上游60米处新建一座流量为214立方米/秒的节制闸，共4孔；同时还对老闸进行加固整修，包括闸体裂缝处理、混凝土碳化处理、3扇闸门的除锈防腐等。该项工程工期24个月，于2018年底建成。

民信闸除险加固工程和樊口二站工程于2016年12月18日同日开工。两大水利工程的启动，标志着大梁子湖流域水生态修复工程进入全面实施阶段，对于解决我市水患的历史困局，确保防洪安全具有重大意义。

说起民信闸来还有一段"血泪史"。据《鄂州市志》载，樊湖人民为建樊口堤闸，自清道光二十九年（1848年）至民国十年（1922年）的73年中，曾13次倡议在樊口筑堤建闸。光绪二年（1876年），樊湖人郭瑞麟首筑樊口大坝，即现在的老街，大坝后被官府刨毁，郭瑞麟被官府通缉；光绪四年春重筑的新坝，又被李瀚章调兵刨毁，官府将领头筑坝的胡炳卢逼走外逃，将汪国源抓进大牢砍了头，并晓示民众永远不准在樊口建闸筑坝。

历史进入了1922年，湖北督军萧耀南委派吴兆麟将军到樊口筑坝建闸，吴兆麟将军来樊口后，组织将军团，召集四县六属堤士绅共议筑堤建闸开渠。历尽艰辛，奋战三载，先后修筑了樊口堤（粑铺大堤）、南北两月河（长港、薛家沟港），南北两民闸

（民信闸、民生闸）。这是当时规模最大的水利建设工程。

在建樊口筑堤闸这一项目，得到了湖北督军萧耀南的重视，他还亲自到樊口堤闸工地视察，给予吴兆麟将军大力支持。

吴兆麟将军吃住在工地上，在他身体力行的带动下，樊口堤闸工地上热火朝天，有男的，有女的，有年龄大的，有年龄小的，连大肚子孕妇也到工地上端茶倒水。吴兆麟将军看到这场面大为感动，走近一看，居然还有男的是"大肚子"，一问他是西阳畈的，还有一位是芦洲咀的，随行的湖绅告诉他，樊湖很多人得了血吸虫"大肚子病"。这里流传着两首民谣，一首是："西阳畈，大肚汉。发大水，把气叹。大的哭，小的唤。拖着肚子，去要饭。"还有一首是："走进芦洲咀，人人都有喜。女的怀十月，男的怀到底。"可见樊湖人民不但要受灾，还要遭受血吸虫的危害。千百年来，樊湖人民就是这样生活在水深火热之中，樊口建堤闸、开河渠，已是刻不容缓。

1924年，"戊戌变法"的康有为莅临樊口，参观了吴兆麟将军督建樊口的大堤、民信闸、民生闸、月河渠等水利工程，热情地赞扬了吴兆麟将军，为此书写了"为民兴利"的题词，并称吴兆麟为"畏三仁兄"。

为了修建樊口堤闸，樊口樊湖人民近百年来进行了不屈不挠的斗争，英勇而又悲壮。光绪皇帝为此下了七道圣旨，故樊口民信闸又名"七道圣旨闸"。

樊口"三麟治水"（郭瑞麟、彭玉麟、吴兆麟），功可比李冰父子，利可喻都江堰工程，与日月同辉，与樊口七道圣旨闸同存。

1938年，日寇进攻鄂州，为了阻滞日军，按照蒋介石"以水代军"，阻止日军侵华西进的战略部署，国民革命军第九战区工兵指挥部于民国二十七年（1938年）7月底，拟订《武汉周围堤堰的破坏计划》。樊口民信闸首列入其计划的第一条，即"樊口民信闸水堤破坏点之说明"，按照计划要破坏樊口大堤及民信闸，但是到了10月份执行的时候，由于当时水已退去，破坏樊口大堤已失去了作用。蒋介石学诸葛亮"水淹七军"的计谋没有实现，那么只有破坏东西必经之路的樊口民信闸，由于当时安放的药量较少，并未炸毁，只是炸损了民信闸。"位于民信闸东孔"的两颗地雷没有引爆，直到1953年维修民信闸时，用混凝土包裹起来。至今，半个多世纪过去了，民信闸车来人往，安然无恙，随着时间的推移，地雷隐患的可能性已经等于零。民信闸边藏"惊雷"，是鄂州乃至湖北水利堤闸史上的奇闻。

解放后，在党的领导下民信闸得到重建。现在民信闸的闸体上方刻有"毛主席万岁""一九六五年重建"字样，清晰可见。闸体上方"民信闸"三个大字是鄂州民国大书法家艾士林书写的，这雄浑刚毅、苍劲有力的"墨宝"又为大闸增色不少。历史进入了20世纪70年代，党和人民政府对樊口投入了数亿巨资先后修建了樊口大闸、樊口电排站、樊口薛家沟闸、磨刀矶节制闸、樊口三山湖节制闸，根除了樊口及梁子湖周边地区市县的水患，每年减灾经济效益在亿元以上，新增综合经济效益数十亿元。

今天的民信闸饱经风雨，历尽沧桑，但雄姿不减当年，风采依旧，巍峨矗大观，是樊湖水咆哮的见证，又是一座"樊口治水"的历史丰碑！

吞吐江河·樊口大闸

樊口大闸位于长江中游南岸鄂州城区雷山西坡脚下。作为梁子湖水系主要排水通道，它沟通内湖与长江的航运，又是316国道组成部分。

该闸于1971年7月动工兴建，1972年10月基本建成，1973年投入运行。其主体工程由11孔开敞式排水闸、一座100吨级船闸和一条通行载荷13吨的闸前公路桥等建筑物组成，设计排水流量1050立方米/秒。

2002年至2004年，该闸进行了大型除险加固；2013年，樊口大闸公路桥以国家一级公路桥标准进行了重建，最大通行载荷提高到100吨。

樊口大闸由排水闸、船闸、公路桥三部分组成。排水闸11孔，每孔宽6.5米，高8米，闸底高程99米，钢质平板闸门，设计排水流量1050立方米/秒（含船闸20立方米/秒）。船闸紧连排水闸，由上下游导航墙、上下闸首、船室组成，设计通航能力为100吨级。在船室中间的隔墙上，设有3米×4米的灌江纳苗闸。公路桥长104米，宽10米，桥面高程28米。从大闸至涂家咀的新港，长9.8公里，其中2915米一段可过水600立方米/秒，6885米一段可过水100立方米/秒。排水闸1970年7月1日奠基，1972年10月1日基本建成，1974年开始排水；船闸于1984年建成通航；新港1971年开挖樊口段，1974年完工。整个工程完成土方128万立方米，石方134万立方米，砌石4.4万立方米，混凝土5万立方米；使用钢材1179.6吨、水泥15963吨、木材2062立方米、炸药5647吨，总投资1510万元。排水闸1974年至1987年累计排水15亿立方米，船闸1984年至1987年累计通过船舶71635吨，通过船闸的单船最大200吨。

镇妖降魔·樊口电排站及二站

樊口电排站由进出水渠、主泵房、站前公路桥、防洪大堤、拦污栅、薛家沟闸等组成。1977年7月1日动工兴建，1980年6月基本建成。主泵房高41米，安装4台6000千瓦的发电机、4台400-95型水泵、1台50mOT桥式电动吊车。主泵房东侧设有2台1.6万千伏安带负荷调节变压器，由鄂城变电站架设5公里110千伏的高压线进站。站前公路桥长167米，为简支梁平桥。拦污栅呈人字形，分22孔，每孔5米，总长130米。进水渠用石块、混凝土块护砌，长300米、底宽50米、渠底高程11米；出水渠长200米、底宽4米、渠底高程12米。防洪大提长141米、提顶高程29米、面宽18米。薛家沟闸为钢筋混凝土厢型涵洞，宽4米，高5米，引水流量30立方米/秒。整个工程完成标工642.91万个，土方267万立方米，浇灌混凝土4.91万立方米，浆砌石方2.14万立方米，干砌石方6.06万立方米；使用水泥2万吨、钢材2900吨、木材5700立方米，总投资2540万元。樊口电排站工程，1984年荣获湖北省优质工程奖和国家优秀设计银奖，是当时全省规模最大、全国单机容量最大的泵站。受益区覆盖鄂州市、大冶市、咸宁市和武汉市江夏区，受益农田50多万亩，其中鄂州35万亩。1980年至1987年，共运行17446.12小时，抽排渍水41.92亿立方米，累计除涝173.5万亩，其中1983年抽排渍水17.78亿立方米，除涝面积56.5万亩。据统计，20年来累计运行61209.25台时，排除渍水126.86亿立方米，创减灾受益价值达36.53亿元，彻底消除了梁子湖十年九涝的水患，确保了流域内100多万人民的生命财产安全和工农业生产的正常进行。

为推进梁子湖水生态修复，破解鄂州水患历史困局，我市开建梁子湖流域第二入江通道，即打通梁子湖与鸭儿湖水系的梧桐湖、红莲湖、栈咀湖之间的通道，在樊口电排站（一站）旁薛家沟闸出口附近建第二电排站，抽排湖水入江。

二站总投资30427.58万元，建设4000千瓦机组5台，总装机容量2万千瓦，泵站设计流量为每秒150立方米。2016年12月18日开始动工，2019年5月，樊口电排二站主厂房钢结构施工完成，脚手架已拆除；副厂房浇筑封顶，开始装饰装修；1、2、3、4、5号机组已完成安装并试机。

二、娱乐公园·返归绿色环保自然生态

文化高地·西山风景区

西山作为名胜风景区，是因为它的人文历史底蕴十分厚重。唐朝著名文学家刘禹锡有句名言："山不在高，有仙则名。"鄂州西山方圆不过数千亩，平均高度百余米，千百年来却受到众多著名英雄豪杰、文人雅士的青睐，这不能不说是个奇迹。早在战国时期，伟大爱国诗人屈原遭到放逐后，曾一路顺江东下来到鄂州，登上西山之巅，发出"乘鄂渚而反顾兮"的感慨，表达自己强烈的思君忧国之情。三国时期吴王孙权在鄂州近十年间，西山成为他修文讲武、避暑狩猎、郊天即位的皇家园林。东晋太元年间，慧远高僧挂锡西山，首创"净土法门"，使西山成为中国佛教"净土宗"的发祥地。唐代政治家兼诗人元结，曾举家隐居于西山退谷，著书自娱时，不忘为民请命，深得当时百

姓的喜爱。宋代大文豪苏东坡，谪贬黄州五年却偏偏喜爱武昌的山水。他在西山"孙氏遗址"主持修建九曲亭。苏轼每次与友人游历寒溪和西山，总是"意适忘返，往往留宿于山上"。数年之后他回到京城，仍能回忆起"樊口载春酒""西山寻野梅"的情景，可见先生对西山的印象之深。与苏东坡并称为"苏黄"的黄庭坚，在西山挥毫撰写了千古流传的《武昌松阁》，其书法真迹现收藏于台北故宫博物院。明代熊桴，年少时在西山读书伏虎，日后成为抗击倭寇的儒将。大革命时期，贺龙将军率部驻防鄂城，几度游历西山，并下令保护西山及灵泉古寺。20世纪60年代中期，陈毅元帅登临西山，赞誉"西山不亚于庐山"，并勉励"一定要把西山建设好"。还值得大书一笔的是，辛亥首义中，头颅掷地撼动清王朝三百年根基的彭楚藩，其灵柩安葬于古灵泉寺后山，真可谓"青山有幸埋忠骨"。我们这些炎黄子孙当永远铭记那些中华民族的脊梁。

历代先贤为西山留下了众多的胜迹。屈原望楚亭、孙权即位坛、避暑宫、讲武堂、广宴楼、试剑石、西山古灵泉寺、陶侃读书堂、苏轼九曲亭、黄庭坚洗墨池，还有西山庵、梅花石刻等，这些都是人类共同的物质精神财富。

西山扼控扬子江、俯视武昌城，历来为兵家必争之地。三国时，吴王孙权在西山北麓设樊口戍，驻重兵拱卫武昌城。清朝末年，太平军四取武昌城，每次都与清军鏖战于西山。抗战初期，日军进犯鄂城，国民革命军一部驻守西山，与侵略者殊死搏斗。如今，鄂州作为武汉的东部门户，西山仍然是重要的军事要塞。

西山土壤肥沃，植被丰茂，气候宜人。据有关资料统计，山中现有植物300余种，覆盖率达98%。世人如此称赞"清凉福地西山前瞰千顷南湖，北临万里长江，东接繁华闹市，西扼百里樊川，有九峰六谷一湖，串联七泉和三池。远眺山势高耸挺拔，群峰竞峙，万木葱茏。近观遍山古迹景点，步移景易，使人流连忘返。"作为省级风景名胜区和湖北三国旅游线上的一个重要结点，西山业已成为鄂州对外展示的一个重要窗口、一张亮丽名片。

极目楚天怀故土·望楚亭

望楚亭立于鄂州西山剑石峰峰顶，是为纪念中国历史上第一位伟大爱国诗人屈原而建。屈原（约前340—前278年），字平，战国时楚国（今湖北秭归县）人。他所生活的时代，是军事、政治斗争最激烈的战国后期。屈原虽然出身于楚国贵族，却有着高远的抱负和理想，又具有广博的知识和深厚的文学修养，曾任楚怀王左徒（相当于副宰相），一度颇得怀王信任。他主张任用贤能，革新政治，振兴楚国，联合抗秦。可是怀王随后任用一批佞臣，如上官大夫靳尚之流，屈原遭到疏远、排挤、打击，后被放逐到汉北（今湖北汉水以北地区）。怀王受诱入秦被杀后，继任的顷襄王更加腐败，屈原再次遭到放逐，先是顺江东下（今湖北东部一带），后又放逐到江南（今湖南北部）。公元前278年，秦国军队攻破楚国郢都（今荆州城北郢城遗址），屈原闻讯后，怀着悲愤的心情，投汨罗江自杀。

据有关史料鄂州地区的民间传说以及屈原相关诗作记载，诗人在流放期间确曾到过"鄂渚"，并在此逗留了一段时日。"鄂渚"究竟指哪个地方？历来专家、学者说法不一。有的说是"梁子湖一带"，有的说是"湖北鄂城"，还有的说是"湖北武昌县西"等等。其实，"鄂渚"就是指鄂州西山一带。要知道，两千多年前，鄂城地区还是古云梦大泽的一部分，盛夏时节江湖一体，四野一片水茫茫，独有西山等高地立于水的中央，且当时鄂邑的政治中心就在西山脚下，因而，将此地称为"鄂渚"是最为妥当的。

屈原在鄂渚期间，相传曾到过泽林一带，看到生活在沼泽丛林中的人们饱受血吸虫病和各种瘟疫的摧残与折磨，便亲自传授救治和预防的良方秘法。据说喝雄黄酒、插菖蒲、艾草等就是从那时流传下来的。这年秋冬之交的一天，诗人登上西山之巅，抬首西望，在那遥远的地方，有熟悉的故乡，更有自己曾经倾心辅佐君王的国都，如今再也无缘与它们相见了，想到这里，孤独悲愤之情溢于言表，慷慨悲歌曰："乘鄂渚而反顾兮，欸秋冬之绪风。"尔后乘舟南下，前往湘、沅一带。

相传屈原自沉于夏历五月初五，噩耗传到鄂城地区时，已是第二年（前277）的五月十八日。泽林等地的人们满含悲愤，以放茅船等方式纪念这位恩人，后渐渐演变成用旱龙舟在大街小巷和乡间路上旱游。这一习俗传承至今，旱龙舟已被列为国家级非物质文化遗产名录。为了纪念这位伟大的爱国诗人，后人在他当年伫立的地方建起一座亭子。该亭始建于明朝正德元年（1506年），由兵备刚使恽巍主持。后因年久失修而圮毁。1983年，鄂州市人民政府刚一成立便主持重修望楚亭。重修后的望楚亭仍位于故基之上，东临松风阁，南接小游园，西傍秀园，北望武昌楼，占地约70平方米，建筑面积40平方米，构架为钢筋砼结构，四柱为正方体，呈橘黄色，亭顶为黛青色琉璃瓦，飞檐翘角，直指苍穹，四周由石栏环护，松柏掩映。置身亭中，放眼祖国的无限江山，胸中便自然生发出豪迈的爱国激情。

苍松滴翠水潺潺·西山庵

西山庵坐落在西山、雷山之间的落架坪东南半山腰的幽谷间，四周苍松滴翠，庵前涧溪潺潺，庵因建在西山，故名西山庵。原址传说是三国时期蜀国治中从事庞统的读书堂。庞统，字士元，襄阳人，时人称"凤雏"，很有治国理政的才学，他投奔刘备后，很受器重。《庞统传》云："亲待亚于诸葛亮，遂与亮并为军师中郎将。"赤壁大战前夕，他随刘备驻樊口，在此结庐居住读书办公，故有读书堂名。建安十三年（208年），孙刘联军为破强敌曹操，庞统在读书堂巧施连环计，暗使曹操上当将战船用铁链连起来，最后被孙刘联军一把大火化为灰烬，大败于赤壁，成为千古名谈。约于223年，当时有尼姑在读书堂的原基上修建庵堂供奉神佛，故称西山庵。西山庵历经兴废，明代改称仰山祠，内供庞统神像，后又改名为仰山庙。1938年10月22日，国民革命军派驻两个连的兵力在仰山庙阻击日军的进攻，遭到日军飞机的轰炸，不得不撤走。仰山庙亦遭兵火。后信众筹款对毁坏的庙堂进行维修。新中国成立后，1950年土改时，僧尼被遣散，庙堂被收为国有财产。1952年，鄂城县成立西山林场，将废弃的仰山庙改作办公场所。1984年，西山风景区管理处重建，复名西山庵。

西山庵占地面积约1000平方米，建筑面积约800平方米。建筑为砖木结构的三间禅房和附属屋小亭、石桥、曲廊、厢房等，样式为仿古建筑风格，飞檐斗拱，古朴轩敞，既是信众参禅悟道场所，又是游人赏景玩乐的不俗之处。1988年西山庵被定为湖北省文物保护单位。

探幽寻踪忆浪翁——退谷·抔湖

在鄂州西山与雷山的环抱中，有一条幽邃奇特的山谷和一个波平如镜的长湖，它们分别名为退谷、抔湖。就是这样两个让人有些费解和拗口的地名，却与一位历史人物有关，他就是唐代著名政治家兼诗人元结。

元结（719—772年），字次山，自称漫郎、漫叟、浪士，河南洛阳人，唐玄宗天宝十二年（753年）进士。天宝十四年冬，安禄山于范阳（今北京附近）发动叛乱（史称"安史之乱"），元结携眷南迁，辗转来到武昌（今鄂州，下同）避乱。唐肃宗即位后，元结参与讨伐叛军，立有战功，后却因遭权臣构陷，毅然辞官归隐武昌伺亲、著书。

代宗广德元年（763年），元结来到这三面环山，一面临水，环境幽静，四季常绿的谷中定居下来。其时已罢免寓家的武昌知县孟士源，以元结退居山谷、优游耕钓之意而名之退谷。

据考证，山谷中曾有一个叫谷里村的村落，即现在的伍家垄，这里就是当年元结隐居之地。元结在《樊上漫作》中生动具体地叙述："漫家郎亭下，复在樊水边。去郭五六里，扁舟到门前。山竹绕茅舍，庭中有寒泉。西边双石峰，引望堪忘年。四邻皆渔父，近渚多闲田。且欲学耕钓，于斯求老焉。"诗中不仅描述了其退居之地的具体位置、周边环境，还点明了与邻里间的融洽关系，以至于要终老于此的愿望。

在退谷北端，有一个狭长块的湖泊，湖东岸的西山山腰石门之下，有一约2米见方的岩石突起，形如一只大石蛙，故俗称"蛙蹲石"。元结与孟士源游西山，曾于此处休憩小饮。元结便在石下凿窟窿以藏酒，孟士源则为之命名"抔蹲石"。不久元结又在石上构筑"抔亭"，并作《抔亭铭》。因该湖正在抔蹲石下，抔湖之名便由此而来。据元结描述，当时的抔湖"东抵抔蹲，西侵退谷，北抵樊水，南涯郎亭。有菱有荷，有抛（菱白）有蒲（菖满）。方一二里，能浮水"。元结每次与士源游览退谷，必泛舟湖上，尽兴而返。

元结在退谷隐居期间，与孟士源交往最密。二人同病相怜，且意气相投，相互引为知己。他们经常登西山、游退谷，诗文酬唱。一年春节期间，天降大雪不止，住在武昌城中的孟士源，清晨"起来望樊山，但见群玉峰"，马上想到山谷中的老朋友，担心其"山中应大寒，短褐何以安？"就动身前往探视，无奈"溪深渡舟难"，只得转身回家，伏案作《樊山新春大雪寄元次山》诗，表达对挚友的惦念之情。孟士源去世后，元结则作《招孟武昌并序》诗，赞扬孟士源在武昌知县任上的政绩，并要招其泉下之灵回来再游退谷，同泛抔湖，可见二人非同一般的交情。

由此可知，让西山退谷和抔湖成名的，当首推元结。而后来者对这位先贤的寻踪和所作的一系列评价，也起到了推波助澜的作用。如北宋大文学家苏东坡在其《游武昌寒溪西山诗》中说："尔来风流人，惟有漫郎叟。"南宋绍兴二十七年状元王十朋游历西山，有"短棹经樊口，高人忆漫郎。抔湖谁复泛，退谷自深藏"的感怀。此后，历朝都有墨客骚人到此吟咏一番，以示对先贤的敬重。

现在的退谷一如从前，谷幽林密，四季常绿，百鸟啁啾，常有山猫野兔出没其间。抔湖现有水面约40亩，平均水深1.5米，湖岸松竹相拥，水滨芦苇环绕，湖水清澈见底，空气清新，环境幽静，依然是游客赏景、休闲的好去处。

千年不朽的地标·九曲亭

九曲亭位于鄂州市区西山东南部的九曲岭上。据《武昌县志》引《东坡志林》记载，九曲亭为"孙氏遗址"，即三国吴王孙权定都武昌（今鄂州）时所建，后历经700余年风雨荒废成遗址。北宋神宗元丰三年（1080年），著名政治家、文学家苏轼谪贬黄州。"齐安（即黄州）无名山"，平生酷爱自然山水的大文豪，伫立黄州江滨极目远眺，好生羡慕"江之南武昌诸山"。同年四月的一天，苏轼在几位友人的陪同下，"策杖载酒"，乘舟渡江，跨过寒溪，在茂密的松树、柏树林中，沿着羊肠小道向上攀援，来到一块平地上歇息。苏轼倚靠在大树浓荫下的石头上，抬眼望高峰，低首看大江，转脸观溪流，心情格外舒畅。就在这时，他发现旁边不远处的草丛中，残留有建筑物的基石。友人告诉他这是孙吴时期一座亭子的地基。苏轼听说后便立刻笑着说："这大概是要成全我们在此修建亭子吧！"苏轼的提议，得到了大家的赞同。后在众多友人的资助下，经过两年的建造，一座崭新的亭子立于九曲岭上，命名"九曲亭"。为此，苏轼特地致书远在筠州（今江西高安县）的弟弟苏辙，嘱咐其撰写《武昌九曲亭记》，以记其胜。

在其后近千年里，九曲亭虽屡遭毁损，但都因仰仗苏东坡的盛名而得到修复，但亭名屡有变更。元泰定年间，判簿王野奴主持重修，改名为"最乐亭"。明嘉靖二十八年（1549年），给事中刘起宗谪贬武昌，邀集严汉节等当地绅宦重建，更名为"怀坡亭"。明隆庆四年（1570年），该亭又毁，严汉节仍然健在，且年过百岁，在知县李有朋的建议下，再次捐资修葺。明崇祯年间，知县邹逢吉主持重修，改名"怀苏亭"。清顺治七年（1650年），知县徐翀再修，世人称其"苏子遗亭"。清康熙三十年（1691年）提学缪沅重建，复题为"九曲亭"。清乾隆二十一年（1756年），知县谢奉璋主修，后毁于清咸丰初年。至清同治十年（1871年），由提学张之洞重修。民国二十二年（1933年），邑人余千祥、黄海涛创议重建。民国三十一年（1942年），邑人孟丹溪、胡南坡等发起维修。新中国成立以来，鄂城县和鄂州市人民政府对九曲亭进行过多次维修。一次又一次修缮和重建，见证了鄂州人世世代代对苏轼这位旷世文豪的崇敬与怀念。

九曲亭正面对山，背面临壑，两侧翠柏相拥，环境雅致。亭形方正，红柱黛瓦飞檐翘角，风格古朴典雅。亭内北侧设有黄色屏壁，正面为苏辙的《武昌九曲亭记》，背面书有苏东坡《武昌西山》诗。两侧红柱上刻有清代名臣张之洞撰联，其联曰："鼓角隔江听，当年短棹频来，赖有诗篇消旅况；宾僚随屐至，他日玉堂归去，也应魂梦恋清游。"

如今，每当游客途经此亭，往往都会步入亭内，驻足壁前，高声吟诵诗文。而那些文人雅士，则不免生发思古之幽情，甚至神游千年，与东坡先生作一番诗文酬唱。只是这位先贤生前未必料到，立于武昌西山的九曲亭，连同苏东坡的名字，会传承千年而不朽。

登阁临风听松涛·松风阁

松风阁，是鄂州西山标志性建筑之一。据有关史料记载，古松风阁位于松林繁茂的万松岭，前望白虎岭，后倚郎亭山，下临灵泉寺。阁台依山而筑，阁中轩敞廊回，环阁松柏掩映，白日松荫深邃，入夜松涛阵阵。难怪数十年后，武昌（今鄂州，后同）县令薛季宣赞曰："西山多景，此景为最。"

北宋仁宗庆历年间，谪知岳州（今湖南岳阳）的滕子京欲重修岳阳楼。他深知滕王阁等名胜历经风雨战乱而不废圮，是因为有名人记述。思之再三，他认定范仲淹是当时"文章、器业为天下之时望"的大人物，于是向其写《求记书》。他在书中说："窃以为天下郡国，非有山水环异者不为胜，山水非有楼观登览者不为显，楼观非有文字称记者不为久，文字非出于雄才巨卿者不成著。"远在千里之外的范仲淹不负托请，平生从未去过岳州，仅依据《求记书》《洞庭晚秋图》及历代名人咏叹岳阳楼的诗赋，写下千古绝唱《岳阳楼记》，从此让岳阳楼名传千古。

松风阁始建于北宋徽宗崇宁年间，建阁者也明白这个道理。该阁刚一落成便遍访贤者为之题名。也许是因缘巧合，抑或是上苍有意安排，就在这时，黄庭坚来到了武昌。

黄庭坚（1045—1105年），字鲁直，自号山谷道人，晚号涪翁，洪州分宁（今江西修水县）人，宋神宗时进士，历任知县、秘书省校书郎国史馆编修官等职。黄庭坚师从苏轼，与张耒、晁补之、秦观并章称"苏门四学士"。后诗文与苏轼齐名，世称"苏黄"；书法与苏轼、蔡襄、米芾齐名，为"宋四家"之一。

崇宁元年（1102年），黄庭坚在太平州（今安徽当涂）任职，上任九天后被罢免流放到鄂州（今武汉市武昌区）。不久他便乘舟溯江而上，途中又见挚友张耒因追悼苏东坡而贬官黄州（此时苏东坡已于上一年病逝于常州），于是舟泊武昌凭吊东坡遗踪并期待与张耒晤面。听说黄庭坚不期而至，东道主盛情相邀，黄庭坚欣然应允。登上斯楼，平生以老松自嘲的黄庭坚，在阵阵秋风里，举目四顾遍山松林，灵感顿生，遂将新阁以"松风"名之。接下来自然少不了要宴饮庆贺一番。入夜后，遇上一场秋雨，大家留宿阁中。乘着酒兴，黄庭坚又吟诵了一首《松风阁诗》。次日，诗人挥毫将此诗书写在一张碎花布纹纸上。原作字二寸左右，笔力遒劲，布局自然潇洒，纸色微黄，其真迹现藏于台北故宫博物院，是中国诗书艺术宝库中不可多得的珍品。

松风阁建成后近千年间，曾遭到多次毁圮，又屡屡重修。《武昌县志》载，清康熙九年（1670年），知县熊登主持重修。21年后，提学缪沅又主持修葺。清道光十六年（1836年），毁于一场大火后，松风阁沉睡了100多年。1985年，成立不久的鄂州市政府重修松风阁。新修的松风阁位于望楚亭下的松林之中，东临灵泉寺，南望西山庵，西邻试剑石，占地面积400余平方米，建筑面积约500平方米。新阁仿宫殿式样，为三层砖木结构，由五间六架，54根木柱及门楼、回、厢房等组成，重檐飞角，红椽青瓦，古朴典雅。一楼大厅正壁巨幅木屏上，刻有黄庭坚手书《武昌松风图诗》。三楼大厅则有古今文人分别撰写的《松风阁记》。

登临松风阁，观莽莽林海，能平添览胜之雅兴；沐飕飕松风，可生发思古之幽情。

松风阁，真是揽古思今的好去处。

青山有幸埋忠骨·彭楚藩烈士墓

从西山古灵泉寺大雄宝殿后门拾级而上，穿过双十牌楼，便会看到一个圆形的坟墓，在苍松翠柏的掩映下，显得格外肃穆。墓里安放的是辛亥首义率先举戈，撼动清王朝三百年根基的彭楚藩英烈遗骸。

彭楚藩（1884—1911年），字青云，世居鄂城东门，后迁至华容凉亭村。彭楚藩少读经史，能以诗文抒发大志，20岁在家乡广福寺任私塾老师，阅《猛回头》《革命军》等书刊，接受进步思想，毅然投笔从戎，为推翻清朝统治奋战。1906年应募入新军第20混成协11营左队当兵，结识了张难先、刘静庵等民主志士。后刘静庵下狱，楚藩涉嫌被逐出兵营。1911年初夏，楚藩考入湖北宪兵学校，不久加入文学社，后入共进会，任两组织的宪兵营代表。9月，革命党人欲以两组织为基础以图大事，楚藩以其特殊身份进行联络、斡旋。湖北革命军总指挥部筹建时，他被推为军事筹备员，利用职务之便，侦探、收集各方情报。

1911年10月9日，汉口宝善里14号机关部暴露，清廷湖北当局马上全城戒严搜捕革命党人。彭楚藩闻讯立即赶往武昌小朝街85号军事指挥部，会同蒋翊武、刘复基等紧急会商，达成一致后由总指挥蒋翊武下令当日夜半举事，不期清廷军警破门而入，彭楚藩等当场被捕。深夜，湖广督署开庭会审，主审官铁忠见楚藩身着宪兵服，想到宪兵营头目是自己的妹夫，便有意开脱道："你是宪兵，是去捉革命党的吧？"谁知楚藩大笑说："我就是革命党！"铁忠转而呵斥："你身为宪兵，竟敢谋反，该当何罪？"楚藩斩钉截铁地说："我既从事革命，早将生死置之度外！要杀便杀，何必多言！"铁忠等闻之相顾失色，遂禀明总督瑞澂，于次日黎明前，将彭楚藩、刘复基、杨洪胜押到督署东辕门内斩首。

是夜，革命党按期行动，彭楚藩同乡程正瀛打响了首义第一枪，革命党人高呼"楚虽三户，亡秦必楚；楚虽三烈，覆清必楚"的口号攻占总督署。经过一天一夜浴血奋战，首义功成，武昌全城汉帜高扬。

武昌起义后，革命党人士找到烈士遗体，将尸首缝合，入殓后停放于武昌紫阳路楚王殿，供革命党人祭奠。南北议和告成后，鄂军政府下令公祭三日，祭毕移棺鄂城。移棺当天，将棺木前扎龙头，后扎龙尾，由200名士兵列队护从，鼓乐军号开道，旗幡联幛蔽日，绵延数里；全城歇市，所经街道摆设香案，各界人士及广大市民挥泪拜送；南京临时政府副总统、都督黎元洪及湖北军政府全体要员均亲送灵柩至码头上船，再派20艘炮船护航出武汉港。移送灵柩船只到达鄂城，全城军民来到北门江滩，燃鞭放炮，焚香化纸，把酒酹江，鼓乐震天，一路迎送至西山，安葬于古灵泉寺后山之上。

1956年，彭楚藩烈士墓被列为湖北省文物保护单位。鄂城县（市）、鄂州市政府先后拨款对烈士墓进行修整。烈士墓园前临灵泉古寺，背倚西山主峰，左边青龙山，右边白龙山成拱卫之势。占地面积近200平方米，由墓冢、双十门楼及围院等组成。院门前的牌楼两侧，镌刻着"浩气贯长虹黄帝子孙原有种；红旗光大地人民事业正无疆"楹联；墓前立有墓碑，上刻"彭烈士楚藩之墓"；墓后围墙上嵌有墓志铭，介绍烈士生平事迹。墓园四周常年青松翠柏环绕，古寺里每日晨钟暮鼓声悠悠。长久以来，凡是到过西山的游人，总会来到烈士墓前肃立凭吊，向这位为推翻封建帝制而献身的英烈表达崇敬之情。近些年来，每到清明时节，人们都会自发地到此扫墓献花，祭奠、缅怀这位炎黄子孙的脊梁。

滨江新景·樊口公园

2017年9月30日，中国一冶集团承建的鄂州樊口区域沿江路及江滩环境综合整治工程开建，工程区域面积5.06平方公里，项目总投资58亿元。这是我省长江大保护投资最大的单体项目。

樊口区域集防洪、生态、交通、旅游等区位优势于一体。本次综合治理将补足区域防洪排涝能力不足、环境质量较差的短板，构建山水林田湖绿色生命共同体，重现"百里樊川、玉带萦回"的意境，最终促使樊口形成一个生态、畅通、活力，并彰显鄂州这座千年古城文化特色的重要片区。

工程于2020年底完成，这一工程，使鄂州樊口区域开创了长江流域的三个第一：长江第一宽滨江生态风貌带，长江沿岸第一个水上植物园，长江第一个自然式鱼类洄游通道。

曾经饱受水患。鄂州樊口区域位于市区之西，长江中游鄂黄河段南岸西山节点附近：北临长江，与黄州赤壁相望；南濒洋澜湖，同万顷碧波相连；东接鄂州市区；西与百里樊川为邻。然而，这片天赋自然之美的区域，一度"因水而患"。

樊口区域内的新港、长港、薛家沟是梁子湖、保安湖、三山湖、鸭儿湖等鄂州城市内湖唯一的防洪排涝通道。近几年来，闸站排涝能力不足、河道过流能力有限的短板日益突出，到了2016年洪灾更暴露出了这一问题。

由于梁子湖流域发生内涝，水位居高不下，最终爆破梁子湖与牛山湖隔堤，1658位村民被迫紧急转移。据不完全统计，鄂州市2016年夏受灾人口21.4万人，倒塌房屋651间，农作物受灾面积31.283万亩，共造成直接经济损失23.42亿元。

防汛期间，区域交通能力的瓶颈也凸显出来。一段时间以来，316国道和239省道均利用樊口大闸交通桥作为通行道路，防汛期间社会交通与防汛工作相互干扰，樊口大闸的使用寿命已受到影响。

更为严峻的是，区域内长江岸滩分布众多非法砂石码头，随意倾倒的垃圾，不仅妨碍长江行洪，而且严重影响周边环境；内河水系周边分布大量棚户区，部分生活污水直排入河，导致湖体水质下降，水生态环境趋于恶化。

总之，随着经济社会发展，作为鄂州西大门和进出城区的交通要道，以及梁子湖的入江处，樊口区域的交通压力与日俱增，长江岸堤隐患、大梁子湖流域排涝安全等问题亟待解决。

高位规划设计。针对受困于交通和水患压力的樊口区域，鄂州市委、市政府高位规划设计，把修复长江生态环境摆在首要位置，以争创"世界规划师协会和联合国人居范例奖"为标准，规划设计了"樊口区域防洪及环境综合整治项目"。

这里将成为长江沿岸最宽的江滩公园，由岸线向内延伸达420多米。该项目核心区面积5.06平方公里，主要建设内容包括江滩综合整治（含一级水源地保护）、水系综合治理、沿江主干路（桥）建设、生态景观工程和市政及其他配套工程等，立足于防洪及环境整治，依托樊口区域的水文地质条件和资源优势，将樊口区域打造成彰显水利核心功能、注重生态环境改善、富有历史文化内涵的鄂州城市新名片。

樊口公园项目，主要包含四大工程：一、江滩综合整治（含一级水源地保护）工程，对原有岸坡进行改造、加固，实施江滩平整、恢复生态滩地面貌；二、水系综合整治工程，对樊口大闸、电排站及樊口二站外侧河道进行扩挖，对新港、长港、薛家沟等河道岸坡进行防护、设置亲水步道，拆除重建抚湖通江涵闸，进行坡面生态修复和湿地、环湖绿道建设；三、沿江主干道工程，以桥梁形式跨越樊口大闸出口及樊口电排站出口；四、环境景观工程，对樊口区域进行生态修复、环境整治及景观建设等。

四大工程建设，使樊口区域成为"水安全、水生态、水环境、水景观、水文化"多位一体的城市生态文明建设示范区、水生态文化旅游区和淡水资源保护示范区。

因水而兴，走绿色生态发展之路。

为了实现樊口区域环境综合整治目标，需首先解决位于长江干堤外的杜沟村整体搬迁难题。

1998年长江特大洪水后，长江干堤外民院先后整体搬迁，到2017年前就剩下杜沟村，长江水位最高时超村落海拔近4米，全村村民在1954年、1998年、2016年洪水来袭时全部撤离，洪水退后才回到村庄。

2015年4月15日至8月底，经过近5个月工作，所有村民房屋全部拆除，圆满完成了鄂州市委、市政府交办任务。2016年5月，樊口区域沿江已拆除散乱污企业、加油站和砂石码头88家。随后，沿长江护坡工程正在有序推进，已完成江滩护坡3.2km，桩基完成50根。

樊口区域一方面存在着防洪排涝能力不足、环境质量较差的短板，另一方面区位优势潜力巨大。这里地处"武鄂黄黄"城市连绵板块核心，与黄冈、咸宁同位于长江黄金水道中游，紧邻省会武汉市，通过城际铁路和高速公路与圈内城市沟通便捷，交通物流优势明显。

另外，樊口区域是梁子湖水系中新港、长港、薛家沟三条港道的交汇之处，是梁子湖唯一的排涝通道，是流域保障防洪排涝安全的控制性节点。同时，长港生态水廊毗邻三国吴王故都避暑宫—西山，"三国文化"底蕴深厚，其旅游区位优势将待开发。

2018年4月底，鄂州樊口区域江滩环境综合整治工程通过财政部PPP综合信息平台管理库审批，并与国家开发银行签订贷款合同。按计划，该工程当年底完成堤外江滩护坡及滩地土方整形工程，2019年5月完成堤外生态绿化及园建工程，2019年12月完成堤内河道护坡及绿化工程，2020年5月份完成沿江路桥工程，2020年12月全部完工。

长江大保护——樊口区域江滩环境综合整治工程

◆ 推动湖北长江经济带发展，首先要牢固树立尊重自然、敬畏自然、顺应自然、保护自然的理念。

◆ 坚定不移走生态优先、绿色发展之路。

◆ 坚持保护第一的原则，把修复长江生态环境摆在压倒性位置。建设生态长江、涵养文化长江、繁荣经济长江。

◆ 构建山水林田湖绿色生命共同体。山水林田湖是一个生命共同体，人的命脉在田，田的命脉在水，水的命脉在山，山的命脉在土，土的命脉在树。

◆ 重现山水相依的意境。将鄂州樊口段打造成为长江三个第一：长江第一宽滨江生态风貌带、长江第一个水上植物园、长江第一个自然式鱼类洄游通道。

回归自然·青天湖湿地公园

青天湖湿地公园，坐落于樊口西南的杜山社区、旭光社区和周为社区交汇处。湖水呈东南至西北走向（北狭长，西南宽阔）。公园规划面积2700亩（约1.8平方公里），湿地面积1356亩（约0.904平方公里），水深1米至2米。

公园北距樊口街不足1.5公里，南距路口街1公里。优越的地理将公园置身于"武汉城市圈"的交通网中。旭光大道、滨港大道、青天湖路、叶溪路、四海湖大道等交叉延伸于湖滨周围；汉鄂高速自东向西在青天湖边通过，武黄城际高铁和青天湖大桥并排横跨公园两岸；吴楚大道30分钟可直达葛店、武汉。公园周围住宅和商贸密集。红枫佳园、叶溪小区、程操小区、杜山小区、周为小区、旗杆小区、西城景苑、豪威城市广场、御景湾小区、五星级酒店、鄂州第二中学以及武汉港工业园、浙江工业园等100多家社区和企业落户于青天湖畔，给公园聚集了人气。公园东有玉带般长港的环绕，有吉祥寺的护佑；北有薛家沟的支撑；南有黄山、张山的耸立；中有共青港与长港的贯通。这里山清水秀，人杰地灵；波光粼粼，风景别致。这里既是人水交融的集生态、旅游、商贸为一体的休闲宜居地，又是继洋澜湖风景区、沿江公园风光带之后，鄂州崛起的又一景观湖游览区，更是一颗镶嵌在樊口工业园的璀璨明珠。

青天湖自古属樊湖水系，属断裂沉陷积水湖。它既是百里樊湖抵达樊口的东岸，又是长江上游至樊口出江的便捷水道。昔日樊湖水产、水运发达，商贸往来频繁，青天湖叶渼码头行业的兴起，曾名噪一时。因青天湖水道的便捷，曾留下隋文帝杨坚在青天湖"吉祥梦"的故事；因青天湖物产丰饶，曾留下朱元璋少年时在青天湖张山放牛的传说；又因青天湖的神秘，让一湖洁净的水与佛祖结下不解之缘。过去，江湖贯通，水满时，青天湖有5000多亩，湖面四通八达，曾经东抵长港，西至旗杆塆，南达祝叶，北抵叶渼薛沟。盛水时平均3米至5米，湖岸曲折，湾汊咀多。湖水环绕三村湾落，常年荡漾在湾坡脚下。那时，青天湖烟波浩渺，水天一色。湖水清澈见底，可直接饮用，曾为湖岸百姓提供生产生活用水；水产动植物丰富，可谓荷花飘香，菱芡遍野，鸥翔鱼跃，杨柳依依。鱼虾、莲藕曾经救过无数饥饿的生灵，是名副其实的"生命之湖"，曾有"鱼米之乡"美喻。

自1958年樊湖垦殖至1965年建南塘口闸后，梁子湖与鸭儿湖隔断。峒山湖消失后，青天湖水位下降，湖面缩小至2000亩左右。自1964至1970年杜山湖区开挖共青港沟通长港，1974年筑愚公堤后，青天湖一分为二。随着吴氏湖、狗头湖、黄山湖、垄塘湖、高基塘等湖的消失，青天湖面积缩小为450亩，成为当年杜山大队"副食基地"。那时的青天湖"夏日荷花别样红"，自然生态极佳，湖光山色常让人流连忘返。但十几年的围垦滥挖，造成湖床抬高，水源枯竭，水质污浊，野生动物鸟类消失。昔日鸟语荷香的景色不见了，一度让人惋惜。

可喜的是，随着鄂州西城区的建立，2014年鄂州市退圩还湖工程的启动，2015年青天湖正式规划实施生态恢复工程，用五年时间将满目疮痍的青天湖改造成湿地公园，让她重现昔日妩媚绰约的身影。该项目总投资5亿元，利用国家生态基金，采取总承包建设模式，内容包括清淤、护坡、水系、河道、防汛、环保及绿化、亮化、硬化等工程，旨在恢复湿地生态环境，着力打造"海绵城市"，提升陆地汇聚雨水、蓄洪排涝、净化涵养等功能，将青天湖及周边建成具有调蓄排水、游览观光等多种功能的城市公园型景区。

已建成的湿地公园面积1356亩，其中水面681亩，绿化面675亩。由3大景区，12处风光带组成。5公里长的环湖路，蜿蜒连通各个景区，其中，杜山景区分布于公园东岸，南北走向，全长2.1公里，计300亩，由叶溇、杜山、御景湾、共青港、黄山等风光带组成；周为景区分布于公园西北岸，自东北至西北走向，全长1.2公里，计150亩。由蔡家墩、闵家塆、丁家凼等风光带组成；旗塆景区分布于公园西南岸，自西北至东南走向，全长1.7公里，计225亩，由蔡家咀、旗杆塆、大小海、张山等风光带组成。景区还建有停车场、充电站、人工喷泉、休闲广场、体育器具、大型灯柱以及购物、卫生等设施，人性化配置应有尽有。

走进公园，首先让人感受到人工造园的魅力，仿佛置身于绿色海洋之中。当夜幕降临，华灯初放，"月上柳梢头，人约黄昏后"。携友款款而行，清风徐来，让人心旷神怡。环湖路蜿蜒曲折；羊肠小道曲径通幽。眼前，绿树成荫，错落有致；沿途古松、古槐、古桂、古樟、银杏、芙蓉、水竹等名贵树种点缀其中。道旁坡上，绿色植被整体覆盖；绿茵草坪散发出阵阵幽香；五彩花卉竞相开放。走累了，可上凉亭小憩；或坐奇石遐想；或下坡到湖边栈桥赏湿地红莲，看水波荡漾，观鸥鸟飞翔；或上坡徜徉于钢塑走廊，感受人工雕凿的震撼；或徘徊于人工池，赏一赏水生植物；或上人工岛去感受海市蜃楼的朦胧。如有兴致，可邀朋友一起上曲桥垂钓；或携知己上水榭亭阁小酌。阳光普照时，登上青天湖大桥，公园风光尽收眼底。面北观高楼林立，绿色环抱；水中倒影，让人迷离。面南看武黄高铁凌空飞驰的壮观；赏一汪湖水环抱的黄山和张山，不禁让人顿释"山不转水转"的真谛。

青天湖湿地公园，景区隔湖相望，互为映衬。公园虽小，但"动、声、水、色、香"等景观俱全。它以湖水为中心，利用自然湖汊地势，采用集锦式划分景区，使整个园区体现出大中有小，小中见大，景中有景的效果。借助人工叠山理水，"咫尺山林"，建筑和山水搭配，使游览者感受到"虽由人作，宛自天开"的意境之美。总之，她就像一朵美丽的睡莲静卧于鄂州西城区城乡接合部，是樊口工业园不可多得的休闲、旅居之地。美哉，青天湖，壮哉，湿地公园。如今青天湖正以她婀娜的身姿、羞涩的笑容去拥抱、恭迎四方来客。

三、休闲农庄·田园生活的时尚追求

百果飘香·得胜龙福果园农家乐

龙福果园位于鄂州经济开发区得胜村，所在地史称姚南新。其西面有一线青紫色陶土，北抵"青龙咀"状如头角峥嵘，南收"黄金墩"形似龙尾生风，一条青龙活灵活现，该园因此而得名。龙福果园东仗武九铁路雄风，西借洪港清波灵韵，南待得胜大道蓝图初显，北眺超凡码头日新月异。地理位置奇特，乡土风情浓厚。游客可在316国道得胜村五组路段"得胜龙福果园"标牌处下车，沿路标指示西行400米许，若遇武九铁路之阻，莫疑无路，可左拐觅取华山独径穿涵洞体验曲径通幽，则立见青荷一池，竹篱茅舍，柳暗花明，别有洞天。

龙福果园是先有果林而后有"农家乐"。据说这里原是一片沼泽和芦丛，洪水来去自由，洪水退尽后就成为良田。这里留有一口深水凼，是田地灌溉之源。后来旁边野生一棵桑葚树，每年结满了紫红的桑枣。初夏天，一位老农荷锄而归，看见一位身着古装的年轻人在树下摘枣吃，举止文雅，英俊不凡。他觉得眼生，便蹑手蹑脚上前看个究竟，不想让年轻人受惊现出原形：老农分明看见一条小龙跃入水中隐形了。后来这片土地旱涝无常，农主先后弃耕。今天的园主慧眼识真，淘得这片宝地，用辛勤的汗水浇出一片果园。

龙福果园果木种植历史已有二十余年，种植面积达三十余亩，目前有桑葚、枇杷、红冠桃和冬枣四大种类。紫红的桑葚酸甜可口，越来越受大众青睐。桑葚含有多种功能性成分，如芦丁、花青素、白黎芦醇等，具有良好的防癌、抗衰老、抗溃疡、抗病毒等作用。枇杷秋冬开花，春夏成熟，独备四时之气。枇杷不仅味道鲜美、营养丰富，还有生津润肺、清热健胃、利尿滋补和强身健体的功效，对促进消化、解暑、润肺止咳、预防感冒都有较好的作用。红冠桃是美国选育的早熟新品种，果肉红色，肉质硬脆，纤维少，风味甜，有玫瑰香气，六月食之沁人心脾。冬枣是无刺枣树，是一种晚熟鲜食优良品种。果实含有较多的维生素A、维生素E、钾、钠铁、铜等多种微量元素，有保持毛细血管畅通、防止血管壁脆性增加的功能，对于高血压、动脉粥样硬化病症有疗效，有防癌之功效，营养价值为百果之冠，有"百果王"之称。果园品类逐年增多，力求四季有果可采。

与果园紧密相连的一片池塘之中种有湘莲，游客伸手可及，这是园主与乡邻合作种植的又一特色农家作物，为的是补齐秋季采摘活动。游客可深入果园，现采现摘，果实鲜而无公害，亲自然而乐趣多。这里既可荷池听雨，又可林中戏鸟；既可秋千摇春梦，又可楚汉两交兵；既可观看古井生玉，又可体验土灶旺财。"文化长廊"里，八仙古董桌可留八方客，一杯荷叶茶能聚一家亲。蓑衣、斗笠令人想起"斜风细雨不须归"的诗句；石磨、石臼把您带回"新妇舂粮独睡迟"的年月。手抚纺车，你会想起"慈母手中线"；眼见风簸，你可教育孩子"粒粒皆辛苦"。一盏马灯会让你情不自禁来上一段《红灯记》；一辆水车会让你拿起话筒深情唱一曲"水车小屋静"。可能当你玩兴正浓的时候，"土灶荷叶蒸饭""土灶锅巴粥"已经香了，"烧烤百味"让你食欲顿开。游客可吃到自己制作的石磨汤圆；园主可指导您烹调传统的手擀面条。小朋友可以吃到自己亲手垂钓的小龙虾；大人们则可品尝园主土法酿制的鲜果酒。餐桌上，新鲜的农家菜现摘现炒；菜单上，可点"清蒸唐老鸭""卤制王冕鹅"，特别是"红烧枇杷鸡"供不应求。"枇杷鸡"为园主自养，整日在果园自由放牧，喜欢拣食落地熟果，成年鸡下的蛋品质独特，鸡肉烧制溢出枇杷香味。枇杷鸡成为该园品牌，名播十里八乡。还有，那挂在主柜台附近的大晒箕是一个非常有创意的广告牌，上面印着该园的温馨提示，其内容有"带好小孩，远离危险"；"留意物品，避免遗失"。比如：果树喜欢开玩笑，如果小孩爬梯摘果，它们就会用树枝扎他的小屁股揪她的小辫子，最后不知道让哪条树枝来负责任；还有美女尽量不要在古井边长时间逗留，因为里面住着龙太子，至今单身。

这里不妨给大家介绍一下龙福果园的主要成员。

有一位经常在果园忙活的老者就是为人们敬重的周老师，周老师年逾七旬，他的事迹多次见于报端。其祖上周湘畹曾为清代武昌县令，立有"耕读传家，诚信做人"的家训，周老师铭记在心。他看到许多良田抛荒，主动让教从耕，垂范乡里。他现在重点的工作是不断改良品种，推陈出新。以他的勤劳和智慧或可嫁接出"三千年一开花，三千年一结果"的仙桃。只要多来几次龙福果园，您就有可能成为第一个吃到仙果的人！

再看在土址边忙碌的那位女子，便是名满得胜的"周府西施"，周家贤惠的儿媳！她任劳任怨，开办乐园的功劳有她的一半！再看那位面带谦和微笑的小伙子，接来送往，端菜拿酒，忙得不亦乐乎，他就是园主。他头脑灵活，又勇于创新。想当初，他力主开办龙福果园农家乐，没有得到家人、乡邻的理解和支持。他不言放弃，认真研究，独自打造，把果园采摘、农家游乐活动与乡土文化有机结合，终于让他家的农家乐初具规模，得到大家的认可。

小伙子眨眼就有一个窍门，他正着手打造果园环形观光路，还要让"文化长廊"所有的古董都能"动"起来。说不定三天后，农家乐又推出了新的项目。

说到这里，您是否有一种来龙福果园的冲动呢？

第十一章　民生福祉助民乐

一、教育场所

人才辈出·鄂州市二中

　　风雨沧桑创佳绩，桃李芬芳遍神州。鄂州市第二中学，它的前身是鄂城县第四中学，创立于1956年，校址设在鄂州市以西——"代有人文出、引领千古风骚"的樊川入江之口樊口古镇。学校位于长港之滨，雷山脚下，水陆交通非常便利，学习环境十分宜人。

　　60多年来，二中几经变迁，历经艰辛与曲折，迎来了兴旺、发展与超越。从初创的鄂城县四中到鄂城樊口高中，由普通初中升级为普通高中；从鄂城樊口高中到鄂州市二中，由普通高中升格为市直重点高中；从当初几间平房扩建到今天的高楼耸立；从创立时的百余名学生发展到今天的3000多名在校学生。一代又一代二中人肩负着崇高的历史使命，励志求索，辛勤耕耘，为高等学校输送了一批又一批合格新生，为祖国各行各业培养了一批又一批实用创新的人才，为鄂州的建设和发展作出了巨大贡献。

一、创建与探索期（1956—1965年）

　　学校创立初，校名定为"鄂城县第四中学"（当时全县共有六所中学），是一所公办的普通初级中学，学制三年。校舍全部是新建的平房，总建筑面积为1160平方米，全校占地总面积13.2亩。第一任主持工作的副校长是李龙，学校有教职工19人，第一届招收一年级新生141人。1956年9月5日，学校隆重举行首届开学典礼，各项工作开始正常运转。

　　1958年秋季，这所创办才两年的学校更名为"旭光人民大学"，并打算办成从幼儿园至大学的"一条龙"学校。当时招收的"大学生"都是农村社队的基层干部（如大队书记、大队长、会计、妇女主任等），这些学生文化基础参差不齐，有的甚至连自己的名字也不会写。结果是由于种种原因，到1959年春季开学时，几乎无人入学。"大学"仅维持半年就宣告夭折，后又改名为"鄂城县第四中学"。

1959年，县调整学校布局，扩大办学规模，大搞"合班并校"，将当时的路口、临江、段店三校的初中班全部合并入樊口，联合办成一所规模较大的初级中学，校名继续沿用"鄂城县四中"。

这一时期，关于教育方针的贯彻，走的是一条曲折的路。

建校后的1956年，学校贯彻五育（德育、智育、综合技术教育、体育、美育）方针，培养目标是使学生成为"社会主义社会自觉的积极的建设者和伟大祖国的保卫者"。1957年，毛主席提出"我们的教育方针，应该使受教育者在德育、智育、体育几方面都得到发展，成为有社会主义觉悟的有文化的劳动者"。由于紧接着进入"大跃进"时代，全体师生都投入到"大炼钢铁"的政治运动中，以教学为主的学校秩序被打乱，这一方针没有得到很好的贯彻。

1958年9月，党中央、国务院颁发的《关于教育工作的指示》指出："党的教育工作方针是教育为无产阶级政治服务，教育与生产劳动相结合。"王天健、陈贤学等领导为了贯彻这一工作方针，带领学校办了工厂（如红砖、水泥厂等）、农场（如路口农场等），实行勤工俭学，进行革命教育。由于社会活动、生产劳动多，课堂教学时间不能保证，教学质量得不到提高，但培养了学生的勤劳美德，发扬了勤俭传统，被当时的县委、县政府授予"勤工俭学先进学校"称号。

1958年11月，时任湖北省省长张体学来校视察并做了端正办学方向、弘扬勤俭精神等重要指示。

1959年以后，胡俊明、夏廷铎校长在"三年自然灾害"极度困难的情况下，大力进行社会主义思想教育，确立坚持走社会主义道路的办学思想，贯彻勤俭办校、勤俭办学的方针；与此同时组织师生搞生产自救，既提高了师生思想认识，也锻炼了抗灾能力。"布衣暖、菜根香、读书滋味长"的精神在校得以流传。1959年10月，坦桑尼亚文化代表团成员二人小组来校参观，由时任校长夏廷铎负责接见。外国友人对学生刻苦学习、自强不息的精神十分赞赏。

1962年，有王性初等20多名优秀毕业生考上了黄冈中学（当时省名牌高中），鄂城四中成为当时教坛上一颗耀眼的新星。

1963年4月，樊敬业、罗四聪、陈学荣等领导认真贯彻执行中央颁发的《全日制中小学工作条例》，坚持以教学为主，加强文化科学知识的学习，教学质量不断提高。与此同时，毛主席发出了"向雷锋同志学习"的伟大号召，学校掀起了"学雷锋，见行动"的热潮，出现了很多助人为乐的好典型。

这一时期，学校经受了1958年"大跃进"的巨大冲击和连续三年自然灾害的严峻考验，又经过几年的苦战和调整，学校规模扩大了，教学也步入正轨。学生的思想意识出现了一个新境界，学习成绩提高到一个新水平，为下一阶段发展奠定了坚实的基础。

二、振兴与壮大期（1965—1978年）

1965年，随着教育形式的发展，"鄂城县四中"更名为"鄂城县二中"（当时的鄂城县已发展到12所初中）。

1966年，"文化大革命"开始，学校工作处于瘫痪状态，鄂城二中名存实亡。

1969年，"文革"中期，学校以"五七"指示为依据，又将"鄂城县二中"易名为"樊口五七中学"，主张学生走"五七"道路，在社会实践中学习，培养"立竿见影"的实用人才。这些做法，违背了教育规律，给教育质量造成了难以估量的损失。

1971年，随着教育结构的调整，学校得以重建，学校领导班子由胡俊明、徐国华、潘龙发、王力丁等组成，学校更名为"鄂城樊口高中"，由初级中学升级为高级中学。又根据中央"学制要缩短，教育要革命"的指示，学制定为两年。这意味着二中完成了义务教育的历史任务，将向更高的目标前进。

1972年，时任县委书记曹锦林来校视察工作，鼓励全校师生为办好樊口高中而努力。

"文革"后期，"以学为主"变成了"以兼为主"，"批判资产阶级"成为主课，下乡下厂劳动变为中心，文化课可有可无。学校教育遭到了前所未有的破坏。

1976年，"四人帮"被彻底粉碎，广大教师得到了解放，樊口高中重获新生。恢复高考制度的1977年，樊口高中举行了"文革"后的第一次高考。当年考生176人，全军覆没初战失利。

1978年高考，只有徐卫平一个学生过线，虽只一人"金榜题名"，却是0的突破。这一点"星星之火"，引发了后来的"燎原之势"。

一个励精图治、团结奋进的战斗集体正在形成，旧貌终于变新颜。沐浴在改革春风中的樊口高中，正迈开步伐，在新的历史时期，不断地发展与超越。

三、发展与超越期（1978年至今）

1978年，"樊口高中"改名为"鄂城二中"，历史又揭开了新的一页。在改革开放的强劲春风催动下，二中由普通高中升格为重点高中，学校发生了质的飞跃。

怎样将二中办成真正的重点高中？历史的责任落在了校长汪浩然的肩上。1978年9月，学校坚定不移地贯彻教育部修订的《全日制中小学工作条例》（试行草案），很快稳定了教学秩序。紧接着学校全面贯彻"三中全会"通过的《关于建国以来党的若干历史问题的决议》提出："坚持德智体全面发展，又红又专，知识分子与工人农民相结合，脑力劳动与体力劳动相结合的教育方针"，进一步明确了办学方向和培养目标，学校工作开创了二中有史以来的新局面。汪校长用唐朝韩愈的"业精于勤荒于嬉，行成于思而毁于随"作为校训，激励学生。

从1979年起，学校领导坚持"教书育人"的办学宗旨，明确提出"严肃校风、严格教风、严谨学风"的"三风"建设，整个校园营造出师生奋发、教学相长的良好氛围，教育教学质量蒸蒸日上。

1980年高考，214名考生，153人过线，升学率达70.14%，在全县独占鳌头。其中熊丽萍、杨菊华、吕文艳、罗志芳、陈瑜"五朵金花"考上武大，更有徐卫国名列全省文科第二，与张新华一起考进北大。二中文科脱颖而出，在全省产生强烈反响。

1982年高考，继1981年熊唤军、廖焱青考取北大后，廖圣泉同学考上了清华，汪自雄、周珠桥同学进了北大。

1983年高考，吴永兵同学以571分的成绩夺得全市理科第一，与潘唤群同学一起进入中国科技大学。姜辉、吕岩锋、陈建华以559的高分考取了清华，汪建云、刘文斌考上了北大。潘敏同学以优异成绩摘取了全省文科状元的桂冠，被武大点录。这一年，省教育厅白厅长来校视察，表彰学校取得的优异成绩。

1983年11月，《黄冈报》以《全面贯彻党的教育方针，不断提高教育质量》为题，介绍了二中的办学经验。省《内参》也刊发了鄂城二中《全面贯彻党的教育方针》文章。

1984年，汪校长在全县有关会议上作"全面贯彻党的教育方针，大面积提高教育质量"的经验介绍，后来在省电视台进行了报道，又被《湖北日报》全文转载。自此，学校在全省内外教育领域产生了"轰动效应"，仅1983年至1986年四年间，外地来访者应接不暇。其中本省有武汉、黄石、黄冈、宜昌、十堰等22个县市和地区的70多所学校；外省的有江西瑞昌、河南上蔡、广西临桂等省市自治州的20多所学校，总计约2000人次。与此同时，慕名而来的学子络绎不绝。此时的二中声名大噪，名扬一方。

1980年至1984年连续五年高考，鄂州二中无论上线绝对数还是升学率，都居全县首位；连续五年语数外竞赛成绩在全县均获得优异成绩；先后被黄冈地区、鄂城县评为"教育战线先进集体""宣传战线先进集体""招飞先进单位""体育卫生先进单位"等。

1983年8月，随着鄂城改县建市，"鄂城县二中"也改名为"鄂州市二中"，属市直重点高级中学，恢复三年学制。

1984年5月，原省教育厅邹时炎厅长来校视察，勉励学校百尺竿头，更进一步。

1985年，校长徐增民主持工作。学校在全面贯彻党的教育方针的同时，还努力实践邓小平"三个面向"的指示，明确学校工作的奋斗目标，在教育教学管理上建立起"双线管理体制"，学校工作成绩显著。1985年4月，副省长梁淑芬来校视察，对学校工作给予肯定。

1985年、1986年两年，学校在鄂州市组织的各项竞赛中取得好成绩，如语数联赛，数、理、化单科竞赛均获得全市第一，作文通讯赛获第二，特别是省地理学会主办的高三地理竞赛获全省第三、地市第二的好成绩。这两年的高考，上线人数由183人上升到222人，上线率均为全市第一。其中吴永葆同学于1985年高考考取了清华大学少年班，填补了鄂州市少年上大学的空白，在鄂东南地区仅此一人。张细高、吴孟金上了清华，张德胜、杨三文、汪文安、叶方红、周家福进了北大。市委、市政府两度授予学校"教育工作先进单位""五讲四美三热爱先进集体"等荣誉称号，市工会两度授予"工会财经工作先进单位"称号。

1987年，学校在校长秦荣华的领导下，开始着手进一步完善并健全《校长责任制》《教导主任责任制》《教研组长责任制》《教师责任制》等规章制度，使全面贯彻教育方针、提高教学质量有了管理制度上的保证。

学校在1987年全省高中生作文竞赛中获鄂州赛区总分第二名；全省英语奥赛获全市第一名，省复赛得二等奖。潘友平同学在全国高中数学联赛中获省二等奖，后被保送湖北大学数学系。

1987年、1988年高考，谢国会、周文平、方佳平考上了清华，陈邦发、王泽民考取了北大。升学率仍继续保持在全市领先的地位。学校工作得到了市委、市政府的充分肯定，被授予"先进党支部""知识分子工作先进单位"等荣誉称号。

1988年元旦，副市长阮宝洲陪同副省长韩南鹏来校向全体师生恭贺新年，并祝愿文明之花开满二中校园。

1989年，学校工作由郑本映同志主持，在任期内，他始终注重以德树人，用科学做思想政治工作，用两个文明建设校园，把培养"四有"新人作为教育目标。

1990年、1991年高考，黄自军、高飞同学先后考取北大。1990年，学校在全市首届高二学生物理实验操作获团体总分第一名。1991年，学校在全市国情知识赛中获高中组一等奖。1992年，有一位同学获全国数学竞赛三等奖，有四位同学获高中化学奥赛一等奖。市教委评定鄂州二中为"全市十个文明建设试点单位"之一。1991年，学校被评为"樊口地区城市建设先进单位"。1992年3月，学校又被评为"全市卫生先进单位"。

1993年，田松山校长主持工作。他提出了试行《教职工岗位补贴暂行条例》《高考奖励细则》《高一、二年级奖励细则》等规章条例，目的在于激发师和生、教与学两方面的积极主动性。

1992年至1995年，三年来学校在全国高考、学科竞赛和各种比赛中都有突出表现。1994年李治国考取北大、1995年金卫军保送湖北大学。1995年高考，216个考生，上大专线的就有200人，如果加上中专线的，上线总人数达到215人，这就是说99.5%的学生有学可上，有书可读。

1992年，一名同学获全国数学联赛三等奖。1993年，有两位同学获全省英语竞赛鄂州赛区一等奖；一名同学获第十届全国中学生物理竞赛湖北赛区三等奖；四名同学获湖北省第六届中学生作文竞赛市级一等奖；艾波同学荣获《半月谈》奖学金及荣誉证书；学校在市教委主办的"爱祖国、爱老师"歌咏比赛中荣获一等奖；市政府授予学校"文明单位"称号；市教委授予学校"先进学校"称号。

从1996年到2002年高考，二中上线人数直线上升，1998年高考上省线404人，超过了历史记录，净增人数在全市首屈一指。2002年高考上省线生达822人。由1996年的156人到2002年的822人，翻了5倍多。其中1996年至1999年四年中有刘林涛、杨劲松、王益群三名同学一同进入中国科技大，有余庚华、彭凯两名同学分别保送武大、华中师大，罗克考上了华中理工大少年班。省教育厅指定二中为"有资格保送学校"。

2003年，全国高中数学联赛二等奖1人（全市仅此一人），三等奖4人。第二十届全国中学生物理竞赛省级二等奖12人，三等奖4人；市级一等奖11人，二等奖5人，三等奖8人。全国中学生化学竞赛省级二等奖1人，三等奖2人。全国中学生生物竞赛国家级二等奖1人，省级二等奖1人。

2004年，第二十一届全国中学生物理竞赛省级一等奖3人，二等奖4人，三等奖3人。

2004年高考，980人参考，791人上线，上线率达80.17%，连续两年夺取省线率全市第一。其中，三（12）班彭璐同学语文考了140分，全市并列第一。

2003年至2005年，学校先后荣获各级各类奖励达10多项。

2007年至2019年，学校按照"以人为本，质量为重，和谐发展"的办学理念和"和谐理校，质量兴校，管理强校"的办学方针，狠抓管理和教学工作。

学校高考上线率、一本升学率稳居全市第二，近几年高考各批次上线率都在全省平均水平的两倍以上。学校每年还有多名学生在省市学科竞赛中获奖。学校还注意通过多种形式对学生进行文化、体育、艺术、科技、心理健康、安全法制等方面的教育，促进学生全面发展，每年都有体育艺术特长生被高等院校录取，学校人才培养质量优秀。

2019年高考再创三线招生以来最好成绩。一本大文大理过线85人，其中理科55人，文科30人。一本理科600分以上二人，文科1人，理科最高分630分。

学校先后获得"湖北省教改名校""湖北省安全文明校园""湖北省卫生先进单位""省五四红旗团委标兵""市先进基层党组织""鄂州市中小学管理30强""市常规教学优胜单位""鄂州人最喜爱的品牌"等多项殊荣。每年都有学生在各级各类学科竞赛、文体比赛等活动中获奖。学校广播台、文学社、书法协会等学生社团蓬勃发展，学生自办刊物《成长》已成为锻炼学生能力，展示学子形象的靓丽名片。

2020年，新冠肺炎疫情来势凶猛，导致教学受阻。学校迅速决定"高三先行，其他年级随后，视频直播和推送网课并举"的线上教学工作原则。9名高三备课组长和骨干教师首期轮流为学生开展网课、作业讲评。随后，高一、高二年级也借助不同的网上教学平台开展网上教学。疫情期间，真正实现了"家校一线牵，停课不停学"，将疫情的影响降到最低。2020年高考，二中近千名学生如期参加考试，并取得了良好的成绩。

鄂州市二中新校区也正在建设中，地点位于杜山村吴楚大道以南、旭光大道以西、青天湖路以东，项目占地面积17.23公顷，总建筑面积8万平方米；设75个标准班，在校生3500人，项目总投资2.5亿元。将二中迁建，可以说是顺应民心的善举，得到了社会各界的大力支持。

从1956年至2020年，伴随着时代的风雨，鄂州二中走过了64年的战斗历程。长江后浪推前浪，学校新人换旧人。鄂州二中在艰难中前进，在改革中发展。办学条件日趋完善，办学规模逐渐扩大，教育质量不断提高，办学效益明显增强，努力地完成了各阶段的任务，各项工作上了新台阶，为今后的远景目标夯实了牢固的根基。

鄂州二中已有无比辉煌的过去，二中人将创造更加灿烂的未来。

人杰地灵·樊口中学

樊口中学创办于1956年，坐落在雷山脚下，东依樊口大闸进水港新港，西邻樊口电排站进水港，北临武昌大道，南接渔业湾。校园占地面积2.49万平方米，建筑面积1.46万平方米。现有教学楼、综合楼各1栋，教师宿舍楼3栋，学校各科实验室、微机、电教、劳技、音乐、师生阅览室等配备齐全。学校现有9个教学班，在校学生360人；有专职教师90人，其中高级教师28人，一级教师55人，省级骨干教师2人，市级学科带头人22人。近几年来，学校在教改论文和业务竞赛中获奖198人次，公开发表论文38篇，其中国家级、省级刊物杂志上发表15篇，在省市级优质课、案例课件评比中有14人次获奖。2017年在全市教师技能大赛中荣获团体一等奖，校长周建兵荣获"鄂州市第四届十大杰出青年"提名奖。

学校先后荣获"湖北省劳技教育示范学校"、"湖北省'创新教育'实验学校"、"全省安全文明校园"、全市"普法依法治理先进单位"等荣誉称号。

培育桃李·樊口中心小学

樊口中心小学坐落于樊川大道29号，毗邻鄂州市二中，是一所集小学学历教育、家长学校为一体的街办学校。学校始建于1956年，前身是"向阳小学"，几经辗转，发展成为环境优美、装备精良、师资过硬、成绩优良的现代学校。

学校现有学生821人。学校占地10371平方米，校舍面积4000平方米。学校现有教师

49名，学历结构：大学学历40人、大专学历9人，教师学历达标率100%。职称情况：高级教师4人，一级教师33人，二级教师11人。

樊口中心小学不断更新办学理念，构建科学的素质教育导向机制，坚持"育人是根本，质量是生命，校风是灵魂，科研为先导，学生是主体，教师是关键"的办学指导思想；践行"规范治校、安全立校、环境美校、科研强校、质量兴校、特色活校"的办学思路；实现"基础扎实，特长明显，和谐发展"的育人目标和"上规模，创特色，争一流"的管理目标；建设优美的育人环境，浓厚的文化环境，和谐的人际环境；孕育朴实的校风、勤劳的教风、踏实的学风。

学校不断加大投入，改善办学条件，仅2015年学校就投入资金400余万元，建起了标准的图书室、科学实验室、音乐室、微机室、美术室、电子备课室、多媒体教室，每个教室都安装了交互式电子白板；建立起塑胶环形跑道、标准篮球场、羽毛球场等。学校各类器材设施设备均达到国家标准；并修缮学校花坛，形成四季常绿、时时鲜花盛开的花园式学校。

多年来，学校走出了"学生成才、教师成功、学校发展、社会满意"的教育之路，取得了辉煌的办学业绩。教师在国家、省市级获奖一百多人次。学生在全区各类考试、竞赛中年年名列前茅。扎实的基础，过硬的成绩，我校学生受到各级各类学校的一致好评。

培桃育李·钮墩小学

钮墩小学创建于1973年，位于钮墩村中心地带。学校属村办小学，占地面积9244平方米。

学校现有6个教学班，在校学生64人，附设专任教师16人，其中中小学高级教师1人，中小学一级教师11人，中小学二级教师4人；本科学历5人，专科学历11人，职称和学历合格率100%。

自建校以来，学校在办学条件上取得了长足的发展，先后兴建教学楼、综合楼等，校舍面积1452平方米，环境幽雅。学校教学仪器、技术装备配套设施完善，实行班班通教学，充分体现现代教育的优越性。学校绿化区设计新颖别致，体育器材齐全，堪称花园式学校。

在"以人为本，全面发展，培养新世纪合格人才，构建和谐校园"的办学理念，与几代园丁的辛勤耕耘，并在校训"文明、勤学、博爱、体健、创新"的激励下，钮墩小学一路辉煌，培养出了一大批社会主义建设的中高级人才，学校先后被评为"绿化合格学校""绿化先进学校""德育先进单位"等。

校长寄语：天赋在于勇于创新，自立自强，用身心去感悟，用行动去收获。

培桃育李·得胜小学

得胜小学坐落在长江之滨，武黄公路旁，水陆交通极其便利，是一所集小学、幼儿、学前教育为一体的村办学校。学校占地5000平方米，布局合理，"三区"分离，现有四层教学楼一栋，教师宿舍楼一栋。校园环境优美，绿树成荫。办学条件优越，设施齐全。共有学生近140人，在职教师17人。专任教师中，获大专及以上学历17人，教师学历达标率100%，小学高级教师12人，小学一级教师5人。

学校始办于1949年，几易其舍，到今天已走过了60多个春秋。60多年来，在各级领导、各界人士的大力支持下，学校由小变大，由弱变强。学校师生共同打造了一个又一个金字招牌。

学校坚持质量是生命，校风是灵魂，科研是动力，学生是主体，教师是关键的办学思想。不断创建浓厚的文化环境、和谐的人文环境，营造朴实的校风、务实的教风、踏实的学风，养成学生的儒雅气、教师的学者气、学校的学术气。

学校教师团结拼搏，勇于创新，赢得了一次次骄人的成绩。近几年教师论文、教案设计、教学比武等获省级奖十多人次，市级奖一百余人次。学生的优秀作文、书画作品获省市级奖两百余人次。学校先后被评为"绿化合格学校""市文明学校""教育教学先进单位""教学质量检测优胜单位""学生综合竞赛优胜单位"。

愿为桃李三春秀，献出胸怀一片丹。今朝的得胜小学人正秉承着以人为本、全面发展的办学理念，孜孜不倦，呕心沥血，为托起明天的太阳，不断地追求卓越！

校训：自强　博爱　求真　务实

办学理念：让教育充满幸福，让幸福伴随人生

教风：乐教　好读　勤思　善研

培桃育李·周㠙小学

周㠙小学位于周㠙村社区东部，西接郭档村，东连旭光村，南靠杜山村，北邻钮墩村，是一所典型的充满江南水乡气息的农村学校。学校环境优美，绿树成荫，是儿童成长的乐园！

学校前身是闵家湾私塾馆，1956年被政府收编，正式定名为"周㠙小学"。

1993年群众捐资161.5万元，重新划地建成了一幢三层八间教室的教学楼，另配有厕所，占地2160平方米，校舍面积1080平方米。学校现开设有6个常规教学班。

学校现有在职在岗教师12名，其中中共党员11人，中小学高级教师3人，中小学一级教师13人，市级"三八红旗手"1人，区级骨干教师2人，是一支思想素质高、业务能力强、团结拼搏、和谐共进、极具发展潜力的教师队伍。

20世纪90年代，学校从一年级到六年级学生数始终有300人左右。当时学校各项综合指标考核在全镇先进行列。

进入2009年以后，周为小学归属鄂州经济开发区，随着进城人口的增加，学生数也在减少。每次区级统考成绩名列前茅，部分转出学生，陆续又转回本校就读，人数基本保持在180人左右，六个年级每班30人左右。

"以德立校、依法治校、教研兴校、质量强校"是学校的管理策略，"为学生健康成长奠基，为教师持续发展铺路"是学校的办学理念。学校不但注重文化科学知识及思想品德教育，而且注重音、体、美、劳的教育，努力创设实施素质教育的环境，使学生得到全面和谐的发展。

规范学校管理，建立健全各项制度，使学校德育、常规管理、教学管理、艺教、体育等工作有序发展。随着教育改革的不断深入，学校正在创建"一流的管理、一流的师资队伍、一流的教育质量"；培养"勤奋、活泼、严谨、博学"的学生；构建和谐、民主、务实、高效的运行机制。在上级领导的关心和支持下，经过全体师生的努力拼搏，学校一定会成为有特色的、家长满意的农村学校。

培桃育李·周铺小学

周铺小学是一所全日制普通小学，位于鄂州经济开发区寿昌西路83号，创建于1950年，原名东伏小学，1963年更名为周铺小学。学校占地面积6582.5平方米。学校现开设7个教学班，在校学生143人；在职在岗教师20名，其中党员8人，高级教师4人，一级教师教师12人，本科学历7人，大专学历12人，市级学科带头人1人。

学校是一所功能齐全、设备先进的现代化学校，拥有计算机教室、实验室、仪器室、音乐教室、舞蹈房、图书室、阅览室、科技制作室、名师工作室、录播室等，相关配套设施齐全，各教室、功能室均配有多媒体设备。雄伟壮观的教学楼在绿树红花的掩映下令人赏心悦目，以传统文化为主题的校园文化更折射出学校深厚的文化底蕴。

近几年，在"以制度促规范、以文化积底蕴、以特色创品牌、以品牌求发展"的办学思想指引下，形成了"艺术周铺、书香周铺、绿色周铺、快乐周铺"的办学特色。

周铺小学文化建设确立"沐浴国学经典，打造书香校园"的主体思路，坚持传承国学经典之精华，培育笃学厚德之人才的办学目标，把弘扬传统文化作为新形势下加强学生德育工作的生动载体，打造魅力学校、魅力教师、魅力学生，形成了鲜明的"育心经典"的校园文化特色。

"快乐学习，健康成长"是对所有孩子的期望，更是对周铺小学长足发展的愿景。在师生们的共同努力下，周铺小学被评为鄂州市"科技教育先进单位"，从2017年至2019年连续三年被评为鄂州市文明校园。"长风破浪会有时，直挂云帆济沧海"，成长壮大中的周铺小学正以饱满的热情朝着"创一流业绩、塑一流师资、办一流学校、育一流人才"的目标奋勇前进！

校风：团结 勤奋 文明 向上

教风：爱生 严谨 扎实 创新

学风：尊师 守纪 拼搏 好学

办学理念：给孩子最美好的童年，给人生最坚实的起步。

建设目标：努力将学校打造成具有"四园"（精神文明的校园、发展智力的学园、陶冶情操的乐园、优美环境的花园）"三特"（学校有特色、教学有特点、学生有特长）的现代化文明学校。

培桃育李·杜山小学

杜山小学位于樊口中心地段，前身是两个私立教馆，1951年由政府收编，改名杜山小学，沿袭至今。

学校占地面积16700平方米，建有一栋三层15间标准化教室和一栋三层的教师宿舍楼。学校共有建筑面积2850平方米，围墙400余米。

学校现有教职工21人，本科学历6人，大专学历15人，学历合格率100%；高级教师2人，一级教师15人，二级教师4人。学校现有教学班6个，在校学生204名，适龄儿童入学率、巩固率、毕业率均为100%。

学校环境优美，四周绿树环绕，园内绿带成行，草坪如毯、四季鸟语花香，整个校园具有花园式特色，园林式格局，是育人的好地方。

2019年的六一汇演被《鄂州日报》记者胡倩在"融媒体"上报道。五年级学生周甜甜被评为2019年鄂州市第二届"新时代好少年"。六年级学生吴易铖被评为2020年鄂州市第三届"新时代好少年"。

学校硬件建设不断完善，2018年暑假操场改造，2019年4月三厢四线电路改造，2019年11月学校围墙整体重建。学校是第一批市级"示范学校"，曾被市级授予"红旗单位""文明学校"和"花园式学校"荣誉，原国家领导人王光英，原副省长韩南鹏曾亲临学校指导。目前，学校全体教师"以学习十九大精神、办人民满意教育"为动力，以"以人为本、注重基础、以德育人、铸造英才"为前提，以"创建校园文化特色学校"为特点，以全面贯彻党的教育方针、全面培养学生为宗旨，全面提高教育教学质量，决心再续新篇，再创辉煌。

培桃育李·范墩小学

范墩小学地处九十里长港下游范墩村中部，背港临路，南接泽林，北邻樊口，是一所典型的充满江南水乡气息的农村学校。学校环境优美，绿树成荫，是儿童成长的乐园！

学校前身是老私塾，故址在新沟古庙。1949年至1954年初定名 "方意小学"。1959年划为杜山小学分部。1964年至1967年发展迅速，有学生300余名，更名为"方意小学"。1968年设初中班，占地570平方米。1980年取消初中班，正式定名为"范墩小学"。

1990年群众捐资11.5万元，重新划地建成了一幢三层八间教室的教学楼，另配有教师宿舍、厕所，占地5420平方米，校舍面积1140平方米。学校现开设有6个常规教学班。

学校在职在岗教师12名，其中中共党员8人，中小学一级教师8人，市级"十佳少先队辅导员"1人，区级骨干教师1人、是一支思想素质高、业务能力强、团结拼搏、和谐共进、极具发展潜力的教师队伍。

学校坚持"欢乐学习、健康成长"的办学理念，全面贯彻党的教育方针，秉承"崇德尚文、和乐求真、和谐自主、诚信和善"的校训，构成了"礼貌、团结、勤奋、进取"的校风和"敬业、爱生、严谨、创新"的教风。学校遵循教育教学规律，培养德智体美劳全面发展的学生，教育学生把握细节，培养学生的良好行为习惯，突出农村学校的管理特色。

学校苦修内功，创新教育教学思路，创造良好的社会口碑，树立学校美好形象，遵循"教、学、研"合一理念，开展各类教学教研活动，社区服务活动，实现教师专业发展与学生多元化发展的有机结合，努力为学校的可持续发展夯实基础。

学校积极探索教师快速成长机制，进一步规范教育教学行为；提高教师的竞争意识，研讨意识、合作意识，全面提升教育教学质量。

经过三年的维修建设，学校现在窗明几净，每个教室都配有电子交互平台；会议室、办公室等教学区和活动区的设施齐全，学校功能区布局合理，富有人性化。学校为学生提供了一块学习之地，学校的教师有决心重塑范墩小学的辉煌。

长风破浪会有时，全校教职人员将大胆开拓，锐意改革，全面推进素质教育，为文明学校、平安学校、示范先进学校砥砺前行。

呵护幼苗·樊口幼教中心

樊口幼教中心坐落于鄂州经济开发区樊口街内河巷58号，成立于1989年9月，占地面积约3000平方米，房屋建筑面积约1000平方米；可同时容纳150名幼儿入园，分为小、中、大班4个班；园内共有15名教职工，2名保安，炊事员1名。

园内环境净化、美化、儿童化浑然一体。全园有配套齐全，符合幼儿健康发展要求的活动室、午睡室、漱洗室，有功能多样的大型玩具，先进、环保、卫生的设施设备，丰富适宜的活动空间，平等关爱的人文气氛，处处体现着以幼儿发展为本的教育理念。

办园承诺：一切为了孩子，为了孩子一切。

办园宗旨：儿童之家。

办园理念：放飞希望，快乐成长。

办园目标：成长的家园，探索的乐园。

幼儿园园训：微笑面对家长，精心呵护孩子，宽容对待同事，善于挑战自我。认真开展工作，平和看待名利，勇于战胜困难。服务家长，服务社会，争取做到更好。

爱的承诺：接待幼儿要热心，照顾幼儿要贴心，处理问题要细心，教育幼儿要耐心，组织活动要用心，上班时间要专心。

二、医疗场所

一剂一丸系民安·春和堂中药店

春和堂中药店创办于清光绪二十一年（1895），位于樊口老街薛沟，后转入樊口坝上，其创始人是霍家汉。

霍家汉（1879—1961年），本姓霍，字波澄，又名汪波澄（顶外公姓），晚年号"樊湖老人"，鄂州市鄂城区人，曾任樊口商会会长。2011年被《鄂州中医志》定为地方知名中医。

抗日战争时期，霍家汉多次为当地新四军募粮募钱。霍家汉少年时遇一游方医师，跟其学岐黄之术，三年后其医理已成，便开铺会诊。其医药兼理，诚信待人，医德高尚，医术精良；又熟读《医学三字经》《药性赋》，深研《黄帝内经》《伤寒论》《金匮要略》《温病条辨》《脉学》《千金要方》和《神农本草经》《本草纲目》等。

当时鄂城一带稍有名气医生如刘楚屏、程平章等皆在春和堂坐诊过。这个药铺在当地名气很大，名噪一方，应诊病人、药材销售、批发应接不暇，还根据医生和病人要求，设立制药坊、炮制室，丸、丹、膏、散、酒等，量病而制。中药按临床要求炮制，并请鄂州名药熊良友为师，专司炮制。霍家汉本人时为樊口地区知名中医，对前来就诊的贫困患者，诊疗药费多有减免之举，令病家感激不已。特别是樊湖一线，穷者居多，霍家汉多以接济，故九十里长港和本地对其赞誉有加。

"文化大革命"时他曾遭受冲击，被群众保护。新中国成立后公私合营，药铺与樊口卫生院合并，后发展为鄂城中医院。霍家汉被誉为"开明人士"。

救死扶伤守初心·鄂州市第三医院

鄂州市第三医院位于樊口街道内河社区北部，民信西路16号。医院创建于1968年，时名鄂城县中医分院，1988年中医院迁入城区邱家咀后，被鄂州市编委、卫生局命名为鄂州市一医院樊口分院。1990年更名为鄂州市第三医院，正科级事业单位。2014年，由市政府投资新建综合住院楼。医院占地约3.3公顷，内设25个科室，有病床200余张，主要从事疾病治疗和护理工作。

抗击疫情写大爱·雷山医院

一场突如其来的新型冠状病毒肺炎疫情，让湖北诸多城市不得不关闭门户。武汉作为此次疫情的暴发地，成为举世瞩目的疫情防治中心，紧邻武汉的小城鄂州，也迅速进入临战状态。

为了遏制疫情进一步扩散，鄂州市委、市政府决定像武汉一样，打造鄂州版的"小汤山"医院。因为靠近雷山，数日过后，该医院被正式命名为"雷山医院"。

雷山医院位于樊口，是在鄂州市第三医院老院区基础上改造、新建的防疫应急医院。该项目由中国一冶集团有限公司承建，分两期建设，共设计386间病房、772个床位。医院总占地面积约21.52亩，总建筑面积约28700平方米。

一、建设历程

2020年1月26日，鄂州市委、市政府紧急启动了防治新冠肺炎的应急工程，中国一冶作为施工总承包单位，参照"小汤山"模式，在原鄂州市第三医院老院区基础上改造、新建防疫应急医院。应急用房采取"集装箱+活动板房"形式建设，其设计、施工必须达到临时应急救治场所相关设计、建设标准，预计在原有的120张专用床位基础上，新增600张床位，首期100张床位，工期预计10天左右。

1月27日中午，工程施工图纸出炉。与此同时，首批10台工程机械进驻作业现场，进行原旧建筑物拆迁及场地平整施工。当天晚上12时，施工便道就已经利用拆除砖渣修筑完成。至28日晚7时，所有拆除区域已完成拆除施工，同步实施断面整平及垫层施工。29日早7时30分，原三医院内整平场地混凝土垫层已施工完毕。

1月29日二期进场，预计在2月14日前后可以建成，有672张床位、338间病房，与一期隔路相对。

2月4日，中国一冶承建的鄂州雷山医院项目，3000人、300余台大型机械同步施工。截至4日晚上8时，雷山医院一期板房框架结构全部安装完成，全面开始水电设施安装。雷山医院二期，基础垫层已全部完成，板房拼装工作同步推进。

2月6日，雷山医院一期板房全部安装完成。强弱电、一楼卫生间已全部安装到位，排水系统、二楼暖通及卫生间加速施工中。

2月8日，雷山医院一期暨三医院综合楼改造工程正式交付。经过了几天的设备调试，病房达到了可以使用的标准。一期工程每间病房设两张床位，病房内配备新风系统，以及电视、空调、WiFi等配套设备。洗手间配备有坐便和淋浴器。交付使用后，雷山医院一期工程由市三医院负责管理，可以新增100张床位收治确诊病人，为其提供全面的诊疗服务。2月12日下午4时左右，正式开门收治病患。

2月8日下午5时，二期工程场区垫层及筏板基础混凝土全部浇筑完成；板房拼装完成60%；市政排水工程完成50%；水电、暖通、消防等正全力推进中。

2月13日，贵州省第四批支援湖北医疗队正式进驻雷山医院和鄂州市第三医院，开展救治工作。当晚，第一支"急先锋"进入雷山医院隔离病房，这里刚收治了6名新冠肺炎患者。

2月18日上午，中国一冶承建的鄂州雷山医院二期及鄂州三医院食堂完成工程移交，共计增加至少772张床位。

2月21日晚上7点，鄂州市雷山医院二期672张床位投用，鄂州"床等人"的局面拉开。

2月22日，雷山医院首批治愈患者出院；

3月1日，第50名治愈患者出院；

3月5日，第100名治愈患者出院；

3月9日，第150名治愈患者出院；

3月10日，贵州黔东南州雷山县丹江镇脚猛村驻村第一书记刘韬与儿子一同治愈出院；

3月12日，第200名治愈患者出院；

3月14日，雷山医院仅剩住院患者35名，湖北鄂州雷山医院8个病区压缩至2个；

3月16日，第300名治愈患者出院；

3月23日，雷山医院住院患者正式"清零"。在雷山医院奋战的40天里，来自贵州52家医院的医疗队员携手鄂州市第三医院医护人员，累计收治新冠肺炎患者338人，累计治愈出院324人，转院14人，其中10例重型患者经过积极治疗后转为普通型。实现"三无"：无病亡病例，无转危重型病例，无医务人员感染。随着最后一辆救护车驶离，鄂州雷山医院完成了它的历史使命。此时的鄂州，全市新冠肺炎治愈率已经接近95%。

二、设计参数

鄂州市政府于1月26日正式启动鄂州市防治新型冠状病毒肺炎医院应急工程，工程分两期建设，一期建筑面积3500平方米，由228个集装箱组成，有52个病房，100个床位；二期建筑面积28000平方米，由1418个集装箱组成，有336个病房，670张床位。

三、建设单位

鄂州雷山医院由中国一冶以总承包方式承建。由于雷山医院工程量大，工期紧，中国一冶调动了公司所有资源，湖北公司率先到达现场，承担主力施工任务，随后设计院、天津公司、钢构公司、冶建公司、建安公司、荆州公司等单位紧急抽调骨干管理人员和作业人员奔赴现场。其中，一冶钢构公司调集30名焊接师傅赶往现场，并连夜投入现场基础钢梁的焊接作业。

四、基础设施

一期工程每间病房设有2张床位，病房内配备新风系统，以及电视、空调、WiFi等配套设备。洗手间配备有坐便和淋浴器。病人的药品和食物经过传递窗投送、清洁、消毒，有效降低医护人员感染风险。整座医院还配有新风系统，室外空气净化后送到病房里，而室内被污染的空气经过消毒净化后才会对外排放。

雷山医院二期工程按照"三区两通道"标准建设，鄂州市三医院食堂位于三医院南侧，建筑面积936平方米，可以满足2000人的日供应量。雷山医院二期病房里除了有电视、空调、WIFI、卫生间等基本设施之外，同时还根据一期工程中所发现的问题进行了相应的改进，对病房结构进行调整，对通风口和出风口做了大量改进，使其更加宽敞，更有效地吸风，让病人得到更清新的空气。本项目一期、二期采用空气能热泵热水器集中供应生活热水。

鄂州市时任三医院院长潘昌如在接受采访时称，雷山医院是按照传染病医院的标准来建设的，它的新风系统、清洁区、污染区、半污染区、通风系统、整个消毒环保系统均按传染病院的环保标准来做，非常规范。

五、贵州援鄂医疗队

2月13日，贵州省第四批支援湖北医疗队正式进驻雷山医院和鄂州市第三医院，开展救治工作。

2月22日，贵州省第九批支援湖北医疗队启程前往湖北抗疫一线。医疗队的176名队员中有21名医护人员来自遵义，他们抵达鄂州后很快便进驻鄂州雷山医院，投入到新冠肺炎患者的救治工作中。

随贵州省第九批支援湖北医疗队驰援鄂州的21名遵义医护人员，分别来自遵义市第四人民医院、遵义市第五人民医院、贵州航天医院、遵义市汇川区人民医院、播州区人民医院、仁怀市人民医院、余庆县人民医院、绥阳县人民医院、赤水市人民医院等9家医院，医护人员的专业以重症科、ICU、医院感染管理科、呼吸内科等相关科室为主。其中有8名来自贵州航天医院，而从贵州省派出医疗队支援湖北至今，贵州航天医院已有20名医护人员奔赴湖北战疫一线。

2月25日，贵州省援助湖北鄂州中医专家医疗队（以下简称"医疗队"）进驻鄂州雷山医院，12名专家作为医疗队首批队员进入雷山医院6个病区，对该院收治的近300名轻型和普通型患者进行中医治疗。"医务人员除了按照诊疗方案对患者科学施救，还通过中医中药助力、加强心理援助、开展多学科会诊和远程会诊等对患者进行个体化治疗，缩短住院时间。"

医疗队由贵州省中医药管理局选派，分别从贵州中医药大学第一、第二附属医院挑选了22人组成，其中中医医师16人、中药师4人。他们分别来自肺病科、重症医学科、急诊科、心病科、药剂科等科室，大部分是副高以上职称，平均临床时间超过10年。

贵州援助湖北医疗队先后派出医疗组、影像组、检验组、后勤组等15支队伍，管理雷山医院8个病区，按照"相对分区、同类集中"的原则因病施治，为患者提供个体化治疗方案。截至3月15日，贵州援助鄂州医疗队进入临床的医务人员634名，其中雷山医院347人。

六、大爱无疆

据雷山医院工程项目经理杨胜文介绍，中国一冶现已投入大小机械设备20余台次，全部满负荷运作，24小时不间断施工。为了确保在最短的时间竣工，不少工人都顾不上春节与家人团聚，而是逆行而来，参与到工程建设当中。在最高峰的时候，工地上的工人数量超过千人。

2月13日，有记者来到距离雷山不远的雷山医院工地，发现现场热火朝天，民工均身着一冶的马甲，忙碌中秩序井然。一幅内容为"众志成城，全力以赴、誓要打赢疫情防控阻击战"的标语异常醒目。

项目经理杨胜文，一冶湖北分公司董事长龙明，施工经理杨炳阳，负责运输、道路修整、吊装的鄂州平远运输公司负责人韩才琴等人，每天都在工地上忙里忙外，他们与工人同吃同住，每天只睡几个小时。跟工人一样，他们连洗澡都顾不上，更不用说回一次家。偶尔接到家人的电话，也是长话短说。在他们看来，早日按照要求将医院建成，才是最令他们欣慰的事。

从赶制雷神山医院隔离病房钢结构，到火速支援火神山现场ICU病房制作安装，再来到雷山医院，一冶公司不计得失，不畏艰险，与疫情赛跑，赢得了公众的广泛赞誉，也树立起了行业标杆，其精神将载入史册，并鼓舞更多的人。

大灾面前现大爱，除了一冶公司的援建，贵州、北京也向鄂州派驻大批的医护人员，与鄂州的医护人员一道并肩作战。还有不少省份的捐款捐物，让鄂州人感觉到，封城之后的鄂州并非一座孤岛，它时刻为外界所牵挂。

面对未知的战场，贵医附院内科ICU主任医师杨国辉说："最大的心愿就是让病人尽快康复出院，这是我们的责任，也是我们的使命。"

从安营扎寨到冲锋陷阵，雷山医院，高峰时期有500多名贵州医疗队员在内开展救治。在完成治疗的同时，队员们要送餐、更换医疗垃圾袋、喷洒消毒液、用紫外线消毒、为病人测量血压血糖……5个小时，一刻也不能停，一步也不能错，一个班下来能走15000步。

即使累得直不起腰，医疗队员们也要用心给病人们进行心理疏导。雷山医院的每个病区都有一个医患微信群，在及时了解病情的同时，医护人员还会为患者们进行"话疗"，为患者树立信心。同时，一人一方的贵州中药也送到了每一位患者的手中，这些"有温度的汤剂"获得一致叫好。

出院患者和医护人员依依惜别，他们说，贵州医疗队员用了真心，待我们如亲人。他们约定，待到春暖花开在贵州相见。

三、文娱场所

一往情深老地方·樊口戏园

樊口戏园位于樊口坝上老街东端街北边，现樊口粮食储备站旧仓库处，兴建于1927年，老板不详。戏园建有一坐北朝南的高大徽式砖木结构的平房，占地面积百余平方米，内设戏台，摆有几张方案和条凳、椅子，供人喝茶看戏。园内没有固定的戏班子，为游走江湖的戏班子提供演出，主要演出人们喜闻乐见的楚戏、汉剧和花鼓戏。

樊口坝上老街，是长江和内湖水运码头和商品集散地，每天内外河里停满了货船和渔船，人山人海，因此，戏园子日夜都演戏，很多县城里的人也赶来看戏。

1944年2月，新四军武鄂总队率得马乡武工队，夜袭樊口戏园，处决了汉奸董汉生和王细送，吓得日本兵戒严多日。

1954年特大洪水退后，10月，鄂城县委为了加快内湖积水排泄，从樊口戏园处破坝排水，戏园子拆除。自恢复坝口后，樊口粮站在樊口戏园旧址修建了一座仓库。

雅茗溢香品闲情·樊口茶楼

樊口茶楼的历史较早，清代光绪前，樊口南市茶楼不详，光绪年间，薛家沟北市老街上有一座茶楼，两开间，坐南朝北，后临长港，一楼一底。过往官差、商旅临窗而坐，清风习习，一边品茶，一边听鼓书，或抬头仰望风景如画的西雷二山，或俯视浩浩荡荡的长江东流水，看江鸥翔舞，别有一番情趣。

1926年，樊口坝筑成后，薛家沟老街逐步迁到了坝上，茶楼也搬迁到坝上，在现樊口老街西端拐弯处的西边。1957年，樊口发生了一场大火灾，茶楼化为灰烬。

此外，1926年后，在坝上街南边的"春和堂"药铺后边的坝脚处，由王姓人开了个不大的茶馆，到1953年合作化运动后停止营业。

一个时代的记忆·"三八"电影院

"三八"电影院位于樊口街道办长堤村周家湾内，现都已拆迁。

"三八"电影院是1962年由樊口镇"三八"大队修建的一个大礼堂，用作开会和演出，后来主要用于放电影，人们就习惯地称"三八"电影院。

"三八"电影院坐北朝南，面对河堤，与长堤大堤相距100米，环境闭塞，占地约800平方米。当面是坐牌坊式的二层楼，上面设有办公室和放映室，下面开有进出门和门卫室（兼售票处），主厅是"人"字梁瓦面建筑，高10余米，厅内北头建有会台（兼舞台），中间摆有60张到80张木制长条靠背椅，供观众坐。

在那个文化娱乐匮乏的年代，看电影就是人们精神上的极大享受。不仅街上的居民喜欢看，周边公社人员也赶来看。那时，一般的片子，票价只要5分钱，好看的片子，也只要1角钱，经济得到恢复的人们大多看得起。因此，"三八"电影院，每天都座无虚席。那时放的电影有《平原游击队》《渡江侦察队》《地道战》《地雷战》等战争片子。

1964年，樊口开始放映彩色电影《红楼梦》，"三八"电影院空前火热，机关单位包场，群众买不到票，于是就有人趴在窗台上瞄。临江、蒲团、路口的社员，也不怕路远摸黑，成群结队地赶来一饱眼福。"文化大革命"后，由于有些电影禁放，一般再放电影都改在堤外河坡边晚上公开露天放映，"三八"电影院就很少放映了。

功能多样曾辉煌·樊口电影院

樊口电影院位于樊川路，市二中斜对面，兴建于1983年。该院主楼分两层，总建筑面积3000平方米，投资27万元。这里配有FL—35放映机一套，胶板翻椅994座，是一座功能较齐全的综合型影剧两用电影院，曾是樊口街道大型会议、学术报告、群众文化娱乐的主要场所。20世纪90年代后，由于电视普及城乡各家，电影院停止经营活动。

时尚引领凤凰来·豪威时代金球影城

豪威城市广场位于杜山村境内吴楚大道8号，是集品牌购物、文化娱乐、休闲餐饮等多功能的商业中心。2013年，鄂州时代金球影城在豪威城市广场3楼建成并营业，标志着鄂州城乡居民对生活品质及文化娱乐的开始有了新追求。

时代金球影城拥有7个3D影厅（面积240平方米），近1000个舒适座位，其中包含一个巨幕厅，一个VIP影厅。其装潢设施依照现代影城标准进行设计施工（高起坡、低视角、宽银幕、大排距），采用符合人体工程学设计的座椅，舒适的超宽排距；并配有先进的数码立体声放映设备，以及逼真的还原音响系统，让声光效果栩栩如生，给观众带来身临其境的全新视听感受。影院与时代院线联网，同步上映风格多样、题材各异的中外影片，让观众在豪华舒适的影厅充分领略 21 世纪电影娱乐的科技魅力，感受电影文化的梦幻震撼。

文化建设新园地·樊口街道文化站

樊口街道常住人口有35000人左右，辖区有2个社区、8个村、2个股经社。每个村、社区按要求建有农家书屋或者图书室，已经建成全民健身点19个，篮球场13个，乒乓球室15个，晨晚练点13个，在建的多位一体的体育健身公园2个，人均体育活动面积1.5平方米。群众文化阵地实现了全覆盖，基本能满足群众日常文化体育生活需要。

近年来，街道党工委、办事处高度重视文化工作，全街文化设施不断完善，文化公共服务水平不断提升，并加大了对综合文化站的资金投入。樊口综合文化站位于旭光大道2号，文化服务分为两个功能区：一区在办公大楼六楼，设置有乒乓球室、健身室（90平方米）、党员教育室、科普教育室、市民教育室、普法教育室、文化宣传室等五室（300平方米）；另一区是副三楼，于2017年10月动工，2018年4月竣工，投入资金300万元，建筑面积1200平方米，内设有高标准羽毛球室（300平方米）、棋牌室（30

平方米）、图书阅览室（电子阅览室）（100平方米）、资料保管室、办公室（40平方米）等。2018年6月正式对外开放。功能室面积大约有900平方米，文化广场面积2000平方米。文化站现有藏书2000余册。

综合文化站除了硬件设施完备以外，还注重丰富居民的文化生活。在开展公共文化服务活动中，注重发挥文化骨干的作用，加强文化志愿者队伍建设。现在每个村、社区都有几支业余文化队伍，有舞蹈、腰鼓、太极拳等，活跃在村、社区的每个角落。每年重大节日组织一场主题鲜明、群众喜爱的文艺演出活动。同时，以全民健身为目标，广泛开展球类、田径、棋牌及有特色的体育活动。通过文化志愿者队伍的建设，活跃了群众的业余文化生活，营造了全街健康向上的文化氛围。

鄂州经济开发区"周周乐"专场演出给市民带来文化大餐

2018年9月28日晚，凤凰广场灯火辉煌，歌声嘹亮，秋高气爽，人心欢畅。一场以"讴歌新时代，铸就新辉煌——纪念改革开放四十周年"为主题、由鄂州经济开发区主办的"周周乐"文艺专场演出，在这里隆重举行。

晚会在《激情水鼓》的舞蹈中拉开序幕，整场演出，内容丰富，形式多样，震撼力强。有男声独唱《超越梦想》，女声独唱《爱不后悔》，诗朗诵《鄂州开发区，我为你歌唱》，杂技《力量组合》，京剧《坐宫》，小品《开发区周伢四大才子相亲》，小提琴舞蹈《鄂州开发区·盛世欢歌》，还有保加利亚魔术师RYIe SainT表演的《梦幻魔术》等。这些节目精彩纷呈，高潮不断，不时赢得阵阵掌声、叫好声。整场晚会，洋溢着改革开放四十年来，鄂州经济开发区发生翻天覆地变化后人们的喜悦心情，以及以饱满的热情建设宜居宜业的城西新区的精神风貌，展现了鄂州开发区在市委、市政府的坚强领导下，牢记使命，克难奋进，锐意进取，各项事业如春潮般勃发迸进，谱写"五位一体、工业强区"为战略的新乐章。近两个小时的演出，给现场观众带来了视觉享受，文化大餐。

文化服务贴民心·社区文化服务中心

樊川社区文化服务中心——

樊川社区文化服务中心位于樊川大道31号。社区党群中心建设面积1030平方米，工作人员9名，辖区内党员86名。辖区划分4个网格，1254户，常住人口2928人。社区按要求建有图书室，2个晨晚练点。

近年来，街道党工委、办事处高度重视文化工作，社区文化设施不断完善，文化公共服务水平不断提升，并且加大了对综合文化服务中心的资金投入。2019年1月社区在原址改造了综合文化服务中心，二楼设置乒乓球室（65平方米）、科普活动室（20平方米）、图书室（38平方米）、书画室（16平方米）、棋牌室（31平方米），三楼有舞蹈室（38平方米）、党员教育室、市民教育、普法教育等（70平方米）。2019年5月正式对外开放。图书室现有藏书696册。

综合文化服务中心除了硬件设施完备以外，还注重丰富居民的文化生活，加强文化志愿者队伍建设。社区现有樊川健身队、夕阳红太极拳剑队，通过文化志愿者队伍的建设，活跃群众的业余文化生活。

樊口社区文化服务中心——

樊口社区文化服务中心位于薛家沟大桥桥头、长堤路旁。

近年来，街道党工委、办事处高度重视文化工作，社区文化设施不断完善，文化公共服务水平不断提升，并且加大了对综合文化服务中心的资金投入。2020年，社区在新办公楼设置了综合文化服务中心，配套了乒乓球室（70平方米）、科普活动室（25平方米）、图书室（48平方米）、书画室（26平方米）、棋牌室（30平方米）、舞蹈室（40平方米）、党员教育室、市民教育、普法教育等（70平方米）。图书室现有藏书1696册。

四、通津桥渡

1. 古老渡口

向家渡　据《清光绪十年黄州府志》载："向家官渡，县城南五里。"即在原樊口民生闸东端，薛家沟与长港交汇处。1923年，吴兆麟修粑铺大堤和建民生闸，渡口废弃。

渡口兴建时间待考，古代由向姓船家负责，故称"向家渡"，又因是黄冈县设立的，又称"樊口官渡"。当时定编渡夫两名，"每名工食正润银一两二钱七分八厘"。渡口主要运送长江南北和长港东西过往的官差和行人。

方意渡　古武昌，西畈樊湖水道纵横，素有"百湖水乡"之称，故河湖港湾"渡口"无数。以武昌城为起点，沟通东西南北交通要道，北有"戴家渡"，南有"碧石渡"，西有"沈家渡"，最著名的要算樊口附近的杜山村的"方意渡"。

据鄂城县地方志载，方意渡位于樊口以南长港东岸一线，因摆渡人姓方，"方便"行人而得名。渡口建于何时，无从查考。不过据年逾八旬的余老先生讲，他的祖父的祖父曾与方家船老大第九代传人方如意同庚，常摆渡玩耍于渡口两岸。如此推算，方意渡形成的年代最晚应在清初顺治年间（即公元1643年左右），距今应有360多年历史，说它为武昌古渡之一并不过分。据史载，明末清初，方氏后裔为躲避兵灾从江北南渡武昌，沿樊水西行到现在渡口东岸落脚，亦农亦渔为业。清鼎定中原后朝廷安抚民心，招募乡民到樊湖围垦，樊川两岸移民逐年增多。这时的方家在东岸耕种，常常摆渡到西岸湖滩捕鱼。当地乡民常常搭方家船过河。轻舟便利，一来二往，惠及乡邻，久而久之，方家就自然而然地以摆渡为生。

方意渡地理位置正好是县城通往西部陆路的便捷之道，是历朝历代县衙联络樊湖的陆上通途，多年来，为沟通东西两岸的乡民提供了许多便利。那时，渡口两岸茶坊店铺兴隆，人来客往热闹非凡，"墟落斜阳外，人家古渡头"。清末武昌文人蔡希孟回樊湖老家路过方意渡感慨地写道："风寒萧条怨晓笳，渡头游子问人家。江东分外春来早，蛙鼓催红二月花。"字里行间，初临家门的期盼之情溢于言表。历史上的方意渡应在古樊川东岸，即现在的月河村吴家增和张一带。现在意义上的方意渡实际指的是西岸杜山村刘墩、许夏和余墩。原因是1820年后，方家因种种原因一蹶不振，后方姓衰落。光绪十年以前，华光王姓经营此渡后，方便两岸乡民往来。民国及解放后该渡前期由两岸吴、张、许、詹等轮流掌管，后期才固定由西岸詹氏经营。如今，百年古渡依然"方意"地穿梭在渡口两岸，终因桥通路畅，人流稀少而失去了往日的辉煌。但方意渡至今还是附近村民出行的重要渡口之一。

2. 天堑通途

薛沟桥　位于鄂州市西部薛家沟与长港汇合处的薛沟上。以所在河道薛沟命名。修建于1924年，时名民生闸。1985年拆除重建，易名薛沟桥。结构为钢筋混凝土拱架桥。总长度为100米，面宽9米，高12米，行车宽度6米。设计速度20千米/小时，最大载重量10吨。2012年已成危桥，禁止车辆通行。2019年重修后通车。

樊口电排站桥　位于樊口大闸西百米余。以附近地物命名。1979年动工兴建，1980年建成通车。2011年出现重大隐患，进行维修。2012年再次通车。桥型为空心板梁。桥梁总长度146米，桥面宽12米，行车宽度为9米。最大载重量为55吨。

樊口公路大桥　位于鄂州经济开发区内河社区东部长港和新港上。以所在地域与交通设施命名。于2005年动工兴建，2009年建成通车。东西走向。梁式结构为钢筋水泥砼。桥梁总长410米，桥面宽26米。最大承载量为40吨。

月河桥　位于鄂州市经济开发区东部月河村与旭光村之间的长港上。以所在地域命名。1983年建成。1985年桥体发生倒塌事故，1986年10月建成通车。2006年市建委投资百万维修，2013年又斥巨资拆除重建。钢筋水泥砼结构。总长140米，宽23米，高12米，行车宽度16米。最大跨度90米。为1级桥梁。设计速度40千米/小时。最大承载量为40吨。

月河铁路桥　位于鄂州市经济开发区东部月河村与长堤村之间的长港上，以所在地域及交通设施综合命名。上部为3轧24米跨度的上承梁结构。基础为133根木桩，桩径26厘米，长12米。桥墩为24根直径24厘米、长21米的钢筋混凝土管桩。月河铁路桥总长1023米，桥面宽136米，净空高67米。最大承载量为120吨。

武黄城际铁路双港大桥　位于鄂州经济开发区范村北部新港和长港上。以铁路所经河道与交通设施综合命名。2011年开工建设，2013年底建成通车。钢筋混凝土结构。总长600米，桥面宽17.8米，高30米，行车宽度为14米，最大跨度为50米。为一级桥梁。设计速度250千米/小时。最大承载量140吨。

青天湖大桥　位于鄂州经济开发区吴楚大道的青天湖上。以该桥所跨水域以及交通设施综合命名。2012年7月兴建，2015年10月竣工通车。混凝土钢梁结构。高12米。全长407.1米，最大跨度60米。双向8车道，双幅桥布置。宽48米，行车道各宽6米。中设5米宽中央隔离带。两边分设3米非机动车道和25米人行道。最大承载量40吨。

3.道路纵横

滨港北路　2008年开工建设，2013年建成通车。南起旭光大道，北止青天湖路。南北走向，全长410米，宽30米，为水泥路面，与滨港北路等街相交。沿途主要地物有鄂州经济开发区供电所。

滨港南路　2008年开工建设，2011年建成通车。东起杜山路，西止开发区南外环。全长1.7千米，宽30米，为水泥路面，与开发区南外环路对接。沿途经鄂州市众安驾校、吴楚道双港大桥。

创业大道　2009年8月6日兴建，2012年12月9日建成。东起滨港路，西止鄂州经济开发区南外环。东西走向，全长24千米，路宽40米，主车道15米，为水泥路面。中段与吴楚大道交叉。沿途有武汉工业园、湖北金牛管业有限公司、湖北多佳集团实业有限公司等企业。

创业一路　2010年开工建设，2014年建成通车。南起创业大道，北止轻工路。南北走向，全长860米，宽26米，为水泥路面。与恒兴路相交。沿途有鄂州市双胞胎饲料有限公司、格雷斯中国有限公司鄂州分公司。

滨港路　2006年动工兴建，2008年完工。南起吴楚大道双港桥底，北接旭光大道。南北走向，全长2.1千米，宽40米，水泥路面。与旭光大道、杜山路、创业大道相交接。沿途有海纳管业有限公司、鄂州市金鸿达交通设施有限公司等。

杜山路　2006年10月8日动工兴建，2008年8月30日建成通车。东起詹家湾，西止杜山湾。东西走向，全长11千米，宽28米，为水泥路面。与滨港路相连，与旭光大道交汇。沿途有湖北鄂钢驰久钢板弹簧有限公司、湖北永宏粮油机械有限公司、湖北优克精密刀具有限责任公司等十余家生产企业。

共青港路　2009年动工兴建，2013年竣工。北起创业大道，南止开发区外环。南北走向，全长121千米，宽28米，为水泥路面。与轻工路、恒兴路等相交。沿途有湖北拓能电力科技有限公司、湖北开明高新科技有限公司

恒兴路　2009年动工兴建，2012年完工通车。东起吴楚大道，西止开发区南外环。东西走向，全长1千米，宽30米，为水泥路面。横穿共青港路、创业路。公路两侧建有湖北吉佳机电设备有限公司、湖北新能电力有限公司、市恒彩新包装有限公司等近10家企业。

全牛路　2009年开工建设，2012年建成。北起旭光大道，南止创业大道。南北走向，全长860米，宽30米，为水泥路面。与创业大道相交。沿途有湖北金牛管业有限公司等企业。

青天湖路　2012年开工建设，2016年12月竣工。南起豪威广场，北止周尓湾。南北走向，全长176千米，宽30米，为水泥路面。与吴楚大道相接，与四海大道相连。

轻工路　2009年动工，2012年竣工。东起吴楚大道，西止开发区南外环。东西走向，全长1.2千米，宽30米，为水泥路面。与共青港路、创业一路相交。公路两侧建有格雷斯（中国）有限公司、鄂州三条珍珠金属有限公司、湖北卓炜科技有限公司等10多家企业。

吴王路　2009年开工，2012年竣工。东起吴楚大道，西止杜山新农村。东西走向，全长860米，宽25米，水泥路面。路北是武汉港机电城，路南为武汉港招商中心。

旭光大道　于1998年兴建，2007年扩建，2008年建成通车，2015年又向北延伸到钮墩村黄泥墩。南起金牛路，北止钮墩村黄泥墩，南北走向，全长421千米，宽52米，为沥青路面。与滨湖路、杜山路、杨湖路、吴楚大道武黄高铁相交。沿途有鄂州市安信休闲用品有限公司、鄂钢丰地建设有限公司、鄂州市公安局西山分局等20多家企事业单位。是鄂州经济开发区南北交通枢纽。

英豪大道　2013年开工建设，2015年建成。东起吴楚大道，西止鄂州经济开发区南

外环。东西走向，全长12千米，宽30米，为水泥路面。与共青港路相交。沿途有鄂州市德标机械有限公司。

樊川大道 1985年1月15日破土动工，1985年8月20日竣工通车，为水泥路面。开始取名樊川路，1992年更名为川中路，2008年又更名为樊川大道，2010年7月机动车道路面刷黑为沥青路面，2014年6月非机动车道铁路桥西至顺合路的路面刷黑为沥青路面。西起于旭光大道，东止民信西路。东西走向，全长2.5千米，宽40米，为沥青路面。与樊口老街等街相交。沿途所经重要地物有樊口市场、湖北省鄂州市第二中学等。

民信东路 1976年开工建设，1978年建成，为樊口街，1984年改为樊口路，1992年更名为民信东路。东起樊口电排站，西止樊川大道。东西走向，长1.65千米，宽10米，为水泥路面。与樊川大道相交。沿途有樊口电排站、民信闸、樊口老街。

民信西路 1976年开工建设，1978年建成，为蔬菜路，1992年更名为民信西路。东起樊川大道，西止杜沟新村。东西走向。长760米，宽15米，为水泥路面。与樊川大道相接。沿途有内河社区居委会、长堤村村委会、鄂州市第三医院。

民主路 与316国道相接，原称武昌大道。修建于1979年，1980年建成，2000年更名为民主路至今。东起樊口大闸，西止薛沟桥。东西走向，全长1.8千米，宽18米，为沥青面。与武昌鱼路相接。沿途有樊口大闸、樊口电排站等。

杜沟路 建于1985年。东起316国道，西止杜沟垮。东西走向。全长1.01千米，宽5米，为水泥路面。与316国道相接。

福瑞路 于1985年开工建设，同年底建成，原名风山路，2005年扩建后更名为福瑞路至今。南起樊川大道，北止新街坊。南北走向，全长550米，宽6米，为水泥路面。与顺合路相交。沿途有金榜公寓、市二中教师宿舍等。

吉祥路 2013年开工建设，2015年建成通车。东起滨港路，西止谢家湾北。东西走向，全长350米，宽30米，为水泥路面。与滨港路相交。沿途重要地物有吉祥寺。

顺合路 于2005年开工建设，同年底建成通车，原名月河北路，2011年更名为顺合路。南起樊川大道，北止薛家沟河。南北走向，全长840米，宽16米，为水泥路面。与杨湖路相交。沿途有湖北顺合装备科技股份有限公司等。

兴业一路 2014年开工建设，2017年建成。南起四海大道，北止杨湖路。南北走向，全长1.51千米，宽12米，为水泥路面。与四海大道、杨湖路相交。沿途有湖北安捷路桥技术有限公司等。

杨湖路 2008年开工建设，2010年建成长堤路（旭光大道一段），2014年建设中西段，仍在建设中。东起长堤路，西止杜山变电站。东西走向，全长4千米，宽30米，为水泥路面。与旭光大道相交。沿途有樊口污水处理厂、鄂州市物源报废汽车回收公司、湖北安捷路桥技术有限公司、杜山变电站。

益民路 于1979年修建，为水泥路面，2007年改造为沥青路面。南起民主路，北止电排站老干楼。南北走向，全长380米，宽8米。与武昌大道相交。沿途有鄂州市樊口大闸管理处、湖北省鄂州市水文水资源勘测局等。

永福路 于2010年开工建设，2011年建成。南起樊川大道，北止杨湖路。南北走向，全长350米，宽12米，为水泥路面。与樊川大道、杨湖路相交。沿途有湖北新南方煤矿机械有限公司等。

永兴路 于2010年动工兴建，同年底建成。南起樊川大道，北止杨湖路。南北走向，全长320米，宽10米，为水泥路面。与樊川大道、杨湖路相交。沿途有鄂州经济开发区仕鑫龙纸箱厂等。

渔家路 1978年修建一条通往新河巷的道路，1985年对其中一小段道路进行了水泥硬化，取名新河路，2001年再次进行一段路面硬化，2012年进行全面硬化更名为渔家路。南起民主路，北止鄂钢第一泵站。南北走向，全长12千米，宽4米，为水泥路面。沿途有新河巷和居民小区。

月河路 1952年为砂石路，2002年改造为水泥路面。东起王家塆，西止方意渡。东西走向，全长29千米，宽54米。沿途有月河村村民委员会和居民点。

长堤路 清光绪二年（1876年）郭瑞麟筑樊口堤坝，这个时候已形成长堤。民国九年（1920年），樊口堤坝重建，民国十一年（1922年），吴兆麟督修樊口堤闸，同樊口堤坝建成。1970年长堤路修建挡水墙，1992年建为水泥路面，2014年更名为长堤路。北起薛沟桥，南止民信东路。南北走向，全长770米，宽6米。沿途有鄂州市第三医院、供销华发小区等。

自强路 2009年开工建设，2012年建成。南起四海大道，北止杨湖路。南北走向，全长390米，宽8米，为水泥路面。与四海大道、杨湖路相交。沿途有湖北鄂州利尔金属制品有限公司、湖北安捷路桥技术有限公司等。

武昌鱼路 修建于1935年，为武昌大道起始段。1948年为石渣路面，1983年改建为碎石路面，1992年后铺设沥青，2010年樊口大桥建成后再铺筑沥青路面，并更名为武昌鱼路。北起樊口大闸东段，南止樊口大桥东。南北走向，全长630米，宽30米。北接沿江大道，南连武昌大道。

第十二章　樊口轶事抒情怀

一、"三麟治水"

"西阳畈，大肚汉，驼个罩，沿湖转。罩个鲤鱼两斤半，熬得鱼汤一锣罐，大的吃，细的灌，个个都是大肚汉。"这首流传鄂州民间的歌谣，是樊湖地区当年人们生活状况的真实写照。为让樊湖民众摆脱洪灾水患之威胁，郭瑞麟、彭玉麟、吴兆麟先后在樊口修闸筑坝，进行了艰苦卓绝、彪炳史册的治水壮举，三人的丰功伟绩，统称为"三麟治水"。

郭瑞麟（1842—1879年），字经舫，蒲团郭垱村人。他出身于书香门第，自幼好学。1870年考取秀才，后乡试屡考不中，便执教于县学和江汉书院，后以执教为业。1876年，他毅然措资赴京，为民请命。同乡京官前大理寺卿姻伯王孝凤、前都察院贺云甫对其很是同情和支持，二人联名致函湖北巡抚翁同爵，终于获得湖北巡抚翁同爵的认可，同意在樊口修堤筑坝。于是，他联合邑人候选训导胡书田、大冶武举皮周福、黄冈生员刘玉田等，于光绪二年（1876年）冬，在樊口兴工，发动民众首筑樊口坝。次年5月工竣坝成。

正当樊口大坝筑成，湖北巡抚翁同爵病逝任上，接任者为潘蔚，李瀚章回任湖广总督。李瀚章认为梁子湖乃长江调蓄泄洪区，樊口筑坝江水势必上涨，危害长江下游的安全（尤其是他的家乡安徽）。李瀚章以有碍樊湖渔业为辞，派兵数百人，前来樊口毁堤捕人。郭瑞麟闻讯及时躲避，方免于逮捕。李瀚章一面上奏朝廷，革掉郭瑞麟等人顶戴，一面下令通缉。郭瑞麟置个人安危于不顾，仍为樊口治水而奔走。

光绪四年（1878年），长江巡阅使彭玉麟奉旨勘察樊口，知郭瑞麟实为公利，遂上奏朝廷，宣告郭瑞麟告无罪。光绪五年（1879年）春，郭瑞麟因病谢世，时年仅37岁。

彭玉麟（1816—1890年），字雪琴，号吟香别馆外史，湖南衡阳人。清咸丰三年（1853年），随曾国藩创办湘军水师，购买洋枪洋炮，制造大船。次年在武昌、汉阳、田家镇等地镇压太平军。清咸丰五年（1855年），在湖口遭太平军截击，大败。此后率所部水师配合陆军封锁长江，围攻九江、安庆、南京等地太平军。因战功后任广东布政使，官累至兵部尚书。

彭玉麟与樊口治水有重大关系，据彭玉麟奏折载：彭玉麟于清光绪四年（1878年）八月一日至八月九日，两次接旨勘察樊口。"即改装易服，搭坐民船，星夜上驶，八月二十三日，行抵湖北武昌黄冈两县所属之樊口，雇小划（船）入樊口三里余，即筑堤毁堤兴讼之处（今樊口大坝老街），该堤虽毁形迹犹存，横宽不过数十丈，直宽六十丈。由此再进则名九十里长港，属黄冈县者六十里，属武昌县者三十里。"

彭玉麟草笠短衣，坐小船亲身查访，耳闻目睹，较为真实地记载了郭瑞麟首筑樊口坝，汪国源、胡炳卢复筑樊口坝的全过程，并在奏折中提出樊口筑坝还要建闸，内排外泄治水方案。

彭玉麟与樊口有旧。清咸丰十年（1860年）秋，时值曾国藩父丧回乡，彭玉麟以广东布政使衔代领湘军水师。咸丰十一年（1861年）五月十五日，彭玉麟率清军与太平军血战樊口，后掘洋澜湖堤水攻占鄂城。他还于鄂城西山作梅花诗，留有西山梅花石刻《天下第一伤心人》诗十二首。

彭玉麟奉旨勘察樊口，提出筑堤还要建闸，得到朝廷认可。皇帝下旨"着李瀚章等督饬属员妥议办理"，并为郭瑞麟、汪国源、胡炳卢等平反。（见彭玉麟《樊口建闸奏议》）

吴兆麟（1882—1942年），字畏三，葛店岳陂人。16岁投武昌工程营当兵，次年考入随营学堂，于将校讲习所学习。1900年进工程专门学校，不久，加入日知会，被推为该会干事及工程营代表。三年后，以优秀成绩毕业，回工程第8营任左队队官。辛亥革命起事之夜，吴兆麟被推为革命军总指挥。

1922年秋，武昌辛亥首义同志会成立，吴兆麟被举为该会理事会主席。他倡修武昌首义公园，以资纪念，并筹集少量经费，对起义时致残的军人，给予生活补助。

1921年，陈伯勋出面招股，兴筑樊口大坝。1922年，湖北督军萧耀南、省长夏寿康委任吴兆麟为樊口堤闸总理，总理樊口堤闸工程。吴兆麟与陈伯勋一起又邀军阀多人，组织将军团；召集四县六属乡绅，总结历次修堵失败的教训，议定出筑堤、建闸、修港的计划。随后，他风餐露宿，不辞劳瘁，督率堤工协力奋战，历三载，先后修筑了樊口大堤、沿江大堤，开凿月河，兴建民信、民生两座大闸，能初步控制内湖水位的升降。在一般年景下，樊湖周围的农田能得以保收，也不影响渔民的捕捞利益，基本实现了樊湖人民的愿望。

1924年，清末戊戌变法领袖康有为，参观樊口堤闸时，亲题"为民兴利"横匾。

二、李瀚章樊口毁坝

樊湖人胡炳卢、汪国源领头复筑樊口大坝，湖广总督李瀚章闻讯大怒，在给皇帝的奏折中持反对态度，并污告胡炳卢、汪国源等："今岁春间（1878年），突有革生胡炳卢、汪国源等，家无田产，但异盘剥获利，纠众复筑，乡民有不愿者，立将房屋烧毁，始而不复地方官弹压，甚至捆捉县差，戕害勇丁，形同叛逆，不得已派营前往查拿，始各解散。"李瀚章把汪国源、胡炳卢复筑樊口坝说成是"打、砸、抢、烧"的行为，以"叛逆"罪名，予以镇压。结果樊口大坝遭李瀚章兵丁刨毁，汪国源捉到黄州大牢，以叛逆罪砍了头，时年66岁。胡炳卢当时闻讯潜逃，逃到什么地方，也没有音信。在纪念郭瑞麟、胡炳卢、汪国源樊口筑坝140周年研讨会，胡炳卢的后人胡德林说胡炳卢闻讯潜逃，跑到新疆去了。彭玉麟为他平反后，他也没有得到消息，最后客死他乡。

李瀚章，字筱泉，安徽合肥人，大学士李鸿章的哥哥。李瀚章以拔贡生为知县，铨湖南，署永定，调益阳，改善化。曾国藩出治军，檄主饷运，累至江西吉南赣宁道，调广东督粮道，就迁按察使、布政使。同治四年（1865年），擢湖南巡抚。

同治六年（1867年），调抚江苏。未至，署湖广总督。同治七年，调浙江，再署湖广总督，旋实授。光绪元年（1875年），调四川。次年，还督湖广。其督湖广最久，前后四至。

李瀚章任湖广总督时，光绪皇帝采纳了彭玉麟的建议，谕令李瀚章在樊口筑坝建闸，李瀚章一面答应建闸，同时力陈建闸"五害"，极力反对在樊口建闸。在清末引起朝野震动的彭李两奏折之一的李瀚章奏折，除了将民众自发兴修水利工程之举诬之为"形同叛逆"外，其所陈建闸"五害"不无学术价值。

李瀚章，时任湖广总督，光绪皇帝采纳了彭玉麟樊口建闸的建议，特又下了一道圣旨，责令李瀚章在樊口筑坝建闸。李瀚章两毁樊口大坝，于心不甘。他迫于朝廷的压力，后搞了一个"樊口建闸章程"的方案，但没有实施，不久调离湖北。

三、黄冈督军樊口缉盗

辛亥首义时，月山人杨润馀率部参加了起义。民国成立后，他受任独立混战团团长，随后升任陆军少将，驻守黄州。

有一次，杨润馀带着护兵来到樊口薛家沟老街巡察，听到码头处有人大声哭泣，旁边有一群人围观，觉得十分奇怪，便派一个卫兵过去看看是什么情况。

护兵看了后回来报告说，哭者是一位少年，听口音与长官的月山话一样。

杨润馀听了一惊，就让人将那少年带过来问个究竟。那少年说他是月山人，名叫杨蔼如，光绪年间，父亲驾船将8岁的他带到南京，送给没儿没女的好友"振民强"药铺老板家当学徒，以便照顾老板。武昌起义后，南京总督也易帜响应起义。药铺老板见时局动荡，要外出避乱，见杨蔼如笃实敦厚，就将全部家产托付给他看管。临走时说："如果我一个月没有回来，你就将全部家产带回湖北。"

杨蔼如等了一个月，老板没有回，又没有音信，时局也还没有安定，他就按老板的嘱咐，将老板的全部家产装成十三大箱子，租船运回湖北。

前一天晚上，他的船停靠在码头上，半夜时，一伙抢劫犯将他的箱子全部抢走了，他只能又气又急地哭着。

杨润馀虽然不认识杨蔼如，见他是同族人，这件事又发生在自己的防务区，于是安慰杨蔼如说："你别急，我会帮你把被抢的东西追回来。"

不几天，杨润馀果然派人将那伙抢劫犯抓到，并要回被抢的箱子，但只归还杨蔼如九口箱子，还有四箱贵重的没有归还。这四箱中的东西，每一箱就要顶几箱的价值。

杨润馀问杨蔼如财物少了没有？杨蔼如虽然年少，但他猜到杨润馀将贵重的东西自留了，以防意外，只好说一样不少，并作揖谢过杨润馀。

督军樊口缉盗，真是强盗遇到了强盗。

四、吴佩孚丧魂落魄上西山

1925年1月5日，湖北省鄂城县（今鄂州市）西山迎来了一位不速之客。

山野古道上，行着一群锦衣绣服官员模样的人。他们簇拥着一位身材高大的胖子，没有游山玩水的欢声笑语，没有求神拜佛的虔诚谨慎，杂乱的脚步声里夹着愤怒和怨气声，打破了西山的清宁幽静。这是一群什么人？西山不知道，古灵泉寺也不知道。

当那胖子上气不接下气地爬上九曲岭，无心品评凋敝的九曲亭，只觉寒风四面袭来，苍树乱摇，冷枝如鞭乱晃，浑身阵阵战栗，黯淡的目光瞅了一下身边垂头丧气的随从，又木然地望着蒙蒙一江寒水无声东去，心头一阵悲凉，哀声叹出："偌大中国，竟无我孚威上将军的容身处啊！"

孚威上将军何许人也？他就是民国初年逐鹿中原的直系枭雄吴大帅吴佩孚。这赫赫有名的政治角斗士，不在军阀混战的战场上统兵掌帅，为何跑到江南小县鄂城西山发出如此哀叹？让我们一起去追寻吴佩孚自感屈辱的上西山历史吧。

1923年6月，直系头目曹锟急于登上民国大总统的宝座，逼大总统黎元洪下了台。10月，他通过贿选继任民国大总统，引起各路军阀头目不满。1924年9月，东北奉系头目张作霖、皖系头目卢永祥以"不承认贿选总统曹锟"之名联合反直，第二次直奉战争爆发。吴佩孚下令福建孙传芳和江苏齐燮元同攻卢永祥，双方大战于昆山、宝山、嘉定、松江，以卢军战败结束，史称"江浙战争"。9月15日，张作霖驱兵入关，吴佩孚率20万（另说10万）军迎敌，大战山海关，奉军获胜。吴佩孚急调后备军驰援，后方空虚，直系第三军军长冯玉祥因与吴佩孚发生矛盾，在热河按兵不动，并于10月13日与张作霖秘密签订联合反吴协议，19日率军掉头南下，22日进入北京，与胡景翼等联名通电停战。24日，曹锟被迫发出停战并解除吴佩孚所有职务的命令。冯玉祥推翻曹锟政权，驱逐末代皇帝溥仪出宫，史称"北京政变"。国民大总统的宝座旁落段祺瑞之手后，段祺瑞政府仍驱兵追杀吴佩孚。

1924年11月6日，吴佩孚率败军乘华甲舰由天津大沽口南逃，准备东山再起。11月12日由吴淞口进入长江，17日抵达汉口，通电组织护宪政府，试图联合长江各省对抗北方，但没有获得各省统领的支持。吴佩孚以为与自己拜过哥们儿，又是自己一手提拔的两湖巡阅史、炳武上将军、湖北省省长萧耀南会听命于他，当时调湖北25师一个旅，由师长陈嘉谟率领赴豫反攻。陈嘉谟在江岸车站准备登车时，送行的官僚政客劝说："吴佩孚率领20万大军一败涂地，你只一个旅的人，开上去决不能挽救大局，反使湖北防务空虚，将来这点根基也保不住，不如保全实力，徐图恢复。"

陈嘉谟被这话打动，就派萧耀南的秘书陈懋东回督署向萧耀南陈述厉害。萧耀南听后毫不犹豫地调回陈嘉谟，并召开紧急军事会议，宣布保境安民，并派人暗示吴佩孚，不欢迎他留在汉口。吴佩孚护宪军政府计划流产，只得于11月19日返回老巢洛阳。12月1日，陕军与山西军联合攻打洛阳，镇嵩军憨玉琨部队攻入洛阳，吴佩孚仓促奔郑州，得知胡景翼部自北方开来，又慌忙南下信阳。12月2日又率数十个亲信准备乘车去湖北，却遭到萧耀南拒绝。走投无路的吴佩孚只好在新店下车，于12月4日电告段祺瑞，宣布下野，上鸡公山养病。

当时，萧耀南害怕吴佩孚将战火引入湖北，派人向吴表示，愿送路费助他出洋。吴佩孚没有答应。但在鸡公山住不多久，12月11日，国民二军胡景翼进入河南，逼吴佩孚离开河南。吴佩孚无奈，只好乘火车入湖北。其时，湖北方面以保境安民为号召，为阻止吴入境，竟拆毁铁路，吴佩孚万般无奈，只好在广水下车。这位昔日威风八面的孚威上将军竟有了偌大的中国，现在无容身之地的感受。适逢川军杨森的代表刘泗英在吴佩孚身边，他自告奋勇到汉口游说萧耀南"缓段全吴"。

刘泗英到汉口拜会了萧耀南，说明来意。萧耀南表示自己不会做冯玉祥第二，拒吴入境只是为了保全湖北不受战火之灾。同时他又担心胡景翼率军南下湖北，影响吴佩孚的生命安全，最后双方达成协议：一、同意吴佩孚移驻湖北黄州西山；二、吴佩孚的卫队以两个营为限；三、吴所乘兵舰"决川"号，"浚蜀"号解除武装，仅作交通工具和自卫。萧耀南派机要秘书陈明超前往吴佩孚处说明这样安排的苦衷，同时恢复铁路。

1925年1月1日，吴佩孚率卫队抵达汉口大智门车站，宣言不入租界，留住在火车上。湖北公团到省署向萧耀南请愿，要萧劝吴佩孚离开湖北。万般无奈的吴佩孚迫于湖北民众的压力，于4日早晨随"决川""浚蜀"舰东下黄州，于5日抵达江南樊口洲尾口，上西山驻扎暂住，这才有了文章的开头。

然而，兵败被逐屈居西山的吴佩孚，并无参禅悟道之念，且前来探访的要人和名人日渐增多，他就耐不住勃勃东山再起的心。他住下不久就召开军事会议，主张武力统一中国，却遭到湖北保境安民派将领刘佐龙的反对。吴佩孚大怒，让卫队将刘佐龙捆绑起来准备枪毙，时任团长的刘佐龙弟弟，立刻率兵将驻地包围起来，盘马弯弓，一触即发。当时，萧耀南得到消息，既为吴佩孚的安全担心，又怕引起湖北内乱，急从汉口赶到西山，在吴佩孚身前长跪不起，直到吴佩孚默许后，亲自为刘佐龙松绑拉出会场。

吴佩孚驻西山，北京的段祺瑞虽然奈何不了他，但也不放过他。1925年2月25日，段祺瑞派王揖唐到西山为说客，劝吴入京接受处理，吴佩孚不理，王揖唐无趣而返。段祺瑞又密令海军司令许建廷率领长江舰队前往黄州，想一举捕获吴佩孚，并对包藏吴佩孚的萧耀南兴师问罪。适逢此时湖南督军赵恒惕来电劝吴佩孚移驻岳阳。3月1日，午夜，吴佩孚又接到前海军司令杜锡珪密电，告知许建廷已率海军舰队前来偷袭，吴佩孚立即率随从下西山登"决川""浚蜀"两舰，迎着大风大雨起向长江上游进发，准备过武汉入洞庭湖到岳阳。

两小时后，许建廷的舰队赶到樊口码头，已是人去楼空。他急电段祺瑞，段祺瑞又急电令萧耀南拦截，准备在大江上上下夹击。然而，吴佩孚早就做了应变准备，将两艘舰的灯光熄灭，偷偷驶入武汉，而萧耀南却假装不知，任其加速而去。经过长江入洞庭湖交界的黄金口时，时值湖北兵25师师长陈嘉谟在此驻防。由于陈原在吴佩孚手下干过，私交甚厚，就放过吴佩孚的舰船，并电告许建廷："如果你要追来，岸上将以大炮轰击。"

许建廷的八艘军舰追到黄金口，不敢再追赶，只好掉头返航回上海。吴佩孚终于在凄风苦雨中逃离了西山，逃离了湖北。

五、樊口戏园锄奸

1943年，樊口大汉奸董汉生、王细送依仗樊口日军大佐狄村，无恶不作，疯狂残害百姓，到处侦探新四军和游击队的活动情况，并将新四军港畈区税收员王厚昌、陶彪等多名同志抓去杀害。

武鄂县委决定铲除这两个毒瘤，经过研究，决定由县游击大队队长胡伯才去完成这个任务。

于是，胡伯才就派侦察员侦察董汉生和王细送的行踪。

这年入冬的一天，侦察员通过樊口伪军队长涂天保（段店人，是新四军的统战对象），得知董汉生和王细送当天晚上要到樊口戏园去看戏。

胡伯才觉得这是个除掉董汉生、王细送的好机会，并将得马乡余国民的武工队也调来。大家经过分析，戏园在日军据点内，里面驻有一个排的日军和一个中队的伪军，不能强攻，只能奇袭。于是，胡伯才就将大部分游击队员安排在樊口外围西边隐蔽待援，自己挑选了十多名精干队员，化装成卖瓜子香烟的小商贩留在戏园外。他带着刘海清、徐细毛等人装成看戏的混进戏园，并找了地方坐下来喝茶。

然而戏快开锣了，胡伯才还没有看到董汉生和王细送出现，担心情报不准。

正在这时，门口一阵喧哗，只见董汉生在王细送的陪同下，进了戏园。他们便向董汉生靠了过去。

急性子的徐细毛，沉不住气，还没有靠拢就想伸手去抓，被董汉生发现，立刻拔出手枪向徐细毛开了一枪，子弹穿过了徐细毛的嘴角。

就在这时，胡伯才飞身跃近，打掉董汉生手中的枪，并抓住董汉生的围巾将其拖倒在地，用枪顶着董汉生的脑袋厉声道："别动，动就打死你！"

刘海清和其他队员也制服了王细送。

顿时，戏园里一片大乱，哭的哭，喊的喊，跑的跑，躲的躲，乱作一团。

胡伯才和队员们挟着董汉生、王细送随着人流出了戏园。

枪声早惊动了鬼子兵和伪军，他们纷纷涌上街，先出现在街上的伪军队长涂天保暗地招呼胡伯才："你们快往西跑！"然后朝街东头放了一枪，并大声喊道："新四军向东边逃走了，快追！"

胡伯才趁机带着队员撤出樊口街，并将董汉生和王细送带到大堤角（现旭光大道薛家沟桥处），宣布了两名汉奸的罪状后，对他们进行处决。

自此，樊口的日伪军再也不敢轻举妄动了，再也不敢随意外出搜捕新四军和到处烧杀奸掳了。

六、樊口分洪

1954年8月6日下午，武汉关水位涨到29.23米，樊湖人民顾全大局，为保卫武汉、黄石两市重工业基地的安全，做出了史无前例的贡献。

湖北省防汛指挥部根据政务院命令，决定分洪，泄长江水入梁子湖。分洪前，组织灾民安全转移，无一人伤亡。8月7日和12日，在新港湖、三江口和雷山脚下炸口，三处分洪口最大流量12100立方米/秒。8月17日，江、湖水位持平，梁子湖分洪总量60.3亿立方米。分洪后，武汉水位下降0.35米，黄石水位下降0.48米。鄂城全县淹没田地689353亩，淹倒冲毁房屋191777间。其中，五区（樊口区）25个乡的70957亩田和9万亩地全部被淹，35180间房屋倒塌了3962间，14794户、62031人，人人转移、户户搬家。湖北省人民政府先后拨给鄂城救济款55.2万元，县人民银行发放救灾贷款19.1万元。各级党政机关派大批干部到灾民生活区组织生产救灾，与灾民同甘共苦共患难。水退后，省政府又发放分洪安置房屋修建、产量补偿、口粮救济等款462.26万元。五区到1955年5月共领到各种救济款983810元（不包括救济棉衣、棉被、芦席和转移费）。粮食部门从外省购回大批粮食，到灾区增设供应点；供销、商业部门组织车船，到灾区供应；教育部门减免灾民子女入学的学杂费；卫生部门为灾民免费治疗。县委、县政府恢复生产，重建家园，芦洲乡倒塌房屋1720间，已恢复1720间，当年灾民搬进新居过春节。

七、李先念在旭光

1. 李副总理在旭光用牛犁地

李先念副总理在19世纪50年代里，时刻惦记着旭光。他在旭光报名当社员，亲自用牛犁地一事，至今还被旭光人民传为佳话。那是1955年11月的一天清晨，叶家苑胡昌壁家靠北的一棵杨柳树上，一只喜鹊喳喳叫个不停，昌壁的爱人说：“老胡，听到没有，喜鹊喳喳叫，贵客要来到，说不定今天有个贵人给咱们社里送农具来了，你今天别走远。”上午9点10分左右，抽水机手余绪发满头大汗地跑到叶家渍，在地里找到了本社书记胡昌壁，叫他快去办公室，说李先念副总理来了。胡昌壁一路小跑来到办公室，只见李副总理1米7的个头，宽宽的脸庞，浓眉大眼，戴黑色呢帽，身着中山装，脚穿青布鞋，神采奕奕。他见到胡昌壁，微笑着亲切地握着他的手，用浓重的红安口音说：“旭光是县委的点，也是省委的点，更是我李先念的点，每年都要来看看，全党大办农业，大办试验田，走，到地里看看去！”陪同李副总理的有鄂城县委书记张金琨、副书记彭英等。

在社书记胡昌壁、副主任胡凤英的引导下，一行人来到旭光社一队一块海北的地里（现广播发射塔南处）。社员们有的摘棉花，有的扯花秆，有的抱花秆，有的用牛犁地，到处欢声笑语，一派丰收的景象，这一场面深深地吸引住了李副总理。社员们听闻李副总理来了，几十人一下子就围了上来。李副总理说：“大家好，我在旭光报名当个社员，你们欢迎不欢迎呐！”顿时，掌声一片。副主任胡遐波激动得流下了热泪，说：“李副总理在北京多忙呀，还要抽空到农村指导生产，这只有共产党的国家领导人才能做得到。”

这时，只见一队社员谢永如正在用牛犁地，刚刚犁到地头，嘴里不停地喊：“撇倒，转弯……”犁头在他的吆喝中转过来了。李副总理饶有兴趣地上前左手接过牛鞭，右手扶着犁把，不停地吆喝。水牛笔直地朝前走，犁铧翻起的犁坡像波浪一样，成直线往右翻倒。驻队干部柯安亭赶忙用相机摄下了这难忘的历史场景。社员们一个个伸出大拇指，称赞李先念副总理打仗是千军万马的指挥官，领导人民搞建设是国务院副总理，用牛犁地是行家里手。这时只见李副总理放下犁，若有所思地说："我也是穷苦劳动人民出身呀！"

2. 李副总理视察旭光小工厂

1958年3月31日的早晨，春风伴着红日，柳树透着嫩芽，绿油油的麦浪此起彼伏，小草上的水珠在阳光下一闪一闪，迎接着新一天的到来。

地头、岸边到处是忙碌的人群，到处是欢声笑语。这时沿港公路由东向西缓缓驶来两辆轿车，开到管委会门前停下。张体学省长走了出来，他几次来旭光视察指导工作，很多社员认识他，都叫着："张体学，您来了！"这时另一辆车里走出一位高大的身影，戴着墨镜，指着驻队干部柯安亭说："小同志，不认识我了！"安亭同志激动地说："李副总理，您好！欢迎您！您记性真好，两三年了，您还记得我。"说着，胡昌壁、胡凤英等社里干部闻讯从办公室里跑出来，热情地紧紧握着李先念、张体学的手，表示热烈欢迎。张体学省长告诉胡昌壁，李副总理此行主要是视察社里的小工厂和看看麦子生长的情况。一路上大家纷纷向李副总理介绍小工厂的情况，说农民们正处在解放后获得自由、当家做主的好时代，有一股使不完的劲，总想找时机报报党恩。旭光那时的领头人胡昌壁同志，有头脑，领会了农村走合作化的道路，努力发展生产的政策精神，从社员中挑选头脑灵活的能工巧匠办小工厂，轰轰烈烈地开展"万能人"活动，引导动员群众走亦工亦农的道路，建设富裕的新旭光。为了节省资金，小工厂的厂房是俱乐部改造的。李副总理边视察工厂生产，边说："是时代造就了旭光人，人民就会有无穷的智慧和力量。"

胡昌壁同志向李副总理汇报说："我们办的这些工厂，没有向国家要一分钱、一个人、一台机器，是依靠1700多名社员群众，用穷办法和土办法办起来的。"接着李副总理视察了颗粒肥料厂，肥料厂厂房是单独的两间茅屋，厂长是被社里派到鄂城县学习过的陆龙山，他正领着工人为棉花底肥生产颗粒肥料。颗粒肥当时的市价是每百斤5元6角，而自己生产的只要1元2角，一亩地可以节省4元4角，全社棉花底肥可节省开支24200元钱。李副总理听了以后，高度赞扬："旭光一社的办厂精神，解决了实际问题，值得推广。"接着来到农具修配厂，看到年纪大的木工师傅陈道甲正在一斧一斧地剁木料，厂长肖功梓握着李副总理的手，激动地说："李副总理，请李副总理指导指导。"李副总理笑着说："老肖啊，听说你改革了十多件农具，既经济又实用，给社里做了很大的贡献。"说得老肖的脸红了起来。李副总理对肖功梓改革的棉花条播器很感兴趣，这种条播器是用三齿耘锄改装的，中间装上了一个小滚筒，滚筒上有一线小孔，棉籽从滚动中由小孔里溜下来。肖功梓同志当场演示了一番，效果很好。李副总理说：

"只要是省力，这项改革就是成果。"他又对一旁的胡昌壁说："要关心他们的改革，社里要大力给予扶持。"接着来到米面加工厂，李副总理了解到轧米机是买的，用柴油机做动力，扎出来的米粒，完好率达到90.5%；磨面机是改制的，皮带带动石磨，8匹马力的柴油机做动力，柴油机的转速与皮带的长短是由武汉下乡学生胡崇分计算并和大家一起试验成功的，石磨转速很均匀。李先念看到面粉滤麸的过程，觉得设计比较巧妙，运作也很合理，高度评价说："泥腿子工人，做出了五级技工的活，真是了不起。"旭光的沼气站建在俱乐部后面，每个沼气池有20多个立方，所用的原料是人粪尿、牲畜粪便和杂草等。李先念副总理看了后说："在农村发展沼气方向是对头的，照明使用，沼气弄饭也是可行的。如何扩大池子体积，搞好密封，便于产生更多的沼气，发挥更大的作用，还要多动脑筋，解决好这方面的问题。"

走到河边，看到余绪发开着机帆船运回来一船肥料，李副总理问道："机帆船是社里买的吗？"胡昌壁说："要买得上千元钱，这艘机帆船是他们（胡崇分、余绪发、肖功梓、肖功佑）几个人共同研究制造出来的，只花了12元的加工费。"李副总理听后连声称赞，得知小胡是下乡学生，高兴地说："农民办工厂，工农学三结合，取长补短，好得很。"他又问了社员的一些生活情况，社里饲养猪等副业生产情况，然后向地头走去。

3. 李副总理种棉花试验地

视察完小工厂以后，胡昌壁又领着李副总理一行来到五队一块地头，李副总理说："老胡，这片麦子长势还蛮好，今年有没有丰收的把握？"胡昌壁说："如果4月份不下连阴雨，麦子扬花，灌浆肯定充足，一亩收个500斤不成问题。"李副总理又问："下茬作物咋办呢？""我们可以用棉花营养钵在麦行里进行移栽，不会影响棉苗生长期，要不，您给我们搞点化肥可不可以呀？"胡昌壁说。"不过说清楚，这块地就算是我的棉花试验地，我报名当个社员，你们（指省长张体学、县委书记彭英等）都得给我当助手，我给点化肥指标，共同把棉花试验地种好。"李副总理当场就拍了板，大家高兴地鼓起掌来，说完，李副总理一行上车离开了旭光公社。

李先念副总理的棉花试验地选在旭光一社第五生产队公路靠北一块叫肖赫的地段。1958年4月5日，社里的木工专门制作了一块试验地的牌子，牌长1.2米、宽0.8米，杉木板钉成，再钉上两根分别为1.5米的插脚，正面黄漆红字，由当时县四中（现为二中）的范柏琪老先生书写其内容：

国务院副总理李先念棉花试验地

面积：4亩

棉花品种：岱子棉

亩产皮棉：200市斤

管理人员：王任重　张体学　赵辛初　张平化　石岗　彭英　胡昌璧

4月7日，李副总理棉花试验地的牌子，由旭光青年突击队队长陈火才等人搬到五队肖赫地里，钉在地头上。他们还特地放了一挂鞭炮，引来不少人围观。从此，这块试验牌子被旭光村珍藏。首先，被吸引来的是一位叫西川寺公的国际友人，他看到这块牌子立即拍照，用日语喊道："大大的……"一边说着，一边伸着大拇指。旭光党支部研究决定，把李先念副总理的试验地，交给青年突击队管理。陈火才是青年突击队队长，很快定下五个队员：陈火才、肖金容、肖仕斌、肖功明和驻队干部柯安亭。他们深知，管理好试验地意义大、责任大。首先是选好棉种，然后是制作营养钵。说干就干，三天时间，他们做好了15000个营养钵，每钵两粒棉籽，用细沙土均匀地盖上一层洒上水，用稻草遮盖，保湿保温。从此他们轮流值班，柯安亭负责记录。5月上旬，棉花破壳而出，17天长出两片嫩叶，翠绿可爱。5月20日，正是小满前几天，社里派了10个青年和突击队员们一起，移栽营养钵。每亩约栽3500个钵子，一天完成了任务。麦子收割完毕后，试验地的棉苗长势喜人。青年突击队的重点任务是日常管理，这几个同志，除驻队干部柯安亭外都是以本生产队生产为主。他们的做法是，七天集中一天锄草、中耕，平时打农药则由肖金容负责，社里很快得到由省里下来的一批化肥指标，由社里统筹安排，既保证了生产队的用肥，同时也满足了试验地的棉花用肥。关于除草、松地、除虫施肥、抗旱、排渍、整枝打叶等一系列的管理，都一一记录备案。同年7月，社里收到北京的来信，柯安亭、陈火才等小伙子欣喜若狂，备受鼓舞。这一年的八月中秋，路过此地的一位蒲团老农瞧见人把高的棉花，好奇地上前细看："哟啊！李先念棉花试验地，了不起！了不起！"老汉走到地块中间，看了一株棉花，有五层担，20多根果枝，伏桃有20多个，已吐絮的有七八个桃，快成熟的桃有33个，半花半桃的有17个，他说："我从细伢长到老，还没有见过这么好的棉花，亩产20斤，没得问题。"秋末采摘新棉完毕，经过验收，李副总理这块棉花试验地，共收籽棉2500斤。柯安亭同志代表社里将这一好消息写信告诉了北京的李先念副总理。

八、张体学省长做客农家

对于普通老百姓来说，居家过日子，一天三餐，这太平常了。然而1959年4月中旬的一天，是值得旭光人民回味和怀念的一天。这天，时任湖北省省长张体学到旭光大队第三生产队余绪发家做客，并在余绪发家吃了一顿农家中餐。

提起省长张体学，50岁以上的老人们，都知道他是中原军区李先念的部下。抗日战争时期，张体学同志在中原军区5师的正确指导下英勇作战，使敌人闻风丧胆。新中国成立初，他任大冶专区地委书记。大冶专署撤销以后，张体学调到湖北省委工作，先后担任湖北省副省长、省长。张体学多次亲临旭光农业社视察指导农业生产，他和旭光人民交上了朋友。

1959年4月17日上午9时，一辆北京吉普车停在三队港边的公路上，从车里下来一位青年干部，向正在修理水泵的余绪发打听大队办公室在什么地方。余绪发正要答话，车里又下来一位中年人，余绪发见是张体学连忙放下手中农具，迎上前去："张体学，您来了！干部们都到田里去了，您等着我去叫。"余绪发飞快地跑了去，时任旭光大队党支部书记的余宏裕、副书记胡凤英、支委陆龙坤闻讯陆续赶来，迎接张体学一行。

张体学此次旭光之行，重点是调查农村在"浮夸风"之后遇到的困难是如何克服的，并与当地干部一起研究农民渡过难关的举措问题，以便收集更多解决办法来指导全省农村工作。张体学对余绪发说："小余，你家过难关是怎么过日子的呢？"余绪发说："我们家是饭不够，菜来凑，有灾害菜代。"张体学说："那好，中午一餐饭就在你们家吃。"绪发高兴地跑回去告诉老娘，准备中午饭。余宏裕等同志把关于全大队"捆紧肚皮度关，战胜困难抓生产"的举措一一向省长做了汇报，张体学听完后感到比较满意，特别叮咛，一定不允许饿死人。张体学接着视察了铁铺岭瓜菜地，南洋湖薛家沟旁的蚕豆和豌豆，还看了一片禾苗正旺的玉米地。张体学特别强调省里下拨的救济粮、款一定要落实到队，分配到户。沿途看到社员们欢快的劳动劲头，更加坚定了张体学率领全省人民抓好生产共渡难关的信心。

11时40分左右，张体学等五人径直来到旭光三队余绪发的家，只见三间土砖瓦房，门前干干净净，堂屋里摆放有序。进屋后，张体学首先来到厨房握着绪发老娘的手，亲切地说："大娘，您辛苦了。"大娘说："省长能到我家吃饭，这是看得起我家，是我这辈子想都不敢想的事。"然后牵起席来，农村的习俗，进门右首为大，坐东墙靠北一席是首席，此席不是显客就是贵宾，大家把张体学推上了首席。桌上四菜一汤，一碗白菜，一碗包菜，一碗苋菜，一条鳊鱼（武昌鱼）和一盆鱼煮豆腐汤。张体学不准喝酒，一人盛一碗米饭（实际上是一锅铲饭），边吃边聊，张体学说："小余，这鱼该不是专门为我买的吧！"余绪发说："省长，您还别说，今天算你有口福，昨天晚上，我到薛家沟用罾搬了半晚上的鱼，不然今天只能啃筷子头了。"说得满屋的人哄堂大笑。饭毕，张体学叫秘书付粮票和饭钱，余绪发老娘诚恳地说："您不是说和咱老百姓心连心吗！我们请都请不来，吃餐便饭还收您的钱，这不是把我们农民看扁了吗？"张体学和蔼地说："大娘，共产党的干部讲的是纪律，吃了饭不给饭钱，就违反了纪律，您老总不能叫我做违反纪律的事吧。"一席话说得大家心服口服。张体学做客农民家已过去了60多个春秋，但当时的情景却深深地印在旭光人的心中。

九、省委书记王任重来到幼儿园

1959年4月18日，风和日丽，上午9时多，湖北省委第一任书记王任重在鄂城县委有关领导的陪同下，来到旭光大队幼儿园视察。王任重一行进园时，看见小朋友们正在老师们的看护下玩秋千。王任重露出满意的神情，并亲切地询问幼儿园的情况，大队妇联主任胡凤英作了具体介绍，她说："我们大队幼儿园是1956年高级社时办起来的，办幼儿园为的是让妇女走出家庭事务圈子，好让他们集中精力搞生产。幼儿园开始在四生产队租屋开办，新农村建起来后才搬到这里。入园的是家庭无人照看的儿童，年龄3岁至6岁，共35名儿童，大队为幼儿园置办了滑梯、秋千、木马、翘板等玩具，每个儿童都配有缸子、牙刷、毛巾等洗漱用具，两套外衣、两件围兜换洗，两张儿童床用于睡午觉。幼儿早晚由家长接送，中午在幼儿园吃一餐中饭，幼儿园有专人做饭，平时注意幼儿营养，新鲜蔬菜，荤素搭配。武汉幼师学校和鄂城幼师班的师生常来幼儿园辅导。"胡凤英接着向他介绍了幼师徐珍桂、余来桂。省委书记听后非常高兴。他察看了食堂、儿童睡的床铺，并用手摸摸，说："很干净，很卫生。"最后王任重握着徐珍桂的手说："你们的幼儿园办得好！办幼儿园是解放妇女，使她们无后顾之忧，妇女们可以一心一意搞生产，你们要继续努力，坚持办下去。"又对胡凤英说："社里要领导好，要支持。"

王任重一行离开幼儿园时，小朋友们都列队欢送，王任重同志频频向小朋友挥手，连声说："再见！再见！"

十、陈毅元帅民信闸看罾鱼

1964年10月14日至16日，开国元帅、外交部部长陈毅，在湖北省省长张体学的陪同下视察黄冈地区时，曾登临西山风景区，留下"西山不亚小庐山"的赞美。陈毅在登临西山之前，曾在樊口民信闸看渔民罾鱼。

金秋十月，天空阳光灿烂。这天9时多，樊口镇镇长鲁保连正在办公室与几位干部商量工作。雷山铁矿党支部书记刘定坤忽然兴冲冲地跑来报告说："鲁镇长，张体学省长正陪着一个大干部在民信闸口看渔民罾鱼！"

鲁镇长一听，有些诧异，也不敢怠慢，连忙带着几位干部和刘定坤一起赶往民信闸。

镇委会离民信闸不到一里路，不一会儿，他们就来到民信闸，果然见民信闸东头公路上停着两部小车，闸内口的河边有几位干部正与两位搬罾的老人说说笑笑。

一位眼尖的人呼喊起来："是张体学，那位戴黑眼镜的是陈毅元帅！"

这一喊惊动了陈毅和张体学，只见他们向两位老渔民挥挥手就上岸坐车而去。

鲁镇长他们虽然觉得没有面见陈毅元帅是一种遗憾，但也理解，出于安全考虑，陈毅元帅不能在此长时间停留。于是就向那两位老渔民了解情况，得知陈毅元帅不仅向他们打听了民信闸的建设和防洪情况，还询问了渔业队生产和渔民们的生活情况。都说陈毅元帅对樊口鳊鱼很了解，他随口说出："武昌鳊鱼甲天下，樊口鳊鱼甲武昌。"并念出："黄州的豆腐，巴河的藕；樊口鳊鱼，武昌的酒。"称赞樊口历史悠久，是个鱼米之乡。还说自己十四年抗战当新四军军长，从没来过湖北。

鲁镇长见元帅如此了解樊口，关心樊口人民，很是感动，只可惜不能留他喝杯茶，最后几人一商量，由镇里拿钱将两位老渔民的几条肥美的鳊鱼全买下，让刘定坤和另一位镇干部送到江北黄冈地委招待所招待陈毅元帅，让他品味樊口鳊鱼的美味。

陈毅元帅这次深入樊口民信闸视察，还与他是著名诗人爱读诗写诗有关。元帅在看到1957年《诗刊》创刊号上发表了毛主席《水调歌头·游泳》后，对词中"才饮长沙水，又食武昌鱼"的武昌鱼典故产生了浓厚的兴趣，因此特地慕名前来一睹这个小精灵的真容和品尝其美味！

十一、樊口大闸圆了张体学省长十六年的心愿

樊口大闸于1970年7月1日动工，1972年10月建成。

1970年初，在农业学大寨运动中，原鄂城县委根据本县的实际，决定在樊口修建一座电排站，这样可以使鄂城区境实现旱可灌、涝可排的问题。于是，县委向省政府提交了建排水站的报告，请求批准立项。事也凑巧，当时省政府从鄂南地区整体考虑，制定了一项根治梁子湖水系的水利建设工程获准立项。省政府根治梁子湖水系建设工程，包括两项工程，一是在樊口修建樊口大闸，并从备战角度考虑，将雷山炸空，将闸建在山洞里；二是开挖新河道，拟挖成一河两堤，实现河湖分家，使梁子湖渍涝难排的忧患得到有效根治。这样一来，鄂城县委提交的在樊口建电排站就与省政府建闸撞了车，报告一直没获批准。不久咸宁地委通知时任鄂城县委书记李国民和县长王玉林到咸宁参加水利建设工作会议。可当李国民和王玉林到咸宁后，才得知参加会议的只有他们两人，实际是地委主要领导找他们两人去单独谈话，做工作要鄂城县委放弃在樊口修建电排站，而服从省政府建樊口大闸的规划。其理由是，省政府考虑的并不是鄂城一个县的问题，而是鄂东南地区的阳新、大冶、咸宁等县市的洪水汇集在梁子湖区，可通过樊口新建大闸排入长江。可脾气耿直的李国民书记，当时只站在鄂城县的角度上考虑，不服气地说："樊口已有座民信闸，不需要再建大闸。每年10月份以后，到第二年5月份，长江的水位很低，打开民信闸，湖水完全可排入长江。目前，关键是梅雨季节长江水位高，如何把内湖的渍水排出去，只有修座电排站，别无选择。

　　咸宁地委主要领导虽然做了工作，但李国民并没接受，一再向省政府提出意见和建议。当时任省革委会主任的张体学亲自做李国民的工作也不见效。可最后省政府还是决定修建樊口大闸，按照党组织下级服从上级的原则，李国民虽然有想法，但还是按省政府决议执行。当年7月1日，省政府定为樊口大闸破土奠基动工日。鄂城县委也于此日在樊口外河召开万人大会，张体学省长到会并参加破土动工。开掘雷山时，由于岩石太坚硬，那时的机械也不先进，进度极慢，工程人员将这情况向张体学做了汇报，他却骂了句："什么炸不开，是你们没有能耐！"工程人员就不敢再向张体学反映情况了。就请县委副书记王玉林去反映，这样张体学省长才同意将闸改建在雷山外西边。这样劈山建闸就容易多了。同年冬季，开始建闸施工时，省政府要求鄂城县安排大部分劳力参加建闸，可口服心不服的李国民书记却拗着劲，将大部分劳力安排到搞小型水利建设工程和农田管理上，致使建闸工程进展缓慢。张体学很不满意，但他没有批评鄂城县委。1972年，当樊口大闸基本建成后，张体学来视察时，语重心长地对鄂城县委领导说："同志们啦，建樊口大闸并不是我一时的冲动，而是1954年抗击长江百年大洪水时，我就有这种打算啊！我是要为鄂东南地区人民着想，为湖北着想。"原来1954年8月3日，长江中游洪水水位上升到29米，而且上游第四次洪峰又要下来，形势万分危险。省委经过紧急研究，为确保武汉、黄石两大工业城市，确保国家工业化的进程不受影响，请求政务院批准，决定在鄂城县实施分洪。8月7日凌晨6时，省防汛指挥部向鄂城县防汛指挥部下达在三江口、汀桥、雷山尾三处掘堤分洪，当时只掘开了三江口、汀桥两处堤段，但水位仍持续上涨，县委主要领导仍不下达在雷山洲尾掘堤分洪。张体学亲自赶到粑铺大堤做县委书记的工作。据说，时任鄂县委的张书记，当时跪在地上大声哭着说："指挥长，我县投入10万民工，苦干一个多月，保住了大堤不溃口，现在要我挖开分洪，我实在想不通。"张体学只好耐心地做工作，直到8月12日下午1时，才由黄冈地区防汛指挥长涂建堂调200名解放军指战员将堤炸开分洪。也就在这时，张体学萌生了在樊口建座大闸的念头。他想，如果再遇上了特大洪水，有了樊口大闸，就用不着做基层干部的思想工作，只要把闸门打开就行。

　　李国民和王玉林了解了这个情况后，才明白张体学省长坚持要修建樊口大闸，是要圆他十六年前的心愿。同时也明白张体学省长时时刻刻都把鄂南水利建设工作挂在心上，而且眼光远，胸怀大，有全局观念，表现了一位共产党员干部无私无畏、一心为人民服务的高贵品质，是值得自己很好学习和仿效的。

第十三章　诗文吟诵存风雅

一、古诗咏叹

吴孙皓初童谣

魏晋·佚名

宁饮建业水，不食武昌鱼。宁还建业死，不止武昌居。

奉和永丰殿下言志十首（选一）

北周·庾信

弱龄参顾问，畴昔滥吹嘘。绿槐垂学市，长杨映直庐。
连盟翻灭郑，仁义反亡徐。还思建邺水，终忆武昌鱼。

送费子归武昌

唐·岑参

汉阳归客悲秋草，旅舍叶飞愁不扫。秋来倍忆武昌鱼，梦著只在巴陵道。
曾随上将过祁连，离家十年恒在边。剑锋可惜虚用尽，马蹄无事今已穿。
知君开馆常爱客，樗蒱百金每一掷。平生有钱将与人，江上故园空四壁。
吾观费子毛骨奇，广眉大口仍赤髭。看君失路尚如此，人生贵贱那得知？
高秋八月归南楚，东门一壶聊出祖。路指凤凰山北云，衣沾鹦鹉洲边雨。
勿叹蹉跎白发新，应须守道勿羞贫。男儿何必恋妻子，莫向江村老却人。

漫歌八曲·大回中

唐·元结

樊水欲东流，大江又北来。樊山当其南，此中为大回。
回中鱼好游，回中多钓舟。漫欲作渔人，终焉无所求。

漫哥八曲·小回中
唐·元结

丛石横大江，人言是钓台。水石相冲激，此中为小回。
回中浪不恶。复在武昌郭。来客去客船，皆向此中泊。

漫哥八曲·将船何处去
唐·元结

一

将船何处去，钓彼大回中。叔静能鼓枻，正者随弱翁。

二

将船何处去，送客小回南。有时逢恶客，还家亦少酣。

吴
唐·徐夤

一主参差六十年，父兄犹庆授孙权。不迎曹操真长策，终谢张昭见硕贤。
建业龙盘虽可贵，武昌鱼味亦何偏。秦嬴谩作东游计，紫气黄旗岂偶然。

吴武昌
唐·孙元晏

西塞山高截九垓，谶谣终日自相催。武昌鱼美应难恋，历数须归建业来。

鳊鱼
宋·苏轼

晓日照江水，游鱼似玉瓶。谁言解缩项，食饵每遭烹。
杜老当年意，临流忆孟生。吾今又悲子，辍筋涕纵横。

初到黄州
宋·苏轼

自笑平生为口忙，老来事业转荒唐。长江绕郭知鱼美，好竹连山觉笋香。
逐客不妨员外置，诗人例作水曹郎。只惭无补丝毫事，尚费官家压酒囊。

寄岳州张使君

宋·王安石

昔人宁饮建业水，共道不食武昌鱼。

公来建业每自如，亦复不厌武昌居。

武昌山川今可想，绿水逶迤烟莽苍。

白鸥晴飞随两桨，岸荠茸茸映鱼网。

投老留连陌上尘，思公一语何由往。

赠杨念三道孚

宋·张耒

漫郎久不惬，逸思生风翰。寄声武昌鱼，欲从伦父餐。

送欧阳经赴蒲圻

宋·张耒

异时堂饮洋川酒，几唤扁舟度樊口。两山泉石多故人，送子南行一回首。

蒲圻小县聊读书，当使里闾无呻吁。结束归来接台省，不应厌食武昌鱼。

送张漕还停舟樊港访退谷

宋·薛季宣

送客过樊溪，停桡退谷口。不见元次山，静立踌躇久。巉岩两石峰，犹疑入户牖。

抔湖正宜泛，埋塞仅盈肘。粪壤瘗抔樽，勿复堪赌酒。扁舟泛然者，长歌挈散筒。

浩无风尘意，将恐是聋瞍。自知干进客，对面弗敢扣。从之人甚远，惭颜为之厚。

武昌非昔人，望绝不得友。它时赋归欤，湖谷定吾受。此心介如石，自誓向樊母。

次韵前篇

宋·苏轼

去年花落在徐州，对月酣歌美清夜。今年黄州见花发，小院闭门风露下。

万事如花不可期，余年似酒那禁泻。忆昔扁舟泝巴峡，落帆樊口高桅亚。

长江滚滚空自流，白发纷纷宁少借。竟无五亩继沮溺，空有千篇凌鲍谢。

至今归计负云山，未免孤衾眠客舍。少年辛苦甘食蓼，老境安闲如啖蔗。

饥寒未至且安居，忧患已空犹梦怕。穿花踏月饮村酒，免使醉归长官骂。

宿樊溪

宋·张耒

黄州望樊山，秀色如何揽。扁舟横江来，山脚系吾缆。
大川失汹涌，浅水澄可鉴。北风吹疏雨，夜枕舟屡撼。
齐安不可望，灭没孤城暗。奔流略溪口，龙蜃屡窥瞰。
平生千金质，戒惧敢忘暂。兹游定何名，耿耿有余念。

江间作四首（选二首）

宋·潘大临

一

白鸟没飞烟，微风逆上舡。江从樊口转，山自武昌连。
日月悬终古，乾坤别逝川。罗浮南斗外，黔府古何边。

二

西山连虎穴，赤壁隐龙宫。形胜三分国，波流万世功。
沙明拳宿鹭，天阔退飞鸿。最美渔竿客，归船雨打篷。

无题

宋·潘大临

八字山头雁，武昌江上鱼。

樊口晨泛送程端卿

宋·薛季宣

扁舟送归客，万籁寂无风。宿雾青郊暗，卿云碧岭空。
水清明去鹭，天远入征鸿。日脚中流见，委蛇走白虹。

樊口（三首）

宋·薛季宣

一

一霎重为退谷游，扁舟一叶浪如舟。
人生百岁浑如许，借问都来几白头。

二

小回中入大回中，激水那堪括面风。

退谷未埋聱叟笑，钓台宁是不英雄。

三

长安当日碎樊山，闻说孙郎凿岘还。

舴艋架虚掀舞甚，可堪破舶问前湾。

至鄂期年

宋·岳珂

一瓶一锡一团蒲，到得今年一物无。桑下勿兴三宿念，古人不食武昌鱼。

送王仲安归武昌

宋·姚勉

武昌洲畔去，端不为鱼肥。要起初平石，同娱莱子衣。

夜长秋雨急，天阔白云飞。何日鹊乌喜，北风鸿雁归。

太初宫

宋·杨备

三军不食武昌鱼，万骑时迁建业居。

曾得紫髯开国意，太初名是作宫初。

送程伯茂佥书武昌

宋·方岳

平时浪说笔如杠，谁不玉堂云雾窗。

采石月明才夜讲，武昌鱼美又春江。

又次韵（二首）其二

宋·周必大

宫槐分影直，官柳着行疏。画栋飞甍远，晴霞散绮余。

池邀山简马，水胜武昌鱼。只恐封泥召，骖鸾上帝居。

金陵杂兴

宋·苏泂

紫髯何事忽迁都，有意宫中号太初。

他日三军嫌饮水，只应翻忆武昌鱼。

鄂城篇

宋·薛季宣

袁山野火春风吹，惊飙万马争奔驰。乌龟阪头蕃草木，化作灰烬张天飞。

武昌佐吏皆好古，煮茗联镳访城府。狂生此意复不浅，好事大家何尔汝。

鄂王城阙烟苍苍，鄂王宫殿波茫茫。今古都卢一饷顷，不见古人虚引领。

亳殷丰镐已丘墟，蛮荆兴替将焉如。死生建业信徒语，石盆古渡犹多鱼。

古人已去安足齿，近事纷纭尚如此。君不见淮淝去岁是丰年，如今千里无舍烟。

三江口

宋·周端朝

吴门台北竹楼隅，三日追陪漫叟居。晓梦惊辞赤壁鹤，夜栖看打武昌鱼。

横州摇潋分灯影，落月斜河运斗车。回伏三江问汉口，陆离兰叶响环琚。

送犹子之官武昌

宋·王洋

旅情伤别意何如，霜打枯茄雪未除。门户难成攻事业，殷勤暇日读诗书。

须怜白发亲今晚，莫恃朱颜气有馀。要使仇香非醉尉，定知不负武昌鱼。

见赵知道运使

宋·戴复古

饱食武昌鱼，不如归故庐。盟鸥还海道，问雁觅家书。

又把乡人刺，来投使者车。东园桃与李，莫使着花疏。

元丰癸亥秋季赴官郴岭舣舟樊口与潘彦明范亨

宋·张舜民

江上秋风九日寒，故人樽酒暂相欢。

如何塞北无穷雪，却坐樊山竹万竿。

渔父

宋·张舜民

家在耒江边，门前碧水连。小舟胜养马，大罟当耕田，
保甲元无籍，青苗不著钱。桃源在何处，此地有神仙。

樊口隐居

元·丁鹤年

万里云霄敛翼回，挂冠高卧大江隈。春深门巷先生柳，雪后园林处士梅。
翠拥樊山邀杖屦，绿浮汉水映尊罍。谁能领取坡仙鹤，月下吹箫共往来。

题林泉野趣图

元·丁鹤年

清江白石带疏林，樊口幽居尚可寻。
梦里草堂无恙在，秋风春雨总关心。

次向自城韵

明·丁鹤年

道究先天太乙初，金门大德复谁如。已承丹篆三天箓，还读青藜午夜书。
华表忽归辽海鹤，仙庖频食武昌鱼。行窝处处春风里，拟办尧夫洛下车。

送宋显夫南归

元·马祖常

琵琶沟北识君初，藉甚才华二十馀。欲赋兔园干孝邸，不同狗监荐相如。
潇湘路熟逢知己，韦杜天低望故居。携幼归来拜丘陇，南游莫恋武昌鱼。

秋江图

元·范梈

云里衡阳雁，网下武昌鱼。
石门秋共远，江树雨余疏。

送卫进士推武昌

明·何景明

少年佐郡楚城居，十郡风流尽不如。此去且随彭蠡雁，何须不食武昌鱼。

仙人楼阁春云里，贾客帆樯返照馀。大别山前江汉水，画帘终日对清虚。

寄题武昌西山
明·汪玄锡

老年还忆少年游，曾爱西山到上头。赤壁一拳云树出，长江千里浪花浮。
焚香供果书空载，试剑何人石上留。莫道武昌鱼好食，乾坤难了此生愁。

踏芦洲
明·李有朋

雨楫云帆处处留，楚江波上觅新洲。分开芦荻寻鸿雁，踏破靡芜见羚牛。
沙涨移来帷沃土，风涛推去又浮沤。眼前盈宿浑难计，烟柳横堤结暮愁。

晚渡樊口
明·吴国伦

一羽风帆截浪轻，樊山远带夕阳明。江回伍子芦漪渡，石抱孙郎鄂县城。
去国身随沙鸟泛，行歌兴逐水云生。翻愁泽畔逢渔父，鼓枻重来诮独清。

悼渔丈人
明·冯梦龙

数载逃名隐钓纶，扁舟渡得楚亡臣。
绝君后虑甘君死，千古传名渔丈人。

赠俞宪部谪武昌
明·王问

送子南迁路，悠悠逼岁除。遥看帆挂处，常是听猿初。
汉口故人远，荆门古树疏。兹行独有咏，须寄武昌鱼。

芦洲怀古
清·陈宝钥

君仇若无复，楚国至今愁。故国留情薄，穷途济汝危。
生愧分岐友，死惭抱石姬。与君同饮憾，应悔杀身痴。

樊港道中

清·张裕钊

泽国霜清农事稀，菰芦深处水禽飞。

几家田舍溪头住，寒柳毵毵静掩扉。

长港舟中

清·朱涿章

一

轻舟泛泛晓风天，夹岸垂杨锁翠烟。碧水长港千嶂外，几番雁语到芦边。

二

八月樊川水正平，孤帆轻送武昌城。黄州隔岸遥相望，江上烟波动客情。

三

朝发扁舟暮放归，虫声两岸听幽微。眠来不觉东方晓，乍把晨光当落晖。

武昌县中作

清·王嵩高

武昌鱼信美，饱食不论钱。欣饭长腰米，宜烹缩项鳊。

潮平钓矶出，风定酒旗悬。红树青山外，江村景物妍。

留别武昌潘东柳先生

清·沈清正

旅馆消长夏，论文慰索居。秋风吹大别，落日忆三闾。

天远独为客，舟孤惟载书。如尝汉阳酒，不钓武昌鱼。

估客乐

清·王士祯

大艑趁潮来，落帆向樊口。

盘鲙搓头鳊，杯泛宜城酒。

黄州杂诗

清·陶梁

羹材早已食单储，举网人来惯趁墟。

怪底登盘滋味美，新从樊口获鳊鱼。

武昌道中书感

清·邓显鹤

连年河患海东隅，蠢蠢支祁未前除。

旅食忍听淮浦雁，乡心空忆武昌鱼。

武昌杂诗将之沅州任作

清·黄金台

客意含秋色，临行惨不舒。虽看衡岳雁，犹食武昌鱼。

澹月窥橐橐，寒云送简书。江边古黄鹤，缥缈更愁予。

读图感作

朱峙山

五年从未赋归舆，农圃无能计早疏。秋暮真如遵渚雁，春初长忆武昌鱼。

百年水患临吾邑，三路分洪见废墟。一览兹图增百感，黄州塔影认模糊。

樊口（二首）

清·宋荦

一

地接沧江远，波连曲港深。人烟环近渚，鸡犬散疏林。

水落鱼初出，山高日易阴。只应同钓叟，来往得幽寻。

二

落日荒江畔，停桡处处船。人闲沽酒地，风冷卖鱼天。

远水菰蒲接，空林橘柚悬。坐看新月上，长啸破苍烟。

樊口

清·王涵

樊湖九十九，一线接江波。晚雨鸳鸯集，斜阳舴艋多。

芦汀吹牧笛，柳岸挂渔蓑。欲买潘生酒，青旗在水涡。

踏遍长安百雉城
——为六县卫（樊口）堤闸事出都航海途中作
清·郭瑞麟

踏遍长安百雉城，故人邀我订归程。幽燕台阁黄巾布，齐鲁关津碧练陈。
帆影入云飞万丈，浪心印月写双清。男儿阅历崎岖惯，如此风浪尚觉平。
年年江汉狎桅樯，今日绕月百谷王。四海三分留客迹，九州一半入诗囊？
不辞跋涉来琼岛，只为呼号满故乡。寄语春明同事者，可能大力挽穹苍。

悼念汪国源
清·汪殿清

国源显达次子，生于嘉庆壬申年八月初八酉时，殁于光绪戊寅年七月初六辰时。葬大竹咀自己麦地丫向北。公为修樊口横堤独当领袖。上司李总督嫉筑樊口水道有碍江南大局，毒加死罪，公从容尽节于黄州风清源门外，有识人无不哀伤，今续家乘，奋成七绝三首吊之。

一

樊川倒涨害无休，泽国生灵怨恨稠。
引领期登衽席地，何如砥柱峙中流。

二

心怀六属伏安澜，塞海衔枝不畏难。
得丧穷通真莫解，残遭戮辱痛何堪。

三

回首樊川石尚在，空令埌客吊哀魂。
当年就死愁肠泪，料得含冤滴到今。

二、经典篇章

名家名作

送黄钟之鄱阳谒张使君序
唐·李白

东南之美者，有江夏黄公焉。白切饮风流，尝接谈笑。亦有抗节玉立，光辉炯然，气高时英，辩折天口。道可济物，志栖无垠。鄱阳张公，朝野荣望，爱客接士，即原、尝原作常春、陵之亚焉。每钦其辞华，悬榻见往。而黄公因访古迹，便从贵游，乃乔装撰行，去国遄陟。诸子衔酒惜别，沾巾赠分。沉醉烟夕，惆怅凉月。天南回以变夏，火西飞而献秋。汀葭飒然，海草微落。夫子行迈，我心若何！毋金玉尔音而有遐心。湖水演沂，勖哉是待。共赋《武昌钓台篇》，以慰别情耳！

殊亭记
唐·元结

癸卯中，扶风马向，兼理武昌。支明信严断惠正为理，故政不待时而成。於戏！若明而不信，严而不断，惠而不正，虽欲理身，终不自理，况於人哉？公能令人理，使身多暇，招我畏暑，且为凉亭。亭临大江，复出山上，佳木相荫，常多清风。巡回极望，目不厌远。吾见公才殊、政殊、迹殊，为此亭又殊，因命之曰殊亭。斫石刻记，立于亭侧，庶几来者，无所惑焉。

自释
唐·元结

河南元氏，望也。结，元子名也。次山，结字也。世业载国史，世系在家牒。少居商馀山，著《元子》篇篇，故以元子为称。天下兵兴，逃乱入猗于洞，始称猗于子。后家瀼，乃自称浪士。及有官，人以为浪者亦漫为官乎，呼为漫郎。既客樊上（原注在武昌县西五里），漫遂星，樊左右皆渔者，少长相戏，更曰"聱叟"。彼诮以聱者，为其不相从听，不相钩加，带笒箬而尽船，独聱而挥车。酒徒得此又曰："公之漫，其犹聱乎？公守着作，不带笒箬乎？又漫浪于人间，得非聱乎？公漫久矣，可以漫为叟。"於戏！吾不从听于时俗，不钩加于当世，谁是聱者，吾欲从之，彼聱叟不惭带乎笒箬，吾文安能薄乎著作？彼聱叟不羞聱于邻里，吾又安能惭漫浪于人间？"取而醉人议，当以漫叟为称，直荒浪其情性，诞漫其所为，使人知无所存有，无所将待。乃为语曰："能带笭箵者，全独而保生；能学聱者，保宗而全家。聱也如此，漫乎非邪？"（选自《唐书·元结传》）

抔湖铭并序
唐·元结

抔湖东抵抔樽，西侵退谷，北汇樊水（樊川），南涯郎亭。有菱有荷，有菰有蒲，方一二里，能浮水钦。漫叟自抔亭游退谷，必泛此湖。以湖在抔樽之下，遂命名抔湖。铭曰：谁游江海，能厌其大？谁泛抔湖，能厌其小？故曰：人不厌者，君子之道。於戏君子！人不厌之。死虽千岁，其行可师。可厌之类，不独为害。死虽万代，犹堪污秽。或问作铭，意尽此欤？吾欲为人厌者，勿泛抔湖。

抔樽铭并序
唐·元结

郎亭西郭有篆石，石临樊水，漫叟构石颠以为亭。石有窳颠者，因修之以藏酒。士源爱之，命为抔樽，乃为士源作抔樽铭。（铭略）

退谷铭并序
唐·元结

抔湖西南是退谷，谷中有泉，或激或愚，为窦为渊。满谷生寿木，又多寿藤萦之。始入谷中，令人忘返。时士源以漫叟退修耕钓，爱游此谷，遂命曰退谷。元子作铭，以显士源之意。（铭略）

望夫石赋
唐·白行简

至坚者石，最灵者人。何精诚之所感，忽变化而如神。离思无穷，已极伤春之目；贞心弥固，俄成可转之身。原夫念远增怀，凭高流盼。心摇摇而有待，目眇眇而不见。丝萝无托，难立节以自持。

金石比坚，故推诚而遂变。徒观夫期形未沬，其怨则深。介然而凝，类夫启母之状；确乎不拔，坚于王霸之心，口也不言，腹今则实。形落落以孤立，势亭亭而廻出。化轻裙于五色，独认罗衣；变纤手于一拳，已迷执质。引乎石以表其真，变以彰其异。

结千里之怨望，含万里之幽思。绿云朝角，拂峨峨之髻衰；微雨暮沾，洒涟涟之珠泪。辛霜华于脸粉，脱苔点于眉翠。昔居人代，虽云赋命在天；今化山椒，可谓成形于地。于是感其事，察其宜。

采摩芜之芳，生不相见；化芙蓉之质，死不相随。冀同穴于冥漠，成终天之别离。则知行高者其感深；迹异者其致远。委碧峰之窈窕，辞红楼之婉娈。下山有路，初期携手同归；窥户无人，终叹往而不返。嗟呼！贞志可嘉。高节惟亮。同胚浑之凝结，异追琢而成状。

孤烟不散，若袭香于炉峰之前。圆月斜临，似对镜于庐山之上。形委化而已久，目凝睇而犹望。悲夫！思妇与行人，莫不观之而惆怅。

樊山记
宋·苏轼

自余所居临皋亭下，乱流而西，泊于樊山，为樊口，或曰"燔山"。岁旱燔之，起龙致雨，或曰樊氏居之，不知孰是？

其上为芦洲，孙仲谋汎江遇大风，柂师请所之，仲谋欲往芦洲，其仆谷利以刀拟柂师使泊樊口，遂自樊口凿山通路，归武昌，今犹谓之"吴王岘"。

有洞穴，土紫色，可以磨镜。循山而南至寒溪寺，上有曲山。山顶即位坛、九曲亭，皆孙氏遗迹。西山寺泉水，水白而甘，名菩萨泉。泉所出石，如人垂手也。

山下有陶母庙，陶公治武昌，既病登舟，而死于樊口。寻绎故迹，使人凄然。

仲谋猎于樊口得一豹，见老母曰："何不建其尾？"忽然不见。今山中有圣母庙，予十五年前过之，见彼板仿佛有"得一豹"三字，今亡矣。

九曲亭记
宋·苏辙

子瞻迁于齐安，庐于江上。齐安无名山，而江之南武昌诸山，陂陁蔓延，涧谷深密，中有浮图精舍，西曰西山，东曰寒溪。依山临壑，隐蔽松枥，萧然绝俗，车马之迹不至。每风止日出，江水伏息，子瞻策杖载酒，乘渔舟，乱流而南。山中有二三子，好客而喜游。闻子瞻至，幅巾迎笑，相携徜徉而上。穷山之深，力极而息，扫叶席草，酌酒相劳。意适忘返，往往留宿于山上。以此居齐安三年，不知其久也。

然将适西山，行于松柏之间，羊肠九曲，而获小平。游者至此必息，倚怪石，荫茂木，俯视大江，仰瞻陵阜，旁瞩溪谷，风云变化，林麓向背，皆效于左右。有废亭焉，其遗址甚狭，不足以席众客。其旁古木数十，其大皆百围千尺，不可加以斤斧。子瞻每至其下，辄睥睨终日。一旦大风雷雨，拔去其一，斥其所据，亭得以广。子瞻与客入山视之，笑曰："兹欲以成吾亭耶？"遂相与营之。亭成，而西山之胜始具。子瞻于是最乐。

昔余少年，从子瞻游，有山可登，有水可浮，子瞻未始不褰裳先之。有不得至，为之怅然移日。至其翩然独往，逍遥泉石之上，撷林卉，拾涧实，酌水而饮之，见者以为仙也。盖天下之乐无穷，而以适意为悦。方其得意，万物无以易之。及其既厌，未有不洒然自笑者也。譬之饮食，杂陈于前，要之一饱，而同委于臭腐。夫孰知得失之所在？惟其无愧于中，无责于外，而姑寓焉。此子瞻之所以有乐于是也。

樊口治水历史文献

谈灾蠡述（节录）

清·范鸣和、崔生甫

序

樊口在大江南岸，北对齐安城、距范君鹤生居数十里，距余家百数十里，武昌数县诸湖之水出焉。而盛夏江涨，侵灌为害，居民因谋筑堤建闸，当事难之，言人人殊，或曰便，或曰不便，君既生长其地，熟其高下出入形势，乃援证古令，条举利弊，为《淡灾蠡述》一卷。余读之而叹曰，甚矣，治水之难也，古人必推深通经术者为之。汉平当明禹贡行河是也。夫禹贡为治水之祖，而其单词只义空曲无文字之处细释之，莫非治水方略。即以荆州一域而论水，江汉为大。乃导权之水所流曰沧浪，所过曰三滋，所汇曰彭蠡。导江之水所别曰沱，所过曰澧，所迆、所会曰汇，而皆朝宗以入于海。即云梦为容水最大泽，必治之于土作乂。而未尝以此为归壑，是其源委条贯经纬秩然，数千年来，历历可指，而其他歧川别港如樊口等类，皆禹贡之所不载，其非江汉之水所流、所过、所汇、所别、所会可知，顾议者执欲以樊口宣泄江汉，江汉是昧于所谓朝宗之议，而莫辨其曷为经流为支流也。今观蠡述累千百言，独于江道出入离合之故，反复剖析，揭其款要，而后筑堤建闸之利害不烦言而自解，盖其平日研讨经术，深明于禹贡行水之道，而又得之所习闻亲历，故其言之确凿可行如此。如此，余虽与君同长是邦，而经术不逮君之深且邃，又无其经事综物之智，欲赞一辞难矣，故但就其所已言者引伸之，亦愿闻其说者之详绎之而毋或忽也。昔者大禹行水既资狂章、虞余、童律、庚辰、柏翳之徒，共宣其力，而又未尝不广咨博采，兼听以集益，故帝舜推其成功之由而曰不自满，假至鲧之绩用弗成，则直斥之曰方命圮族而已，是又蠡述之所未及者推言之，以为后之行水者之鉴焉。

自序

吾邑八乡，惟灵溪一区界山中，余皆负湖泽。自道光十一年后，屡岁江流暴涨，由樊口倒灌入湖，邑内民田强半淹没。虽有黄柏山堤，灾弗能减也。咸丰初元，邑人议请筑坝，时粤氛甚炽，由兴冶达鄂，大道阻梗，惟樊口可通炮船，为省城后路，遂事寝。

其后屡请之，以无成案，格不行。今年乡人李侍御廷萧上言于朝，奉饬下，巡阅长江大臣、宫少保前兵部侍郎彭公玉麟查勘，复奏请建石闸得旨俞允。举数十年沟壑穷黎荡析昏垫之苦，所呼吁而不得上达者，一旦幸邀恩命，予以再生乐事，赴功成当不日，虽有豪猾，谁敢梗扰？乃者故里书来，辨议各执。至于留心时务之杰，亦或不免为众说眩督，意持两端。夫事必先定其是非，然后可立于不败之地。是非不定，万一异日有阴谋扰沮之者寻间抵隙，谬肆诪张，巧构危耸之辞，转相煽惑，莫可难诘。有司虽贤，毫无把握，其能毅然持之而不回哉？余虑其事之久而或废也。

今述所见，证以旧闻，俾后之尹兹土者有所考，以无忘朝廷德意，而续成我宫保侍御为民请命之绩于勿替也。

光绪戊寅小除日，武昌范鸣和、崔生甫

考定樊事议

樊口堤闸一案，议者纷纷互相驳诘，迄莫能定。窃谓此事总以长江大局为最要关键。然则何以定其于长江有无关碍也？请即就所言支河考论之。原疏内称樊口内苞湖泽九十有九，其浸制广，仅恃此一线之口以出江，江水盛涨之年，亦倒漾而入；又称江水经由之路，譬之人身，湖河港汊犹四肢之脉络，所以宣行血气，今堵塞樊口，是截去肢体；又樊口为江汉合流后南岸泄水首区等语，既称樊口为各县湖水所由出江，盛涨之年江水亦倒漾而入，则涨不盛便不能漾入，是樊口为泄湖水非为泄江水也，则亦直湖之口，并非江之肢矣。查樊口内地势较高于江，各湖水由长港进流而出，每值夏汛江水一涨渐至势高于湖，便倒灌而入，逐日加涨，不半月湖内遂成泽国，并不必盛涨也。逮秋冬水涸，舟行至或须推挽，则江几不相属矣。樊口诚为江汉合流后泄水首区，何以每年常有数月并无泄入之江水乎？自管见言之，樊口不得谓之支河，意所谓支河者，必其本身之河无日不相与灌输，不应有时隔绝。历来名臣奏议留心水利者，佥以疏浚支河为要，当指此河实为江流趋泄者而言。

敬绎道光十一年上谕，如果平日讲求水利，江湖通畅，何至酿成水患？亦谓本系宣泄之水道，不宜壅遏，即疏浚支河之义，非谓水涨为患，所有滨临江湖地方，一概不准堵御也。故愚以为但辨明樊口之为支河，不得为支河，则此案之是非可定，其他各处堤闸亦可统筹，至建闸后之有害无害，则当查以前上下游两岸各堤有无冲决为断。始与客谈此事，或疑上游受害说似近诬。予谓未来事难臆断，因以是语之，既悉心考究，实不然。如果壅遏水道，水不能下流，郁久怒甚，如贼困重围中，必拼力夺一路而逸，故壅于下恒决于上，或壅之弗胜乃下溃耳。若本非正道常流，时值暴涨，必当设法御之，其力不力则各视其所自为耳。防水如防贼，岂得以彼城受敌，责令此城之洞开哉？夫诚能驱贼一处聚而歼旃未尝非上策，不然但令此一处开门揖贼，能保贼不扰及他境乎？审定是非，自不能谬以他辞相倾覆，无待查前为断也。至谓闸立，难保无坏，且口门较狭，恐湖水之消泄不迅，此页凡有闸者所同，不得因噎废食者矣。

已卯正月附记

武昌县樊口梁子湖地势情形图说

武昌县治在湖北省城东北一百八十里，本汉鄂县东至蕲州白田洲界八十里。西至江夏县严婆丘界一百二十里。北至黄冈县大江心五里。南至大冶县大驿路界十五里；又南跨大冶，至咸宁县一百五十里。广二百里而近，袤一百五十五里而遥。县入乡外四乡曰县市、曰洪道，曰永福，曰神山，内四乡曰灵溪、曰符石、曰马迹、曰贤庾。大江自西来，由峥嵘洲经樊口，经县北，循口入为长港，纡折九十里迤南尽处为磨刀矶，过矶则梁子湖，亦名樊湖。湖心有镇市曰梁子街。湖阔不过四十里许，南负咸宁界，左右蟠控贤庾、马迹、符石各里。湖之大者则有乌翎、高唐、浮石、大草最著，西北与神山、永福之炭门、鸭儿诸湖相吞吐，而江夏龙泉营、豹子澥各水股灌支泻，亦悉来汇注，凡滨湖地方有沟、有港、有汊，纷歧错出，前人相沿谓樊口内苞湖泽九十有九者，以此而皆由长港出口达江，盖梁湖所控引，本邑自神永至贤马等乡，邻则咸冶江夏之东西南各隅，究水所暨周迥殆三百里有奇，明《一统志》称八百里者，传记铺张之文类然，极县之四至，实不逮半，安所容九十九泽乎？其县东洪道乡与大冶分壤，水并不由樊口出，右有长胡即洋澜湖，出五丈口；左则西淳湖合华家湖、琵琶湖，由冶属之黄石港北与江会。自西淳以南一带，崇峦叠嶂，直抵大冶县。而灵溪乡界其间，计合县境所隶，水居其七，山二土田一耳。明邑侯李有朋《阅灾记》云，夫天下之地势不平，而水因之有源、有委，故无恶于水，惟武昌则亘二百里高下，不能以丈，大江一满，诸湖皆溢，积而不逝，是以楚之水灾武为甚。然则为武邑策，必就旧有各沟道倍加挑浚，仍谕令百姓因地开渠受水，而为之请蠲其赘赋，斯为久大之利。然使江水不御，一遇夏涨，先入而据其宅，徒劳费无益，故闸之建不可以已也。或疑此为泄江地不可闸者，则亦有故焉。一则误以穴口例樊口，一则误以洞庭例梁子湖也。按口者水出入之总名，上口专主入，下口专主出，禹贡壶口称名最古，《水经注》云，河水南迳北屈县故城西，有孟门山，即龙门之上口，此以入言也。又云禹凿河水流交冲迄于下口，此以出言也。若所云江水东迳乌林南，又东右得蒲矶口，又东迳邾县南，右得黎矶，北对举口，又东迳鄂县北，右得樊口。得之云者，因其所迳，彼来我受，皆谓下口，参之汉水注云，又迳都县故城南，又东敖水注之，是曰敖口，又东南迳江夏云杜县中，夏水从西来注之，是曰堵口，又东迳左桑，又东与力口合，又东南涢水入焉，是曰涢口。再参之淮水注云，又东迳原鹿县南，汝水从西北来注之，谓之汝口，又东北至九江寿春县西，泚水、洪水合北注之，谓之泚口，又东颖水从西北来注之，谓之颖口，又东迳寿春县北肥水注之，谓之肥口。曰来，曰往，则汉淮为主，各水口为客，专以出言。今会典各省水道图说，合某河某湖曰某口，又合某河某湖某某水曰某口，义盖本此。若非彼之水所由出此，安得而合之？凡此所谓口，皆天为之，若穴口则专为泄江水而开，人为之也。天为之故常不塞，人为之，人事稍不继，遂不免于塞矣，然而开穴口以泄江，必下流有所泻之地，中流有所经之道，然后上流可以分江澜而杀其势，故楚三大水惟川江独有穴口者，以在南则澧江为所经道，洞庭巴陵为所泻地，在北则潜沔为所经道，汉口为所泻地也。今樊口非江所经道而亦无可泻之地矣。无论梁湖之大不及洞庭，即如彭蠡，亦在江以南，与洞庭同，今能凿山开道使其为大江所经而泻之彭蠡以杀其流乎？知彭蠡不能为泻江地，尚何疑于梁湖？惟梁湖不能泻江，则樊口之江水倒灌不可以不御，而又为湖水所出路，故宜闸坝，若横江作坝不惟不可，亦不能矣。横樊口为闸坝，奚禁哉？至滨江一带有与樊口相同，或支水所注，来源较大，必不可堵，及口岸散漫，虽欲为闸坝不能者，此又不可以概论也。

《经世文编》载池州知府李本樟新修皇兴圩堤碑记，天下之赋出于东南者十之八九，其濒江一带为圩田设堤防而立斗门，以司吐纳，往往称沃壤。铜陵依江为治，厥田下下，以江潮大小为丰歉，万历间弋阳徐侯始筑长堤蔽江，四十八圩，永享其利。嗣是皆以治圩为重务。南北均有斗门，而北临大江者，吐纳尤重。斗门即闸，制曰临江者尤重，则置闸以御江涨，前之人有行之者矣。既筑长堤又必立斗门者，为泄内水故也。长江数千里，自有本系宣泄之支河，自有必不可堵塞之口，若谓夹岸内湖民田皆应为受江水地，昔之言弃地与水者，恐不如此。

又《畿辅志》畿南河渠通论内载：子牙河新河入淀之处，东西相距二十余里，两河堤南连而北断，每遇淀水倒漾，堤间数十村落皆在水中，而河员日守两堤唯谨，此如防盗者，蔽垣墙而开后户，盗人肤箧发匮而去，垣墙守者犹巡警彻夜，此何为者也？故北岸之堤断宜接筑。此正可为樊事借证，樊口江水倒灌，则以上为数十里沿江直堤竟成虚设，特因系湖水出口不能接筑耳。建闸之举实为允当。

或谓宜于樊口内之长港两岸为堤，此即入淀处之东西两河堤类，其说似是而实非也。长港为樊湖所由出江，中间一线水道，并无村落，北既必断，而南亦不能连，无论九十里之长堤工费浩繁，民弗能任浸，假而堤成，当江湖并涨之时，内外水力交相激荡，堤能无恙乎？幸而无恙，倒灌之水日甚一日，尽泄入樊湖，樊湖不能受也，必仍泛滥于傍湖左右，而两岸外之积水向由长港泄江者，今反为长堤拦隔，终岁不能涸出矣。凡内河之夹岸为堤者，所谓支堤，必其本系支河水所必由以下趋于大河者，势不宜壅遏，不得不预为捍蔽以防其泛溢，即古人筑堤束水之法，当相地为之，安得以混施哉？

复查乾隆九年御史张汉条陈江汉水利请浚复各穴口以资宣泄，奉旨交署湖广总督鄂弥达查勘覆奏，经大学士鄂尔泰等议复查，兴修水利全在便民，该署督勘阅江汉二水皆不可疏，该御史所奏应无庸议从之，而开穴疏流之说，万不可行于今日，前江陵胡进士在恪堤防议中已有是言，盖自生齿渐盛，耕牧日繁，九穴十三口故道，厪有存者一，且所在追寻，必大烦扰，且议复旧穴，应先将枝堤修筑，方免东西泛溢之患，而江堤仍不可废，工程浩大，费从何出？无论他日，必更湮塞，此其所以势难复行也。夫筹开穴口，诚留心水利者，讲求疏浚之法，而其说尚未可固执，则夫徇弃地之言，以泄江为辞者，其亦可以无多置辨矣。

或曰治水之道，筑不如疏，此千古至论。大禹神功，一导字尽之。鲧之败绩以但用堙耳。今吾子力辨泄江之说，不主疏而主筑，何居吾未之闻也，曰，予特病夫以泄律疏者耳。何谓主筑不主疏哉？曰，泄与疏有辨乎？曰，疏者导之使行，泄则倾而注之，于此已耳。故治水者必明于行水之道，先予之以地而后从而泄之，其泄也，乃所以为疏也，不求所谓疏而第曰泄之，云将举夹岸平衍之地尽委而属之于江，江则分矣，水安往哉？言有似是而实非者，此类是也。是乌可以不辨，古者治水只有导之之法，沟洫畎会，互相委输，注川达海，何待于泄哉？言泄水者盖起于堤防既作，束水不得纵，一遇非常异涨，不能不筹消泄以为固堤之计，于是乎有减水闸坝诸制，故泄水者乃治河之言，非治江之言，推之治江，乃以治促迫剽悍之江，非以治合流直注浩渺寥阔之江也。夫沟洫废而有事堤防，势也。堤防立而有事消泄，亦势也。视其应泄不应泄，泄之有害无害，则必因时因地为之区划，未可执一为言。

水无定也，地之容水有定也。因其暴涨而泄之，等地耳。乌在其为应泄不应泄也。曰水就下者也，下不畅则壅于上，壅则必决。值其时，市其势，预为之备，不得顾一隅病全局也。彼所处之地然也。泄之则不能无害矣。本以除害，又以为害，是之谓治水乎必有道焉。使其来有受而去有归，非竟以倾而注之于此也。不然移胸腹之疾而加诸手足，以号于人曰善医，未有不疑且骇者也。昔之言治水则曰，使水有下注之路，而无旁溢之门，呜呼，此二语者尽之矣。

樊闸答问

余既为解说讫。客有过者曰，如子言，樊口之不得为支河，信矣，何为其不堤也？曰，是断不可也，江水之倒灌入口，是谓在上游者宜于堵，而各湖港之水，仅恃此一口出江，是又所谓在下游者宜于疏也。

盖樊口自出江言之为口，自泄湖言之则尾闾也，尾闾欲其畅，此治水之通议，莫能以易也，然则曷为又闸蓄之耶，泄之耶？曰闸蓄泄兼者，原所取蓄为多。兹之闸以御倒灌而已，非取其蓄，仍取其泄耶？曰，御诸外斯蓄诸内矣，蓄则尾闾不畅，胸腹能无病乎？曰，余不敢谓必无病也，昔日之不允提者，亦为此也。然则子何以谓闸可也？曰，为救急也，胸腹之病急，则重在泄，尾闾之病急，调重在补也，此从证之法，所谓治其标也。如标本兼病，奈何？曰，多疏支浦，以杀湖流，导之入港，而时其江之涨落以泄之，如此则本治而标亦不病，此兼治之法，上法也。然则曷为不兼治之？曰，治本之药费本病不甚病者，亦不亟亟求治也，故且闸也，闸固为治标，万一误治，而病及于本，不且不如勿药愈乎？曰，客言至此，余不敢言也，然亦有说焉。有人于此病腹胀未甚也，而泄久不止，几殆矣，则将为之治泄乎，抑恐致腹之胀，而听其泄以死乎，曰奚可也，不可听其泄以死，则姑止之耳，曰，为其救死也，则毕治泄，何为其姑止之也？曰，彼但求不死耳，姑止之则彼亦幸也，吾亦不欲以治泄，故而使腹胀之成鼓也。曰，斯言也，吾未之闻也，此必有为言之也。曰，然。江水之涨也，在五六月之间，正将获之时也，以其时审度下板，所争无几，时民已幸免死也，故曰姑止之也。然则彼云滨湖田亩被淹必广者，毋乃诞言也？曰，非诞也，彼不知地方之情形，故可欺以方也，即滨湖较高地方百姓，其知者以为无伤也，其不知者亦不能以无疑也。曰，子固言不敢谓必无病矣，今何以为此言也？曰，前之言正为不知者言之也，水无有不下，就令以闸故不得泄，其必趋而注于闸也，则亦犹倒灌之江水，其受害者仍在下游也，而下游者必欲蓄之不使泄，害人乎？自害乎？此可以知其得已而屡屡吁请之苦也。然则昔之人莫有为之计者，何也？曰，积淹之虑，泄江之说，熟于耳而蟠固于胸臆，未暇以深考也，天下事循名而不求实，本以为利而反贻之害者，往往是也。客曰，嘻，兹事也，吾亦窃疑之，闻子言，昭然若发蒙矣。

注：《淡灾蠡述》一书作于清光绪五年（1879年），作者范鸣和、崔生甫均为本邑（今鄂州）人，该书前半部描写樊湖外江内湖地理形势、长江中游水利开发趋势及樊湖周围高埠植被破坏水害加剧等，后半部辑录名臣奏议及涉及全国各地各类水利工程的专论，反复论证樊口筑坝建闸之必要。

樊口建闸十可说（并序）

清·李仙培

窃维湖北之灾，以水患为大，湖北之治，以水利为先，兴水利莫如建堤闸，江汉湖泽，溃决常多，择要兴工，莫如樊口为急。查樊口建闸一事，自前清彭刚直公奏请以后，台谏疆臣，相继疏奏，均奉清廷谕旨，体查情形，奏明办理，特以事体重大，未敢遽为举行，而关心民瘼者莫不周咨博访，以期斟酌尽善。仙培前读两湖时，张文襄公曾举樊口建闸与堵塞藕池口两事利害策问诸生，其时培于藕池口不主堵塞，于樊口力主建闸，均蒙批奖。但所立说，徒凭理论，未尝亲履其地，议论尚属空泛。光绪三十四年，总督赵尔巽因樊口绅耆禀请建闸，遂为博采群言，培适当官之始，以事必亲见，言可实行，方敢谏说，乃附舟至樊口考查一遍，奈人地生疏，无可调查，徘徊涯岸，仅窥大略，回寓属稿，仍以未得其详而止。己酉夏蒙委办黄州府属七县急赈，旋又奉委黄冈县冬赈，樊口亦在应赈之列，乃因清查户口，沿港上下闻历数周，又得区伸甲长，听夕相从，指点形势，询同得失，均称樊口建闸有利无弊，禀恳上达，乃悉心体察，综时人之言论，稽前贵之章疏，箸建闸十可说，藏之行笥，以备留心樊口者之采择，其说如后：

一、国课可升。查樊口外滨大江、内接群湖，其长九十里，贯穿六县卫地，有田畴十万顷，赋税数万两，一望平原，洵奥区也：自樊口无闸，江水倒灌，湖浸为满，滨湖之田，半被淹没，年年如此，粮遂无出，约计有二万余两。国家土地之人，惟有粮课，劈地垦荒，亦为粮课，以此现成巨粮，而任其淹没无收，非计之得；一旦建闸，江水涨则闭闸，江水消则启闸，问之土人，每年被灾者皆由江水灌入，非由湖水溢出。盖湖面甚宽，消纳本地之水，绰有余裕，惟加以江水，则盈满为灾。故有闸以御江水，则湖不至溢，则田皆可耕，田可耕则粮有出，抵建数座之闸，增收数万之粮，关系国课，诚为重要也。

二、民生可保。樊口之民有称为湖民者，有称为畈民者，湖民以渔为业，水涨则有网罟之利；畈民以耕为业，水涨则有淹没之灾。樊口建闸以御淹设，似有益于畈民而无益于湖民，故光绪初年毁闸之事，皆由湖民所为，人遂疑建闸则湖民不能保。追光绪三十四年赵尔巽委员查勘樊口建闸情形，寨称南北两闸虽成，江流仍可由梁子湖倒灌而入，吴柱磬等称须在樊口中流左家窑地方建横闸一座，则于湖港居民有害无利，闸身腹背受敌，西阳畈一区能否受益，尚在不可必之数，据此不特湖民有害，并畈民亦无利。赵尔巽谓湖港畈内之民皆同一体，假使闸成以后，畈内尚未得益，而湖港已受其害，又将何以谢之。则终以湖民为利，不知湖民畈民皆无害也。畈民不淹，无害不待言，即湖民原居畈上，以渔为业，要以谷为食，谷贵虽渔难糊口，不淹则谷多，谷多则畈民利，湖民亦无不利，此自然之势，况湖民少，畈民多，与其使畈民趋渔，网罟失利，何如使湖民归畈，仓箱皆盈也。

三、地利可恃。樊口建闸，创地利之说者，一谓不利于工程，一谓不利于保障。前总督奏内有樊口港面宽约为三十丈，内接群湖，外临大江，一闸背腹受水，江水猛悍，必致冲没，即使建成，亦难持久等语，此详审利害之言，而畏难者遂藉此言为阻挠之计。近有王仁俊条议云："查樊口今日形势，江水入港，港岸颇高，若建闸于江水甫经入港已经三里许之地，该地名樊口镇，镇之上游半里许南岸为樊山麓，北岸为薛家嘴，其沟为薛家沟，两相对峙，锁束极窄，樊山麓石块坚硬，天生最完全之闸基，以活此百万生民，果能在此建闸，因时启闭，所谓腹背受水必致冲没者。可无虑矣"。此议甚确。培因赈住镇数日，周览形势，见旧日闸基犹存，王仁俊所云，即指此处，其言信而有微、彼谓不利于工程者，实未查事实之言也。至谓樊口为鄂省后路，此处建闸，可以直过，有碍保障，不知今日时势，江汉不足为险，而谓一苇可杭之地足限戎马，尤不通之论也。

四、天灾可救。湖北地方，天灾流行，旱灾犹少，水灾最多，以处低洼，江水汉水，灌润全省，稍有淫潦，遂有其鱼之忧。尝以湖北地方吏治，当以治水为第一要务。治水之法，壅塞之处，莫如疏浚，使水有所消；汛滥之处，莫如堤障，使水无所溢。樊口之水，实无虞汛滥，但其汛滥，非同澎湃骤至，由江水从口入湖，湖不能受，然后汛滥回出，是虽天灾之频行，实由人工之未尽。倘于口建闸，江涨御之使不得入，则口内不至汛滥，而水灾可免矣。若遇旱乾，闸门紧闭，湖水蓄之使不得出，港水常满，沿港畈田，或车或放，可用灌救，则旱灾可免矣。成疑建闸蓄水，旱故可救，而江水入湖，不仅樊口一处，樊口所接为梁子湖，梁子湖之消长，当以江水为准，江水不由樊口入湖，可由他处入湖，湖满仍能为灾，徒御樊口无益也。查梁子湖地属江夏，离江颇远，虽地脉相通，实无正流入湖，则地中浸润之水，与港中倒灌之水，大小攸殊，湖面宽度，小水亦自能容，何疑于水灾之难免耶。

五、人心可顺。查樊口之人心，无论男女老幼皆以建闸为大喜，以毁闸为大恨。尝询问毁闸之由，一则曰由某制台是安徽人，洞庭湖之水注于江，江水至此无樊口以泄，则安徽受淹，是为己之私见也；一则曰不然，由某制台迷信风水，有地师谓安徽龙脉，必得樊水灌救，富贵乃可长久，此处建闸，如塞其喉，则安徽龙脉死矣，此所以毅然毁之也。是二说者吾皆辟其安。然查赵尔巽为御史时奏云："初疑堤闸一成，即贻东南水患，以今考之，樊口堵筑时，邻垸之保全者如故，刨毁以后，邻垸之漫溢者如故，此江之冲溃与否，无关樊口之筑不筑"。王仁俊条议云："若谓洞庭猛流下注，全恃樊口消泄，樊口一筑，下游必淹，愚谓不然，水势涨落，上下游各自不同，有时上游水大而下游水小，亦有时上游水小而下游水大，不必远求引证，即前年皖省水灾，亘古未有，斯时樊口未筑，闽水如故，而下游何竟有如是之大水耶"。据奏议等所云，称邻垸，称下游，议则明言安徽，似前说当时实有此议论，而后说则无稽之谈，抑或忿极詈骂之语。毁闸之恨，历三十年而不息，建闸之喜，合千万众而同声，此可以见人心矣。

六、物产可增。查樊口地方，芦课为多，故沿港居民多以织芦席为业。然今日芦洲湾等处，徒有其名，实不出芦，所用芦竹皆由上游牌洲等处运去，询诘颠末，以芦地渐次开辟，其所以开辟者，因芦竹获利少，不如谷麦获利多，竞相耕作，芦地遂变为耕地，物产已有日增之势。惟芦不畏淹，土人云：自道光辛卯以后，水灾渐至，田庐坟基，常付汪洋，于是流离转徙，或填沟壑，或逃异乡，其存者苟延旦夕，男无田可耕，女无机可织，民生凋敝，物产因之减少。故樊口市镇，当其盛时，货物殷富，商贾云集，居宅行栈楼房，皆极宏阔。今则十室九空，仅有零商小贩数十家，其余高屋大厦，岿然仅存，冷落之状，不堪入目，皆由物产减少之故。倘若于樊口建闸，口内六七百里皆成乐土，前由芦地变为谷地者，今可由谷地增为桑地。查中国之桑，推湖州为最美，以太湖之水浸润数百里，桑性喜湿，其叶沃若，故所出之丝，柔韧光泽，非他处能比，樊口内湖泽之多与太湖同，假使水火既免，种谷之外教以树桑，而丝棉巾帛，皆由此出，樊口昔日之殷富，不难驾而上之矣。

七、厘金可旺。从来厘金之衰旺，与出产之丰欠互为消长。假如樊口堤闸告成，六县卫之地尽成饶裕之乡，进口出口诸货物，较前必加多百数十倍，货物加多，厘金必加旺，此一定之理。而议阻者，每曰樊口建闸，不便行舟，行舟不便，厘金必衰。不知厘金之衰旺，视物产之多少，不视行舟之便利，物产多，舟行不利者，车行必利，厘金无害其旺，物产少，舟行虽利，无物可载，厘金难挽其衰。况建闸于行舟原无不便也。当其无闸，百货船支，可以直抵各口岸，搬运之程途较远，永脚之利益差厚，是固然矣，即使有闸，百货船支，泊抵闸下，闸内驳船争相驳运，货无停留，何不便之有？且徒便无益也，今日舟行固甚便矣，便于人，则进口之货似宜多，然口内无大市镇，有货难销，则进口者亦只有此数，至于出皆虚舟，其行虽便，于厘金何益？若使物产既多，出口之货多于进口，今日厘金只持有进口者，异日顿加以出口，其厘金之旺何疑也。

八、渔业可多。樊口之内，本有湖课。前之毁闸，即由湖课居民藉口建闸则江水不得入湖，鱼必减少，鱼少，湖民必至失业，而课须赔累，为害无穷，故群起控诉，上官遂藉以行其私，遽行刨毁。厥后彭玉麟赵尔巽等先后皆有奏请，均奉谕体察情形，奏明办理，而终无有办理者，以鉴于事前不敢轻于举行，未尝不叹湖民阶之厉也。夫湖民所虑者渔业，不知鱼利与堤闸绝不相干，闻口内耆绅刘锡庚云："光绪丁丑年樊口堤闭，是年冬诸湖中鱼苗之旺，较往日增加数十百倍之多，丁丑以后，樊口大开，迄今三十年来，随顶湖课之家，兴衰不一，竟不能享鱼苗之厚利"，此渔利与堤闸不相干之显证。窃谓江鱼固可入湖，而湖鱼实多于江，盖鱼以苗而滋，鱼苗必在停水之处，江水漂流，不如湖水停蓄。尝考湘水鱼苗以衡山为最，衡山地方山川回环，鱼苗所聚，其水皆停蓄不动，湖亦如此。樊口建闸，湖水停留，鱼苗必旺，鱼苗旺，渔业可多，有断然者。

九、劳费可免。湖北堤工有官堤民堤两种。官堤由公家筹费，民堤由私家筹费，公家筹费，则恃捐输，私家筹费，则用科派。科派之法，或按户，或按田，按户者贫富不同，易起推诿，按田者合垸内田亩若干，拟一定之数，计亩匀摊，田多出多，田少出少，事最公平。故民间多用此法摊派积钜款，名为堤费。其无此费者，遇有工程，富者出钱，贫者出力，亦皆踊跃趋事民堤，咸知自谋。官堤有限，费尚易集。近来水灾渐至，民间流离转徙，无论贫富，皆极困苦，堤垸溃决，力不能修，皆禀求官款，紧要处所，官难概拒，劳费为之日增，当局仰屋，俱无以给。樊口建闸则无虑此。赵尔巽前疏云，又疑经费不易筹，故工难猝办，及细心访问，各县卫册载受益田亩计粮二万有奇，绅耆屡禀，地方势其踊跃，官斯土者，略加经理，并非钜款难集，乃因循至今，田庐依然，湮没良田，地方官固执成见，所议章程，诸多扞格，恳谕饬该省督抚，委实心任事之员，会同地方官绅，条议章程，务期斟酌尽善，刻期告竣，以苏民困。此诚切要之言。闻前建闸时，筹集款项，一呼立就，及今时易事殊，培询问地方耆绅，如今欲建，费将何出？俱云：但得官准建，将豁免之粮，建闸后再迟两年升科，则款项有余，不须官筹，因民之利而利，古称美政，何惮不为也。

十、赈抚可除。湖北近日赈款动辄数万或数十万，公家筹之维艰，民间得之无几，不求所以善其后，无论赈不能继，其势必穷。即使库藏不虚，时有接济，而今数百万饥民舍其田园耕种之业，弃其心思手足之用，忧游聚集，仰食于上，一有不得，则生怨言，匪人乘机煽惑，揭竿而起，其不至流为盗贼者几希。故古时水旱天灾，亦所时有，而治河疏渠，只修御灾之政，未闻以赈为美名。后世不修政而修赈，私恩小惠，可以救灾于临时，不能御灾于平日。夫平日御灾之术，旱莫如浚池塘，水莫如建堤闸。樊口堤闸若成，则水灾可御，既无水灾，人皆安居乐业，家给人足，何须赈抚。培前办赈四次，无知小民，见不及远，只顾目前，口得数百文，欣然以喜，而明达绅耆，多谓赈犹可缓，工为最急，赈分无多，不敷数日之食，赈聚则钜，能兴数处之工。以工为赈，不止数日蒙惠，实为数世兴利。此等言论，皆属真情。只以嗷嗷者众，又以奉命急赈，一时未便如其所请，而私心以不然，故拙著放赈六要，曾云若非流民聚集，则空赈不如工赈，此实目睹情形，心知利弊，故为此说。不特樊口，各处皆然。查其被水之田，皆由堤闸不修，或溃决滋甚，倘使各地方官平时留心水利，相度情势，某地宜建闸，某地宜筑堤，未雨绸缪，官督民修，民间灾害频膺，莫不痛心疾首，只因安常习故，无计自脱，一为代谋，未有不乐从者。至于全省堤闸，皆如坚城，小小水患，可以无虑，洪水大灾，世亦稀有，如此则年年筹赈之事，当可少息。省此钜费，湖北财政免受绌，湖北新政益利推行，受益不独樊口矣。

作者李仙培清末民初一直在省府任职，曾两度到樊口考察，从治理湖北水患，开发樊湖水利的角度，并从国计民生天时地利等十个方面论证樊口建闸之必要。本文发表在民国十七年出版的《湖北建设月刊》上。

湖北樊口闸工调查报告

李谦若

此次奉派调查樊口堤闸工程状况及纠纷情形，当即前往鄂城县政府及督理樊口堤闸湖荒委员会，向总务股长理事及当地乡民等详细调查，兹将所得各情，按照所奉应查各节，分列如左：

樊口计划状况

（1）樊口流域全面积约为三百七十七万亩，约合二千五百十五方公里。

（2）樊口与扬子江之关系。依照本会第五期年报所载：金水于民国十五年，所有之最大流量，为每秒钟660立方公尺。樊口与金水流城面积大小略同，且相比连，可设为雨量消耗及河港坡度相等；则樊水最大流量，亦可作为每秒钟660立方公尺，查扬子江在汉口最大流量，约为每秒六万立方公尺，则樊口之流量，仅千分之十一，可见其关于扬子江者甚微。

（3）农田本来状况。在堤闸未修之前，当江水盛涨时，江水倒灌，农田稍低者，尽成泽国。十年之间，仅获一二，数十万人民无以生存，强者流为盗匪，弱者转于沟壑，此堤闸之不可不筑也。

（4）筑闸地点及其用意。土坝地位，系就天然地势，筑于距入扬子江口约二公里余处。坝筑成后，荒田不致被淹，人民得以谋生，复于土坝下游之左岸（即东面）约离坝三四百公尺处，筑泄水门，并开引港一道，以便江水涸时，宣泄湖内所积雨量。

（5）土坝尺寸泄水门大小及其经费。土坝共长约120公尺，上宽约45公尺，底最宽处约120余公尺，坝最高处约18公尺，坝顶高于最大洪水位约2公尺。大江方面，有石砌滑坡，建筑甚坚。坝上两边，房屋比连，唯东面留有拖船上下之旱道，以便将船由湖内拖至坝上，放入大江，或由江放入湖内。该旱道日久失修，其高度较他处稍低，然大水亦不致灌入。土坝共费约15万元。泄水闸之涵洞有三，大小相同，高10.65公尺，宽6.85公尺，除去两角外，三洞全面积约为216方公尺，此闸系用铁筋三合土筑成，尚有十分之二附属工程未竣，已费去约60余万元矣（连修长堤，挖引河，及历年开支，已共支出近200万元）。

（6）设法索取各项图说及印刷品等。督理樊口堤闸湖荒委员会之图样，仅有一份，不便索取。原设计者之法国（应为德国）工程师姚克尔已回国，其代理人亦未在汉，只有将来再行设法索取。兹将当时亲自查勘情形，绘成草图二张，并取得前清光绪四年彭刚直公玉麟遵查樊口情形摺一份，及督理樊口堤闸湖荒委员会告父老昆弟书一份，特附呈以资参考。

筑坝后所受之影响

甲：有利的。

（1）所得田亩若干？该处田亩，统以小亩计算，每小亩为普通亩十分之六，即三十六方丈为一小亩，坝内除高田不为水淹者不计外，有熟田约七十万小亩，荒田约三十万小亩以上，共约一百万小亩之熟田荒田，本均十年九淹，自坝闸筑成后，已丰收数年。

（2）每亩生产若干？中则田每亩，佃户须缴业主谷七斗约值二元八角，而佃户每年每亩所收获，约在六元以上。

（3）渔业若何？筑坝以前，田无收获，农夫均不得已弃农而渔，现田无水患，多半重复旧业，依渔为生者，已成少数。江水不倒灌，江鱼不得入，较前自少。然湖中既有鱼种，尚可得鱼。且坝外通江之港长两公里余，尚可得江鱼以谋生，岂可以少数人民之渔业不振，而置数十万农夫百万亩良田于不顾！

乙：有害的：

（1）有否影响于其他各处？前已假设樊口最大流量，为每秒钟660立方公尺，如欲知此水流入江后，扬子江上下游附近将水位升高若干，可先求其在扬子江剖面图中占面积若干，以F=Q/V公式得之。F为此水所占之面积，Q为樊水最大流量，约每秒660立方公尺，V为扬子江汉口最大流速，约每秒1.7公尺，F=660/1.7=389方公尺。即樊水最大流量人江后所占之面积，为389方公尺，江面宽狭不一。若取其平均宽度为1500公尺，以1500除得0.259公尺，即当江水盛涨时，已将湖中灌满，而湖中适又受最大雨量，除消耗外，其最大流量入江后，可使扬子江上下游附近水位升高0.259公尺。此坝闸成后，江水涨时，闸门关闭，即使湖中受最大雨量，湖水不能入江，故江水涨时，可因而低减0.259公尺，是闸之有利于扬子江上下游也。而其有害扬子江者，即当江水盛涨时，闸门紧闭，江水不得倒灌湖中，扬子江在樊口上下游水位必致升高，欲推算升高若干，可仍假设樊口与金水一切相同。根据本会第五期年报，民国十五年七月五日堤未破前，金口江水倒灌最大流量，为每秒1010立方公尺，则F=1010/1.7=595方公尺，595/1500=0.397公尺，以致樊口扬子江上下游附近江水更涨0.397公尺：是有害于扬子江最大之时，仅此数耳。似可不必过虑。况设江水将湖灌满，湖内适有最大雨量，坝成后，其流量不能入江，可使江水少涨0.259公尺，两相抵消，其受害仅0.138公尺耳。

（2）内河航运是否断绝？如何救济？查坝筑成后，交通固转觉不便，然湖内尚有小轮两艘：一由樊口经东沟至金牛，约170余华里；一由樊口经东沟至保安，约140余华里。均每两日往返各一次。另有小轮数艘，往返樊汉之间。至于民船，坝内坝外，均不在少数。惟货物过坝不便，须人力搬运，有时连船拖出拖人，即轮船亦有用人力拖出拖人者，前本有船闸计划，嗣因经费支绌，未克建设，不无缺点。

（3）水位变迁如何？民国十五年，洪水位较闸顶低2.37公尺，似觉无甚危险，而不匆国李纪高于民国十五年洪水位0.12公尺，倘江水稍高，即仍灌湖，各项工程，全同虚设，闸顶虽高，何所用焉？此不得不再行详加考虑者也，至于水位变迁，本会在该处已设有水尺两年，其记录均在总工程司处。

（4）泄水门每年开放若干时？水量如何？因泄水门开闭机关，系用人力，且设计不善，故非内外水位相等，不能开关，颇觉不便，约在十一月间，江与湖水位等高时，近江之闸门开放。约在5月间水位复等，则关闭之，至于近湖之闸门，则从未关过，亦无关之必要，因江水落，闸门开，以便宜泄，而湖中之港，淤塞未浚，水流不畅。虽由十一月至下年五月，内外闸门洞开，湖水亦不致全行流出，致低田无水灌溉，仅较高之田，于水放出后，汲水稍觉困难，然系少数。

（5）如有因筑坝而致增加水患之处（或上游或下游），应如何补教？关于扬子江者，已述如前，虽其害不致以邻为壑，然其补教方法，不外将沿上下游大堤，加高半公尺；或俟扬子江各处疏浚后，水流畅达，水位较低，不致再有水患也。至于湖内，则均因坝而得益。前因水大不便合拢，在湖内上游打桩，筑有临时低坝将水截断，迨坝造成，未将临时坝除去，地低者有时或因水泄不畅，嫌水过多；而地较高者，正喜水高，适得其利，但查受其害者，实为少数，且今年雨量不多；湖中上游只觉水不足用，未闻有受水患者。即当雨水过多之年，去此临时之坝，易如反掌，亦不成问题也。

筑坝之历史及经过

（1）如何发起？前清光绪三年以前，已有因江水倒灌，田庐变为泽国。筑成樊口横堤之举，惟前湖北总督李瀚章，原籍安徽，深虑樊坝筑成，有以邻为壑之弊，安徽或受其害，故极力反对筑坝，于光绪三年，竟调派兵勇，将已成之坝毁平。翌年，民人复拟兴工，李瀚章复派兵阻止。民国十年，有陈伯勋者，出面招股兴筑土坝，其宣传目的，固为救田亩，免水患，拯民生。而彼预以贱价购有多亩荒田，藉以投机。复邀吴兆麟即吴畏三为总理，自居协理，吴陈二人又邀军阀多人，组织将军团。

（2）目的何在？其目的有三：一为借军阀势力，压迫平民，可以贱价购地。二以军阀多资，易于招股。三为借军阀之势、可以营私利。其后吴兆麟与各军阀欲购地时，而地主无论该地已被陈购或未购，均以陈伯勋已购塘塞，吴等愤而请前湖北督军肖耀南将陈所购之地，全数没收，并通缉之。及国民政府成立，军阀星散，陈复出而控吴，并拟收回没收之田。

（3）何时开工？何时完成？土坝系民国十年兴工，十一年完成；水闸系民国十三年开工，十五年大水前停工，虽已可用，然尚未完全竣工。

（4）现在如何管理？自民国十七年春季，由湖北省委谭惟清、张境为督理樊口堤闸湖荒委员，其所负任务，一为收取未缴田亩费，完成未竣工程；一为清理荒业，及以前帐项。

（5）有何困难及危险？其困难有二：一、船闸未筑，交通不便。二、地亩未经清丈，调查既无从着手，刁顽者借故互相控告，并抗不缴费，故收取田亩费，亦殊觉困难。樊口曾有测量清丈土地计划，然因须费五十余万元，故未实行。如于金水计划实施以前，先行清丈田亩，将来收费自易，纠纷可免。况现行政策，本有清丈土地一款，各省均在兴办，樊口自不应居于例外。危险有三：一为闸门太低，江水如较民国十五年洪水时再高一公寸余，即将由门顶灌入湖内。闸门与闸洞并不贴近，两门关时，成一锐角，洪水可由门顶下流，经洞入湖，则闸同虚设。一为沿江长堤四十余华里，在大江南岸，樊口上游，若不修筑坚固，大江洪水破堤入湖，则所有坝闸，全归无用，与金水计划中由赤矶山至马鞍山之长堤，同一功用，同一紧要，万不可忽视也。一为泄水闸三合土已裂隙缝，必系根基不固。

地权性质

（1）如何收实？地价如何？坝未筑前，多半系民地，而少数官地，亦久为民侵占，土地既未清丈，官民界限难分，后吴兆麟、陈伯勋与将军团合股组织公司，先将土坝筑成，即以军阀势力，强迫地主，以每小亩一千六百文之代价出售，民人不肯，则以武力为后盾。

（2）公地如何处置？公地既为民所侵占，彼等以每小亩一千六百文收归私有，故已无公地可言。

（3）受益地亩是否加捐？土坝筑成后，荒田变为良田，彼等即规定每亩应缴纳筑坝建闸修堤等费，每小亩七千八百文，仅缴纳一次，并非每年完纳，当时约合二元五角，现合不足二元，良善农民，因田有所获，颇多乐于输将，而刁顽强悍者，多存私念，以为坝已筑成，即不缴费，亦可享受利权，万无再行平去之理，因而观望不前，故现在未缴者，尚有二百余万串，堤闸湖荒委员会即拟收得此款，以继续未竟工程，当时因急需建闸，不克待缴亩费，即由吴等所组织之樊口堤闸工程总局，发行临时兑换券三十六万串，以每小亩七千八百文之亩费为基金，藉以发给工价，先行开工，农民并可以此缴纳亩费；后又改为亩费须缴纳现金七成，兑换券三成；现有六万串，尚未收回注销。查坝已筑成七年之久，湖田已得七年之收获，而一次之亩费尚未缴清。至于田赋，则于光绪十年奏准豁免，至今尚未缴纳，闻有自明年起开征之议。

（4）地价涨落如何？已见二甲第（2）节。

（5）收买地价是否发清？买价既贱，自易筹措，故已发清。

（6）现在纠纷之原因。陈之控吴，原因已如上述（见三条（2）节），因其所有亩数颇多，故为樊口最大之纠纷。至于较小者尚多，因有田已出售，款已收清，而忽伪称他人盗契出卖，本人并未预闻其事而图抵赖者，有因土豪劣绅借势欺人者。至于樊口湖内上游所筑临时低坝及渔业不振等事，均系局部小问题，无关大计。

公平解决之意见或补教方法

总之，此等案件，属于司法范围，无关于工程计划，不便参加判断意见，吴陈等虽曾藉强权欺人民，而无彼等提倡于前，民人何以享现今之利，故其功亦不可没也。若于开工筹款以前，先办清丈，所有各种纠纷，自可减少。

李谦若，时任扬子江水道整理委员会测量总队队长，奉该委员会派遣，对樊口提闸工程状况及纠纷"情形"进行调查，其调查结果即是刊载在民国十八年出版的《扬子江月刊》上的《湖北樊口闸工调查报告》，该报告将建闸时间、闸坝地址选择、工程规模、工程投资以及工程完成后对农业、渔业、航运、商业之影响等作了全面记述，尤其是工程实施后对长江供水位之影响作出较精确计算及论证。

三、奏折圣旨

樊口建闸奏议

清·彭玉麟

巡阅长江水师前兵部侍郎，臣彭玉麟跪奏：遵旨查明樊口地方江水入湖之处必应修补老堤建筑新闸以卫民田。恭奉上谕："前据李瀚章奏湖北武昌等县刁衿拦河筑坝有碍水利"等因。又奉上谕："前有人奏樊口堤闸关系农田民命请饬覆加查勘"等因，当即改装易服，搭坐民船星夜上驶，于八月二十三日行抵武昌黄冈两县所属之樊口，雇一小划入樊口三里余，即筑堤毁堤兴讼之处，该堤虽毁，形迹犹存，横宽不过数十丈，直宽亦数丈，由此再进则名九十里长港，属黄冈县者六十里，属武昌县者三十里。此港几十里内，港汊纷歧，旁通各湖，如蔓系瓜，其右有洋湖、洋鱼湖，左有枞洲湖、夏新湖、三山湖、保安湖等六湖，每年江水未涨则薛家沟、东港、沈家沟等处灌满各湖，左则由扬泽沟、曾邱沟、东沟等处灌满各湖。九十里长港尽头处曰磨刀矶，始入梁子湖，湖心有山、有市镇。此湖于江水未灌时，周环不过三百余里，而东西南北所通俗称九十九汊，东通武昌黄冈所属之长港，即樊口港也，西通咸宁兴国所属各汊，北通江夏所属各汊，南通大冶武昌等县所属各汊，而总汇出入之路则实在樊口，舍此无路消泻。每年江水灌入，各湖港汊不分，一片汪洋，滨湖各田无不变为泽国，周环则七八百里，小民流离转徙，惨不忍言，此樊口以内之湖河港汊，江水浸灌之实在情形也。查梁子湖各港汊，两岸皆平畴沃野，农民赖以安业。滨湖各州县所属滨湖之田，虽地有宽窄，田有肥瘠，综计共可收谷六百余万石，而此六百余万石谷之收成，全赖滨湖田地之不被水淹，欲求滨湖田地之不被水淹，全赖樊口地方之建筑闸坝，无闸则无堵御而田淹，田淹则弱者转于沟壑，强者流而为盗贼，有闸则水有关阑而田熟，田熟则农得倍收之利，国多维正之供，此事利害甚钜，是非甚显，关系甚重，然该处民居各执一说，不尽以建闸为然者，何也？樊口鱼米之乡，百姓谋生者有二：一则有恒产者以耕田为业，一则无恒产者以捕鱼为业，耕田者惟恐江水内灌而禾稼被淹，捕鱼者惟恐江水不内灌而沟壑失利，利本相反，势不并存，加以一筑闸坝则商贩货物有盘坝起旱之费，此亦稍有不便之处。然以人数计之，则耕者十居七八，捕鱼者不过十之二三，以国课计之，收田课则利倍千百，收渔税不过千百之什一。至于商贩之盘坝更属害至轻者，况樊口入湖生意，大半皆油盐杂货，分销于江夏之豹子澥、山坡街、贺圣桥等处：武昌所属之谢埠、金牛镇，大冶兴国所属之保安街、长岭街、碧石渡等处，皆有陆路可通，本不专走水路，惟梁子湖心之梁子街一处不通陆路，自然有湖内小划可以往来转运，倘因小有损于客商、渔户，而举数百万生灵待食之谷年年付诸洪波巨浸之中，因小而误大，因少而失多，可以不烦言而解矣。然而农民恒弱，渔户恒强，农民恒愚，渔户恒黠。各湖滨业渔之处曰三山湖、月山湖、横山湖、铜山湖，惟三山袁姓、月山杨姓为巨族，该渔户最称豪强，家有举贡生监恃为护符，占夺大利，袁姓杨姓二族所置田地皆在湖外不患水淹，每年江水愈大则网鱼愈多，一筑闸坝虽不失业而利减矣。渔户杨辛葵、杨鸣远即土棍杨光明等，只图利己，不顾害人，勾结大冶讼棍袁甲甫即增生袁兆麟，互为爪牙，倡议敛钱包告包准，包挖横堤，盗借各人多名纷纷上控，肆言恐吓以耸坚听，而所有呈词实出袁甲甫一手，致令被水地方全家困于追呼，饿夫尚在缧绁，无怪各乡农民恨袁甲甫刺骨，皆欲食其肉而寝其皮也。致胡炳卢、汪帼沅，向来皆系好事之徒，近年自知敛迹，不预外事，去岁挖开横堤，今春江水渐入，众百姓逃生无路，急于重筑横堤，公请胡炳卢为首，汪帼沅副之。胡炳卢颇惧招祸，再三不允，众姓泣求救命，始允出而兴筑。万人欢助，每日千百小划拆废屋竹木，载废堤砖石，奔赴工次，以期不日告成，不使江水倒灌，以救禾苗，此实愚民不谙法律，情急势迫，非真玩官藐法也。当闻派水陆队伍，将往弹压之时，内有不识轻重之人，哗称堤不成不能活命，堤成而毁仍不能活命，不如一斗而散稍舒愤气。胡炳卢涕泣劝阻，而耆老解事者亦悉戒其子弟不准妄为，自取灭族。故官兵一到即时散去，否则祸变不堪设想矣。以上各节皆玉麟草笠短衣，亲身查访，耳闻目睹，异口同声，不敢妄参臆说，轻听讹言。再细思维，悉心酌度，欲全樊口内各属湖滨生命，不能不修补老堤，建筑闸坝，所谓老堤者，滨江黄柏山起至樊口四十里，向有大堤，足抗大江前面之水，堤身渐已崩塌，而堤脚尚属坚结，急宜赶紧修补，并须于黄柏山以上添修里许，方为有济，以该山上面尚有塌口可以入水也。樊口以内则宜修一石闸，其横直尺寸宽广可以度地布置，惟必宜建石闸，断不可筑土堤，土堤呆板而易于冲决，石闸活动而便于启闭，如今年水势本非常有，但使春夏播种之时，偶有涝患，则江水与湖水消长，随时可以斟酌宣泄，实为两全无弊之策。议者或谓樊口内自古无横堤，何以从前并无歉收之患？不知山谷且有变迁，何论江湖潮汐所激，朝暮迭更，情形迥异，臣咸丰初年从戎江上。目睹江形迁徙，浅深通塞不知凡几，未便泥昔日之成规，误目前之要务，似须因时制事，因地制宜，方称妥适。梁子湖一带现近冬令，水势依然浩瀚，居民多未归业，被水灾区，钱粮必须核实蠲免。哀鸿满地，触目兴嗟，既有可救之策，不敢不为民请命，上达宸聪。至建筑石坝后，应设立埠头，搬运货物，均由民间自行经理，官则严立规条，重惩需索。此则地方官稍能尽心民事，即可令行禁止，决无流弊，惟湖北有通江之口尚多，而情形与此不同，好事者不得援此为例。

臣受恩深重，懔遵无稍徇隐，此次奉谕，据实缕陈，除讼棍袁甲甫、杨光明二名由臣咨明湖北督臣李瀚章，抚臣潘蔚严饬密拿，务获尽法严办外，其修堤闸及被水灾区免征钱粮等事，应如何分别办理之处，伏候圣裁，饬下湖北督抚祗遵。臣原拟候前陕甘督臣杨岳斌到此，再行会同查勘一次。顷接杨岳斌来文，因其父病重，业已奏明请假在案，一时未能前来勘，臣未严羁迟，谨将臣玉麟遵旨查明樊口地方江水入湖之处，必应修补老堤，建筑新闸，以卫民田缘由，恭摺由驿驰陈，伏乞皇太后、皇上圣鉴训示。再臣拜摺后，随即起程，仍赴瓜州以下巡阅，合并声明，仅奏。

兹又恭阅邸抄十月初一日奉上谕前据御史李廷箫奏，湖北樊口堤闸关系农田民命，委员勘报不实，请饬复查，当派彭玉麟等前往确查。兹据彭玉麟奏，樊口堤闸于滨湖农田民命，所关甚重，必须将滨江黄柏山起至樊口四十里之大堤，赶紧修补，再于黄柏山以上添修里许，樊口以内宜修一石闸，其横直宽广可以度地布置，并应设立埠头，搬运货物，均由民间自行经理。官则严立条规重惩需索等语，该处堤闸已据该前侍郎查明，有裨国课民生，而于渔户商贩尚无大害，自应权衡轻重酌度兴修，即着照所请。由李瀚章督饬属员赶紧办任理，毋该地方官拘泥成规，稍形肆松懈。此次所筑堤闸，实因地势变迁，必须兴办，既可于田有益，而江流宣泄亦无妨碍。他处情形不同不得援以为例。讼棍袁甲甫，即增生袁兆麟、杨光明，著该督抚严拿，务获从重惩办。其修堤建闸及被水灾区应何如减免钱粮之处，并着查明具奏，另片奏此案。获咎各员，可否开复等语，已革监利县知县刘笃庆，著送部引见，廪生郭瑞麟、训道胡书田、武举皮周福、生员刘玉田，著该督抚随时查看。如果安分再行奏请开复，钦此。

彭玉麟片再：已革署武昌县事、监利县知县刘笃庆，前因未经庠定之案，辄行批准筑堤，奏参革职，其咎在于不暗体例，而推其爱民之心尚属君子之过，且历署各缺，均有遗爱。已革武昌县廪生郭瑞麟、候选训导胡书田、大冶县武举皮周福、黄冈县生员刘玉田，虽有不合，究因保护桑梓起见，不敢不据实陈明，应否准予开复之处，出自天恩。伏乞圣鉴训示。仅奏。

奏折

清·李瀚章

头品顶戴湖广总督，臣李瀚章，湖北抚臣潘尉跪奏：为樊口创建石闸，关系民间利病，遵旨查明具奏，面饬议举行，并将历办情形恭摺缕陈，仰祈圣鉴事。窃臣等于光绪四年七月间，具奏武昌县匪徒，违禁胁众，强筑横坝，派营查拿解散获犯惩办一案。九月初一日，差弁赍回原摺，内开军机大臣奉旨：樊口筑坝一事，关系民间利病，业经派员查办，着该督抚听候谕旨遵行，钦此。

兹又恭阅邸抄十月初一日奉上谕：前据御史李廷箫奏，湖北樊口堤闸，关系农田民命，委员勘报不实，请饬复查，当派彭玉麟等前往确查。兹据彭玉麟奏：樊口堤闸，于滨湖农田民命所关甚重，必须将滨江黄柏山起，至樊口四十里之大堤，赶紧修补，再于黄柏山以上添修里许。樊口以内宜修一石闸，其横直宽广，可以度地布置，并应设立埠头，搬运货物，均由民间自行经理，官则严立条规重惩需索等语。该处堤闸已据该前侍郎查明，有裨国课民生而于渔户商贩尚无大害，自应权衡轻重，酌度兴修。即着照所请，由李瀚章督饬属员，赶紧办任理，毋任该地方官拘泥成规，稍形肆松懈。此次所筑堤闸，实因地势变迁，必须兴办，既可于田有益，而江流宣泄亦无妨碍。他处情形不同不得援以为例。其修堤建闸及被水灾区应何如减免钱粮之处，并着查明具奏等因，钦此。

跪诵之下，悚惧莫名。伏查武昌县樊口地方，内通梁子湖周围八百余里，汇于一口出江。载在《大清会典·一统志》，钦定《明史·地理志》诸书，数千年从无议建闸坝之事。同治元年，武昌知县龙云始据士绅禀称请筑坝，前抚臣严树森以此坝一筑，水无分泄，大江两岸必别有冲决之患，严饬不准；三年，士绅等覆申前请，前督臣官文以水涨之时，内外冲激，闸坝断难支持，必有损于堤工，显为敛费肥己起见，立案不行；八年，前抚臣曾国荃以前此师次黄州，采访舆论，如在樊口筑坝，仅附近西阳二畈田庐受益，而内湖积水则无消路，各邑被淹必广，樊口与邻境同系朝廷赤子，岂能损彼益此，饬县严禁；前升任布政司臣何璟以樊口修建闸坝，如果有利无害，数百年来何竟无人议及；该绅民欲派费于附近六县，从中渔利，勒肯商船，索取闸费，胆敢竖旗敛费，擅自兴工要挟，实属目无法纪。其平日刁悍强梁，概可想见，饬将已修工段平毁，出示永禁。此历任办理情形也。

光绪二年，前抚臣翁同爵接准京官公函，议建闸坝，委员覆勘，此处兴建，利少害多，重申禁令。廪生郭瑞麟等抗违不遵，纠众强筑，将河堵塞，并私立埠头，抽收船厘，把持勒索。

臣瀚章回任后，迭经受害绅民控告，并该管府县查明，商民被扰及郭瑞麟等藐抗情形，派营查办，事关通省水利，未便稍事姑容，故檄调兵勇，将该处私坝刨毁。奏明嗣后樊口地方，永远不准建筑闸坝。钦奉谕旨，转行遵照。

今岁春间，突有革生胡炳卢、汪帼沅等，家无田产，但异盘拨获利，纠众复筑，乡民有不愿者，立将房屋烧毁，始而不服地方官弹压，甚至捆捉县差，戕害勇丁，形同叛逆。不得已派营前往查拿，始各解散。此臣等先后办理情形也。

窃维湖北之水，江汉为大。江水自巴东过境，汉水自郧西县入境，分流千余里至汉口而合流，其势浩大，外则支河港口，内则巨泽重湖，节节棋布星罗，足为分杀停潴之地，使之纡徐委折，逐渐东趋。故前史所载水患稀见，自后世与水争地，设堤以御之，水道日窄。然沿江沿湖亦只有顺水直堤，从无堵水横坝，历考名臣奏议，留心湖北水利如阿桂、汪志伊等，佥以疏浚支河为要，凡宣泄积水之路，被居民阻塞者，乾隆五十三、四等年，迭奉谕照例严治其罪，并饬勒碑永禁。

伏读道光十一年上谕，"本年湖广等省水漫成灾，如果平日讲求水利，江湖通畅，何致酿成水患，著于滨江滨湖地方，详加覆勘，如有壅遏水道之处，必当设法查禁，使涨水得以宣泄，则害除而利可兴等因。钦此"。此外钦奉谕旨甚多，不能备录。煌煌祖训，深切著明，诚帝王经世之宏谟，万古不易之准则也。

樊口地方，外江内湖，为古来泄水要道，山川如故，并无变迁，壅塞其流，为害滋大。惟口内西阳畈一带，周围三十余里，建闸以后受益较大。该处居民纷纷诉请，百端耸听，臣瀚章亦几为其所摇，迨屡次亲历其地，察其形势，复博访周咨，通筹全局，始知建筑闸坝，其害有五，谨为皇太后、皇上缕晰陈之。樊口内包湖泽九十有九，其源甚远，其浸甚广，每逢春夏，各县山水毕汇于湖，仅恃此一线之口以出江，江水盛涨之年亦倒灌而入，内外相连，汪洋一片，即至冬令水涸，口门尚宽二十余丈，坝固为害，闸亦无益，议者乃谓筑坝湖水无出，势不可行，筑闸以时启闭，可资消泄。不知樊口系两面受敌之地，既泄出湖水，又虑灌入江水，岂能两全。况下闸必在桃汛以前，放闸应俟霜降以后，此数月中如大雨时行，诸湖有涨无消，漫溢何可限量？无论向来各洲地春收豆麦悉付波臣，即滨湖数百顷稻田亦尽遭淹浸，受害之家归咎于闸，势必此筑彼毁，械斗相寻，巨案迭出，是不建闸仅止水大年分江水倒灌入湖，盛夏无不可虑；建闸即水小年份湖水亦无消路，妨农病稼。岁以为常，甚至激成事端，其害一也。

江水经由之道，譬之人身，湖河港汊犹四肢之脉络，所以宣行血气也；今堵塞湖口是截去肢体，仅留胸膈也。胸膈不快头足皆病，口不能泄则尾闾泄之。沿江各堤虽不能指定南岸、北岸要之，川壅必溃，理有固然。嘉庆年间，监利之水港口，沔阳之茅江口，皆因横堵一堤，上游石首、江陵大受其害。近日修改吴家口，遂溢于天门岳口，是其明证。樊口为江汉合流以后南岸泄水首区，一经筑塞，则上下堤防皆有岌岌可危之势，其害二也。

樊口内湖之民，农渔参半。渔有应完之渔课、芦课，农有额设之地丁、漕粮，向系一律启征。溯查同治元年至今十六年中，仅止三年蠲缓，历有成案可稽。足见小水之年湖水消泄入江，江水不致灌入，仍可普获丰收。建闸后江鱼不能入湖，渔利全无；即农田因积水难消，亦耕作俱废，不特正供无著，而此无数失业穷民，何以为生？又沿湖市镇林立，该口帆樯上下，百货流通，厘收最旺，口门一堵，舟楫皆停，课由何出？惟西阳畈附近居民，纵禾稼被淹，仍可踞埠头以咨勒索，坐获其利，徒蠹民生，实无裨国计。其害三也。

鄂中为天下咽喉，樊口乃省城后路，自来论形势者江夏与武昌并重。咸丰年间，鄂省三陷三复，军械粮糈多转运于梁湖，建闸后湖内淤泥随流下注，壅积口门，数年后愈聚愈高，闸将沦为平地。万一有事征兵输饷，必须溯江而上，屯储无所，运调不灵，失地露军，兵家切忌。我朝运际隆平，固无虑此，而闸内湖水盛积，一旦沛然横决，下游郡县之民，荡析离居，皆意中事。其害四也。

大江两岸如新滩口、沌口、金口、沙口、陆溪口、富池口等处，悉皆江湖贯通，与樊口情形无异，居民累请堵筑，迭经据理驳斥，如樊口建闸，虽有他处不得援引为例之谕旨，而小民何知，必谓利害相同，形势相似，何以办理两歧，难免怨咨交作，且见樊口之民持强横筑，官遂准行，万一相率效尤，纠众逞凶，肆无忌惮，必尽堵诸口而后已，江水建瓴而下，孤行数千里，两旁无可停潴，无可宣泄，惊波剽悍，一泻无余，下游数省之田庐，何堪设想？其害五也。

以上数端，灼然易晓，在创议筑坝者，耳闻目见，不过樊口附近之一隅，臣等所虑者，实系乎通省之水利，东南之大势。是以奸民之聚讼，将及念年，历任督抚臣严禁于先，臣等复力持于后，无非钦遵列圣谕旨，循守历办章程。又虑西阳畈一带地方，时受水灾，曾于上年奏明，准于口内两岸添筑直堤，以资保卫，区区经画之苦心，初不敢求谅于众人，亦不敢自明于君父，惟受恩深重，忝领疆圻，倘欲见好愚民，为敷衍目前之计，或因庭臣论奏，遂于将来变故，不为先事陈明。则获戾滋大矣。

前恃郎臣彭玉麟奉旨来鄂查办，未经调核卷案，如何覆奏，其摺片各稿未据咨送。兹蒙谕旨，敕臣等饬属员赶紧办理，何敢固执成见，稍涉迟疑？谨已遵旨，转饬司道，秉公妥议，应如何严立规条，重惩需索遴选公正绅士，责令自行集费兴修。及听民设立埠头一节，有无窒碍，并饬详查，议复再行具奏。除黄柏山堤工，本系民捐民办，自当饬令赶紧修补。被水各处应如何分别轻重减免钱粮，应归另案办理外，所有樊口石闸关系民间利病，及历办情形，谨合词恭摺，由驿其陈。伏乞皇太后、皇上圣鉴训示。再此摺由臣瀚章主稿合并声明，谨奏。

樊口闸坝私议

清·张之洞

湖北武昌樊口，苦江水内灌，创横坝遏江水，两湖总督李禁之。侍郎彭承命往勘，奏筑坝不便建闸便，李奏建闸亦不便。朝廷已从彭议建闸，复敕李许以后利病随时具奏。皇上厚民生防水灾之意至美矣，余从邸抄中得彭李两疏读之，彭疏质实，为樊口以内农民计，李疏阔通，为滨江全局计。夫为樊口计，诚无以易彭之说矣，顾不言有害他处与否。李所陈五害，他端姑不具论，若谓上下堤防皆有可危，他处效尤，尽堵诸口，此论殆不可不虑也。今欲定闸堤坝之是非，必先究樊口之形势。江夏以南，通山以北，咸宁以东，武昌大冶以西，群山环之，平衍八百余里无大水源，而西北樊山之下，有一港受江水，是谓樊口。江水入其中，汇为梁子等湖，大抵此九十九汊，皆以口为源，以港为身，以湖为委。彭疏如蔓系瓜之喻，是为明确。案《水经注》，江水又东经邾县故城南（今黄冈），鄂县北，江水右得樊口江津，江入历樊山上下三百里。郦注义例，凡遇众水入江之处，必曰江水得某口某水注之，此不言湖注江而言江入口者，明口内本无水源，因江入其中，潴为巨浸，此古来山川自然之形势也。所以分杀江涨者也。《楚辞·涉江》乘鄂渚以反顾兮。据六朝以前，言鄂皆指今武昌县（今鄂州）。《韩诗内传》曰：水溢为渚（文选西京赋注），然则楚辞所云鄂渚，即今樊口内之梁子湖无疑。尤为古典确证。故樊口之名，自《三国志》以后，历见史传。九十九泽之名，见于古《图经》及北宋人撰《太平军寰宇记》。数千年来何以无人议及障塞？诚以此口乃宣泄江水之常道，不得例次他处外水倒灌之变局，今悍然拒之，是犹利减河，河身之可耕而禁启闸泄水也。汉贾让有云：古者立国，居民必遗川泽之分，使秋水有所休息，游波宽缓，沼水而防其川，犹儿啼而塞其口。江水既失此八百里停潴之地，自必别求八百里立地以容之，此消彼息，事理甚明。据西人近年测量汉口水，夏令极涨时，高于冬月，极涸时西尺三丈六尺，九江二丈四尺，金陵一丈二尺，岳州上游亦二丈四尺。缘江汉始合，洪流暴横，故以下渐缓渐杀，倘复加壅遏，则此盛涨分数，移之何处？江自团风镇南至于樊口，折而东趋，转成直角，南岸无所泄则激射东北，黄冈以下将成顶冲。即或因黄冈地多陵阜，支港灌入不致大害，溢于下游，则江西之湖口壅于游，则汉阳、黄陂，甚至汉川、沔阳必有受其祸者。樊口幸矣，其无乃以邻为壑乎？江陵上下，旧有九穴十三口，所以使江汉湖泽呼吸均输，不致涨落悬绝为害。宋元及明，湮塞都尽，公安、石首、华容一带，民排水泽而居，圩堤交错，泥沙壅塞，江无经流，消泄愈缓，上流愈甚，故今日荆州大堤岌岌可危，不知洪波巨患，当在何时。上游之患已苦无策，何乃于下游自生一患哉？然则，黄柏山何以为老堤？曰李疏只有顺水直堤，从无堵水横坝，二语尽之矣。案堤与坝异，堤古谓之防，防旁也。傍从方，方旁同。又旁即傍，本字傍并也。方亦并也，《说文》方象两舟，并象形。《史记·始皇纪》并读傍。傍水筑堤使不溃溢也。《周礼》以防止水，必因地势是也。坝古谓之湮，堙塞也，堵塞使不流也。《尚书》所谓湮决水，《史记》所谓堙山湮谷，《汉书》所谓当水冲与水争地，排水泽而居也。淮、黄运河诸坝，共蓄清阑黄者，当以闸论，或以减涨，或以滚水，皆系顺筑，不闻横截。各省居民偶遇河决，若有筑横堰以自卫者，则旁村必悉众致死力以争之。夫曲防且不可，况横坝哉！或曰今已改坝为闸矣，亦奚不可？樊口之闸犹之坝也，本为遏江故筑坝，又欲泄湖，故造闸。意在春夏闭以阻外水，秋冬启以放内水，江既异涨，其必不肯启而纳之亦明矣。与其不纳，则如勿闸，然则无与江水之宣泄亦明矣。彭疏谓江水变迁，因时制宜。考湖北江势，北岸自黄冈之阳逻矶至广济之蟠塘，南岸自江夏之黄鹄矶至江西瑞昌之码头，支阜盘纡，江形无改，推其意当谓近年江身益淤，涨势益猛，内灌益多耳。如所策江垫涨高，急谋分泄之不暇，而乃重侵削之乎。

据彭疏称，西阳畈周回三十余里，以开方计之，得田三四百顷，岁收谷至三四十万石，而止水乡被水所失如此，若暴注，平日高腴之区，所失又当何限？至李疏所谓湖水不消，麦收淹没，目下尚无虞，盖春夏江涨则内灌，平水则漫口，湖常低于江，虽无闸坝，湖不能泄也。及至霜降水涸，江以流水为先落，湖以止水而后消，则江又低之不难也。既无外水增益，积潦无源，湖必渐泄。较之受江水之时，被涝必轻。所虑者十年以后，湖滨港路尽行垦种，闸口停于壅滞，葵草纠结，港既日高，湖亦日垫，且樊口之门以外，江中本有浅滩，苟无大溜冲刷，积渐增长，设遇淫潦，欲放不能。或因见遏江之害已，著始议撤闸而沃产日增，庐舍当道，再纳江水，所伤多矣。湖北近年如潜江、天门诸处，数因筑堤致酿巨案。然而接踵效尤，势有固。至于其他皆不足虑，渔户虽利减不至无鱼，商贾虽盘坝不至无产。厘虽衰少，不至无税，两利相权，无难舍轻而从重。

夫使建闸而效则岁益无数万之谷，顿弥数千年之患，岂非不世奇功？若仅为樊口一隅一时之计，则楚人得弓，楚人必有失之者矣。窃惟天地养人，山林川泽，愤衍原隰，各有其利，山民之利在材木金锡，泽民之利在藿蒲鱼盐，平陆之民利在稼穑布帛。因其自然为无弊之利。强谷为陵则不顺，专利稼穑同不均，故治天下者以大德不以小惠。古人以保赤子臂养民，非虚言也。君上如父母，小民如婴儿，民牧如保传。小儿之性情，饱则不节，同嗜则相争。民可欲而不见害，养民者为之其欲，远其害，适其节，平其争而已。

愚谓今日之策，要当务远大，计久长。惟有劝合樊口之民，沿港者自筑直堤，滨湖者量造土围，甚下者让以与水，遣官履勘其遇平涨亦被淹没者，乃本不可耕之田，丁银漕粮悉予豁除，约计不过一两万金而止。既有堤围不致全没，则亦不致全蠲。三楚材赋之数，岂争此区区而不以利民哉！如此则江湖不相害，农渔商贾不相妨，正赋厘税不相侵。故道不改，争端不作，斯为久大之鸿规，势中之正道。或谓直堤围田若可以纾水患，樊民何不自为之乎？不知细民之情，所见恒小，港各为堤，田自为围，劳费滋多，何如口门一坝，役夫千人，崇朝而灭矣。重利惮劳，虑害而弃地，自便而已，遑恤其他。渔户目纠众筑堤者为奸民，农夫目讼争毁坝者曰讼棍，其实附从者，皆发于自顾身家之念，倡首者必皆桀黠好事之人，左右佩剑，反唇相稽，夫亦可以不必矣。今者成命难收，谓宜将李疏发交彭侍郎推勘，筹思再行。阅历上下游，相度今日外江地形水势，体察李疏所举水港口、茅江口、吴家改口等处情形，是否如其所言，此乃前规确证，如初奏事理未尽。彭为人忠直，断不致回护前非。倘李疏所虑皆不足以相难，无妨一一疏通证明，仍执前奏，庶朝廷益可灼见坚持，以后不致为他说所动，慎之于始，固犹胜改之于后耳。要之有形之利易见，未然之害难知。一方之利害有主名，故有人争之。全局之利害无所定，故无人任之。彭、李皆国家重臣，所疏皆持有故，而言自成理。彭未检案牍，目击沉溺之状耳。盈肤受之言，加其天性至诚恻怛，故力持建闸之说。楚中士大夫皆右彭而左李，故楚人亦从而和之。余于彭、李两无所与，然书生之见，不能无隐忧焉。间与客论及此，归而书之，以谂究心世务者。余尝游楚，犹念楚人。呜呼，使李疏之言而不验，固余所祈祝而求者也。

前说但论闸之当建与否，继而思之闸必不成，江涨猛悍，一闸腹背受水，必致冲没，一也；若筑必重闸，闸高基广，工费过巨。不似筑坝可心但恃人众卤莽堵塞。无料无工，若使二畈任之。力有不给，通县摊捐，必非所愿，二也；即使成之，一县之民不能皆便启闭之期，官必不能为政。仇斗没毁，终无了期限，三也。然而民生所关，长吏岂忍坐视？前说沿港筑堤，濒湖筑围之举，或此其不可缓乎。香涛再记。

张之洞，字香涛，直隶南皮（今河北）人，时任翰林院侍讲学士，本篇录自光绪版《武昌县志》。因张后来曾任职湖广总督，虽名为私议，但不失其为权威之论。他是光绪皇帝的侍讲，本应站在皇帝的立场上，执行帝意，张虽对彭李两奏都予以肯定，实际也是多方论证反樊口建闸的，因此在其担任湖广总督期间，虽对湖北的水利事业颇多建树，如建汉口的张公堤，武昌的武泰、武丰闸等，但樊口闸终未建成。

樊口筑堤修闸光绪皇帝七道谕旨

圣旨一：为遵旨查明樊口地方，江水入湖之处必应修补老堤建筑新闸，以卫民田。恭摺仰祈圣鉴事窃，臣承准军机大臣字寄。光绪四年八月初一，奉上谕：前据李瀚章奏湖北武昌等县，刁衿拦河筑坝，有碍水利等因，钦此。

圣旨二：又承准军机大臣字寄，光绪四年八月初九日奉上谕：前有人奏樊口堤闸关系农田民命，请饬加查勘等因，钦此。

圣旨三：头品顶戴湖广总督，臣李瀚章，湖北抚臣潘尉跪奏：为樊口创建石闸，关系民间利病，遵旨查明具奏，面饬议举行，并将历办情形恭摺缕陈，仰祈圣鉴事。窃臣等于光绪四年七月间，具奏武昌县匪徒，违禁胁众，强筑横坝，派营查拿解散获犯惩办一案。九月初一日，差弁赍回原摺，内开军机大臣奉旨：樊口筑坝一事，关系民间利病，业经派员查办，着该督抚听候谕旨遵行，钦此。

圣旨四：光绪四年十月初一日，奉上谕：前据御史李廷箫奏，湖北樊口堤闸关系农田民命，委员勘报不实，请饬复查，当派彭玉麟等前往确查。兹据彭玉麟奏，樊口堤闸于滨湖农田民命，所关甚重，必须将滨江黄柏山起至樊口四十里之大堤，赶紧修补，再于黄柏山以上添修里许。樊口以内宜修一石闸，其横直宽广可以度地布置，并应设立埠头，搬运货物，均由民间自行经理。官则严立条规重惩需索等语，该处堤闸已据该前侍郎查明，有裨国课民生，而于渔户商贩尚无大害，自应权衡轻重酌度兴修，即着照所请。由李瀚章督饬属员赶紧办任理，毋该地方官拘泥成规，稍形肆松懈。此次所筑堤闸，实因地势变迁，必须兴办，既可于田有益，而江流宣泄亦无妨碍。他处情形不同不得援以为例。

讼棍袁甲甫，即增生袁兆麟、杨光明，著该督抚严拿，务获从重惩办。其修堤建闸及被水灾区应何如减免钱粮之处，并着查明具奏，另片奏此案。获咎各员，可否开复等语，已革监利县知县刘笃庆，著送部引见，廪生郭瑞麟、训道胡书田、武举皮周福、生员刘玉田，著该督抚随时查看。如果安分再行奏请开复，钦此。

圣旨五：兹又恭阅邸抄十月初一日奉上谕：前据御史李廷箫奏，湖北樊口堤闸，关系农田民命，委员勘报不实，请饬复查，当派彭玉麟等前往确查。兹据彭玉麟奏：樊口堤闸，于滨湖农田民命所关甚重，必须将滨江黄柏山起，至樊口四十里之大堤，赶紧修补，再于黄柏山以上添修里许。樊口以内宜修一石闸，其横直宽广，可以度地布置，并应设立埠头，搬运货物，均由民间自行经理，官则严立条规重惩需索等语。

该处堤闸已据该前侍郎查明，有裨国课民生，而于渔户商贩尚无大害，自应权衡轻重，酌度兴修。即着照所请，由李瀚章督饬属员，赶紧办任理，毋任该地方官拘泥成规，稍形肆松懈。此次所筑堤闸，实因地势变迁，必须兴办，既可于田有益，而江流宣泄亦无妨碍。他处情形不同不得援以为例。其修堤建闸及被水灾区，应何如减免钱粮之处，并着查明具奏等因，钦此。

圣旨六：光绪四年十一月初七日奉上谕前据彭玉麟奏，遵查湖北樊口地方，宜修补大堤，建筑石闸，当照所请，谕令李瀚章等饬属员办理。兹据李瀚章等奏，一面饬议举行，并称樊口建闸，唯于西阳畈附近一隅有益，而江湖盛涨之时，皆难宣泄，有害通省水利等语，所奏亦不为无见。惟建筑石闸，究非堤坝可比，但当查看外江内湖水势消长，以时启闭，既可宣泄盛涨，又可保卫田庐，未始不可两全。该督等所称，下闸在桃汛以前，放闸应候霜降以后，殊属拘成语，至应如何严立章程，重惩需索之处，着李瀚章等督饬员妥议办理，将来建闸以后，利病若何？仍准随时体察情形，据实具奏。钦此。

圣旨七：光绪四年十二月初七日，内图奉上谕，御史孔宪壳奏：樊口建闸筑堤有关农田水利请束，派大员复勘一摺，据称湖北樊口筑堤一事彭玉麟与李瀚章所奏意见不同请饬，彭玉麟将李瀚章原奏逐条查复或饬杨岳斌就近查勘等语。此案李瀚章于彭玉麟查复，明降谕旨后续据具奏该处情形，当经谕令该督等，饬属员妥议办理，并令将建闸以后利病若何随时体察情形，据实具奏。如果创建石闸有利无弊，而李瀚章固执成见，不为办理，朝廷亦不能为之，曲怒现在该督方奏明饬议，举行该御史复请派员复勘，所奉殊非改体应毋庸议。李瀚章等，惟当懔遵前旨于该省农田水利通盘筹计，务策万全，不得稍涉偏执，亦不准故为迁就，以致贻误地方。前派恩承童华前往四川查办事件，孔宪壳何以指为灌口决堤之事，率以臆见形，诸奏牍殊属冒昧，另片奏武昌府知府方大堤居心巧滑，专事逢迎李瀚章办理樊口一事案，均由该府引导请饬查办等语，方大堤历任官声若何，其于樊口之案，有无迎合妄为之处，着潘蔚确切查明，据实具奏，毋稍瞻徇。

钦此。

四、时代赞歌

诗歌

毛主席接见有感

肖功粹

金秋十庆赴京城，劳模汇聚天安门。古往光辉王侯相，今朝做主工农兵。

主席接见掌如雷，浑身添动力千钧。荣归故里勤创造，毕生精力献人民。

樊口七圣街（外两首）

朱祥麟

圣旨七传后，长堤可御洪。

民居商埠启，物阜海江通。

朗月帆樯静，华灯酒肆红。

琼楼伸四野，龙马正春风！

注：现樊口街百年前为一片水湾。清廪生乡人郭瑞麟向朝廷请命修筑樊口坝以抵御江水，光绪帝为修筑樊口堤闸连下七道圣旨，故名七圣街。

题民信闸

巍巍民信闸，砥柱节洪流。

圣旨关民瘼，良臣展器猷。

黄云伏垅亩，夕照下渔舟。

村郭酒旗舞，樊川苍画图。

访樊口霸上圣旨街

频年洪水势滔天，百里樊川没九渊。

圣旨七传催建闸，长堤十里挽危澜。

民居平坝开商埠，月映华灯照客船。

今看琼楼似春笋，辉煌事业继先贤！

满庭芳·樊口

廖世赋

西汉留名，东吴戍口，武昌鱼跃江门。港蜒山踞，腾岁月烟云。多少英雄壮举，千秋越，烽火尘纷。东风惠，星光万点，楼墅满渔村。求真。坝上街，宏图画卷，壮美湖滨。任笑洒潮头，绿染蓬瀛。玉带拴珠再现，犹拔翠，梦醉芳存春。该知晓，还原五水，甘愿作樊君。

樊口电排功能赞（外一首）

邵　鹏

樊口电排站，亚洲第一流。东西百余米，上下几层楼。
机电自动化，功能更显优。老天不下雨，百姓不磕头。
走进电控室，一按电动钮。机声轰隆隆，江水哗啦流。
水灌稻田里，稻旱可复苏。观看大棚菜，喷水渌油油。
再看山边田，麦穗勾金头。有了电排站，丰收有保障。

樊口民信闸

自古湖江一线通，春雨绵延波涌汹。
七县一洲成泽国，民盼冯夷来治洪。
吴公督办筑大坝，建闸民信锁长龙。

樊口三题

余国民

樊口

宝地暌违四十秋，樊山依旧大川流。
潘生老酒团头鲂，犹忆吴王搏浪舟。

圣旨街

一从大坝楚江横，商贾如云起市声。
休说此言非九鼎，旨颁七道助功成。

樊口民信闸

魏巍一闸信于民，疏涝安澜化苦辛。
伟绩雄姿双不朽，友人指点说"三麟"。

注："三麟"指樊口筑坝建闸的功臣郭瑞麟、彭玉麟和吴兆麟。

鄂州樊口杂咏（六首）

徐胜利

武昌鱼得名

建业官民恋祖居，誓言不食武昌鱼。

谁知寂寞千年后，举世闻名入史书。

范鸣和建设

东宫侍读范鸣和，关注家乡水患多。

蠡述一篇陈利害，修堤建闸锁江波。

郭瑞麟修筑

首筑江堤不顾身，防洪治水救乡民。

至今樊口街头客，犹说当年郭瑞麟。

彭玉麟勘察

梁子湖中水面宽，居人无计可安澜。

自从雪帅抒长策，石刻梅花任赏观。

吴兆麟修闸

首义元勋吴兆麟，功成身退作儒绅。

督修民信民生闸，遗爱千秋泽邑人。

民信闸

三载修堤历苦辛，樊川建闸为人民。

月河两岸风光好，百姓长怀吴兆麟。

水调歌头·探访樊口水利工程

徐胜利

客至鄂州市，最爱武昌鱼。寻幽来到樊口，凝望客心舒。六十多年过去，早已天翻地覆，感慨寄诗馀。大泖在何处，闸外问农夫。

重环保，兴水利，绘新图。杜沟二闸开筑，江上建新途。东有西山风景，北有三江新港，西去是樊湖。说起民生事，今古太悬殊。

樊口筑坝140周年有感
万齐文

清末风云水患愁，郭公呼走堵江流。大坝首筑官刨毁，虎岁复筑汪断头。
光绪频频传圣旨，彭公勘察樊口坝。兆麟受命建堤闸，民信闸成解民忧。

忆念汪国源（外五首）
王长喜

两筑大坝江阻狂，天维接起挽穹苍。樊湖云泽生灵怨，鄂渚田园水患伤。
头断血殷清浊国，躯捐情炽暖寒乡。当年冤泪成欢感，四闸摩肩夙愿偿。

樊口民信闸前忆三麟

七传圣旨讽皇威，花甲双重梦乃飞。治水三麟功永在，闸添岁月灞增辉。

樊口大闸赞

朝衔红日涌车流，夜抱水轮护广畴。水袋毂绉频束紧，江湖砥柱傲春秋。

樊口电排二站工地

车流取代会师潮，尘上机鸣应甚嚣。雄坝理当由铁铸，闸门指日锁鲸蛟。

经坝上过街楼

春和引回首，药帜卷楼头。霍誉秉权继，蘑菇云界收。
裕平称院士，焱富甲英欧。坝上钟灵地，古今人杰留。

水龙吟·樊口治水赞（外二首）
——纪念樊口筑坝140周年
廖国峥

樊口锦绣山川，天蓝水碧谈何易？谁能忘却，昔洪泛滥，祸频家壁。民岁移庐，畴时荒废，心藏余悸。圮苍苍怨了，何来结果？猛惊醒，须强立。治理方为上计，众英贤，集思广益。樊口筑坝，分流建闸，连台大戏，德被三农，功荣稻菽菽，仁兴社稷。开先河治水，坝上青史，灿三麟笔。

用韵廖世赋《满庭芳·樊口》

樊口樊川，樊山樊水，百年治水而兴。人杰地灵，搏万古英名。昔宋东坡慕酒，轻舟桌，醉恋潘生。衙门港，鳊鱼群汇，两水锁蓬瀛。犹欣。风水地，英雄辈出，每解纷争。有七圣丹书，礼赞三廨。田野流金叠彩，画屏里，跃鹊啼莺。抬眸处，厂房林立，楼墅掩渔灯。

樊口民信闸

闸雄霸上耸巍峨，百里樊湖泛碧波。

民信洪魔灾遁绝，国兴水利瑞祥和。

丰衣足食三农颂，乐业安居百姓歌。

德被尧州七县远，勋功伟绩胜南无。

望海潮·樊口怀古（外两首）

杜作云

雷山西麓，江河交汇，千秋韵味尤佳。百舸争流，鳊鱼盛誉，比邻上万人家，街市竞喧哗。柳烟巷花爽，红绿娇娃。店铺奇葩，往来商贾醉繁华。雄狮荡匪除渣。鄂城添异彩，古镇新花。医院校园，银行荣市，高科技艺群夸。甄别悉优差。两港长虹跨，通达天涯。自力宏图胜画，樊口沐朝霞。

赞樊口

两水东去卷白烟，元公挥毫大洞篇。东坡常游江南镇，兴筋潘生美食鲜。

山川景色来天地，樊口浮云变古迁。二站起蛟亚洲宏，国泰民安乐园间。

缅怀"三麟"

良田万顷屡遭灾，三麟治水应时来。

大禹高功昭日月，樊湖百姓永铭怀。

寻找樊口治水后裔

程国胜

樊湖郭汪胡后人，西洋三畈苦寻根。墓地凭吊今怀古，桑梓志存老育新。

铁骨瑞麟豪气在，首身经国爱源分。炳卢无畏堪钦敬，英烈治水拱北辰。

七律·追悼先祖汪国源

汪仲华

堤坝筑成遭杀头，一腔热血写春秋。悲乡忧国天犹泣，对颈横刀笑未休。

史册功标星汉灿，吴都代有美名留。百年梦想圆樊口，先祖黄泉志已酬。

注：2018年4月21日，汪国源6代孙，汪仲华参加吴都文化研究所"纪念郭瑞麟、汪国源樊口筑坝140周年研讨会"有感而作。

武昌鱼坝上街留吟（外两首）

史凤沫

吴公建闸后，人称小汉口。山留云中客，坝横水上舟。
鱼米陈闹市，旗幡惹漫叟。繁华何处去，遍地树新楼。

樊口新韵

樊口千古秀，墨客若鹜趋。洲分三江水，泂聚两山兔。
诗趁潘生酒，情迁武昌鱼。今诵伟人句，谁论建业居。

民信闸怀

樊湖接江波，宏图几度秋。坝惊七旨下，闸成三麟休。
高拱血气凝，日寇烟尘收。坝楼遭轰炸，百余尸血流。

长港情怀

肖辉柳

长港百里长，湖涛导大江。七县消水患，除灾挺脊梁。
长港百里长，两岸稻菽香。人勤田献宝，樊湖堆粮仓。
长港百里长，托起舟橹桨。马灯明夜向，星火乐繁忙。
长港百里长，顺风樯帆扬。艄公号子声，铿锵催船航。
长港百里长，清粼理秀妆。鳖蟹鹅鸥乐，鱼虾蛤蚌唱。
长港百里长，水质胜琼浆。世代饮与用，玉液育人康。
长港百里长，绿柳掩村庄。南北炊烟袅，雄鹰玉宇翔。
长港百里长，方圆鱼米香。情怀今与昔，赐福创辉煌。
长港百里长，世事历沧桑。抚慰图新变，优化派用场。
长港百里长，日貌换新装。靓丽旅游景，堪比桂漓江。

长港百里长，创新再图强。绿水金山好，春光舞凤凰。

长港百里长，快意汇江洋。母亲河健壮，乳汁长流淌。

长港百里长，保护有河长。生态要修复，福景万年长。

青天湖的桥

邱风

青天湖在架桥

架在现代派的画册里

鄂州开发区是封面

武汉大学城是封底

茂盛芦林，连天湖水

是一个个册页

有人说这是一夜画出来的

有人说她与朝阳同龄

每一个桥墩

都支撑着时代潮流

每一根钢纤

都弹奏着现代节奏

所有建筑都与历史无缘

没有一粒砂石

能嵌进古典里

只是隔岸的吉祥寺

有几缕烟火

冶炼着隋文帝的典故

哦，原来

青天湖的桥并不新

隔壁住着历史

登西山感怀

杜中和

曲径通幽西山游，水绕花榭隐名楼。吴王避暑传千载，东坡洗墨载春秋。

身来台澎无选择，心追真理求自由。登高一览古城丽，长江不尽水长流。

鄂州开发区，我为你歌唱

陈运东

秋高气爽，丹桂飘香；锣鼓喧天，赞歌嘹亮；
歌唱改革开放新成就；歌唱美丽富饶鄂州开发区。

四万五千儿女，
二千六百名党员，
这就是你崛起的力量，
这就是你发展的脊梁！

如果说，雷山是你书写奇迹的丰碑，
那么长港，就是你舞动喜悦的彩带。
不能忘怀，你久负盛名，曾蜚声海内外，
你人杰地灵，曾令人心潮激荡！

"才饮长沙水，又食武昌鱼"，
一个小精灵因吞吐樊口入江之水，
身姿矫健，肉质细嫩，
成为人们舌尖上的念想，
才幸运地成为一代伟人笔触下绚丽的诗章。

坐落在雷山脚下的樊口大闸、樊口电排站，
犹如两座镇水镇旱之神，
泄梁湖，吞长江，
抗旱排涝，驯魔伏虎，
保佑着樊湖地区生产丰收、生活安详！

农具改革能手肖功梓，
废寝忘食搞研究，
为社会做出贡献人民不会忘。
多次走进人民大会堂，

接受党和国家的表彰！

原国家主席李先念千里迢迢将试验田选在了旭光村，
这是对旭光莫大的关怀和鼓舞，
也是樊口人莫大的动力和荣光！
片片棉开白如雪，
块块稻熟似金黄。

旭光一度成为农业生产的样板，
连教科书也有你浓墨重彩的一页。
如今喜获湖北省生态文明村的殊荣，
这颗九十里长港边上的明珠闪闪发亮。

青天湖碧波荡漾，
鱼跃荷香，
水鸟游荡，
隋文帝曾在此夜泊，
一梦兆示吉祥；
《洪湖赤卫队》在此取景，
一曲唱响南北，
四处野鸭莲藕香……

勤劳勇敢的开发区人没有满足过去的成绩，
总在不懈地追寻自己的梦想。
改革开放犹如春雷震响，
鄂州开发区人激流勇进向市场经济起航。

实事求是，解放思想，
革故鼎新，敢想敢闯；
大胆打破传统农业模式，改变世世代代植棉种粮，
构建新的发展格局，招商引资兴办工厂。
武汉港工业园、宏泰工业园相继拔地而起，
顾地塑胶、金牛管业生产火红，产销两旺。

十九大吹响了"全面深化改革"的进军号角，
鄂州开发区人乘着东风，意气风发，斗志昂扬！
在党工委、管委会的坚强领导下，
昂首阔步迈向新时代！

为使人人都能享受到改革开放带来的红利，
"精准扶贫"可是硬仗一场。
摸底数、查原因、订计划、以点带面、共同发力，
结对帮扶，心心相连，情深意长。

为贯彻落实习总书记视察鄂州时的重要讲话精神，
在鄂州开发区也能"看得见山，看得见水，留得住乡愁"，
关停"五小企业"、取缔沿江沙站、磁选厂，
这样的环境专项整治，
老百姓无不拍手叫好，心情舒畅。

创建文明城，
干群同行——
一块砖与另一块砖的紧紧相拥，
一句话与另一句话的热情相融；
马路上多了搀扶老人的真诚，
行人自觉遵循安全警示下的红绿灯；
随处是躬身捡起垃圾留下的风景，
随处是好施乐善乐于助人的感动；
听，社区里响亮的和谐阵阵歌声，
看，执政为民廉洁奉公的为政清风，
好一片安静古镇的生机繁荣，
好一座繁荣新城的温馨安宁。

四十年，光阴荏苒，
四十年，沧海桑田。
喜看青天湖湿地公园碧波荡漾，荷叶连天，

呈现梦幻水乡!
大手笔,樊口公园生态修复,环保空前。
开发区人这种尊重自然敬畏自然保护自然的脚步,
迈得如此铿锵!

四海大道,车来车往川流不息,
滨港路,车跑柳舞风光旖旎。
路路相连,四通八达,
鄂州开发区正以新的姿态喜迎五湖宾朋四海客商。

大力推进城镇化进程,村民变居民,
新社区楼房鳞次栉比呈现一派好风光。
庭院鲜花美,池塘鱼儿跃,如诗又如画,
谁不说我开发区是个好地方!

农民也学会了互联网,
坐在家里也能把买卖做大做强,
既省时又省事,
致富插上了腾飞的翅膀。

爹爹婆婆赶时尚,
整天手机业务忙。
小夜曲中的广场舞,
健康身心,激情飞扬。

治病有农合,
养老有保障。
政通人和,人寿年丰,
开发区人脸上无不喜洋洋。

有人说,你的名字很青春响亮,
正因为青春响亮的名字给你带来好运吉祥。
太阳给你光芒,

山河赐你乐章。

我要说，是你怀揣着使命，怀揣着梦想，
才日新月异，
才不断图强，
才天更蓝，水更绿，人更靓。
鄂州开发区，我为你自豪！
鄂州开发区，我为你歌唱！

楹联

题民信闸（外五副）
黄天明
民心可敬三麟治水千秋颂；
信念永存一闸关怀百姓安。

题樊口大闸
雷山出水连口岸；
大闸横空锁蛟龙。

题樊口公园（回文联）
龙腾水弄月；舟摇云舞柳；
柳舞云摇舟。月弄水腾龙。

题樊口大闸
为樊口大闸撰写（九八抗洪）新春联
樊口荡清波，送走百年大洪，赢得三楚丰收，高举三樽美酒，酬谢三军将士；
雷山扬紫气，牵来九曲长港，喜播九天时雨，爱弄九江春朝，纵观九派风云。

题鄂州经济开发区（两副）
新时代新作为新气象筑梦开新局
大手笔大开放大发展谋篇建大区
横联　大展宏图

撸起袖子鼓劲加油求发展

放开手脚兴区创业勇担当

横联　奋发图强

题樊口街办（外一副）

吴幼鹏

善政如拔地甘棠，再引春风，铺开梦想；

小康似悬天丽日，重挥画笔，点染山川。

横联　不忘初心

城乡融合，生面别开，万象回春归一体；

岁月行吟，新程又启，百湖逐梦竞千帆。

横联　牢记使命

散文

将军曾经立马樊口

刘做堂

每当我经过樊口民信闸时，心中便会肃然起敬。39年前，我为写一篇《鱼水亲亲》的文章，第一次来到樊口。当时的樊口，是座古朴而繁华的小镇。渔业队安排我上了一艘渔船，船家是位四十多岁的汉子，十分热情。他让我看了下网捕鱼的全过程，又让我品尝了樊口的鳊鱼。还向我讲述了有关樊口鳊鱼的特点和传说。他指着雷山的石崖说：这里叫石门渡，长港水入江处叫大洄，钓鱼台下叫小洄，这里产的鳊鱼是正宗的，就是孙权当年吃的那种鳊鱼，也叫武昌鱼。他的语气中颇有些自豪感。

应当承认，当时武昌鱼的名气没有今天大，因为毛泽东的《水调歌头·游泳》尚未发表。

登岸后，我们路过民信闸时，他指这座大闸说：这座大闸是吴兆麟将军领着人修的，它管着七县搭一州的水呢！吴兆麟将军？我有些诧异。这位在辛亥武昌首义中担任总指挥的吴兆麟将军与这座大闸有什么关系？由于天色将晚，当时未来得及细问便离开了樊口。

自此以后，我曾经多次去过樊口，和镇上的渔业队在雷山开过矿在江边的湾里住过队，去梁子岛要在樊口乘船，渐渐，便结了一些樊口的朋友。有一次，我应新华社和

《人民日报》之约，撰写一篇题为《春满鄂城》的散文，在樊口采访过数日，才渐渐弄清了樊口民信闸与水患的关系。樊口流域面积为377万亩，约合2515平方公里。在修大闸之前，樊口水患频繁，一遇大雨，长港两岸及众多的湖泊水满四溢，江水倒灌、农田、村落成为泽国，民不聊生。当时流传着这样一首民谣："西阳畈，大肚汉(血吸虫病患者)，十年九不收，发水去讨饭。百里不见人，灶台落大雁。"水患惨状，目不忍睹。

民国成立后，年仅30岁的吴兆麟将军被调往北京，先后被授陆军中将、陆军上将。在京期间，他目睹当局之所为，又知袁世凯野心勃勃，便急流勇退，解甲归田。1922年，四县六属的滨湖绅士请于省府，委任吴兆麟将军为樊口堤工总理。他常穿草鞋、戴斗笠，奔波在水利工地。历时数年，终于开通了月河，筑起了樊口大堤，建起了民信闸和民生闸，治服了水患。戊戌变法的旗手康有为曾到樊口参观过水利工程，他认为筑坝建闸，可变害为利，保农田，百姓得以安居乐业，并亲自为吴兆麟题写了为民兴利的匾额。

据说，大闸建成以后，吴兆麟曾在堤坎和大闸旁边独自漫步，良久不肯离去。在辛亥革命90周年前夕，我有幸结识了吴兆麟将军的长孙吴德立先生，又参观了洋澜湖畔的吴兆麟将军纪念馆，重温了发生在90年前的那场轰轰烈烈的壮举。

1911年10月10日晚，清朝湖广总督驻地武昌城爆发了新军的武装起义。当首举义旗的工程第八营士兵抢占了望楚台军械库后，才发现起义的领导人或牺牲，或受伤，或生病，或在逃，或在外地，均不在现场。群龙无首，情势万分紧迫。此时，起义的将领们一致推举吴兆麟为总指挥。受命于危难之际的吴兆麟立即作出军事部署，并下达了第一道命令：连夜攻占凤凰山，蛇山，再集中炮火向总督署发起猛烈攻击。经过一夜激战，起义军终于占领了武昌城！那面飘扬在城头的9角18星旗，宣告了统治中国260年的清王朝和实行了2000年的封建专制统治即将成为历史！

今年初，樊口街道办事处邀约各方人士前去参观考察时，大家对樊口的发展，谈了很多很好的建议。我觉得，樊口的民信闸不但是一处不可多得的人文景观，不知是否可与李冰父子的都江堰相提并论？

建立在市区的吴兆麟将军纪念馆已成为爱国主义教育基地，每年都接待不少海内外人士：西山的彭楚藩烈士墓，亦是一处人文景点若在樊口大闸旁立一吴兆麟将军的雕像或石碑，可构成一条纪念馆——烈士墓——樊口大闸的旅游路线，能让更多的人在缅怀武昌首义前辈的同时，亦能了解樊口的昨天、今天和明天。

每当我经过樊口民信闸时，眼前便会幻化出一幅画面：吴兆麟将军立于大闸旁边，正默默地凝视着东去的大江

此刻，我便会肃然起敬。

别样风景青天湖

陈运东

青天湖位于鄂州经济开发区。据《武昌县志》记载：传说杨坚曾夜泊舟于青天湖，做了一个奇怪的梦，自己的左手没了。第二天，他遇一僧人，解梦为吉祥梦，有天子之兆。日后果然夜梦成真，杨坚成了隋文帝。20世纪60年代，由著名歌剧表演艺术家王玉珍主演的电影《洪湖赤卫队》，曾将青天湖作为场景拍摄地，当时青天湖湖面宽广，荷叶连天，鸭多鱼肥，藕白菱香，让亿万观众目睹了她的风采。

正是因为青天湖不仅有着精彩的历史传说，还有着红色的记忆，所以，在一个春意盎然的周末，吴都文化研究所地域文化组来这里进行专题研究。

然而，走进青天湖，她完全不是想象中的那般景象。既没有波澜壮阔的湖面，也没有蜿蜒曲折的岸堤。以前到过洞庭湖、鄱阳湖，她们都一碧万顷、水天一色，是那样的雄浑；也到过杭州西湖、武汉东湖，她们都杨柳拂岸、游艇悠悠，是那样的婉约，每次都有感官上的享受，心灵上的震撼。而眼前是一个干涸的湖，不见她的壮美，也不见她的灵秀。一种遗憾顿生心间。

曾经的一湖碧水，满湖风光哪里去了？带着诧异，沿着"吴楚大道"的路基由东向西走着，左边不远处，"城际铁路"横跨在青天湖上，仿佛是一条飞腾的长龙。看着悬空的铁路，才意识到自己走在了湖里。再往前走，看到两排刚浇注好的、扎根在湖泥中的桥墩，桥墩旁边悬挂着一幅巨型"青天湖大桥效果图"，看到这幅图，我才彻底明白了为什么青天湖是干涸的。原来，她为了鄂州经济开发区的大开发、大建设、大发展暂时失去了自己的容颜，不久，她会凤凰涅槃，成为一颗耀眼的明珠镶嵌在城西新区中。

置身于开发区，完全被这里的建设速度、建设规模所折服，这是一片开发的热土，这是一片崛起现代文明的热土。武汉港工业园、豪威城市广场、红枫家园、鄂重集团、欣欣建材……都错落有致地分布在湖的沿岸。这些园区、商城、小区、学府，以及四通八达的公路、铁路，还有吉祥寺、台湾美食城、金球影院，共同构成了一幅画卷，我很惊讶地发现，青天湖竟是这幅画卷的中心。

有人说：湖是城市的眼睛。因为她不仅能审视城市发展方向、发展质量，而且能增添城市生机、城市魅力。鄂州经济开发区倾力打造宜居宜业区，循环经济区，港口物流区，项目建设如火如荼，但能坚持以一种尊重历史的态度和情怀，把擦亮、装点青天湖这个媚眼，作为人文建设的一个大手笔，这难道不是一道风景么？看到这样的风景，真的让人感动！

青天湖遐想

程国胜

樊口西郊，有一汪清澈的湖水。这里湖汊幽深，水道纵横；菱芡点染，荷藕飘香；鱼肥虾美，水鸟翔集。

小巧玲珑中显现出卓尔不凡。南水簇拥着喧闹的杜家湾，东水注入寂静的叶家渎；菜莲咀如虎踞龙盘，自北向南形成半岛；东北水延伸丁家凼，环抱在周圽湾脚下；西北水平缓汇入小海，直逼旗杆湾；西水一路涟漪浮出长山、黄山和张山。座座山峰，重峦叠翠，山光倒影，水天一色。

扯上风帆，从青天湖出发，往西通郭凼、峒山、月山、四海湖、鸭儿湖，直达梁子、江夏、金牛、大冶；往东从吴氏湖进长港走长江，上可达汉口，下可到九江。青天湖水总是千方百计寻找机会亲吻长江大海，山不转水转，水路将世界的距离拉近。

冬去春来，承载着千年不变的秉性，湖水滋养岸边的智慧生灵。青天湖纤纤玉臂沟通吴氏湖、隔壁塘、垅塘、周溪海，组成了樊口西郊、长港西岸浩渺的一线水天。风调雨顺之年，大鱼肥虾，渔舟唱晚，稻花飘香，五谷丰稔。灾荒岁月，湖水毫不吝惜赐给乡民以琼浆玉液，鱼蟹鳖蚌、鳓鲅虾米、莲藕菱角、菰芡水菜，应有尽有。

古老的青天湖焕发青春的活力。她的容颜，仍然是那么年轻，那么妩媚动人。她敞开博大的胸怀，接纳四方来客，只讲奉献，不求索取。我钦佩她的无私，我赞赏她的甜润，我更敬仰她的坚守精神，守卫家园，守卫一片洁净的天空，给后人留下了一汪值得珍惜的圣洁之水。

长山雀语

程国胜

从樊口往西不到两公里，在樊李公路的必经之处，有一座风景秀美的长山。这里山峦叠翠，草木葱郁，雀鸟成群，是樊口西郊不可多得的一处风景。

长山又名"萧山"，传说此山为南朝梁武帝第七子萧绎太子（后来的梁元帝）避难之地。长山又名"坳山"，因像扁担一样挑着座山和萧山而得名。

长山并不高，充其量也不过五十多米。虽然不能与高山峻岭相比，但她在丘陵原野之中，也着实显得庄重而伟岸。小时候不知爬过多少次长山，但始终未能弄懂她的内涵。那时的座山与长山唇齿相依，座山脚下是一湖清香脆嫩的莲藕。每到假日，我们一群小朋友把牛丢在湖中吃水草，用荷叶包莲子爬上座山玩"捉迷藏"。我们钻长山竹林深处，捣鸟蛋捉鹧鸪，是那样的天真无邪，毫不顾忌。望不到边的绿色荷叶，随风起舞，数不清的红色荷花，笑脸常开。

"山不在高，有仙则名。""吉祥之地"成就一个帝王的传奇，可见此山"仙气"

不小。带着多年的夙愿，在一个温馨的上午，我邀同伴一起沿着熟悉的小道，饱览了一次长山洒脱的倩影。站在山脚，仰望山巅，层林尽染，翠竹摇曳；走进山中，雀鸟噪林，荫深蔽日；到达山顶，清风穿林，如超凡脱俗一般寂静清幽。山上没有人工雕琢的痕迹，只有野草荒径，妙趣横生。北望座山，山脚下鱼池成片，波光粼粼；山峰上松涛阵阵，翠竹迎风。南看萧山，野草遍坡，奇石遍岭，但仍未失去往日尊容。眼前，奇花异草，清香撩人；凹凼山泉，清澈透明。在山林中徜徉，去追寻古代"梁帝"的身影；山中漫步，来寻找昨日童年的足迹。蝉声阵阵，翠鸟调情，会使听者为之振奋；旖旎如画，轻松自在，能使观者游兴倍增。如此山幽林深，风景独好，虽近在咫尺，却人迹罕至。同伴深有感慨；何必舍近求远呢？这里修建楼台亭阁不也是一处曲径通幽的休闲之地么？

樊口江滩起宏图

胡倩　熊蔚

"四水环绕，旋柳抚岸，鸟翔鱼游，款款乡愁。"此番水城相融的美景，描述的不是江南水乡，而是正在建设的"梦里水乡"——鄂州樊口。

2017年9月30日，鄂州市樊口区域沿江路及江滩环境综合整治工程正式动工，即建设樊口公园。一时间，综合治理樊口，建设樊口公园的决策，犹如一阵春风，让美好愿景绽放。按照规划，该工程立足于防洪及环境整治，涵盖江滩综合整治、水系综合整治、沿江主干路（桥）、生态景观、市政及其他配套等工程。

樊口的嬗变，是鄂州市樊口地区幸福指数提升的最好印证。鄂州市在推进樊口区域沿江路及江滩环境综合整治工程项目建设中，坚持以人民为中心的发展思想，下足"绣花功夫"。如今的鄂州樊口，不仅亮出了"梦里水乡"新名片，更给予了这片古老的土地宜居宜业的温度。

一枝一叶　触摸历史天空

人们常问："樊口"因何得名？

据史料记载，鄂州樊口有着厚重的历史底蕴。"樊"是有文字可考的鄂州最早的地名起源，在4000多年前，鄂州大地上，河湖交错，水泽纵横，陆地穿插于广袤的沼泽之间，如同无数树枝交错漂浮在水面上，于是古人取了一个很形象的地名"樊"。

这样就有了"樊湖"，接着有了"樊国"，接着有了以"樊"为姓的人，大自然以及人为的作用就形成了"樊川"——连通樊湖与长江之间的河道。

樊川形成以后，樊湖之水可以畅达长江直通大海，于是樊川成了交通繁忙的水路要道，两岸成了良田沃土，在樊川下游的入江口也就出现了繁华集镇——"樊口"。

历史是一面镜子。随着经济社会发展，鄂州市樊口区域交通压力与日俱增，长江岸堤隐患、大梁子湖流域排涝安全等问题日益凸显。河道过流能力有限，排涝能力不足；非法砂石码头众多，随意倾倒垃圾现象严重；棚户区聚集，生活污水直排入河；废弃工厂、破旧房屋、人口密集，区域整体布局杂乱无章；湖体水质下降，水生态环境趋于恶化，环境较差。这些问题亟待解决。

"樊口闸站排涝能力不足，河道淤积严重，前年发洪水，水位居高不下，导致全村1658位村民被迫紧急转移。"66岁的余姣娥从小就生活在鄂州市樊口杜沟村，在她的记忆里，这段流域十多年都没什么大变化。

2012年12月，《长江流域综合规划（2012—2030年）》获国务院批复。规划提出，鄂黄河段具体的治理任务是："维持现有矶头节点的稳定及其对河势的控制作用；守护弯道凹岸，维持岸线稳定；整治戴家洲碍航水道；开展黄石、鄂州等城市江滩的防洪及环境综合治理。"

针对鄂州樊口区域存在的主要问题，结合该区域"生态廊道"和西山风景区延伸区域等功能定位，鄂州市以争创"世界规划师协会和联合国人居范例奖"为标准，规划设计了"樊口区域沿江路及江滩环境综合整治工程项目"。通过该项目，把受困于交通和水患压力的樊口区域建设成为公园，即樊口公园。

一水一园　幸福一城人

"樊口公园建设不仅仅是开发区的公园，更是百万鄂州市民的公园。"鄂州开发区党工委书记夏子卿说，发展的前提就是保护生态，樊口公园项目的实施，将彻底改变西部城区城市面貌，为鄂州开发区创造一个良好的宜居和投资环境。

水是鄂州之灵魂。治理违章建筑、水体污染，防治血吸虫，改善生态环境，打造环境优美、文化深厚的宜居城市，促进地区全面发展，最终形成集防洪除涝、环境治理、交通改善、生态景观、历史文化等多功能于一体的综合工程。鄂州市建委相关负责人介绍："从全国、流域和鄂州市三个层面，将樊口区域打造为水资源保护示范区、长江水生态文明示范区和城市人居环境示范区，努力把受困于交通和水患压力的樊口区域建设成为百万市民受益的公园。"

"每天清晨或傍晚走出家门，在绿意盎然的公园里快走、慢跑；在阳光明媚的周末，约上亲朋好友，去临近的公园里散步……"鄂州市樊川社区居民王女士想到自己梦想已久的生活将要变为现实，就情不自禁地兴奋起来。她表示，之前家人还考虑要不要搬到市区去住，现在看来完全没这个必要了。

公园东临鄂州市新港路、武昌大道、寒溪路，北靠长江和北外环路，西至武九铁路、长港保护岸线50米，南接城际铁路以北，核心区面积共计5.03平方公里。2017年9月

30日，鄂州市樊口区域沿江路及江滩环境综合整治工程举行开工仪式，建设工期3年，投资金额达58亿元。

樊口公园集休闲广场、西山风景区、水利枢纽、水文化为一体。项目主要包含四大工程：江滩综合整治工程，对现有岸坡进行改造、加固，实施江滩平整、恢复生态滩地面貌；水系综合整治工程，对樊口大闸、电排站及在建的樊口二站外侧河道进行扩挖，对新港、长港、薛家沟等河道岸坡进行防护、设置亲水步道，拆除重建抔湖通江涵闸，进行坡面生态修复和湿地、环湖绿道建设；沿江主干道工程，以桥梁形式跨越樊口大闸出口及樊口电排站出口；环境景观工程，对樊口区域进行生态修复、环境整治及景观建设等。拟将杜沟垸垸堤堤顶高程适当降低作为景观道路；清理滩地上的码头和违章建筑，结合景观方案设计把地势较高的滩地打造为滨江风光带。

造园当随时代，建园当为百姓。鄂州市樊口区域将成为"水安全、水生态、水环境、水景观、水文化"多位一体的城市生态文明建设示范区、水生态文化旅游区和淡水资源保护示范区。

一砖一瓦　记住悠悠"乡愁"

5月9日，在施工现场看到，工人们正在忙而有序地进行樊口公园江滩二级护坡雷诺护垫施工。项目建设的背后，默默付出的是鄂州开发区辖区内杜沟村、得胜村、长堤村、月河村、内河社区、大闸社区等近三千户居（村）民。

"作为杜沟村村民，我不仅自己带头签下房屋征收协议，还将做好亲戚朋友的工作，让他们也带头签、带头拆。"面对拆迁改造，鄂州市杜沟村党支部书记杜俊说道。

杜沟村"两委"班子及党员在房屋价值评估表未出的时候就已经签署房屋征收与补偿意向协议，评估表出来后更是带头签订正式协议，积极支持公园项目建设。

"父母二老住这里，环境不好，灰多地势低，年年防汛，但父母一直都舍不得这老房子，不愿意搬到城里和我一起住。"刘萍半开玩笑道，"现在好了，父母不去也不行了。"搬家那天，刘萍父母摸着门框，摸着门前的砖砖瓦瓦，流下了不舍的眼泪。

在杜沟村，有不少村民不谈条件，愿意放弃现有房屋产权，为樊口公园建设"打头阵"。鄂州开发区社会事务局副局长章玉香的父亲章修水就是其中的一位。章修水是一名老党员，他说："这次改造，我家小楼两百多个平方米都要被拆掉。但建设公园是好事，能改善我们的生活环境，想到未来的美好前景，我们没有理由不支持。前两天丈量组的工作人员来家里测量拆迁面积，有拍照的、有摄像的、有测量的……我们都是积极配合工作。"说着说着，章修水的眼眶泛红了。

其实，在此之前，章玉香的妈妈并不愿意搬走，她说年纪大了，不喜欢折腾。章玉香和父亲一起耐心地开导她，经过劝说，章母同意拆迁。而有的村民感觉评估价格低了，不愿拆迁，章玉香通过讲政策，分析眼前收入和长远发展的前景劝说他们："你们觉得拆迁评估价低了就去看我家，大家都是一样的，该你们的政府绝对不会少一分。"

截至目前，鄂州市樊口区域沿江路及江滩环境综合整治工程涉及的杜沟村648户房屋拆迁任务完成率100%，转移安置2675人。其他村（社区）的房屋征收工作正在有序进行。

如今，破茧化蝶的樊口，正沐浴着时代的春风，翩跹起舞。

后 记

　　早在2018年，吴都文化研究所便将编撰《人文樊口》提上了议事日程。当时，这项工作具体由原所长万其文先生负责组织实施。这一年，万其文先生起早贪黑，四处奔波，不辞辛劳，呕心沥血，一方面与有关部门、单位商谈编撰工作，另一方面收集了大量的人文资料，草拟了纲目，还先后组织召开了四次专题研讨会，并邀请市文史界的部分专家、学者来樊口采风，撰写有关方面的文章，为《人文樊口》的编撰进行了基础性铺垫。

　　吴都文化研究所之所以如此重视、如此全力以赴地编撰《人文樊口》，是因为我们与樊口有一种冥冥之中的机缘。

　　那是2012年研究所成立之初，我们就开启了樊口探古工作。几次对樊口的名胜古迹进行实地考察后，大家都为樊口具有深厚的历史文化底蕴而怦然心动。这里不仅是古时水上交通的重要口岸，而且拥有"鄂州水利枢纽"和"武昌鱼"两大文化奇观，同时，还拥有"刘备屯兵处""吉祥寺"等众多历史遗址遗迹……

　　挖掘、传承这些优秀的传统文化，让宝贵、丰富的历史文化绽放出夺目的光彩，是全社会的责任，更是吴都文化研究所的责任。以"挖掘地域历史文化，服务鄂州城乡建设"为宗旨的吴都文化研究所，宣传樊口，是本职之所在。

　　有了对樊口历史的认知，并准备着手揭开这里神秘的历史面纱。2018年，适逢市史志档案局发文，要求各地组织编撰乡史村志。这一文件的印发，是根据中共中央办公厅、国务院办公厅《关于实施中华优秀传统文化传承发展工程的意见》精神所制定。这一文件，更加触发了我们编撰《人文樊口》的激情。

　　樊口的历史，深邃而厚重，樊口的今天，日新月异，欣欣向荣。现在的樊口，与2000年的樊口，已经是不可同日而语，仅管辖范围就几乎扩大了一倍，由原来的四个村、三个社区变成十个村、三个社区；而且，2008年成立鄂州经济开发区后，经过十年的发展，形成了五个主导产业（装备制造、塑胶管材、商贸服务、港口物流、节能环保）的工业新区。

　　不仅如此，交通条件也大为改观，先后完成旭光大道、杜山路、樊口大桥等主干路网建设。财政收入也由2003年的644万元，发展到2018年的39601万元。

因此，浓墨重彩地讴歌在悠久的历史人文沃土上崛起的樊口，不仅是鄂州市有关文件的要求，而且也是践行振兴乡村文化的时代召唤！

还有一种特殊的情感也在驱动我们，必须编撰《人文樊口》。那就是吴都文化研究所的诞生地、办公场所均在樊口，樊口不仅为我们开展文化研究给予了大力支持、提供了诸多方便，而且还以其丰厚的人文资源滋养了研究所的发展壮大。所以，我们与樊口是鱼与水、庄稼与土地的关系，这份浓浓的情感，让我们除了感动之外，还要有所回报，那就是为樊口做出一些实实在在的文化奉献！

2019年2月，正当《人文樊口》大干快上之时，万其文先生因病不幸去世，因此，《人文樊口》的编撰重担自然落到了吴都文化研究所新一届班子的肩上。

重新定位，重新设计，把《人文樊口》打造成形象工程，这不仅是主管部门的要求，也是我们研究所内部的共识。于是，我们将《人文樊口》定调为重点课题，进行攻关。

首先，我们与有关部门和人员迅速商议落实这项工作。当时，樊口街综合办胡建华同志负责史志工作，手头也接到鄂州市史志和档案局关于编撰地方志的通知，正在酝酿如何开展这项工作，可以说，研究所编辑《人文樊口》和樊口街综合办想编撰樊口志正好是不谋而合、不期而遇。随后，胡建华同志将《人文樊口》编撰需要的时间、经费等情况报告给街道党工委。2019年末，我们正式和樊口街办主要负责人就这一项目进行了沟通商谈。街办党工委对这一项目高度重视，给予大力支持，特别是鄂城区委常委、樊口街办党工委书记杨光荣同志对这一项目特别关注，并给出了一些具体意见。我们还及时把这一课题向市社科联作了汇报，得到了上级主管单位的肯定、支持、指导与协调。

有了樊口街办和市社科联的支持后，研究所正式运作编撰事宜。

2020年上半年，我们着手重新拟定《人文樊口》的编撰纲目。樊口钮墩人、市新四军研究会研究员鲁柳青先生听说要编撰《人文樊口》，很是高兴。由于他对樊口历史常有研究，就主动承担编写目录任务。很快，鲁柳青先生草拟的目录出来了。为了集思广益，研究所召开了专题会，对目录的严密性和完整性进行了认真讨论，后将大家的意见收集起来，交由徐胜利先生进一步完善，形成编撰《人文樊口》的目录。

2020年7月，研究所再次召开《人文樊口》编撰工作动员会。会上，将目录中的章节进行了分工：鲁柳青负责调研编写樊口历史文化；樊小庆负责调研编写樊口战争史；程国胜负责调研编写村湾文化；余凤兰负责调研编写民间民俗文化；周淑茹负责调研编写樊口文教卫及部分风景区；徐木清负责调研编写樊口人物；陈运东负责调研编写企业文化和其他未分配的章节。于是，大家按照分工，既各自为战，又加强合作，紧锣密鼓地开展调研和写作。除此之外，市博物馆熊寿昌书记对本书的编撰进行了悉心指导，本所研究人员萧开发提供了有关民俗文化的信息资料、江文杰提供了樊口历史方面有关信息资料、王义文提供了有关樊口传说的信息资料、杜作云提供了有关人物信息资料。

2020年12月，所有人员提供和撰写的文字资料，交给陈运东最后统稿合成。合成后的《人文樊口》初稿，进行了四轮校对与修改。鲁柳青先生对初稿进行了首轮校对，着重对樊口历史有关章节进行了审阅及修改；接着，程国胜先生对全篇进行了校对，并增补了一些内容；第三轮聘请夏森源先生将文稿的纲目进行了调整，并将整部文稿进行了校对；第四轮由邱风先生进行系统性把关，他除了做文字上的修改外，还将有关章节进行了调整。

最后，由执行主编周淑茹（鄂州职业大学教授）系统审稿，研究所名誉所长、著名老作家、原鄂州市人民政府秘书长叶贤恩审稿定稿作序，并征得鄂城区区委常委、樊口街道党工委书记杨光荣同意作序，这部专著的编撰工作才告一段落。

在编写过程中，我们还参考了《武昌县志》《鄂城区地名志》《樊口简志》《旭光村志》《杜山村志》等书典内容，也借鉴了《鄂州日报》、互联网中的有关文章。

前后历时四年，两易编撰专班，可见吴都文化研究所对于这部专著的执着和投入。今日终于编撰完成，这是研究所几年艰苦奋战的一种释怀，也是为挖掘地域文化留下的一道有力的足印！

编撰工作是一项复杂而浩繁的文化系统工程，从起步的设计到最后的付梓，每一个环节，都得精雕细琢、一丝不苟。由于我们水平有限，加之疫情的影响，未能做到调查访问应访尽访，文史资料应收尽收，难免遗漏了一些重要的历史人文和现代文化资料。在此，诚请有关专家、学者以及广大读者批评指正！

陈运东

2021年5月26日